신기수와 조선통신사의 시대

신기수와 조선통신사의 시대

한류의 원점을 찾아서

우에노 도시히코 지음/ 이용화 옮김/ 심규선 감수

논형

한류의 원점!!

조선통신사의
발자취를 찾아서……

술이 들어가면 '비와코 뱃놀이' 노래를 흥얼거리기 좋아했던
신기수 (1989년 세타도바시(瀬田唐橋)를 배경으로).

朝鮮通信使

조선통신사 행로도와 주요 숙박지.

한양漢陽(서울)에 도착

부산釜山

후쥬
府中

아이노시마
藍島

가미노세키
上關

도모노우라
鞆の浦

무로쓰
室津

효고
兵庫

교토
京都

나고야名古屋

닛코日光

가쓰모토
勝本

아카마세키
赤間關

가마가리
蒲刈

우시마도
牛窓

오사카
大坂

오미 하치만
近江八幡

슨푸駿府

에도江戶

1711년 제8차 통신사 행렬 두루마리 그림 중에 <청도기(淸道旗)>가
나온 부분 (오사카역사박물관 소장 '신기수컬렉션').

<대계 조선통신사> 전 8권.

朝

鮮

通

信

使

하네가와 도에이의 〈조선인 내항도〉 (개인소장).

영화 〈에도시대의 조선통신사〉 개봉 당시의 팸플릿.

1980년 여름 쓰시마에서 열린 통신사 퍼레이드.
당시는 '이조(李朝)통신사'라고 불렀다
(제공: 쇼노 신쥬로).

<조선통신사선가미노세키내항도(朝鮮通信使船上関来航図)> 부분,
1821年, 超專寺 소장).

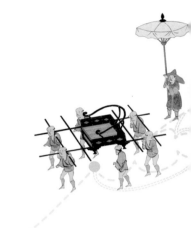

글을 쓰고 있는 통신사(가쓰시카 호쿠사이, <도카이도 53역 유이(由井)>, 신기수 소장).

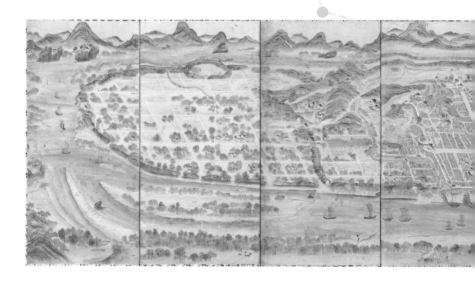

후지산을 쳐다보는 통신사(가쓰시카 호크사이, <도카이도 53역참. 하라(原)>, 나고야시립박물관 소장.

<평양도시도 병풍(平壤都市図)> (오사카 역사박물관 소장 '신기수컬렉션').

小通事

조선통신사 행렬의 한 장면(<조선시대 통신사 행렬>, 조선통신사문화사업회·국사편찬위원회, 2005).

하나부사 잇쵸(英一蝶)가 그린 작품, <조선통신사 소동도(朝鮮通信使小童図)> 조선통신사 일행과 일본 서민의 따뜻한 교류를 엿볼 수 있는 작품 (오사카역사박물관 소장 '신기수컬렉션').

통신사의 한시를 붙여 만든 병풍을 보면서 우노 소스케(宇野宗佑)와 환담을 나누는 신기수.

소실되기 전의 망호정 내부.

JR오사카 간죠센(大阪環状線) 철길 아래 있었던 청구문화홀
왼쪽부터 이노우에 마사카즈(井上正一), 신기수, 문공휘(文公輝), 필자(2001년 9월, 촬영: 박종우(朴鍾祐)).

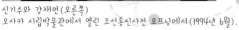

신기수와 강재언(오른쪽)
오사카 시립박물관에서 열린 조선통신사전 오프닝에서(1994년 6월).

김달수(왼쪽)와 신기수(1984년, 신라 신사(新羅神社)에서).

파리의 선술집에서 건배하는 신기수.

조선통신사 악대 행렬의 한 장면.

한류의 원점, 조선통신사

1984년 9월 3일자 요미우리신문에 실린 만평 한 컷이 눈길을 끈다. 제목은 〈일한친선문제 긴급 공부모임〉. 나카소네 야스히로 수상, 아베 신타로 외무대신, 다케시타 노보루 대장대신, 모리 요시로 문부대신 등 당대의 실력자 5명이 가운데에 '무엇인가'를 펼쳐놓고 열심히 공부를 하고 있다. 나카소네 수상은 손에 큰 돋보기까지 들고 있다. 당시 전두환 대통령이 한국 국가원수로는 처음으로 일본을 공식방문하기 사흘 전이어서 이런 만평이 나왔을 게 틀림없다. 전 대통령의 방일을 '답방'이라고 했다. 나카소네 수상이 그해 1월에 한국을 먼저 방문했기 때문이다. 나카소네 수상은 취임 후 미국을 먼저 방문하는 관행을 깨고 한국을 먼저 방문할 만큼 한국을 중시했다. 그래서 이 만평은 더욱 설득력이 있다.

그런데 그들이 펼쳐놓고 있는 그 '무엇인가'는 무엇인가. 1711년(숙종 37년) 일본을 방문한 제8차 조선통신사 행렬을 그린 두루마리 그림이다. 이 두루마리를 세상에 널리 소개한 사람이 바로 이 책의 주인공 신기수 씨(2002년 71세로 작고)다. 아니, 그런 정도의 소개로는 실례다.

그림만이 아니다. 신기수 씨는 일본 열도는 물론이고 외국까지 달려가 병풍, 유묵, 인형, 사료, 기록, 증언 등 조선통신사와 관련된 것이라면 무엇이든 확인하고 기록하고 수집했다. 그것을 처음으로 집

〈일한친선문제 긴급 공부모임〉(1984. 9. 3. 요미우리신문).

대성한 다큐멘터리가 1979년 3월에 나온 〈에도시대의 조선통신사〉
다. 상영시간은 50분으로 짧았으나 파장은 길었다. 그의 표현대로 '요
원의 불길'처럼 일본 전역에서 상영회가 열렸고, 교과서를 바꿨고, 관
련 자료가 속출했고, 몇몇 축제의 뿌리를 밝혔으며, 유관지역 협의회
가 만들어졌다. 그 후에도 그는 조선통신사 연구에 매달렸다. 30년이
나 되는 시간이었다. 따라서 그에게는 역사의 어두운 창고 속에 묻혀
있던 조선통신사에 빛을 비춤으로써 한일 간에도 분명 우호의 시대

가 있었음을 증명한 선구자라는 헌사가 합당할 것이다.

그 의미는 과거에 머물지 않는다. 임진왜란이라는 불구대천의 전쟁이 끝난 뒤 불과 9년 만에 한일이 외교관계를 정상화하고 204년간 12차례나 통신사를 보내고 받은 것은 세계적으로도 유례가 없다. 따라서 조선통신사는 쇄국 일본, 반일 한국이라는 틀을 깨는 존재로서, 글로벌시대를 살아가는 지금의 우리에게도 시사하는 바가 크다. 신기수 씨가 타계하기 직전까지 연구의 폭을 넓히고 깊이를 더하며 일본과 한국 등 각종 전시회, 심포지엄, 토론회 등에서 강조한 것도 바로 "증오만으로는 아무 것도 바꿀 수 없다"는 것이었다.

그렇다고 그가 한일관계에서 '빛'만 보려했던 것은 아니다. 글보다는 영상의 힘을 믿었던 그는 1986년 3시간 20분짜리 다큐멘터리 〈해방의 그날까지〉도 완성한다. 해방 전 일본에서 일하던 한국인 노동자의 힘겨운 투쟁을 종으로, 일본 노동자 그룹과의 연대를 횡으로 해서 만든 작품이다. 그의 한일관은 균형이 잡혀 있었다.

나는 생전의 신기수 씨를 만나 본 적이 없다. 2007년 아사히신문 서울특파원을 지낸 하사바 기요시 선배의 칼럼집에서 뒤늦게 그의 존재를 알게 됐고, 4년 전 그의 차녀인 이화 씨를 만나면서 이 책도 접하게 됐다. 나는 이 책을 읽으며 신기수 씨의 업적도 업적이지만 그가 처했던 위치에도 주목했다. 그는 한때 조총련에 몸담았다. 탈퇴를 하자 배신자라는 말까지 들었다. 그렇다고 그가 민단이나 한국에서 열렬하게 환영을 받은 것도 아니다. 그만이 아니다. '자이니치(在日)'라는 특별한 이름으로 살아가는 '재일동포' 모두가 경계인이나 주변인으로서 정체성의 혼란을 겪을 때가 많다.

1999년 봄, 동아일보 도쿄특파원 발령을 받아 민단 중앙본부로 인사를 갔을 때의 일이다. 간부들과 이런 말을 주고받았다.

"우리 재일동포 사회에서 뭐 고칠 건 없습니까."

"할 말이 없습니다."

"왜요? 무슨 불만이라도 있습니까?"

"아니요, 일본에 오기 전까지 재일동포에 대해 한 번도 생각해본 적이 없는 사람이 무슨 말을 할 수 있겠습니까?"

이 대화는 일본 속에서 '외로운 섬'으로 취급받는 '재일동포'를, 한국은 '먼 섬'으로 생각하고 있음을 보여준다.

그러나 신기수 씨는 그런 이미지를 거부한다. 그의 지인들은 그가 기존의 틀을 필사적으로 넘거나 깨려고 한 사람이 아니라 그런 틀 자체를 훌쩍 뛰어넘은 자유인이었다고 말한다. 그는 두 딸에게도 종종 "어떤 위치에 있든 먼저 인간으로서 무엇을 할 수 있는지를 생각해야 한다. 그러면 재일동포만이 할 수 있는 것, 재일동포이기 때문에 할 수 있는 것도 알게 될 것"이라고 했다. 그에 대해 말할 때 그의 트레이드 마크인 "슬슬 한 잔 하러 갈까요"라는 말을 빼놓을 수 없다. 그래서 나는 그를 평가할 때, 일만의 업적이 아니라 사람 사귀길 좋아하고, 사람을 그리워했던 인간적 품성까지 함께 평가해야 한다고 믿는다.

책을 다시 읽으며 저자인 우에노 도시히코 씨가 역시 베테랑 기자라는 것을 느꼈다. 그는 아주 넓고 꼼꼼하게 취재를 하면서도 객관적인 시각을 유지하려 애썼다. 그것이 이 책이 한 개인의 이야기이면서도 한 시대의 이야기로 읽혀지는 이유일 것이다.

한일관계가 최악이라는 이 시점에서 〈신기수와 조선통신사의 시대〉라는 책을 번역 출판하는 이유는 무엇인가. 물론 양국 관계가 지금보다는 나아지길 기대하기 때문일 것이다. 그것이 가능한가. 신기수 씨는 "그렇다"고 말한다. 조선통신사가 한류의 원점이라는 말을 듣게 되고, 한일 관계의 밝음(明)을 대표하는 사례가 되고, 한일 공동으로 유네스코 세계기록유산으로 등재신청을 하게 된 것도 그의 연구에 빚진 바가 크다. 그는 선현(先賢)과 후학(後學)을 이어준 훌륭한 가교였다.

나는 신기수 씨가 원했던 것처럼 한국과 일본이 조선통신사에 담긴 의미를 오늘에 되살리길 소망한다. 조선통신사가 오고 갈 때는 한일 모두 왕과 쇼군이 백성 위에 군림하던 시대였다. 지금은 그런 시대가 아니다. 그러나 지도자의 비전과 의지는 지금도 중요하다. 한일관계를 개선하려면 지도자는 소극적으로 여론을 수용하거나 반영하는 데 그쳐서는 안 되고, 적극적인 역할을 두려워해선 안 된다. 그게 리더십이다. 한일관계에서, 같은 방법을 쓰면서 다른 결과를 기대해서는 안 된다는 것이 나의 지론이다. 다른 방법, 다른 결과의 가능성이 바로 이 책에 들어있다. 감수를 할 만한 실력이 안 되는 데도 그 일을 떠맡고 필독까지 권하는 이유다.

2017년 9월

조선통신사에서 우호의 길을 묻는다

한일관계는 어디로 가려고 하는가? 지금 위안부 문제를 둘러싼 양국 정부의 움직임을 보고 있자면 절망적이라고까지 여겨진다. 그러나 정부차원이 아닌, 민간차원으로 시선을 옮겨보면 그렇게 비관할 필요는 없다. 이 책은 그 사실을 깨닫게 하고 용기를 준다.

이 책의 저자 우에노 도시히코는 교도통신 기자이다. 저자가 신출내기 기자 시절인 1980년 봄에 처음 신기수 씨와 알게 되었을 때를 나는 잘 기억하고 있다. 당시에 나 역시도 아사히신문 오사카 사회부 기자로 우에노 씨와 같은 기자실에 있었다. 이후, 우에노 도시히코 씨는 신기수 씨를 통하여 일본과 한반도의 관계를 생각해 왔다. 이 책은 그런 저널리스트가 초심을 일관해 결실을 맺은 하나의 답이기도 하다.

신기수 씨가 살아온 일본사회는 한반도에 뿌리를 둔 사람들에게 다정하지 않았다. 차별과 편견이 있었다. 그러나 역사를 되돌아보면 두 민족관계는 그런 시대만 있었던 것은 아니다. 에도시대 조선통신사는 폭넓게 일본의 문화인과 서민층도 끌어들여 선린우호의 고리를 넓혀나갔던 것이다.

이 책은 재일동포 2세인 신기수 씨가 조선통신사에 이르기까지의 과정을 중심으로 통신사의 의의와 일본사회에 끼친 영향에 대하여 다각적으로 조명하고 있다. 그 결과, 전후의 재일 한국인 역사뿐만 아니라 조선통신사에 관한 훌륭한 인문서가 되었다.

우에노 씨는 조선통신사에 관한 사료 발굴 등 신기수 씨의 연구 족적을 그냥 수박겉핥기식으로 다룬게 아니다. 그는 쓰시마에서 에도까지의 길을 찾아 다니며, 각지에서 지금도 통신사 연구를 계속 하고 있는 향토역사가들의 이야기를 직접 듣고 그 뜨거운 열정을 상세하게 소개하고 있다. 이 책은 조선 통신사가 과거의 일회성 사건이 아니라 지금도 일본사회에 살아 움직이고 있다는 것을 이야기해 주고 있다.

이 책을 통해 알게 된 것이 적지 않다. 교토대학 명예교수였던 우에다 마사아키 씨上田正昭(1927~2016)가 다음과 같은 말을 한 것도 그 중의 하나이다.

"국제화国際化라는 말은 좋아하지 않는다. 국가와 국가 관계도 중요하지만 한계가 있다. 그보다도 민족끼리의 주체성을 중시하고 서로 이해하는 '민족제화民族際化'라는 생각을 소중히 여기고 싶다."

동감이다. 국가와 국가의 관계는 분명 중요하다. 조선통신사 자체는 도요토미 히데요시의 조선침략(임진왜란)으로 파탄난 한일관계 회복을 위한 쌍방의 정치적 의도가 있었다. 그러나 그것이 넓은 층에 뿌리를 박으며 시공을 초월해 '민족제화'의 가능성을 열어간 사례는 이 책에서 본 그대로이다.

지금 한일의 국가 관계는 어렵다. 일부 매체에는 '반일', '혐한'이라는 단어가 넘쳐나고 있다. 그것을 부채질하여 자신의 정치세력 확대로 몰고가려는 움직임이 한일 양쪽에서 보이기도 한다. 그러나 한편으로 주변을 살펴보면 다른 광경도 보인다. 한국과 일본 사이에는 지금도 연간 수백만 명이 오가고 있다. 일본 텔레비전에서 한류 드라마가 방송되지 않는 날이 없다.

지금 이 봄날에 나는 이 책에도 소개되어 있는 시가현의 비와코 호수 북쪽 연안 근처의 작은 마을에 있는 '아메노모리 호슈암雨森芳洲庵'을 방문했다. 에도시대 중기에 쓰시마번에서 조선외교를 담당했던 아메노모리 호슈를 고향에서 현창하고 있다. 이곳을 방문하는 사람은 끊이지 않는다. 관장인 히라이 시게히코平井茂彦 씨는 이렇게 말했다.

"연간 4000명 정도 방문객이 찾아오시는데 그 중에 300~400명은 한국에서 오는 관광객과 수학여행을 오는 학생들입니다. 그들은 한적한 이곳에 활기를 주고 있으며 특히 한국에서 오신 손님은 마을사람 모두가 대환영입니다."

아메노모리 호슈가 외교의 마음가짐으로써 설명한 '성신의 교류'는 오늘날에도 계속 이어지고 있는 것이다. 이 책이 한국에서 출판되는 의미 중 하나는 이 점을 확인하는 데 있다.

2017년 4월

프롤로그

전날 밤부터 억수로 내리던 비도 그치고 태풍이 지나가 맑게 갠 2002년 10월 7일 낮.

오사카시 미야코지마구 니시미야코지마 복지회관에서 거행된 조선통신사 연구가 신기수의 장례식에는 그를 추모하는 많은 학자와 연구가, 시민운동가, 술친구들이 모였다.

근처에 흐르는 요도가와淀川 강은 과거에 조선통신사 일행을 태운 호화여객선이 에도(도쿄)로 가기 위해 교토 남쪽에 위치한 요도淀까지 항행하던 강으로 150척이나 되는 선단을 배웅하기 위해 30만 명도 넘는 나니와浪速(오사카)의 토박이들이 악대의 연주에 맞추어 흥겨워하던 시대도 있었다고 한다.

도요토미 히데요시가 일으킨 임진왜란·정유재란(분로쿠·게이쵸노에키文禄·慶長の役)을 반성하는 형식으로 도쿠가와 이에야스德川家康가 전후처리를 성실하게 진행한 결과, 에도시대 260년 동안 조선에서 12차례 일본을 방문한 우호사절이 조선통신사이다.

정치가와 군인들뿐만 아니라 학자와 의사, 화가, 서도가, 음악가, 요리사 등 500명이나 되는 통신사 일행은 일본이 다시 조선을 침략할 속셈은 없는지에 대한 정보 수집도 하면서 큐슈九州에서부터 에도江戸로 향하는 각 지역에서 서민과의 교류를 통해 일본문화에 찬란한 꽃을 피웠다. 그 모습은 가쓰시카 호쿠사이葛飾北齊의 〈도카이도 53역참東海道五十三次〉*을 비롯한 많은 그림으로 남아있다.

신기수는 매몰되었던 그 역사적 사실을 찾아내 오랫동안 빛을 비추면서 영화 〈에도시대의 조선통신사〉를 제작하고, 에도시대에는 '쇄국'으로 외국과의 교류는 없었다고 기술해 왔던 일본의 학교 교과서를 바꿔 쓰게 하는 업적을 남겼다.

그런 신기수가 식도암 수술을 받고 오사카 시립치료센터에서 투병생활을 해 오다가, 이 글을 쓰기 전전 날인 5일 아침에 71년의 생애를 마감했다. 암수술 후 정확히 일 년의 세월이 지나서였다.

신기수가 일본 각지의 절이나 신사, 고택을 방문하여 수집해온 조선통신사와 에도 서민과의 교류모습을 그린 회화와 두루마리 그림 및 병풍 등 140점은 오사카성 앞에 새로 지은 오사카 역사박물관의 신장개관 축하전람회에 전시되었지만, 정작 신기수 본인은 그 전시를 직접 볼 수 없었다.

신기수가 입원 중이던 그해 6월과 7월 두 달 동안 2002년 월드컵 한일공동개최가 실현되었다. 신기수는 "한일 양국의 젊은이들이 베일을

---

* 도카이도 가도를 따라 교토에서 에도에 이르는 53개 역참의 경치를 그린 그림.

벗어던지고 교류를 시작했다. 마치 현대의 통신사가 일본에 오가고 있는 것 같다"며 병상에서 TV를 보며 우호 기운이 고양되는 것을 기뻐했다.

서울을 출발하여 도치기현栃木県 닛코시日光市를 목표로 2개월 이상 걸리는 조선통신사의 한일 종단릴레이에 참가하는 것도 염원했지만, 일본 측의 현관인 나가사키현長崎県 쓰시마対馬의 이즈하라쵸厳原町에서 퍼레이드가 실시되던 바로 그날, 그는 불귀의 객이 되고 말았다.

장녀 미사와 차녀 이화에게 받아쓰게 하는 형식으로 〈조선통신사 — '성신의 길'을 찾아서〉라는 장기연재를 계속 해왔는데 그 마지막 회를 게재한 〈역사가도歷史街道〉(PHP 연구소) 11월호가 묘하게도 장례식 날에 발간되었다.

친구 대표로 인사말에 나선 하나조노대학花園大學 객원교수인 강재언姜在彦은 "일부 학자만이 관심을 갖고 있었던 조선통신사를 국민적 관심 수준으로까지 끌어 올린 것은 전적으로 그의 업적이다. 부인 강학자 여사의 아낌없는 지원과 이해가 없었으면 해낼 수 없었다고 생각한다. 두 따님과 이심전심의 공동 작업으로 마지막 작품을 훌륭하게 매듭지었다"고 칭송했다.

장례식에는 슬픔을 참고 있는 부인 옆에서 미사가 "장례식 전날 밤은 할 일을 많이 남겨둔 아버지의 아쉬운 마음을 전부 털어 놓기라도 하듯 장대 같은 비가 세차게 쏟아졌지만, 하룻밤 지나서는 산뜻한 기분으로 먼 길을 떠나셨다고 생각합니다"라고 인사말을 하자, 참석자들은 저마다 푸른 하늘을 올려다보며 "슬슬 한 잔 할까요"라며 아무에게나 스스럼없이 말을 건네던 애주가의 인품을 그리워했다.

마지막으로 이화의 아들인 고교 1년생 겐源이 할아버지가 좋아했던 '비와코 뱃놀이 노래琵琶湖周航の歌*'를 선창하자 모두가 따라 불러 장례식장 전체가 그 멜로디와 노래 소리로 뒤덮인 가운데, 신기수의 시신은 친족들의 손에 의해 운반되어 모두에게 영원한 이별을 고했다.

나도 신기수의 급서에 놀라 도쿄에서 오사카로 달려가 운구를 맡았던 사람 중의 한 명이다. 그와의 첫 만남은 1980년 봄, 교도통신共同通信 오사카 사회부 사카이 지국을 담당하고 있던 신문기자 2년차였을 때였다.

조선 태생으로 생후 얼마 되지 않아 교토로 이주한, 코리안 2세인 신기수는 음식점을 경영하면서 조선통신사 사료를 꾸준히 수집하는 연구자 이미지였다. 누구에게나 소탈하고 겸손하면서도 언제나 꿈

---

* 비와코 호수의 풍경을 노래한 곡.

을 잃지 않는 성격에 매료되어 오랫 동안 변함없는 벗으로 지내왔다. '쇼와 1세대 멋쟁이 신사'라는 생각이 들어 경애하는 마음도 있었다.

당시는 조선인 강제연행이나 지문날인거부, 취업차별, 재일동포 3세의 법적지위문제 등, 한일관계에서는 무거운 주제의 취재가 많았다. 그 때 나는 박학다식한 신기수에게 조언을 구하는 일이 적지 않았다.

요즘은 재일동포가 활동하는 경우에 한국을 지지하는 '재일본 대한민국거류민단 – 재일본 대한민국민단으로 개칭(민단)'과 북한을 지지하는 '재일본 조선인총연합회(조총련)' 중 어느 쪽을 선택할 것인가 하는 정치적 이데올로기가 계속 따라 붙지만, 그에게는 그런 발상을 훌쩍 뛰어 넘는 다른 세계가 있었다.

젊은 시절에 조총련의 활동가로서 영화제작 일도 했던 그는 이데올로기의 한계를 피부로 직접 겪어 잘 알고 있기 때문이었다.

"민단과 조총련, 어느 곳에서나 독립된 자유로운 회합의 장을, 그리고 일본인과의 사이에 깊이 패어 있는 골을 메우고 인간적인 연대는 구축해가고 싶다"며 1984년 5월 덴노지天王寺 근처의 JR오사카 간죠센環状線 철교 아래에 사비를 들여 '청구문화홀'을 개설했다.

역사나 문학, 영화, 요리, 음악 등을 통하여 일본과 한반도 사이에서 우호의 가교역할을 하기 위해 만든 이 시설에는 아직 문화센터가 없던 시절에 많은 시민이 찾아와 한국영화를 감상하기도 하고 한글을 배우기도 했다.

일본어 학습기회가 없었던 재일동포 1세대 어머니들을 상대로 글을 가르치는 글씨학급識字學級으로 쓰인 적도 있다. 덜컹, 덜컹…… 머리 위로 전차가 지나 갈 때의 상쾌한 울림. 그런 사람들 속에는 언제나 술 한 잔 걸치고 기분이 좋아진 신기수의 웃는 모습이 있었다.

그는 조선통신사의 사료발굴을 위해 전국을 여행하는 한편, 홋카이도의 댐 건설 현장이나 치쿠호築豊의 탄광촌 등에서 일본의 식민지 지배에 저항했던 조선인 노동자들의 인터뷰 취재를 계속하여 1989년에 〈해방의 그날까지 – 재일조선인의 발자취〉라는 3시간 20분짜리 다큐멘터리 영화를 6년 걸려 완성했다.

"조선인이라고 하면 학대당한 민족이라고 해서 비참하게 그려지는 경우가 적지 않은데, 전전戰前의 일본 파시즘과 싸우면서 일본인의 평화운동과 공동 투쟁한 역사도 있었다. 사회의 전환점에서 다큐멘터리 영화가 이룬 역할은 활자보다 더 크다. 영상의 힘을 빌려 왜곡된 한국과 일본의 관계를 조명해서 일본인의 그릇된 역사관을 바로 잡고 싶다."

신기수의 말에 교토대학 명예교수인 우에다 마사아키上田正昭[*]는 "이런 한일 간의 어두운 그늘을 인식하는 작업은 매우 귀중하다. 그러나 그것만으로는 불행이 사그라들지 않는다. 조선통신사 왕래라고 하는 빛도 동시에 찾아내려는 신기수의 복안적 사고에는 언제나 배울 바가 있었다"고 강연 등에서 반복해서 강조해 왔다.

신기수의 사상과 행동의 원천은 에도시대의 사상가 아메노모리 호슈雨森芳洲의 선린우호정신이다. 1700년대 초에 조선통신사 일행과 쓰시마에서 에도까지 두 번 동행했던 아메노모리 호슈는 "조선과의 외교에서는 서로 속이거나 다투지 않고 진심을 가지고 대해야 한다"고 끊임없이 주장한 평화외교의 선구자이다.

지금 일본에서 소비되는 절임식품의 1위는 김치이며, 불고기뿐만 아니라 찌개와 지지미(빈대떡) 등도 일본인 식생활에 자연스럽게 유입되어 있다.

TV드라마 〈겨울연가〉나 영화 〈쉬리〉의 히트, K-pop의 유행 등 공전의 '한류 붐'을 보더라도, 젊은이와 중장년층 여성들의 입맛과 감성이라는 오감五感이 정치의 벽을 삼켜버린 듯하고, 신기수가 말한 세대

---

[*] 역사학자, 시인, 교토대학 명예교수(1927~2016). 한국에서 수교훈장숭례장을 받았다.

를 이어 내려온 정체된 가치관도 날려버린 느낌이다.

　이웃나라의 친구들은 어떤 생활을 하고 있을까, 라는 소박한 흥미와 경외심. 차세대로 연결되는 그런 한일 우호의 흐름을 결정적으로 가속시킨 것이 2002년 월드컵축구였다고 생각한다.

　근대 이후, 한반도와 일본의 관계는 1910년 한국병합으로 시작한 일제강점기 35년간의 역사가 너무나도 무거워 한일 쌍방의 학자와 연구자, 저널리즘은 '과거의 마이너스 유산'에만 시선을 돌리고 있다.

　신기수는 그 검증작업과 동시에 미래지향적인 관계를 구축하기 위해 조선통신사에 관한 기록을 여러 형태로 남김으로써 불행한 과거를 극복하려고 노력해 왔다.

　아메노모리 호슈의 선린우호 정신과 삶의 방식을 이어받으려고 했던 남자, 신기수의 71년 생애를 더듬어 가는 여행을 시작하고자 한다.

　(경칭생략. 이하 본문과 사진설명도)

차례

1장
영상에 거는 마음

1711년 제8차 통신사 행렬 두루마리 그림 중에 〈청도기(淸道旗)〉가 나온 부분
(오사카역사박물관 소장 '신기수컬렉션').

1. 따뜻한 민중의 시선

1970년대 초반, 오사카의 신사이바시心齊橋에 있는 다이마루백화점. 현대미술가인 오카모토 다로岡本太郞가 디자인한 '태양의 탑'[1]이 사람들의 기억에 남아 있는 일본만국박람회가 끝나가고 있었지만 아직 고도성장의 여운에 젖어 있을 때의 이야기이다.

바겐세일 상품을 찾는 떠들썩한 고객들을 뒤로 하고 고서 즉석판매의 유리 진열장을 들여다보고 있던 신기수는 한 장의 두루마리 그림 앞에서 꼼짝 못하고 서 있었다.

10m 정도의 목판인쇄본 두루마리 그림에는 고베대학교 대학원생 시절부터 관심을 갖고 있었던 조선통신사 행렬이 그려져 있었다.

선두의 인물은 '청도淸道'라고 적힌 큰 깃발을 자랑스런 표정으로 들고 있고 뒤이어 나팔을 불거나 큰북을 치는 악대, 승천하는 용을 그린 형명기形名旗를 여러 명이 높이 들어 올리고 있는 모습. 거기에 가마에 탄 근엄한 표정을 짓고 있는 정사와 부사 … 가 이어지면서 그 주변을 환호하며 둘러싼 에도의 시민들.

통신사 일행에게는 각자의 직책명이 붉은 감자도장으로 찍혀 있

---

1) 오사카부 스이타시(吹田市)에서 개최된 일본만국박람회(EXPO '70)에 세워진 테마관 심볼. 현재도 기념공원에 남아 있다.

었다.

"사야 할 것인가, 말아야 할 것인가. 엄청 망설였습니다. 결국 제9차 조선통신사의 제술관製述官[2] 신유한申維翰이 남긴 〈해유록海游錄〉(東洋文庫에서 번역)이라는 일본기행문을 번역한 강재언 선생의 권유를 받아들여 구매하기로 결정했습니다. 당시의 가격으로 7만 엔이었습니다. 통신사 일행을 바라보는 민중의 동경에 가까운 따뜻한 눈길에 빠져 있는 사이에 아, 이 그림으로 좋은 영화를 만들 수도 있겠다고 생각했습니다. 내가 사료를 모으기 시작한 것은 이 때부터입니다."

2차 세계대전이 끝나고 50년이 지난 1995년 여름에 신기수가 20년 전을 되돌아보면서 회고한 이야기이다. 두루마리 그림을 발견했을 무렵은 한국이름을 사용하던 어린 두 딸이 학교에서 따돌림을 당하는 문제로 고민하고 있었다고 한다.

미술을 좋아하고 직선적인 성격인 큰딸 미사가 중학교에서 학급위원으로 뽑히자, 교사가 "이 선거는 잘못되었으니 다시 해"라고 했다고 한다.

작은 딸 이화는 친구가 또래 남학생에게 놀림을 당하고 있으면 도와주기 위해 달려갈 정도로 활발한 성격이었지만, 연극 활동을 할 때 학년주임교사가 다른 친구만 칭찬하고 이화는 무시해 자신감을 잃기도 했다.

두 아이 모두 친구보다도 교사에게 따돌림을 당하는 부당함에 대해 "교장과 개별면담을 해도 해결되지 않았다. 전후의 민주주의 교육시스

---

2) 외국에 사신을 파견할 때, 전례문(典禮文)을 전담하는 수행원.

템이라고 하지만 사람들의 정체된 의식이 다시 되살아나고 있었다. 이러한 편견과 차별감정은 도대체 어디서 생겨났을까? 아버지로서 무엇인가 하지 않으면 안 되겠다고 생각했다"고 한다.

그렇게 생각한 신기수의 머릿속에 떠오른 것이 전후 일본에 진주한 연합군총사령부(GHQ)가 '나토코'[3]라는 영사기를 각지의 학교나 마을회관에 설치하고 미국영화를 보여주며 민주화를 촉진하던 일화였다.

과거 조총련 문학예술가동맹에서 영화제작을 한 경험이 있는 만큼, 신기수는 사람들의 마음을 사로잡기에는 문자보다 영상이 훨씬 임팩트가 있다는 것을 알고 있었다. 1974년 영상문화협회를 설립하고 독자적인 작품을 만들기 위한 준비를 시작했다.

그로부터 3년 후의 이른 봄.

교토에서 〈일본 속의 조선문화〉라는 잡지를 간행하고 있던 조선문화사 정조문鄭詔文[4]으로부터 "자네가 찾고 있는 조선통신사 두루마리 그림을 입수했으니 바로 보러 오라"는 전화가 왔다. 달려간 신기수는 방 안 가득히 펼쳐 있는 화려한 색채의 두루마리 그림에 정신을 빼앗겼다. 직접 손으로 그린 〈조선인대행렬도권朝鮮人大行列図巻〉 전 8권, 전장 120m나 되는 훌륭한 작품이었다.

---

3) 패전 일본을 통치한 연합군총사령부(GHQ)가 점령정책의 일환으로 민주화 촉진 영화상영을 위해 전국에 나눠준 16mm 영사기.

4) 경북 예천 출생(1918~1989). 8세 때에 일본에 가서 교토에서 파칭코점을 운영하다 일본에 빼앗긴 조국의 문화유산을 되찾아 고려미술관을 설립. 수많은 그림, 민속품, 불상, 도자기 등 한국의 문화유산만 1700점을 소장한 '고려미술관'을 만들었다. 우리 문화재만을 전시한 유일한 박물관이다.

정조문은 후에 교토시 기타구北区 시치쿠카미노키시쵸紫竹上岸町에 조선의 석조와 조각, 도자기, 회화, 가면 등을 모은 고려미술관을 개설했는데 "일본에 있는 우리나라 문화재를 수집하여 남북 통일이 되면 조국에 기증할 생각이다"고 했다.

소중한 두루마리 그림은 좀먹은 부분도 많고 상당히 훼손되어 있었지만 그림 자체는 무탈했다. 두루마리에 그려진 것은 1711년에 일본에 온 제8차 조선통신사 일행이 교토를 출발해서 도카이도東海道를 이용해 에도로 향해 가는 장면이었다.

하루에 30~40km 속도로 전진하는 행렬의 선두는 조선외교 담당으로 진문역眞文役(접대역과 문서관리역)을 맡았던 당시 43세의 아메노모리 호슈雨森芳洲⁵⁾가 앞장섰고, 행렬 맨 뒤는 소宗 쓰시마의 태수가 맡았는데 총인원 4800명이 참여하는 호화찬란한 퍼레이드. 막부幕府의 로쥬老中⁶⁾ 쓰치야 마사나오土屋政直의 명령으로 에도의 동네화가 43명을 급히 모집하여 그리게 한 거대한 다큐멘터리였다.

통신사는 길에서 어떤 행렬의 형태를 이루었는가, 또 에도에 들어섰을 때와 에도성에 등성할 때의 모습 등을 자세하게 그리라는 지시를 받고, 쓰시마번 에도공관의 방 하나를 아틀리에로 꾸며 작업을 하게 했다.

---

5) 에도시대 유학자, 외교관(1668~1755). 쓰시마번에 소속된 조선방 좌역(朝鮮方佐役, 현 외무부 차관급)으로 3년간 부산에 머물면서 한글까지 배웠다. 조선어 교과서 〈교린수지(交隣須知)〉와 조선과의 외교에서 체험한 바를 설명한 〈교린제성(交隣提醒)〉을 저술했다.

6) 에도막부의 통치 관련 업무를 총괄하는 최고직. 교토의 조정과 사찰, 전국의 다이묘를 통제하며 막부 재정을 총괄하고 대외관계도 담당했다.

그것도 어용화가인 가노파의 프로화가에게 의뢰하면 돈과 시간이 많이 든다는 이유로, 상대하기 쉬운 동네화가에게 아침저녁으로 1식3찬 식사는 물론, 낮에는 생선조림과 술을 대접한다는 조건을 붙인 파격적인 대우로 그림을 그리게 했다.

"에도의 동네화가가 자유롭게 그린 그림인 만큼 인물의 표정도 생생하게 살아있고 대단히 재미있는 작품이 되었습니다. 행렬의 선두에서 3분의 1 정도까지는 긴장한 사람들이 이어져 있구나 하는 생각이 들지만, 그 뒤쪽 사람들은 앞뒤 좌우의 사람들과 웃거나 짚신 끈을 고쳐 매는 등 일행의 분위기가 잘 나타나 있습니다.

이 대하 두루마리 그림을 자세히 들여다보는 사이에 두루마리 그림이란 단순한 회화가 아니라 에도시대의 기록영화 그 자체라고 생각하게 되었습니다. 이 작품이 그려진 경위는 게이오대학慶應大學의 다시로 가즈이田代和生[7] 선생이 쓰시마의 소씨 가문 문고에서 발견한 〈소케 기록宗家記錄〉에 기술된 내용으로 명확히 밝혀졌습니다. 정조문은 당시 30만 엔에 구입했지만 조선통신사의 존재가 널리 알려진 지금은 1억 엔 정도의 가치가 될 것입니다."

신기수가 설명하는 두루마리 그림이 들어 있던 나무상자에는 "오와

---

7) 1946년 일본 삿포로 출생. 츄오대학 문학부 졸업, 동 대학원에서 근세 한일관계사 전공으로 석사와 박사학위. 일본 게이오대학 문학부 교수로 재직했다. 1970년부터 쓰시마를 중심으로 〈쓰시마 소케 문서〉 조사를 시작했다. 1983년에는 연세대학교 객원교수, 1994년부터 한일 합동학술회의에 참여하고 있다. 2002년부터 일본 문화청 문화심의회의 전문위원. 2002년부터 2005년까지 한일 역사공동연구위원회 위원으로 활동했다. 저서로는 〈근세 한일 통교무역사 연구(近世日朝通交貿易史の研究)〉(1981), 〈위조된 국서(書き替えられた國書)〉(1983), 〈에도시대 조선 약재조사 연구(江戸時代 朝鮮藥材調査の研究)〉(1999). 2003년 저술한 〈왜관〉으로 일본 마이니치신문사가 주관하는 아시아태평양상을 수상하였다. 한국어판은 〈왜관〉(논형, 2005).

리 도쿠가와尾張德川[8]의 아가씨가 교토의 귀족인 고노에近衛 가문으로 시집갈 때 지참한 보물로 1911년 가을에 니조성二条城[9]의 창고에 있던 것을 민간에 불하拂下한 것"이라고 먹글씨로 적혀 있었다.

도쿄에서 재현된 조선통신사 행렬(1996년10월).

그 후에 똑같은 두루마리 그림이 4세트가 있다는 것이 밝혀졌고 신기수 본인도 소장하게 되었지만 많은 사람에게 보여주기 위해 오사카 시립박물관(2002년 폐관)에 기증하여 지금은 오사카 역사박물관에 소장되어 있다. 한국 국사편찬위원회와 후쿠오카 시립박물관에도 각각 1세트씩 소장되어 있다.

---

8) 도쿠가와 이에야스의 9남(德川義直)의 직계 가문.
9) 교토에 있는 도쿠가와 이에야스의 성.

"이렇게 훌륭한 두루마리 그림이 남아 있다니 정말 깜짝 놀랐습니다. 1911년이라면 한국병합의 다음 해입니다. 에도시대 선린우호의 증거가 되는 두루마리 그림은 조선을 식민지로 만드는 데 방해가 되어 불하하게 되었을까요. 미술상도 무엇이 그려져 있는지 알지 못하고, 구매하려는 사람도 없어서 정조문의 손에 들어오기까지 여기저기 전전하다가 70년이나 세월이 지났던 것입니다.

평화로운 에도시대가 끝나고 불온한 정한론征韓論[10]이 불거져 나온 지 거의 100년이 지나 재일동포의 손에 들어왔다는 것도 묘한 인연이라고 느꼈습니다. 이런 장대한 스케일의 두루마리 그림을 몇번이나 보는 사이에 이 두루마리 그림을 날줄로 하고, 지금까지 각지에서 찾아낸 그림이나 제례 때 추는 춤 같은 것을 씨줄로 하여 기록영화를 만들면 좋은 작품이 되리라는 자신감이 생겼습니다. 그래서 정조문에게 영화제작 구상을 설명하고 두루마리 그림을 보수해 주길 부탁드렸습니다."

정조문은 교토시에서 알만한 사람은 다 아는 시치죠七條의 표구사 묵신당墨申堂으로 두루마리 그림을 가져갔다. 약 300만 엔을 지불하고 손상된 부분을 당시의 종이재질과 비슷한 것을 사용하여 6개월 정도 보수작업을 거쳐, 완성된 두루마리를 도에이 우즈마사 촬영소東映太秦撮影所[11]로 가져가 촬영하기로 했다.

나중에 〈에도시대의 조선통신사〉라는 제목으로 완성되는 이 영화

---

10) 1870년대를 전후하여 대두된 조선 침략론.

11) 1975년 11월 미국의 유니버설픽처스를 모델로 설립. 1970년대 텔레비전과 레저의 활성화를 위해 2만 9000㎡의 대지에 만들었다.

의 기획안은 신기수가 담당하고, 시나리오는 이 작품을 감독한 다키자와 린죠滝沢林三와 신기수가 토의를 거듭하여 공동으로 집필했다. 다키자와 린죠는 피의 메이데이 사건(1952년)[12]의 소요죄로 심문받으면서 약 18년 간의 장기 재판투쟁에서 무죄판결을 받아내고, 영화 〈메이데이 재판〉을 제작한 감독이다.

신기수가 이 영화를 기획했던 초기부터 제작에 참여한 촬영 담당자 다카이와 진高岩仁은 감독으로서 〈배우지 못한 전쟁教えられなかった戦争〉 시리즈 등의 제작에 몰두하고 있다. 촬영조수 시미즈 요시오清水良雄는 현장녹음도 담당했다. 또한 장거리, 장기간에 걸친 야외촬영 동안에는 다카이와 진과 교대로 차를 운전했다.

영화제작을 진행하면서 정력적으로 노력했던 것 중 하나는 메이지유신[13] 이후의 역사의 흐름 속에 묻혀버린 조선통신사가 남긴 글과 그림, 도자기 등의 사료를 가능한 한 많이 찾아내는 것, 또 하나는 조선통신사의 발자취가 조공사朝貢使의 족적으로 의식적으로 왜곡된 사실을 바로 잡는 것이었다. 그러기 위해서는 면밀한 역사고증을 빼놓을 수 없어 마쓰다 고松田甲의 저서인 〈일선사화日鮮史話〉[14] 같은 책들을 숙독하는 한편, 나라에 있는 덴리대학天理大學에 다니면서 중·근대 조선통신사 시대를 포함한 한일관계사의 선구적 연구자인 나카무라 히데다

---

12) 매년 5월 1일에 열리는 국제적인 노동자의 날로 1886년 미국에서 8시간노동제를 요구하는 데모에서 유래됐다. 일본에서는 1920년부터 시작됐다. 1952년 도쿄의 황거외원(皇居外苑)에서 발생한 데모대와 경찰부대가 충돌하여 2명이 사망했다.

13) 막번체제를 무너뜨리고 중앙집권 통일국가 건설과 일본 자본주의 형성의 기점이 된 정치, 사회적 변혁의 분기점이 되었다.

14) 1930년 마쓰다 고(松田甲)가 글을 쓰고 조선총독부에서 발행한 6권의 역사책. 1920~30년대 일본의 식민지 문화정책의 일환으로 만든 책이다.

영화 〈에도시대의 조선통신사〉 개봉 당시의 팸플릿.

카中村榮孝(1902~1984)[15]로부터 직접 지도를 받기도 했다.

나카무라는 전전戰前에 도쿄대학 문학부를 졸업한 후 조선총독부에서 〈조선사〉(朝鮮史編修會 編)의 편집에 종사했다. 조선에서 사료 발굴을 꾸준히 계속하여 "일본의 모습을 아시아 역사 속에서 생각해 보고 싶다"는 실증적 연구태도가 평가받아, 전후에는 나고야 대학의 교수로 영입되었다. 정년 후에는 덴리대학으로 옮겨 교편을 잡고 있었다.

"나카무라 선생은 조선통신사 연구를 비롯해서 도요토미 히데요시의 조선침략(임진왜란)에 반대하여 조선에 투항한 사야가沙也可라는 무장武將의 존재에도 빛을 비췄다. 전쟁 중에 파시즘이 휘몰아치는 가운

---

15) 역사학자, 조선사 연구자. 도쿄제국대학 국사학과 출신으로 20년간 조선에 머물며 〈조선사(朝鮮史)〉 편수관을 역임.

데 총독부의 방침에 반하면서까지 이런 분야의 연구를 하는 것이 얼마나 힘든 일이었는가는 선생님에게 제자가 없다는 사실에서 잘 알게 되었습니다."

그런데 조선과 일본의 외교라는 의미에서는 전란으로 세월을 보낸 무로마치시대宝町時代에도 조선에서 통신사가 일본에 갔고, 일본에서도 사절이 파견되었다. 민간교역도 활발했다.

에도시대의 통신사가 무로마치시대의 통신사와 다른 점은 임진왜란의 전후처리결과로 시작된 선린우호사절이라는 것 이외에, 두 나라 모두 통신사의 왕래가 필요한 각각의 정치적, 외교적인 사정이 있었다.

일본 측의 목적으로서 도쿠가와 막부는 우선 해외에서 통신사 일행을 초청함으로써 여러 다이묘大名[16)와 주민들에게 쇼군집안의 위엄을 과시할 필요가 있었다. 동시에 막부에게 불려간 다이묘들의 행렬을 반대로 통신사에게도 보여주어서 조선 측에도 일본의 위세를 보여주려는 목적도 있었다.

다음으로는 아시아에서의 고립화를 막을 목적으로 통신사를 통해서 조선과 그 배후에 있는 중국의 정보를 수집할 필요가 있었다. 유학儒學과 의학, 미술 등 조선의 우수한 문화가 전해진 것은 말할 것도 없지만 통신사 역시도 일본에서 물레방아 기술과 고구마 재배법 등을 배워 귀국했다.

---

16) 10세기 말부터 19세기 후반 폐지되기 전까지 각 지역을 다스렸던 지방 영주.

세 번째로 막부가 각 지역의 다이묘에게 산킨코타이参勤交代[17]의무를 부과한 것과 마찬가지로, 통신사를 접대하기 위한 다이묘의 재정부담도 늘려 막부의 정치적 안정을 도모하려고 했다. 그렇지만 막부 자체의 경비도 매우 커서 한 차례 통신사 접대에 들어가는 비용이 막부 1년 치 수입을 초과하는 액수였다고 전해진다.

그에 비해 조선 측이 통신사를 파견한 목적은 인접국가 일본의 정치, 경제, 군사 등의 제반 정보를 모으기 위한 것이었다. 일행 중에 화원(화가)은 민중들의 모습을 그리는 한편, 항만 등을 관찰하고 스케치하는 것도 게을리 하지 않으면서 일본이 조선을 재차 침략할 의사는 없는지 등을 점검했다.

에도에서 큰 불이 나거나 아사마산浅間山[18]이 분화하면 그 정보도 통신사를 통해서 조선의 수도 한양에 전해졌다고 한다.

조선 측에서 일본과 국교를 맺지 않으면 안 되었던 또 다른 큰 이유는 배후에 있던 여진족(후금, 후에 청)과의 관계가 있었기 때문이다. 임진왜란 이후 여진족에 의한 북으로부터의 침입에 골머리를 앓고 있던 조선은, 남쪽에 있는 일본이 재침략이라도 하면 이러지도 저러지도 못할 상황이어서 일본의 수호修好 신청을 받아들일 수밖에 없었다.

냉정하게 살펴보면, 이러한 국내외의 정치적 사정이 있어 조선통신

---

17) 에도 막부가 다이묘들을 교대로 일정한 기간씩 에도에 머무르게 한 제도. 각 번의 다이묘의 아내와 자식을 에도에 인질로 잡아두고, 정기적으로 다이묘들이 에도로 올라오도록 만든 볼모형식의 통치제도.

18) 일본 나가노현 기타사쿠군(北佐久郡) 가루이자와쵸(軽井沢町)에 있는 높이 2568m의 활화산.

사가 에도시대에 12차례 일본을 방문한 것이지만, 18세기 중반부터 일본에서는 자국의 문화가 우수하다는 고쿠가쿠國學[19]가 활발해지면서 일본 측의 조선에 대한 의식도 식어갔다.

그 결과 1811년 제12차 통신사는 쓰시마에만 머무는 역지빙례易地聘禮[20]가 되고, 에도에서 마중나간 막부의 담당자는 국서교환을 끝으로 문화교류도 없이 철수했다고 전해진다.

2. 역사교육의 왜곡을 바로잡다

영화는 이런 사실을 배경으로 시나리오를 완성하는 한편, 쓰시마에서 도쿄까지의 야외촬영에 적합한 장소 물색은 1978년 여름 두 달간 진행하였고, 본격적인 촬영은 10월부터 다음해 1월까지 넉달에 걸려 찍었다.

야외촬영장소 물색에서 신기수는 기록영화 〈히데요시의 침략秀吉の侵略〉의 제작자 지상호池尚浩가 운전하는 차량으로 각지를 돌아다녔는데, 세토내해瀨戶內海[21]에서 쓰시마로 향하는 여행에 일주일간 동행했던 카메라맨 조지현曺智鉉은 당시를 이렇게 떠올리고 있다. 조지현은

---

19) 17세기 이후 불교나 유학이 유입되기 전의 일본사상과 언어 상황을 연구하는 학풍으로 고전을 문헌학적으로 연구하여 일본 고유의 문화와 정신을 밝히려 했다.

20) 조선통신사의 행사에 비용이 너무 많이 든다며 쓰시마에서 국서교환으로 끝낸 12번째 통신사(1811년)를 말한다.

21) 일본 혼슈(本州) 서부의 남쪽과 큐슈(九州), 시코쿠(四國)에 에워싸인 내해. 수심은 20~70m. 섬은 약 600개. 여러 섬과 섬 사이에 형성된 좁은 해협을 세토라고 한다.

〈부락部落〉(筑摩書房)과 〈이카이노猪飼野〉(新幹社) 등, 그윽한 은처럼 빛나는 흑백 사진집을 발간한 인물이다.

"후쿠야마의 대조루対潮楼 등 조선통신사가 체류했던 포인트가 될 만한 곳과 통신사와 관련 있는 유적 등을 스틸사진으로 한 컷 한 컷 찍는 작업이었다. 절 같은 곳에서 촬영 양해를 얻는 일에 대단히 어려움을 겪었다. 당시는 조선이라면 마이너스 이미지가 강했기 때문인데 영화제작의 의미를 열심히 설명하는 과정에서 과거에 조선과 교류가 있었던 쓰시마 관청의 이해도 얻게 되었고 전면적인 협력을 얻게 되었다."

쓰시마, 세토내해, 요도가와 강, 교토를 거쳐 비와코 호수 연변의 조선인가도朝鮮人街道, 미노지美濃路, 도카이도 등 에도로 가는 예전 조선통신사와 인연이 있는 연도에는 조선통신사와 관련된 제례나 유물 등 귀중한 기록이 많이 남아 있다.

조선통신사를 현대영화로 되살리기 위한 소재는 부족함이 없었지만 신기수가 가장 애를 먹은 것은 교토 히가시야마東山의 센뉴지泉涌寺 절에 소장된 〈조선국사환대도병풍朝鮮国史歡待図屏風〉이라는 가노 마스노부狩野益信(1625~1694)가 1682년에 그린 8폭 한 쌍 병풍을 촬영할 때였다.

황실과 연고가 있는 사찰에 어째서 조선통신사를 그린 병풍이 있는지 불가사의였지만, 이 그림은 통신사 일행이 긴 여행의 종착점인 에도에 도착하여 만세를 부르는 느긋한 모습과 에도성에서 정사正使가 쇼군에게 취임축하 국서를 건네는 장면이 금박을 듬뿍 사용하여 그려져 있었다.

사찰 측은 기념비적인 병풍에 조명을 비추는 것에 난색을 표했지만, 신기수가 7차례나 찾아가 취지를 설명한 끝에 간신히 승낙을 얻어냈다.

나중에 이 병풍은 4대 쇼군 도쿠가와 이에쓰나德川家網(1641~1682)가 작은 할머니뻘 되는 도후쿠몬인東福門院에게 선물한 것인데, 그녀가 죽은 후에 센뉴지 절에 보내진 것으로 밝혀졌다.

이 병풍은 영화의 마지막 장면에 사용되었는데, 현지에서는 중국에서 쇼군에게 공물을 전하는 조공사를 그린 것이라고 설명하고 있었던 만큼, 역사의 진실을 알리기 위한 이 영화제작에 꼭 필요한 작품이었다.

그 때의 심경에 대하여 신기수는 〈에도시대의 조선통신사〉(毎日新聞社)의 〈후기의 글〉에서

각지에 남아 있는 역사적 자료에 조명을 비추기 위해서는 소장자의 합의를 얻지 않으면 안 된다. 하나하나 이어가는 작업은 '메이지 100년(明治百年)'의 사상에 상처받은 마음을 치유하려는 듯, 마치 우리들은 현대에 있어서 '통신사'의 역할을 짊어진 것과 같았다. 그것은 역사가 가진 활력을 회복하는 작업에는 당연한 일인지도 모른다.

라고 감상을 적었다.

정식촬영에서는 카메라맨 다카이와 진이 운전하는 작은 밴에 조명기구와 카메라, 녹음장치까지 600kg에 달하는 장비를 실었다. 이 차로 쓰시마에서 도쿄까지 왕복했는데 너무 무거운 탓에 고속도로 주행이 힘들어 신기수 혼자서 신간센新幹線으로 이동한 적도 있었다.

〈에도시대의 조선통신사〉촬영의 클라이막스는 누가 뭐래도 교토 우즈마사太秦에서의 작업이었다.

다카이와 진은 예전에 도에이 우즈마사의 촬영소에서 수석카메라맨을 한 적이 있었는데, 치열한 노동쟁의 활동 후 직장을 그만두고 프리랜서가 되었기에 과거 함께 일했던 동료들이 영화의 취지에 찬성하고 전면적으로 협조를 해 주겠다고 나섰다.

일반적으로 스튜디오를 사용하려면 100만 엔은 지불해야 하는데, 연말에 비어 있는 시간을 골라서 사용하고 그 대가로 한 되짜리 정종 3병을 제공해주는 파격적인 조건으로 10여 명의 동료가 달려와 도와주었다.

츄신구라忠臣藏22)의 촬영이 끝난 후의 마쓰노로우카松の廊下(에도성 안에 있는 긴 복도 - 역주) 세트를 그대로 사용하기로 하고, 그 벽에 복원이 막 끝나 뒷 쪽의 풀도 채 마르지 않은 120m나 되는 장대한 두루마리 그림을 붙였다.

그 옆에 레일을 놓고 이동용 카메라로 16mm 필름에 영상을 담았다. 조명도 대형 라이트를 10대 이상을 사용했지만, 그림에 직사광을 비추면 작품에 손상이 가기 때문에 반사광을 사용할 만큼 신경을 썼다.

"레일 위의 이동차에서 촬영하는 기술은 일정한 속도로 달리다가 정확한 위치에서 멈춰서는 기술이 필요한데 '일본 최고의 기술자'라고 자부하는 사나이가 '내게 맡겨!' 라며 맡아 주었습니다. 일본인의 비틀어진 조선관을 바로 잡을 수 있고 재일동포에게도 자신감을 갖게 해

---

22) 아코번(赤穗藩) 47명의 무사들이 옛 군주의 원수를 갚는 이야기.

줄 수 있다. 이렇듯 많은 사람의 선의가 더해져 영화는 완성되어갔습니다."

당초 고미술을 이용한 역사교육영화를 찍는다는 가벼운 마음으로 일을 맡았던 다카이와 진은 이와 같이 감상을 이야기 했는데, 감독인 다키자와 린죠도 장대한 조선통신사 두루마리 그림을 처음 봤을 때는 "꿈 속의 환상을 보고 있는 것이 아닌가, 자기 눈을 의심할 정도였다"며 당시 상황을 다음과 같이 회상했다.

"이 두루마리 그림이 영화로 만들어지면 왜곡된 역사교육을 바로 잡을 수 있다. 그리고 한일 간에도 선린우호 시대가 있었다는 새로운 시야도 열린다. 그러나 오랜 세월에 걸친 대규모의 역사적 진실을 짧은 영상으로 정리하는 것은 간단한 문제가 아니다. 어떻게 하면 관객에게 감동을 줄 수 있을 것인가에 대해 많은 고민을 했다.

사적 등을 연대순으로 나열하면 쓰시마에서 에도까지 가는 코스가 뒤죽박죽이 되고, 반대로 가는 코스로 나열하면 연대의 앞뒤를 알 수 없게 된다. 그래서 에도시대 전체를 하나의 시간적 단위로 보고, 연대를 무시하고 소재를 쓰시마에서 에도까지 가는 코스로 나열해 단 한 번의 여행을 기록한 형식으로 정리하기로 했다."

다키자와 린죠는 오사카 사카이시에 있는 신기수의 자택에 한 달 동안 틀어박혀 영화구상에 매달리면서 신기수와 상당히 격렬한 의견교환을 한 듯하다.

"어느 국립박물관에 조선통신사에 관한 작품이 있어 영상을 찍고 싶었지만 일본인인 내가 교섭하러 가면 상대해 주지 않았다. 조선인인 신기수가 함께하면 상대가 두려운 나머지 허락을 해주었다. 신기수 씨는 아주 유능한 사람이라고 생각하지만 재일동포 사회에서는 재일동포가 일본인보다 위라는 생각에 너무 영합을 한다고 느꼈다.

그래서 내가 작품을 만드는 데 있어 신기수 씨에게 강조한 것은, 나는 일본인이므로 조선인이 위이고 일본인이 아래에 있는 그런 영화는 만들지 않겠다. 어디까지나 대등관계에 있는 작품을 만들겠다고 인식시켰다."

이러한 노력 끝에 1979년 봄에 제작비 1200만 엔을 들여 완성한 역사 다큐멘터리 필름, 〈에도시대의 조선통신사〉는 상영시간 50분의 소형 칼라영화였다. 그 줄거리는 다음과 같다.

정식촬영에서는 배우인 니시무라 고西村晃가 묵직한 목소리로 나레이션을 넣었는데 당시 만들어진 선전용 전단지에서 그 스토리를 (원문 그대로) 인용한다.

> 쓰시마의 옛 영주 소씨 가문의 보리사菩提寺[23]인 반쇼인万松院 한쪽에 목조로 된 낡은 소씨 문고가 있다. 이 문고에는 방대한 양의 조선관계 고문서가 남아 있다. 쓰시마는 가는 곳마다 산과 산으로 이어진 섬으로 평지가 적기 때문에 옛날부터 남(일본)과 북(조선)의 중개무역을 하여 섬 주민의 생계를 유지해 왔다.
>
> 히데요시의 조선침략은 두 나라의 관계에 깊은 균열을 만들었다. 히데요시가 죽은 후 막번체제幕藩體制[24]의 정비를 서두른 도쿠가와 이

---

23) 선조의 위패를 안치하여 명복을 기원하고 가문의 안녕을 비는 절.

24) 에도 도쿠가와시대 봉건제의 바탕 위에 선 중앙집권적 정치체제. 쇼군이 막부를 장악하고, 그 아래 여러 다이묘의 번이 자치권을 행사했다. 다이묘들은 막부가 제정한 '무가제법도(武家諸法度)'를 엄격히 준수해야 하고, 군역과 무기를 제공하고 산킨코타이, 처자의 에도 거주, 에도 수비 등의 임무를 수행해야 했다.

에야스는 조선과의 우호관계를 중시하여 곧바로 국교 부활을 제안했다.

조선은 에도 막부의 요청에 응하여 일본으로 통신사를 파견함과 동시에 무로마치시대의 일본과의 외교, 무역의 창구로써 개설했던 왜관을 부산에 재건했다.

1607년 조선통신사 467명은 성대한 환송을 받으며, 일본에서 온 안내인를 따라 쓰시마로 건너갔다.

1811년 쓰시마를 방문한 조선통신사 일행의 선단船團이나 행렬을 사가번佐賀藩의 유학자인 구사바 하이센草葉珮川이 능숙한 솜씨로 스케치해서 〈쓰시마 일기津島日記〉에 남겨놓았다. 세토내해를 800~1000척에 가까운 선단을 구축하여 나아가는 거대한 행렬 모습은 오카야마현岡山縣 다마노시玉野市 히비日比에 있는 고택에 전해오는 두루마리 그림 속에 그려져 있다.

일행은 배로 쓰시마에서 오사카로 가서, 오사카에서 흘수가 얕은 하천용 배로 갈아타고 요도가와 강을 거슬러 올라가 교토 남서쪽 요도까지 갔다. 영화는 마쓰다이라 아와지松平淡路의 태수가 소유하고 있던 상관사(통역관) 배의 미공개 회화를 소개한다.

교토를 출발한 일행은 비와코 호수의 경관을 즐기면서 조선인가도를 지난다. 화면에는 1711년 통신사 일행을 그린 전장 130m의 두루마리 그림(그려진 인물 약 4600명)이 등장한다. 이때 일행과 함께 동행하던 쓰시마번의 진문역 아메노모리 호슈의 많은 저작을 보관하고 있는 호슈문고가 호수 북쪽에 있는 시가현滋賀県 다카쓰키쵸高月町에 있다. 조선어를 자유롭게 구사했던 아메노모리는 조선과의 외교에 있어 서로 속이거나 다투지 않고 진심으로 교류해야 한다고 설파한 평화외교의 선구자였다.

조선통신사 일행은 가는 곳마다 문화교류의 커다란 소용돌이를 일으켰다. 그것은 서민에게도 영향을 주었다. 예를 들면, 오카야마현 우시

마도의 가라코춤, 미에현 쓰시의 도진 행렬 등이 지금도 전해지고 있
다. 에도 시내로 들어갈 때의 열광적 분위기는 우키요에浮世絵[25] 화가
인 하네가와 도에이羽川藤永가 호레키宝暦 연간(1751~1764)에 멋진 그
림으로 표현했고, 에도성으로 입성할 때의 광경을 가노 마쓰노부가 6
폭 두 쌍의 호화찬란한 병풍그림에 마음껏 그려놓았다.

이와 같은 조선통신사를 축으로 한, 양국의 교류에는 히데요시의 조
선침략으로 인한 깊은 상처를 치유하면서 평화우호의 관계를 강화하
려는 두 나라 국민의 공통된 바람이 담겨 있다.

3. 요원의 불길, 번져가는 상영회

이렇게 해서 만들어진 영화 〈에도시대의 조선통신사〉가 오사카 중
심지인 미도스지御堂筋의 아사히 생명朝日生命홀에서 일반인에게 공개된
것은 1979년 3월 22일의 일이었다.

"그날은 비가 내렸어요. 나라奈良에서 오신 80세 정도의 어르신을 극
장에 안내해드린 것이 인연이 되어 오랜 기간 만남을 이어온 적도 있
지요. 어르신께서 영화를 보시고 크게 감동하셨어요. 조선통신사의 궤
적을 더듬어 가는 일은 매우 즐거웠고, 아이들 기르기를 끝낸 나도 깊
이 빠져들었어요."

신기수와 함께 2인 3각으로 통신사의 사료 수집을 해 온 강학자 여사
는 당시를 이렇게 회상했다.

---

25) 에도시대에 서민계층을 기반으로 발달한 풍속화. 우키요에의 '우키요'는 덧없는 세
상, 속세를 뜻하는 말로 우키요에는 미인, 기녀, 광대 등 풍속을 소재로 하여 목판
화를 대량 생산했다.

아사히 생명홀에는 일반시민 외에도 한국대사관 간부와 조총련 관계자, 이카이노(조선인 집단거주지) 지역의 영세사업자, 교사 등 600여 명이 몰려들어, 아직 3월인데도 냉방을 켜야 할 정도로 뜨거운 열기에 휩싸였다. 오사카 시립대학 강사인 강재언과 조선미술 전문가인 야마토문화관大和文華館의 요시다 히로시吉田宏志의 강연도 있었다.

조선통신사 연구를 해온 강재언은 "나도 통신사와 관계되는 책을 번역하여 조선과 일본의 우호의 역사를 소개해 왔습니다만, 사람들에게 전달한다는 의미에서는 활자로는 한계가 있습니다. 이 영화의 완성에 따른 임팩트는 매우 컸고 교과서에까지 등장하게 되었습니다. 그때까지는 에도시대의 두루마리 그림이나 병풍에 외국인이 그려져 있어도 중국인인가, 유럽인인가를 구별하는 정도였기 때문에"라고 말했다.

아사히신문朝日新聞은 3월 26일자 사설에서 이 영화를 다음과 같이 언급했다.

최근 재일조선인과 일본인 영화관계자, 음악가, 학자 등이 협력해서 제작한 다큐멘터리 영화 〈에도시대의 조선통신사〉를 볼 기회가 있었다. 다카마쓰즈카高松塚[26] 고분이 고대 한일교섭사의 징표라고 한다면 이것은 근세 한일관계를 다시 보는 영화라고 생각한다. ……지금 필요한 것은 불행한 과거 외에도, 오랫동안 이어온 평화스러운 우호의 역사가 있었다는 것을 알고, 과거 불행한 사건은 당시 권력자에 의한 예외적인 것이었다고 올바르게 인식하는 것이다. 이런 시기가

---

26) 나라 근처 아스카무라(明日香村)에 있으며 석실 내부에 고구려 벽화에 보이는 사신도를 비롯한 남녀군상이 그려져 있다.

있었다는 것을 끄집어낸다 하더라도 불행한 사건의 면죄부가 되리라고는 생각하지 않는다. 그렇지만 역사의 올바른 인식이 편견을 바로잡고, 쌍방의 이해에 큰 역할을 해 줄 수 있다는 것도 사실이다. 〈에도시대의 조선통신사〉는 불과 50분짜리 작품이다. 그렇지만 이 영화가 말해주는 역사적인 사실은 무겁다. 우리들의 조선관은 어떻게 해서 형성되었는가, 오랜 도쿠가와시대를 통해서 우호관계에 있었던 조선과 일본의 관계가 어째서 틀어져 버렸는가. 우리들은 다시 한 번 생각해 볼 필요가 있을 것 같다.

이 사설이 나오기 전에 아사히신문 담당자가 인쇄 전 원고를 보내 "내용은 이것으로 괜찮을까요, 라며 몇 번이나 거듭 확인을 해왔다"고 현재 교토부립대학 교수로 재직하고 있는 요시다 히로시는 말한다.

당시 일본에서 조선회화사를 연구하는 학자는 요시다 히로시뿐이었다. 그렇지만 그는 영화 〈에도시대의 조선통신사〉에 대하여 다음과 같이 회상한다.

"영화가 완성되기 전, 아직 음성을 넣지 않았을 때에 나와 다키자와 린조 씨 등이 모여 시사회를 열고 여러 가지 의견을 교환했습니다. 현지인 오사카의 무게감을 좀 더 강하게 하자고 해서 '통신사 일행이 (히데요시의 아성인) 오사카성을 보는 눈은 매서웠다'라는 나레이션이 들어간 것입니다."

영화 〈에도시대의 조선통신사〉는 1980년도의 마이니치 영화每日映畫 콩쿠르에서 2위를 차지했지만 스폰서나 조직적인 뒷받침도 없이 자주적으로 제작한 작품이었다.

(5) 9版 1979年(昭和54年)3月26日 月曜日

社説

共通基金の大筋合意の意義

映画「朝鮮通信使」をみて

아사히신문의 사설(1979년 3월 26일자).

그런 만큼 상영활동은 영화관 확보 등 어려운 점도 예상되었지만, 아사히신문 사설이 각지에서 복사 배포되어 영화의 가이드로서 계속 읽혀졌다. 쓰시마, 시모노세키, 우시마도, 오사카, 교토, 히코네, 기후, 시미즈, 도쿄로 통신사와 연고가 있는 지역에서 릴레이식으로 상영되었고, 더욱이 동북지방인 센다이 등에서도 커다란 반향을 불러 일으켰다.

이 영화는 서울에서도 동양방송이 8월 6일에 TV로 전국에 방송했다. "마치 요원의 불길이 번져가는 기세였다"라고 생전에 말했던 신기수는 영화가 개봉되고 약 2개월 후의 아사히신문(5월 17일자) 석간 인터뷰에서 다음과 같이 답했다.

—— 이렇게까지 반향을 불러온 이유는 무엇일까요?

일본인의 경우 최대 이유는 이렇게도 밝고 휘황찬란한 교류가 있었다는 것을 그동안 모르고 있었다는 충격이겠지요. 게다가 누가 가르쳐준 적도 없었다는 것을 알고 한 번 더 크게 놀랐을 거에요. 한일 관계의 역사라고 하면 히데요시의 조선출병이나 메이지유신 이후의 정한론, 한일합병이라는 어두운 면만 배워왔기 때문에 명암의 대조가 너무나도 컸습니다.

어떤 잡지의 일본인 편집자는 "이런 역사적 사실에 대하여 거의 무지했던 나 자신이 부끄럽다. ……눈의 비늘이 한꺼풀 한꺼풀 벗겨졌다"고 감상을 보내왔다. 일본인의 반응은 그 말이 대표하고 있습니다.

—— 재일동포의 반응은 어떻습니까?

어떤 여성은 한국인과 일본인의 관계를 애정과 증오 사이에서 흔들리는 관계라고 비유하며, "영화를 보고 있는 동안에 일본에 대해 막연하게 쌓이고 쌓였던 증오심이 조금씩 사라졌습니다. 영화가 끝나고 나니 이상하게도 편안한 마음이 되었습니다. 일본과 한국은 친구였구나, 아니 그 이상의 관계였구나. 나는 일본인을 사랑하고 있는지도 모른다는 상쾌한 생각을 할 수 있게 되어 기뻤습니다. 만약 이 영화를 일본 사람이 본다면 역시 조선에 애정을 품을 것 같습니다" 라고 감상을 적었습니다.

전국의 상영장에서는 일반시민, 교사, 노동조합원 뿐만이 아니라, 평상시에는 서로 대립관계에 있던 민단과 조총련 간부가 사이좋게 이 영화를 보는 보기 드문 광경도 있었다.

영화필름구입을 가장 많이 한 곳은 고베학생청년센터에 사무국을 둔 '무궁화회ムクゲ숲'라는 NGO였다. 센터의 관장인 히다 유이치飛田雄 —는 "처음 시사회에서 봤을 때 대단히 감동을 받았습니다. 당시에는 조선인 차별을 고발하는 직선적인 영상이 많았기 때문에 이 작품은 매우 좋다고 생각했습니다"라고 회고했다.

당시 나라신문의 보도부 데스크로서, 나라시의 노동회관에서 자체 상영회를 열었던 편집자 가와세 슌지川瀬俊治도 "역사가 박경식27) 씨가 조선인 강제연행분야를 조명하여 한일 간의 큰 문제로 주목받았지만 어두운 조선이라든가 약탈당한 조선이라는 모습에만 눈길이 가는 경향이 있었다. 그러나 선린우호의 시대도 있었다고 하는 신기수의 시점은 대단히 신선했다"고 말했다.

---

27) 1922년 조선 출생, 1929년 일본에 갔다. 1949년 도요대학(東洋大学) 문학부 사학과를 졸업하고 조선 중·고급학교, 조선대학교 교원을 역임하면서 조선근대사를 연구했다. 태평양전쟁 종전 후, 희생자에 대한 연구가 제대로 이루어지지 않고 있는 상황에서 일본 전역을 찾아다니며 자료를 수집하고 생존자의 증언을 모으는 등 각고의 노력 끝에 일제강점기 시대의 강제징용에 대한 최초의 보고서 〈조선인 강제연행의 기록〉을 펴냈다.

"어찌되었든 한 사람이라도 더 많은 사람이 봐야 한다고 생각하고 서둘러 영화관을 찾아 상영회를 열었다. 신기수 씨와 교토대학의 우에다 마시아키 선생께서 강연하러 와주셨는데, 영화가 끝나고 귀가 중에 전차의 선반에 중요한 필름을 놓고 내렸던 적이 있었다. 나중에 찾기는 했으나 식은땀을 흘린 기억이 있다"면서 웃었다.

부산을 가깝게 바라 볼 수 있는 나가사키현 쓰시마 이즈하라嚴原에서 〈에도시대의 조선통신사〉를 감상했던 나가사키신문 쓰시마 지국장 도게 겐지峠憲治는 "대단히 활기가 넘치는 작품이어서 깜짝 놀랐다. 쓰시마에 주재하면서 한국에서 들어오는 집단밀항사건 등의 취재에 쫓기는 바람에 한국과 일본의 역사에 대하여 아무것도 모르고 있었다는 것을 통감했다. 과거 조선과 일본의 선린우호관계를 알고 난 이후에 한국에 있는 피폭자 문제 등에 몰두하게 되었다"고 말했다.

도게 겐지는 이 영화를 계기로 이즈하라에서 170년 만에 조선통신사 행렬이 재현된 1980년 여름, 쓰시마를 찾아온 신기수와 현지의 세이잔지西山寺 절에서 처음으로 인사를 나누고 직접 담근 김치를 대접 받았다.

"그 후에도 몇 번인가 이야기를 들을 기회가 있었는데, 그때마다 느꼈던 점은 올바른 역사를 전하고 싶어하는 넘칠 듯한 정열이었다"고 신기수의 사후에 나가사키신문 2002년 10월 21일자 칼럼에 추모하는 기사를 실었다.

신기수와 예전 전학련(전일본학생자치회총연합) 시절에 학생운동을 함께 했고 미나마타병水俣病[28] 등을 추적 취재하고 있었던 영화감독

---

28) 수은 중독성 신경질환. 구마모토의 미나미타시 해변의 오염된 물고기와 조개 등을 먹은 사람에게 생긴 병.

쓰치모토 노리아키±本典昭는 "사물을 제대로 볼 수 없게 되고 이해할 수 없게 되었을 때, 역사를 되돌아보는 것이 얼마나 중요한가를 선명하게 일깨워주는 영화였다. ……그늘에 가려진 사실도 있겠지만 이 영화를 계기로 이게 마중물이 되어 에도시기의 여러 자료가 쏟아져 나올 것 같은 느낌이 든다"고 신기수에게 메시지를 보냈는데 예상대로 새로운 사료가 발견되었다는 뉴스가 이어졌다.

4. 에도시대의 국제인, 아메노모리 호슈

한편 〈에도시대의 조선통신사〉가 전국 각지에서 자체 상영되고 있는 동안에 여러 가지 일이 있었는데, 1979년 7월에 교토시의 근로회관에서 열린 상영회는 특히 감동적이었다고 한다.

이 극장은 1300명 정도의 관객으로 채워졌는데, 이 가운데는 비와코 호수 북쪽에 위치한 시가현 다카쓰기쵸에서 버스 한 대를 대절하여 3시간을 달려온 아메노모리 호슈의 친척뻘 되는 분들이 있었다.

영화에 이어 교토대학 교수 우에다 마사아키의 강연 〈아메노모리 호슈와 조선통신사〉가 끝나자, 사회자로부터 "관중 여러분 중에 아메노모리 호슈 선생의 자손 여러분이 와주셨습니다. 일어나 주시겠습니까?" 라는 소개를 받고 단상에 올라가 우에다 교수와 악수를 하자 영화관은 함성과 큰 박수갈채로 소용돌이쳤다고 한다.

그들 중에 다카쓰기쵸에서 의원을 경영하고 있는 아메노모리 마사타카雨森正高는 "모두 신기수 씨의 진심어린 배려로 실현된 것"이라고

아메노모리 호슈(시가현 다카쓰키쵸 호슈회 소장).

회고했다.

　그는 현지에서 호슈 선생에 대한 연구를 계속하고 있었고 언젠가 향
토를 빛낸 위인의 존재를 많은 사람에게 알리고 싶었다. 영화의 완성
을 신문에서 읽고 신기수에게 연락하자, 호슈 선생에 관한 자료와 영
화회 입장권, 팸플릿 등을 듬뿍 보내주었다고 한다.

　"그래서 아메노모리의 친족과 마을촌장 등이 모두 교토로 달려온 것
인데, 신기수 씨는 영화관에서 우리들을 옛 친구처럼 따뜻하게 맞이해
주셨습니다. 그리고 이 영화의 박력에 정말 놀랐습니다. 우리처럼 전쟁
통에 자란 사람들은 조공사朝貢使[29]라는 세계 밖에 몰랐고 조선통신사
까지는 지식이 없었으니까요. 그랬는데 에도시대의 일본은 '쇄국' 속에

---

[29] 전근대 동아시아의 국제관계에서 주변국들이 정기적으로 중국에 사절을 보내 예
　　물을 바친 행위.

서도 유일하게 조선과는 국교가 있었다는 것을 처음 알게 되었습니다.

게다가 호슈 선생이 조선외교에 관계하고 있었다는 것도 모르고 있었기에 후손으로서도 큰 기쁨을 느꼈습니다. 영화관에서 우리들이 단상에 올라갔을 때 우에다 선생의 놀라는 표정이 어제 일처럼 떠오릅니다."

신기수와의 만남이 계기가 되어 아메노모리 마사타카는 다음해인 1980년 10월 26일, 호슈의 225회 추도회가 쓰시마의 이즈하라쵸에서 열렸을 때는 아버지를 모시고 간절히 원했던 아메노모리 호슈의 묘소를 참배했다. 이 여행에는 도쿄에 살고 있는 호슈의 10대손, 아메노모리 히데키雨森秀樹도 참가했다. 문틈 사이로 바람이 들어오는 프로펠라 비행기로 후쿠오카 공항에서 쓰시마로 날아가, 현지에서 신기수와 우에다 마사아키 등과 합류한 뒤 쓰시마에 남아 있는 몇몇 조선통신사 유적을 견학했다.

아메노모리 마사타카는 그 후에도 신기수 등과의 교류를 통해 아메노모리 호슈와 조선통신사의 세계에 관한 연구를 심화시켜가고 있었다. 통신사 일행의 제술관 신유한이 남긴 〈해유록〉이라는 일본 기행문에 아메노모리 호슈와 신유한이 주고받은 글이 많이 인용되어 있는 것도 알게 되었다.

그 글에서 호슈는 "내 고향 다카쓰키쵸에서 아사이·아사쿠라浅井·朝倉 군대와 싸운 기노시타 도기치로木下藤吉郎(도요토미 히데요시의 옛 이름) 때문에 아메노모리 일가가 모두 죽임을 당해서 우리들도 도요토미 히데요시가 한 짓을 결코 좋게 생각하지 않는다. 오히려 잊을 수 없는 적이다"라며 일본인에게도 밝히지 않은 출생에 대한 이야기를 신유한에게 털어놓을 정도로 두 사람 사이에는 깊은 교류가 있었다.

그로부터 20여 년이 흐른 2002년 10월 5일 신기수 씨는 71년의 생을 마감했다.

아메노모리 마사타카는 그 해 12월 22일 '신기수 씨를 추모하는 모임'이 조선통신사 일행의 숙사이기도 했던 오사카시 츄오구中央区의 니시혼간지 쓰무라 별원(北御堂)에서 열렸을 때, 영화 〈에도시대의 조선통신사〉를 23년 만에 다시 감상한 소감을 "조금도 퇴색되지 않았습니다"라며 다음과 같이 말했다.

"처음 공개했을 때에 본 감동이, 아메노모리 호슈 선생의 업적이 널리 알려지게 된 지금 감상해 봐도 전혀 변함이 없습니다. 당시의 신문에 '영원한 영화'라고 소개되었지만, 4반세기가 지났어도 그 말 그대로라는 느낌입니다. 북한에 의한 일본인 납치문제가 드러났고 양국 간의 관계가 평탄하지는 않습니다만, 장래 국교가 회복되었을 때 가교역할을 할 수 있는 가장 중요한 인물은 역시 신기수 씨라고 생각합니다. 신기수 씨는 영화 〈에도시대의 조선통신사〉를 손에 들고 북한 사람들에게 호소하며 선린우호의 역사를 다시 부활시킬 수 있는 유일한 인물이라고 믿고 있었으니까요."

묻혀 있었던 아메노모리 호슈의 업적 발굴이라는 의미에서 큰 역할을 한 사람은 교토대학에서 오랫동안 일본 고대사를 가르치고, 오사카여자대학 학장도 역임한 우에다 마사아키이다. 그는 '일본과 아시아의 관계는 어떠해야 하는가'에 관하여 민제화民際化라는 개념을 제창하면서 미래지향적인 발언을 계속하고 있다.

신기수와도 조선통신사에 관한 책을 몇 권 쓴 우에다 마사아키는 강연 등에서 언제나 다음과 같은 지론을 전개하고 있다.

"국제화라는 말이 있지만 좋아하지 않는다. 국가와 국가의 관계도 중요하지만 한계가 있다. 국가의 이익에 손상을 입히면서까지 외교를 하는 정치가는 없기 때문이다. 나라가 생기고 민족이 생긴 것이 아니다. 그것보다는 서로의 민족이 각각의 주체성을 존중하고 이해하는 것이 진정한 교류라고 생각하여 '민족제화民族際化'라는 개념을 중시하고 싶다."

그런 우에다 마사아키가 아메노모리 호슈의 존재를 강하게 인식한 것은 1966년 가을 〈아라이 하쿠세키新井白石〉(일본의 명저, 中央公論社)의 구어체 번역을 구와바라 다케오桑原武夫와 함께 담당하게 되어 사전조사차 출신지인 시가현 다카쓰기쵸에 갔을 때이다. 그는 아직 교토대학 조교수 시절이었다.

1668년 시가현 다카쓰기쵸에서 태어나서 1755년 1월에 88세를 일기로 쓰시마에서 생을 마감한 아메노모리 호슈 선생에 대하여 아라이 하쿠세키는 그의 자서전인 〈아궁이 밥折たく紫の記〉[30]에서 '쓰시마에 있는 잘난 체하는 학자'라며 얕잡아보고 있다. 두 사람은 모두 에도의 유학자 기노시다 준안木下順庵의 문하생으로 조선통신사 접대를 간소화 하려고 했던 아라이 하쿠세키와 의견 대립이 있었던 인물이라는 정도의 인식은 있었으나 자세하게는 모르고 있었다.

우에다가 다카쓰기쵸 읍내의 유치원 근처의 토굴에 잠들어 있던 아메노모리 호슈의 〈조선 풍속고朝鮮風俗考〉와 〈한글입문서〉 등의 유품을 접하는 사이에 어느덧 날이 저물어 밤이 되자 회중전등을 비추어가며

---

30) 아라이 하쿠세키(1657~1725). 6, 7대 쇼군을 보좌한 근세일본의 유학자. 자서전 3권 〈아궁이 밥〉이 남아 있다.

읽어 내려갔다고 한다.

아메노모리 호슈와 관련 있는 이런 문헌과 기록 등 2백 수십여 점은 현지의 초등학교 교장을 퇴임한 후에 호슈서원芳州書院을 관리하던 요시다 도루吉田達(1987년 73세로 사망)가 소중하게 보관해 왔다.

전기傳記 한 권 조차 없는 선각 철학자 호슈 선생에 관한 공부를 위해 호슈서원을 몇 차례나 드나들 수밖에 없었던 신기수는 요시다 도루의 연구 성과를 귀동냥으로 배웠다.

호슈는 18살에 에도로 가 기노시타 쥰안木下順庵의 문하생으로 들어가면서부터 두각을 나타냈고, 26살 때 쓰시마번에 출사했다. 부산에도 가끔 건너가 당시에 유일한 해외상설 재외공관이었던 왜관에서 조선외교의 실무를 담당했고 조선통신사 일행의 제술관 신유한으로부터 '일동의 요초日東の堯楚(뛰어난 인물 - 역주)'라는 말을 들을 정도였다. 중국어에도 정통했다.

그런 호슈 선생이 61세에 집필한 〈교린제성交隣提醒〉이라는 조선외교의 마음가짐 52항목을 설명한 글에서 도요토미 히데요시의 조선침략을 대의 명분이 없는 '이름없는 전쟁'으로 단언하고, '성심의 교류'에 관해 성심誠心이라 함은 "진실한 마음을 표현하는 것으로, 서로 속이거나 다투지 않고 진실된 마음으로 교류하는 것이다"라고 지적했다.

호슈는 자신을 절대화하지 않고 서로 다른 문화와 평등을 설명하고 비교하여 자기의 문화를 상대화시키려고 했다. 이런 뛰어난 식견에 우에다는 가슴이 뭉클해졌다고 한다.

그 당시의 심경에 대하여 우에다는 신기수와 나카오 히로시仲尾宏와의 공저 〈조선통신사와 그 시대〉(明石書店)에서 "이전에 한국·조선 연구자와 종종 토론할 기회가 있었는데, 일본의 한국·조선관에 대한 왜곡을 비판당할 때마다 할 말은 하면서도 커다란 부채의식을 통감했던 것이 사실이다. 아메노모리 호슈를 알고부터 나는 가슴을 펴고 토론에 임할 수 있게 되었다. 내가 '호슈 혼芳洲魂(호슈의 정신)'을 역설하게 된 것은 조선통신사의 고찰을 계속하는 과정에서다"라고 적었다.

호슈는 30대 중반이 되어서 조선어 공부를 시작해 3년 만에 마치고 〈교린수지交隣須知〉라는 일한 회화서를 만들어 쓰시마번의 후배들이 조선과 외교실무를 하는 데 큰 도움을 줬다.

"호슈 선생의 위대한 점은 조선의 학자들이 서민의 언어라고 우습게 취급했던 한글을 익혀서 그들의 마음 속 깊은 곳까지 다가가려고 했던 점이다. 그런데 그 회화서는 메이지시대가 되면 조선을 식민지로 지배하기 위한 도구로 사용되었다. 이것이 근대의 불행한 역사의 시작이었다"고 신기수는 강연 등을 할 때마다 지적해왔다.

아메노모리 호슈에 대해서는 국제일본문화 연구센터 조교수였던 가미가이토 겐이치上垣外憲一는 그의 책 〈아메노모리 호슈 — 1688~1735년 시기의 국제인雨森芳洲 — 元禄享保の国際人〉(中公新書)에서 18세기 서구의 계몽사상가 볼테르Voltaire[31]를 뛰어넘는 인물로서 다음과 같이 소개하고 있다.

---

31) 프랑스의 철학자, 역사가, 문학자, 계몽주의 운동의 선구자(1694~1778). 종교적 광신주의에 맞서 평생 투쟁했던 그는 관용 정신이 없이는 인류의 발전도 문명의 진보도 있을 수 없다고 생각했다. 〈관용론〉(1763년)은 18세기 유럽을 휩쓸던 종교 전쟁의 광풍에 희생된 한 가장(家長)의 억울함을 호소하며 '관용'의 개념을 역설한 책이다. 이 책은 탐사보도 성격의 글쓰기와 시각 자료의 적극적인 활용 등 오늘날에도 유용한 저널리즘의 표본을 보여주면서 당시 계몽주의 사상과 자유주의 사상 등을 효과적으로 제시해 종교 전쟁의 종지부를 찍고 프랑스혁명을 앞당기는 데 공헌했다.

아메노모리 호슈의 유품을 들고 에도의 국제인에 대해 설명하는 신기수(1991년 雨森芳洲庵에서).

호슈는 민족, 종교, 언어라는 국가와 국가를 나누는 것에 절대적인 가
치를 부여하지 않고 보편적 인간성이라는 척도로 각 민족의 가치를
평가하려고 했다. 국가의 존엄과 비천함은 군자와 소인배의 많고 적
음으로 결정된다고 호슈는 말한다.

유럽의 사상가가 그리스도교 지상주의에서 벗어나 각 민족, 각 종교의 평
등을 설파하기 시작한 것은 18세기 후반이고, 볼테르의 〈관용론〉(1763
년)이 그것을 대표한다. 그때 비로소 그리스도교도 이상으로 인간이
본질적이라는 원칙이 제시되었다.

시기적으로 말하자면 오히려 호슈 선생 쪽이 빠르다고 할 수 있다.……

이렇게 아메노모리 호슈와 조선통신사의 세계가 알려지게 된 1984
년 11월 3일, 다카쓰기쵸는 우에다 마사아키의 의견과 시가현의 지
원을 받아 '고호쿠湖北의 마을에서 아시아가 보인다'라는 캐치프레이

즈로 동아시아 교류하우스 · 아메노모리 호슈암雨森芳洲庵을 오픈했다.

인구가 불과 1만 명 정도인 마을에 8000만 엔을 들여 완성한 시설은 280㎡의 부지에 노송나무로 만든 단층건물이다. 이곳에는 아메노모리 호슈 사료전시실과 찻집, 큰 응접실, 정원 등이 구비되어 있다.

그날을 기념해서 가을걷이가 끝난 논두렁길에 '조선통신사 행렬', '학문의 신, 아메노모리 호슈' 등이라고 적힌 붉은 깃발이 이어지고 마을 사람 수백 명이 통신사 복장을 하고 고호쿠 지방이 생긴 이래 처음으로 퍼레이드에 나섰다.

그 후 1990년 5월에 노태우 대통령이 방일하여 국회연설을 할 때, 아메노모리 호슈를 '성의誠意와 신의信義의 인물'이라고 칭찬한 덕에 일본 국내는 물론, 한국에서도 수학여행단 등이 연이어 방문을 하게 된다.

5. 교과서에 끼친 임팩트

교토 라쿠세이洛西 지역의 아라시야마嵐山 근처, 사가嵯峨의 초등학교에서 전전戰前에 교육을 받은 신기수는 당시의 '국사', 즉 일본사 수업이 몹시 지겨웠다고 한다.

일기장에 "나도 어른이 되면 훈장을 달고, 말을 타고 나라를 위해 충정을 다하여 천황폐하에게 복종하고 싶다"고 쓸 정도로 모범적인 황국소년이었는데도 말이다.

일본의 식민지 지배에 따른 창씨개명으로 '미치카와道川'라고 개명했던 어린 신기수 앞에서 교사는 진구황후神功皇后[32]의 삼한정벌을 가르치고, '태합太閤 히데요시의 조선 정벌'과 '가토 기요마사加藤清正의 호랑이 퇴치'를 무용담처럼 이야기했다.

"그럴 때마다 반 친구 전원의 따가운 시선을 느끼고 도저히 얼굴을 들 수가 없었다. 재일동포 아이들이 예외 없이 학교에서 역사를 싫어하게 된 것도 그런 수업방식 때문이었다."

전전의 강압적인 조선멸시교육에 대하여 신기수는 담담하게 회상했지만 사쓰마야키薩摩燒[33] 종가 14대 심수관도 청년시절에 입은 가장 큰 마음의 상처는 중학교 역사시간에 '조선정벌'에 대한 강의를 들었을 때였다고 한다.

심수관은 임진왜란 때 사쓰마번주薩摩藩主 시마즈 요시히로島津義弘가 조선에서 일본으로 연행해 온 도공의 후예로, 시바 료타로司馬遼太郎가 쓴 〈고향을 잊을 수 없소이다故郷忘じがたく候〉(1968년, 文藝春秋)는 심수관 일가의 이야기다.

심수관도 역사수업에 대하여 신기수에게 "온몸으로 따가운 시선을 느끼면서도 결코 머리를 숙이지 않고 정면을 바라보면서 다만 폭풍우가 지나가기를 기다리는 기분이었다"고 말한 적이 있다. 신기수는 누구한테도 의존하지 않고 스스로 대처방법을 생각한 것이 그 후의 인생

---

32) 일본서기에 나오는 인물. 임신한 몸으로 신라를 정벌하고 고구려, 백제의 항복을 받았다고 주장한다.

33) 일본 큐슈(九州) 가고시마현(鹿兒島県)에 있는 도자기 명가. 임진왜란 때 일본으로 끌려간 조선도공 심당길(沈當吉)이 도자기를 구워내던 곳이다. 그의 12대 후손인 심수관에 이르러 사쓰마 도자기로 빛을 보게 되어 일본의 3대 도자기이자 세계 도자기의 명품으로 성장한다. 심수관가는 그때부터 '수관'을 가문의 세습명으로 사용하고 현재는 16대 심수관이 가문의 전통을 잇고 있다.

을 결정지었다고 들었을 때 전적으로 동감이라고 생각했다.

지금도 고령자들 사이에 '조선정벌'이라는 말에 위화감을 전혀 느끼지 않는 사람이 있는 것은 제2차 세계대전 중에 학교에서 반복적으로 교육을 받았기 때문이다.

전후의 교과서를 봐도 임진왜란에 대해 "명나라를 토벌하기 위해 진격할 것이니 길을 빌려 달라고 조선에 요구했지만 조선이 응하지 않아서 조선반도에 대군을 보냈다"라며 침략의 원인이 조선 측에 있는 것처럼 기술하고 있다. 그리고 에도시대의 일본은 '쇄국' 정책을 펴서 네덜란드, 중국과 나가사키의 데지마에서 교역을 하고 있던 것 이외에 국교가 있는 나라는 없었다고 가르쳤다. 공물을 가지고 인사하러 온다는 의미의 조공사는 교과서에 실려 있어도 조선통신사에 대한 내용은 소개되어 있지 않았다.

이와나미 출판사의 〈고지엔廣辭苑 사전〉에 조선통신사가 등장하는 것은 1983년 발행된 제3판부터다. 그것도 "조선의 국왕이 에도막부에 파견한 사절. 쇼군 취임 등의 축하를 위해 1607~1811년까지 12차례 방일. 조선사절, 조선신사朝鮮信使'라고 나올 뿐이다.

〈교과서에 쓰여진 조선〉(講談社)에 따르면 "침략전쟁의 잔학함을 인식시키고 평화와 민족독립의 존귀함을 가르친다"는 등의 캐치프레이즈를 내걸었던 이에나가 사부로家永三郞[34]의 고등학교 교과서 〈신일본사〉(三省堂: 1978년 일부 개정)조차도 도쿠가와 막부 초기의 '해외무역', '그

---

34) 도쿄교육대학 명예교수(1913~2002). 역사학자로 역사교과서 소송으로 유명하다. 1953년 집필한 고교역사교과서 「신일본사」의 검정 합격 조건를 둘러싸고 문부성과 대립하여 항의서를 제출하고 소송을 계속했다.

리스도교 금지와 쇄국' 등에 관해서는 상세하게 언급하면서도 조선
과의 관계에 대해서는 "도쿠가와 이에야스는 조선 및 명나라와의 국
교를 회복하려 했고 1607년에는 조선 사절이 일본을 찾아 왔다"라고
만 되어 있다.

시가현립대학滋賀県立大學에서 조선 근대사를 가르치고 있는 강덕상姜
德相은 과거에 이에나가家永의 교과서 재판을 지원하는 모임 멤버로 참
여해 달라는 권유를 받았지만 "평화와 헌법에 대한 기술은 잘 되어 있
지만, 조선관계는 다른 교과서와 그다지 다른 게 없다"고 거절하고, 역
으로 조선통신사의 방일 등 한일관계의 역사적 사실에 관하여 제대로
쓰도록 주문을 한 적이 있다고 한다.

중화요리점을 경영하면서 고학한 끝에 1989년 히토쓰바시대학一橋大
學 사회학부 교수가 되었을 때, 민단과 조총련계를 통틀어 처음으로 국
립대학 교수가 탄생했다고 신문에 보도된 강덕상은 에도시대의 조선
과 일본의 선린우호관계가 메이지시기에 들어서면서 왜 붕괴되었는가
를 밝히는 것이 연구의 출발점이었다.

늘 "역사학은 미래학이다"라고 주장하며, 〈조선인학도출진 — 또 다
른 전몰학도병추모의 목소리朝鮮人学徒出陣 — もう一つのわだつみのこえ〉(岩波書
店, 1997)[35], 금병동琴秉洞[36] 씨와 편집한 〈현대사 자료6 관동대지진과 조
선인〉(みすず書房) 등을 세상에 내는 한편, 교통사고로 갑자기 죽은 역사
가 박경식이 남긴 방대한 사료를 시가현립대학에 기증하도록 해 박경

---

35) 1944년 1월, 황민화정책으로 5000명에 이르는 식민지 출신의 학생들이 일본군의 '지
    원병'으로 전장에 내몰린 전후과정을 추적하여 충격을 준 책.
36) 후쿠오카 출생(1927~2008). 전 일본 조선대학교 교수 및 도서관 부관장 역임.

식의 개인문고를 개설했다.

이에나가의 교과서 건도 있었던 만큼 강덕상은 그 후 영화 〈에도시대의 조선통신사〉를 감상했을 때, "신기수 씨의 작품은 일본과 한국, 일본과 북한 관계를 다시 보는 하나의 창을 열었다고 할 수 있다. 내가 논문을 써도 읽어주는 사람은 한정되어 있지만, 영상은 많은 사람들 속으로 직접 파고 든다. 이는 영화에 의한 역사의 복원이며 획기적인 일이라고 생각한다"며 감격했다.

이 영화를 계기로 조선통신사는 교육의 세계에서도 클로즈업 되어 초등학교 사회부터 중·고등학교 역사, 일본사 교과서에도 조선통신사에 관한 기술이 등장하게 됐다.

중·고등학교 교과서에서의 언급이나 서술 양이 일정치는 않지만, 가까운 주변 사람에 대한 감정이 싹트는 초등학교의 교과서는 어린이들에게 주는 영향이 크기 때문에 2001년 검정이 끝난 교과서 중 3가지 사례를 아래에 소개한다.

▷오사카 서적 〈초등사회 6학년 상권〉 61~62쪽의 2쪽 분량. "하루카 씨의 연구 〈쇄국 체제에서 외국과의 교류〉"로 등장. 조선과의 교류에 관하여 조사하여 알게 된 것으로,

① 도쿠가와 이에야스는 쓰시마번(나가사키현)의 소宗씨를 통해서 조선과의 우호관계를 회복하려고 했습니다.
② 침략 받은 조선에서는 국교회복에 반대하는 의견도 있었으나, 쓰시마번의 노력과 이에야스의 열의가 전해져 국교가 회복되었다고 합니다.
③ 무역도 재개되고 통신사라는 조선 사절이 에도시대에 12차례나 일

본에 오고, 교류를 도모했다고 합니다.

④ 통신사란 '신의를 통하는' 사절이라는 의미라고 합니다.

라고 쉽게 설명한 후에 서울에서 에도에 이르는 조선통신사의 행로도, 아메노모리 호슈의 얼굴과 에도 민중이 통신사에게 기념의 글을 요구하는 그림, 가라코춤과 조선인가도의 사진을 넣어 학생들이 이해하기 쉽도록 비주얼한 구성으로 되어 있다.

가라코춤은 오카야마현 우시마도쵸에서 전해오는 통신사와 사람들의 교류를 현대에 재현한 행사(105쪽 그림 참조). 조선인가도는 비와코 호수 연변의 특별한 도로로 쇼군 이외에는 다닐 수 없었지만 조선통신사 일행은 예외적으로 통행을 허락받았기 때문에 그런 이름이 붙여졌다.

'통신'에 대하여 보충 설명을 하자면, 도쿠가와 막부는 1636년에 해외도항금지령을 내리고 '쇄국' 체제를 유지하면서도 '통신의 나라'와 '통상의 나라'로 나누어 대외관계를 지속했다. 그 중 '통신通信'의 '신信'에 음을 달면 '요시미ょしみ,信'가 되는데 성신誠信과 신의信義라는 의미가 있어서 통신사를 파견하는 조선을 '통신의 나라'로 부르고 특별히 중시해 왔다. 이에 비해서 나가사키의 데지마에 무역을 하러 오는 중국과 네덜란드는 '통상의 나라'라는 한 단계 낮은 지위를 부여했음에도 종래의 교과서에는 조선과의 외교관계는 언급하지 않고 중국, 네덜란드만을 언급하는 그릇된 편집이 행해졌다.

▷ 도쿄서적 〈새로운 사회 6학년 상권〉 60쪽의 4분의 3정도를 활용하여 "쇄국 중에도 교류하다"라는 제목으로 다음과 같이 기술했다.

네덜란드, 중국과의 무역과는 별개로 조선과의 교류가 재개되었습니다. 조선과의 교류는 도요토미 히데요시의 조선침략 후에 단절되었으나 도쿠가와 이에야스가 재개하려고 노력했습니다. 무역은 쓰시마(나가사키현)를 통해서 이루어졌으며 쇼군이 교체될 때마다 조선에서 축하와 우호를 목적으로 500명이나 되는 사절단이 에도를 방문했습니다. 사절단은 도중에 각지에서 환영을 받았고, 그들의 숙사에는 조선과 중국의 문화를 배우려고 많은 인파가 몰려들었습니다.

이 문장에 조선통신사가 걸어가는 그림과 에도의 니혼바시日本橋 근처를 지나는 통신사 행렬의 그림, 〈지역에서 보는 조선통신사〉라는 칼럼을 싣고, 일행을 접대하기 위해 식기로 구워낸 시가라키야키信樂燒의 사진 등을 첨부했다.

▷ 교육출판 〈초등사회 6학년 상권〉 47쪽 "쇄국하의 일본"이라는 제목 아래 3분의 1정도의 지면을 할애하여 에도 거리를 행진하는 조선통신사 행렬그림을 싣고, 아래에 '에도를 방문한 조선통신사'라는 문장을 첨부했다.

에도시대에는 도요토미 히데요시의 조선침략으로 중단되었던 조선과의 국교가 회복되어 조선의 사절단이 쓰시마(나가사키현)에서 세토내해를 거쳐 에도를 향했습니다. 조선통신사 일행은 많을 때는 500명이나 되었고, 12회에 걸쳐 일본을 방문하여 각지에서 환영을 받았습니다. 이 교류를 통해 조선이나 중국의 문화가 전해지는 등 쇄국을 시작한 일본에 큰 영향을 주었습니다.

이에 비하여 한국 초등학교 교과서의 조선통신사에 관한 기술은 어떠한가?

한국의 교과서는 국정교과서 한 종류뿐이다. 1997년 개정된 교과서 번역본 〈알기 쉬운 한국의 역사 — 국정 한국초등학교 사회과 교과서〉(明石書店)에 따르면 총 140여 페이지 중 "우리 민족의 해외진출"이라는 장에서 조선통신사는 세 페이지에 걸쳐 등장한다. 마찬가지로 중학교 교과서도 국정이지만 여기에는 고작 반 페이지에 미치지 못한다.

한국의 초등학교 사회교과서에는 통신사는 신뢰를 바탕으로 서로 통하는 사절이라는 의미를 갖는다고 소개한 뒤에, 다음과 같이 조선통신사에 관한 기술을 싣고 있다.

조선은 일본과 무역을 하고, 그들이 가져온 구리를 식량과 원단 등으로 교환했다. 그러나 일본이 임진왜란을 일으킨 후에는 일본과의 교류를 단절했다.

임진왜란을 일으킨 도요토미 히데요시가 죽자, 일본에는 새로운 지배자가 나타났다. 그는 일본이 조선을 침략한 것을 깊이 반성하고 옛날처럼 교섭을 원하면서 전처럼 조선에게 통신사의 파견을 요구해 왔다.

조선의 조정에서는 일본의 뜻을 받아들여 사절단을 파견했다. 이것을 조선통신사라고 한다.

조선은 몇 차례에 걸쳐 일본에 통신사를 파견했다. 처음에는 임진왜란 때 일본에 강제 연행된 우리 백성을 찾을 목적이었지만, 나중에는 양국 간의 신의를 다지고 다시는 전쟁이 일어나지 않도록 하며, 또 왜구의 침입을 막기 위해서였다.

통신사 일행은 파견의 목적에 따라 300~500명 정도로 그 인원을 조정했다.

일본은 최고 권력자가 바뀌면 쓰시마의 영주를 조선에 보내어 그런 사실을 알리고 통신사의 파견을 요청했다. 그 때 조선 조정은 일본이 또 다시 야심을 품고 조선을 공격해 올지도 모른다고 생각하여 일본사절 단이 수도에 들어오는 것을 허락하지 않고 부산에서 맞이했다.

일본은 우리나라의 통신사를 상당히 융숭하게 영접했다. 일본의 사절 단은 왜관에서 기다리다가 한양에서 통신사 일행이 도착하면 그들을 쓰시마까지 안내했다. 쓰시마에서 오늘날 도쿄까지의 안내는 쓰시마 영주가 맡았다.

일본의 지식인은 우리 통신사 일행이 머무르는 곳곳마다 모여들어 학 문과 기술, 예술 등 우리나라의 선진문화를 받아들이려고 노력했다. 그리하여 우리 사절과 일본학자 사이에는 활발한 문화교류가 이루어 졌다. 특히 조선의 유학은 그들의 정신적 토대가 되어 학문을 발전시 키는 커다란 힘이 되었다.

그들은 통신사 일행이 건넨 한시, 그림, 글, 서적, 도자기 등을 가보로 삼 는 등 조선통신사 일행과의 접촉을 더할 나위없는 영광으로 생각했다.

라고 한 뒤에 통신사 일기 중의 일부를 칼럼형식으로 다음과 같이 소 개하고 있다.

○ 신시申時(오후 4시)에 항구에 들어서자 배를 인도하는 많은 왜선이 마중 나와 있었다. 파란색 비단으로 만든 깃발에는 '정', '부', '종'이 라는 3종류의 글씨를 염색하여 각각의 표식으로 삼았다. 우리 쪽 사신이 모두 무사히 도착하자 왜인들은 앞을 다투며 축하해 주었 다. …… 각 사신은 2~3명의 왜인에게 경호를 받았고 모든 것이 질 서정연했다.

○ 왜인들은 매일 셀 수 없을 정도로 모여들어 글을 받아 돌아갔다. 간 혹 초서체로 쓸 때 필체가 휘날리면 그것을 보고 있던 왜인들이 모 두 감탄하는 소리를 냈다.

이와 같이 조선과 일본 간의 교류에 관하여 설명한 다음, 신기수가 예전에 발굴한 조선통신사 행렬 두루마리 그림 3장을 게재하고, 어린이들의 과제로서

① 조선통신사는 일본에 가서 어떤 역할을 했습니까. 또 일본은 통신사를 어떻게 대우했는지 조사해 봅시다.
② 통신사의 행렬도를 보고, 일본인이 조선통신사 일행을 접대하는 모습을 말해 봅시다.
③ 조선통신사 일행을 맞이하는 일본 사절단의 모습을 역할극으로 해 봅시다.

등을 권하고 있다.

한국의 초등학교 교과서를 감역監譯한 도쿄대학 강사 이시와타 노부오石渡延男는 〈알기 쉬운 한국역사〉 책 후기에서 조선통신사에 대하여 "도쿠가와 이에야스가 통교를 '요구'하여 조선이 그것을 '수용'했다는 점과 그 이유를 양국의 '신의信義'와 '부전不戰' 그리고 '왜구의 예방'에 있었다. 많은 일본 교과서가 '쇼군 교체기에 통신사가 왔다'라고 조선을 얕보는 서술을 하고 있지만 한국 교과서 쪽이 역사적 실상에 가깝다. 어찌되었든 에도시대에 정식으로 국교를 맺고 있던 조선과의 관계를 한일우호의 상징으로서 양국의 교과서가 기술하고 있다는 점은 중요하다"고 감상을 썼다.

일본에서 조선통신사가 학교교과서에 등장하게 된 것은 1990년대 들어서이지만, 한국에서 주목받게 된 것은 최근의 일이다.

신기수는 교과서에서 조선통신사를 취급하게 된 것을 기뻐하면서도, "문제는 한일 양국이 어떻게 공통의 역사인식을 키워갈 것인가, 그

내용을 교과서에 반영시키는 것이 중요하다. 요시다 겐코吉田兼好[37)]가 남긴 말에 '낙엽이 지는 것은 새로운 싹이 나오기 때문이다'라는 것이 있다. 이 싹을 어떻게 키워 갈 것인가가 교육이며 역사인식을 어떻게 바꿔 가느냐가 여기에 달려 있다"고 생전에 말했다.

아카시 출판사明石書店에서 2005년 4월에 간행한 〈일한공동역사교재 조선통신사 — 도요토미 히데요시의 조선침략에서 우호로〉는 한일 간에 공동의 역사인식을 갖기 위해 히로시마현 교직원조합과 한국의 전국교직원노동조합 대구지부가 완성시킨 한일공통의 역사교재이다.

실로 신기수가 간절히 바라던 교재의 등장이지만, 피해자와 가해자 쌍방의 주장이나 해명을 정리하는 작업은 힘들었던 듯하다. 이 프로젝트에 어드바이저로 참가했던 도쿄하가쿠엔대학常葉學園大學 객원교수인 김양기金兩基는 교재의 서두에서 내막을 다음과 같이 적고 있다.

> 역사적 사실을 서로 확인해가면서 공통의 역사인식이라는 꿈을 실현시켜 눈에 보이는 형태로 만들기 위해 격론을 반복하는 동안, 눈 깜짝할 사이에 3년의 세월이 흘렀다. 그간 한 사람의 낙오자도 없고 싸우고 헤어지지도 않았지만, 상대방을 설득하기 위해 열변을 토하고, 반론하며, 막다른 곳에서 침묵하는 장면을 반복해왔다. 그 고비를 넘어선 비결이 뭐냐고 묻는다면, 나는 '신뢰'라는 두 글자로 답하고 싶다. ……공생시대를 구축하기 위해서는 어느 쪽에도 기울지 않는 교재를 만들겠다는 마음이 버팀목이 되어 주었다.

---

37) 가마쿠라시대 말부터 남북조시대의 수필가. 일본 3대수필의 하나인 〈쓰레즈레쿠사(徒然草)〉의 작자이다.

유럽에서는 유럽연합(EU)이 성립되기 이전에 독일이 폴란드와 프랑스 등 주변국과 역사인식을 공유하고, 과거의 불신감을 불식시켜 신뢰관계를 구축하는 작업을 국가가 주도하는 형태로 실시했지만, 동아시아에서는 민간 차원에서 그 첫걸음을 크게 내디딘 것이다.

6. 후세에 전하는 궁극의 사료집

신기수가 1970년대 초에서 1990년에 걸쳐 일본 전국에서 발굴한 조선통신사 관계의 그림과 문헌, 민간 도구 등의 사료는 교과서 개정으로 이어지는 커다란 힘이 되었다. 그리고 이를 집대성한 것이 1993년부터 간행을 시작한 〈선린과 우호의 기록 — 대계 조선통신사善隣と友好の記録 — 大系 朝鮮通信使〉 전 8권(明石書店)이다.

중요문화재를 포함한 제1급 그림과 회화 등 컬러 사진을 가득 채운 B4판 평균 230페이지, 한 권당 정가가 6~8만 엔이나 하는 초호화본이다.

막대한 비용과 수고를 들여 동아시아 미래를 생각해 완성시킨 기본문헌이다. 그러나 잘 팔리는 책은 아니었다. 진정 사운社運을 건 작품(아카시 출판사 관계자)이었다. 1996년까지 매년 2권씩 간행을 계속하여 전국의 도서관과 연구소의 책장으로 들어가게 되어 통신사 연구자들의 필독, 필견의 자료가 되었다.

이 작업에 함께 매달렸던 사람이 당시, 교토예술 단기대학 교수였던 나카오 히로시伸尾宏였다. 신기수의 업적에 관하여 "〈해방의 그날까지〉

〈대계 ― 조선통신사〉(전8권).

라는 영화에서 근대 일본의 어두운 부분을 기록하는 한편, 〈에도시대의 조선통신사〉에서 우호의 시대도 확실하게 잘 조명했다. 정말로 혜안이었다"고 평가했다.

그런 나카오가 〈대계 조선통신사〉를 간행하게 된 경위를 다음과 같이 말한다.

"아카시 출판사의 이시이 아키오石井昭男 사장이 나에게 와서 조선통신사의 목판 인쇄본 2, 3점을 발견했는데 책을 만들어 볼 수 있겠느냐고 상담을 해왔을 때 그것만으로는 별 재미가 없다, 과감하게 돈을 투자해서 좋은 작품을 만들자고 했다. 그 결과 아카시 출판사가 망해도 모르겠다는 얘기도 나왔다."

그렇다면 신기수 씨의 협력을 청해야 한다. 외교와 정치의 논리화는 내가 할 테니 신기수에게 그림과 사료 등의 수집과 해설을 부탁하기로 했다. 그랬더니 신기수는 '사실 나는 문헌에는 흥미가 없다. 그림이나 도자기, 인형 같은 것에 관심이 있는 현물주의자입니다'라며 수락해 주었다. 신기수의 머릿속은 컴퓨터 같아서 통신사의 사료가 어디에 어떤 물건이 있는지 모두 정리되어 수록되어 있는 것을 보고 깜짝 놀랐습니다."

나카오는 신기수보다 4살 아래로 1936년 교토 출생. 도시샤대학同志社大學을 나와 교토잉글리시센터 소장 등을 역임하면서도 조선 문제에도 관심이 깊었다. 대학교원이 되고나서는 조선통신사 관계의 저작 〈조선통신사의 궤적〉과 〈조선통신사와 에도시대의 삼도(三都: 도쿄, 교토, 오사카)〉(모두 明石書店) 등 몇 권을 출간했다. 월 2~3차례 교토에서 오사카의 데라다쵸寺田町에 있는 청구문화홀을 오가며 커다란 책상에 그림과 문헌류를 펼쳐놓고 신기수와 면밀한 편집 작업을 했다.

"한 해에 2권 출판하는 것은 정말로 힘들었습니다. 대학의 일도 있고, 논문도 써야 하니 여름과 겨울방학을 반납하고 일했습니다. 전부 완성되기까지는 신기수 선생과 두 사람 모두 병에 걸려서는 안 된다는 이야기도 했습니다. 그런 상황에서도 우리 둘은 자주 술도 마셨고 쓰루하시 부근 곱창 집이나 막걸리 집도 많이 알게 되었습니다."

나카오는 당시를 그렇게 회상하면서 〈대계 조선통신사〉는 한 권마다 특징 있게 만드는 편집방침을 정하고, 각권에는 긴키대학近畿大學 문예학부 교수인 이원식李元植에게 통신사가 남긴 유묵遺墨에 대한 해설문을 받았다.

첫 회 배본配本은 1711년 통신사의 방일을 특집으로 한 〈제4권 신묘辛

卯 · 쇼토쿠도正德度〉로 요도가와 강을 거슬러 올라가는 황금색 선박 그림 등을 다루었다.

신기수와 나카오의 편집 작업에 함께 하기 위해 도쿄에서 당일치기로 출장을 반복한 아카시 출판사의 스즈키 노리코鈴木倫子는 "신기수 선생의 글씨는 독특해서 읽기도 힘들고 필요한 자료를 청구문화홀의 방대한 파일 속에서 찾아내는 일도 힘들었다"고 회상했다.

스즈키의 말에 따르면 신기수가 세상에 가장 알리고 싶어 한, 사상의 진수가 응축된 것은 제1권 〈정미丁未 · 게이쵸도慶長度, 정사丁巳 · 겐나元和度, 갑자甲子 · 간에이도寬永度〉로 도요토미 히데요시의 분로쿠 · 게이쵸노에키(임진왜란 · 정유재란)의 전후처리를 주제로 한 책이었다.

에도시대에 12차례 방문을 했던 조선통신사 중에 1607년 제1차에서 1624년 제3차까지는 회답겸쇄환사回答兼刷還使[38]라고 불렸고, 그 후에 신의를 교환하는 외교사절단이라는 의미로 통신사라는 명칭이 되었다.

'회답'이란 일본 측의 거듭되는 국교회복 요청에 응한다는 뜻이고, '쇄환'은 전쟁 중에 7만 명이나 되는 조선 백성이 연행되어 갔기 때문에 그 실태를 조사하여 데리고 돌아온다는 의미였다.

도요토미 히데요시에 동조한 많은 다이묘가 도공이나 기술자, 조선 여성, 어린이들을 강제 연행했으나, 이 권卷에는 포르투갈의 노예상인

---

38) 조선이 일본에 보내는 회답 국서를 전하고, 임진 · 정유 양란 때 포로로 끌려간 백성을 송환하는 사절.

안토니오 코레아(Antonio Corea)
뤼벤스 작(作), 〈조선 남자〉.

에게 팔려 이탈리아로 끌려간 조선인 소년 안토니오 코레아Antonio Corea의 천진난만한 초상화[39]도 수록되었다.

"〈대계 조선통신사〉를 편집하는 작업은 전부가 공부의 반복이었는데, 특히 제1권에서는 전후의 재일동포 3세, 4세가 직면한 문제를 일본인으로서 생각하는 데도 시사하는 바가 컸다. 조선통신사는 분로쿠・게이쵸노에키의 전후처리 과정에서 실현된 우호외교라는 신 선생의 생각이 제1권에 잘 나타나 있다. 북한에 의한 요코타 메구미横田めぐみ의 일본인 납치문제[40]가 생겼을 때, 북한에 대한 전후처리가 끝나 있었다면, 고이즈미小泉 수상이 그런 어처구니 없는 일을 당하지는 않았을 것이다"고 스즈

---

39) 이탈리아의 상인 프란체스코 카를레티(Francesco Carletti)가 쓴 〈나의 세계 일주기〉에 나오는 내용으로, 카를레티가 임진왜란 때 일본에 포로로 잡혀 온 조선인 소년을 데리고 일본에서 로마까지 갔다. 초상화는 네덜란드의 화가 뤼벤스가 1606~1608년 사이에 이탈리아에 머물 때 그린 것(사진)으로 남자무관복인 철릭을 두른 모습에 상투를 틀고 망건을 쓴 조선인 그림이다.

40) 일본인 납북 피해자의 상징적 사건으로, 1977년 당시 13세이던 일본인 요코타 메구미가 북한에 의해 납치된 사건. 김정일 국방위원장은 2002년 북일 정상회담에서 그녀의 납북 사실을 인정하고 메구미가 자살했다고 주장했다. 이후 북한은 2004년 11월 제3차 북일 협상 시 메구미의 유골을 전달했으나 유전자(DNA) 검사 결과 다른 사람의 것으로 드러나면서 논란이 일었다.

키는 말했다.

1993년 나카오와 서울 근교에 있는 한국 국사편찬위원회로 조선통신사의 포지티브필름 구매 교섭에도 나섰던 스즈키는 "한국 측의 반응이 매우 협조적이었던 것이 인상에 남아있습니다. 신 선생은 미술품도 많이 수집했지만, 그가 중요하게 여긴 것은 조선과 일본의 우호의 역사를 제대로 남기는 것이었다고 생각합니다. 최근에 〈대계 조선통신사〉의 통신사 도판을 빌려줬으면 좋겠다는 한국 젊은이들의 요청이 들어오기도 합니다. 한국과 일본사람이 통신사의 역사를 공유하는 데에서부터 새로운 역사가 시작된다고 신 선생은 생각하고 있었을 것입니다."

이렇게 신기수가 수집한 컬렉션은 〈대계 조선통신사〉에도 실리는 한편, 각지에서 조선통신사의 두루마리 그림이나 미술품 등을 전시하는 전람회가 열렸다.

간사이関西 지방에서 엄청나게 많은 숫자의 통신사 병풍이나 두루마리 그림이 발견되자 한국은 한일국교협약 20주년 기념행사로 전시회 개최를 일본에 타진했다. 1985년 가을에 도쿄국립박물관에 이어 시가현 오쓰大津 역사박물관에서, 이듬해 여름에는 서울의 국립중앙박물관에서 조선통신사전이 실현됐다.

한일 양국의 이곳저곳에 남아 있던 우호의 사료를 한 장소에 모아 전시하는 예가 드물어서인지, 반일 감정이 강한 서울에서도 첫날 5만 명이 몰려 들 정도로 성황이었다.

신기수는 1985년 10월 25일자 통일일보에 〈환대·교류를 그린 두루마리 그림들 — 메이지 이후의 왜곡을 바로잡는 전기〉라는 제목으로 다음과 같은 글을 기고했다.

지금이야말로 일본 각지의 가을 축제에 조선통신사 행렬이 참가하여 잘 알려지게 되었지만, 10년 전까지만 해도 조선통신사라고 말하면 '모르스부호 전신공사의 그 통신인가'라고 생각할 정도로 일반인에게는 잘 알려지지 않았다.

그러면서도 요근래 수년 간 화려하게 그려진 조선과 일본이 교류하는 두루마리 그림과 병풍이 연이어 발견될 때마다 에도시대에 일본과 조선의 선린우호 관계가 세계사에도 보기 드문 일이며, 에도시대를 폐쇄된 잿빛의 쇄국시대라고 단언하는 것은 잘못이라는 것을 일깨워줬다. 한 자리에 모인 한국과 일본의 뛰어난 두루마리 그림과 병풍은 다시금 에도시대의 일본인의 조선관이 메이지 이후의 조선관과는 다르다는 것을 가르쳐줄 것이다.

이런 전람회는 그 후 각지에서 개최하게 되었고 신기수 씨의 이름과 조선통신사 역사보급의 실적이 널리 알려지게 되면서 1997년에는 오사카 시민문화상을, 신기수 씨 사망 후인 2003년에는 감수포장紺綬褒章[41]을 수상하게 되었다.

그러나 신기수의 입장에서 큰 전기가 된 것은 2001년이었다.

한국과 일본이 공동주최하는 2002월드컵 1년 전인 이 해 4월에 교토의 교토문화박물관에서, 6월에는 후쿠오카福岡 현립박물관에서 〈마음의 교류 조선통신사 ─ 에도시대에서 21세기로의 메세지〉가 열렸다.

이 전람회에는 조선통신사 일행을 태운 호화스런 배가 요도가와 강

---

41) 공익을 위해 수여하는 감색 리본의 포상제도로 1918년 제정됐다. 紅綬褒章, 綠綬褒章, 黃綬褒章, 紫綬褒章, 藍綬 褒章, 紺綬褒章 등 6종류가 있다.

을 거슬러 올라가는 〈조선통신사천어좌선도朝鮮通信使川御座船図〉와 한국 부산에서의 일본인 거류구역을 표시하는 〈초량왜관도草梁倭館図〉 등 한국에서 출품한 9점에 더해, 통신사 일행이 닛코의 도쇼궁日光東照宮[42]을 방문한 정경을 그린 〈동조사연기회권東照社緣起絵巻〉 등의 중요문화재 12점을 포함한 일본내 미술품과 사료 200점이 전시되었다.

신기수는 전람회 기간 한 달반 동안 시간이 날 때마다 교토를 방문하여 입장객에게 작품설명을 했는데, 전시된 조선통신사 행렬 두루마리 그림 앞에 서서 "퍼레이드의 선두에 선 사람들이 들고 있는 〈청도기淸道旗〉의 깃발 가장자리를 두른 붉은색의 선명함은 몇 백 년이 흘러도 변하지 않고 그대로인 것이 놀랍습니다. 통신사가 지금 시대야말로 의미를 지니는 것 같습니다"라고 감상을 말했다.

도요토미 히데요시의 아성인 오사카성의 대각선 방향에 그 해 11월 오픈한 오사카 역사박물관에서는 〈조선통신사와 민화병풍 — 신기수 컬렉션의 세계〉를 제일 중요한 이벤트로 삼았다.

140점의 작품 중에는 신기수가 가장 좋아하는 〈조선통신사 소동도小童図〉도 들어있다. 에도 가노파狩野派의 이단아인 하나부사 잇쵸英一蝶(1652~1724)의 작품으로, 한 대담한 백성이 통신사 행렬의 말에 타고 있는 소동小童(총각)에게 종이와 붓을 가지고 달려가 휘호(붓으로 글이나 그림을 그리는 것)를 부탁하는 모습으로 에도시대의 민간교류를 상징하는 듯한 장면이다.

그러나 자신이 자랑으로 여겼던 이들 컬렉션이 전시되는 멋진 장소

---

42) 도치기현(栃木県) 닛코시(日光市)에 있는 도쿠가와 이에야스를 모신 신사.

하나부사 잇쵸 작품, 〈조선통신사소동도〉
조선통신사 일행과 일본 서민의 따뜻한
교류를 엿볼 수 있는 작품(오사카역사박
물관 소장 '신기수컬렉션').

를 신기수 자신은 영원히 볼 수 없었다. 봄 무렵부터 목이 막힌다고 해서 정밀검사를 받은 결과, 식도암이라는 진단을 받고 10월에는 오사카 시립의료센터에 입원했기 때문이다.

신기수는 지금은 누구나 부러워하는 이런 작품들과 도대체 어떻게 만나게 된 것일까.

2장
통신사의 발자취를 더듬는 여행

조선통신사 행로도와 주요 숙박지.

1. 기개 넘치는 승려 – 우시마도

올리브가 재배되기에 일본의 지중해라고 불릴 정도로 온난하며 경치가 아름다운 세토내해瀬戸內海.

사람들과 다투는 것을 좋아하지 않는 신기수는 이 지역을 유달리 마음에 들어 했던 것 같다. 고도성장시대에 임해콤비나트건설에 따른 매립공사로 백사청송白砂靑松의 공간이 남아 있는 곳이 줄어들었지만, 손대지 않은 자연이 남아 있던 에도시대의 세토우치瀬戸內는 조선에서 오는 여행객에게는 힐링의 해변이었음에 틀림없다.

부산을 출발한 조선통신사 일행 약 450명을 태운 선박은 쓰시마에서부터 먼 바다의 거친 파도를 가르며 아이노시마藍島, 시모노세키下關(赤間關)를 경유하여 잔잔한 세토내해로 들어간다. 가미노세키上關, 시모카마가리下蒲刈, 도모노우라鞆の浦, 우시마도牛窓, 무로쓰室津……로 이어지는 부산에서 오사카까지 약 800km의 해로를 호화찬란한 대형 목조선 6척과 무라카미 수군村上水軍1) 등 일본 측의 선도선과 호위선 약 1000척이 떼지어 가는 모습은 마치 바다의 거대한 행렬이었다.

세토내해 연안에 거주하는 백성들은 관청에서 접근하지 말라는 주

---

1) 일본 중세에 세토내해에서 활약한 수군.

의에도 아랑곳 하지 않고 수많은 놀잇배를 타고 나가, 때로는 통신사의 배에 부딪혀서 침몰당할 지경이 되면서까지 배 위의 통신사 일행에게 글을 요구하기도 하고, 함께 샤미센三味線과 조선악기를 연주하며 음악적 교류를 즐기기도 했다.

> 高麗船の よらで 過ぎゆく 霞かな
> 고마선이 이쪽 항구에는 들르지 않고 사라져간다, 안개 속으로

에도시대 중기의 하이쿠俳句[2] 시인 요사 부손与謝蕪村(1716~1783)이 사누키讚岐를 여행하기 위해 세토나이에 있는 비젠備前(오카야마현)의 해변에서 조선통신사 선박을 보고 읊은 시이다.

안개가 자욱이 낀 먼 바다에 통신사 일행이 탄 배가 돌연히 나타나더니 또 안개 저쪽으로 사라져 간다. 해변에서는 이국선을 보고 싶은 군중이 여운을 즐기려는듯 자리를 떠나려 하지 않는다. 그런 비일상적인 광경을 읊었던 것이라고 신기수는 곧잘 설명했다.

항구마을에서는 소와 개, 꿩 등 조선인이 좋아하는 식재를 골고루 준비해 산해진미를 푸짐하게 차려놓고 더 이상 고급스러울 수 없는 요리를 접대하기도 하고, 일반민가를 개방하여 멀리서 찾아온 손님을 대접하기도 했다.

여러 지방의 다이묘가 도쿠가와 막부에게 충성을 서약하기 위해 했던 에도의 산킨코타이參勤交代를 능가할 정도로 일본과 조선 사이에 뜨거운 교류가 있었다는 사실은 4반세기 전만 해도 거의 알려지지 않

---

2) 일본 고유의 단시(短詩). 5·7·5의 17음(音)으로 이루어진다.

왔다.

신기수는 과거에 순풍과 밀물을 기다리던 항구로 번영을 누렸던 이들 마을을 돌아다니며 통신사의 발자취를 찾기 위해 어떤 여행을 했을까.

신기수가 세토내해 중에서도 가장 자주 찾아간 곳은 오카야마현岡山県의 우시마도쵸牛窓町와 히로시마현広島県 후쿠야마福山市의 도모노우라鞆の浦, 그리고 구레시呉市(히로시마현 남서부) 앞에 있는 시모카마가리지마下蒲刈島 섬이다.

이들 지역에는 신기수와 같은 세대인 조선통신사 연구가 이카자키 요시히코伊ヶ崎淑彦가 '세토우치 삼인방'이라고 부르는 마을의 교육장과 자료관장, 그리고 우체국장, 거기에 기개 넘치는 정열적인 승려들이 있었다.

> 牛窓の 波の潮騒 島響き
> 寄さえし君に 逢わずかもあらむ
> 우시마도의 해조음이 섬이 떠나가도록,
> 그 분과의 소문이 나고 말았습니다.
> 차라리 그 분께서 나를 만나러 와주면 좋으련만.

만요슈万葉集[3]의 가인 가키노모토노 히토마로柿本人麻呂(660~724)가 이렇게 노래한 우시마도는 '일본의 에게해'라는 캐치프레이즈를 내세운 휴양지로 잘 알려진 인구 8000명의 마을이다. 멀리 쇼토시마小豆島 섬과 아와지시마淡路島 섬이 보이는 천연의 좋은 항구로 과거 범선이 왕래하

---

3) 630~760년대에 쓰여진 일본에서 가장 오래된 가집(歌集).

던 시대에는 실로 세토우치 해상교통의 요충지였다.

페리 선착장 가까이에 있는 약간 높은 언덕에 자리잡고 있어 해상에서도 사찰 안의 삼중탑이 가까이 보이는 혼렌지本蓮寺 절을 신기수가 처음 방문한 것은 현재 주지스님인 누키나 닛타이貫名日諦의 기억으로는 1965년경이다.

"사찰에 조선통신사가 숙박했다는 사실을 보여주는 오래된 기록이 남아있는데도 어느 누구도 통신사에 관해서 알지 못했습니다. 마을에서 우시마도의 역사에 흥미가 있는 사람들을 모아 독서회를 열어볼까 상의를 하던 참에, '조선통신사와 인연이 있는 사찰이라고 들었습니다'라며 신기수 선생이 불쑥 찾아왔습니다. 그 이후 만남은 계속되어 절에서 주무시기도 하고, 내가 오사카에 가면 쓰루하시에 있는 불고기집에 가서 한 잔하기도 했던 유쾌한 추억이 많습니다. 신 선생이 돌아가셨을 때는 정말로 마음의 벗을 잃은 기분이었습니다."

혼렌지 절은 남북조시대[4]에 건립된 쥬고쿠中国, 시코쿠四国, 큐슈九州 지방에서 가장 오래된 법화종 사찰로 주위에는 푸른 대나무가 빽빽하게 우거져 있고, 등나무가 연보라색 꽃을 피우는 계절이 되면 더욱 아름답게 채색된다고 한다.

1643년에 이곳 본당에 머문 제5차 조선통신사의 종사관 신유申濡는 그 당시의 모습을 다음과 같은 칠언절구로 정리했는데 이 한시는 지금도 혼렌지 절의 서원書院에 걸려 있다.

---

4) 1336년에 아시카가 다카우지(足利尊氏)가 고묘(光明) 천황을 옹립해 북조를 수립한 뒤 무로마치 막부를 개창했고, 고다이고(後醍醐) 천황은 요시노에 남조를 수립해 일본열도의 왕조는 둘로 분열되었다. 남조와 북조가 합쳐진 1392년까지를 남북조 시대라고 한다.

牛頭寺古殘僧少
翠竹蒼藤白日昏
宿客不眠過夜半
蚊雷員憨憨振重門
過客爲妙上人題
(우시마도 해변에 있는 절은 낡고 승려도 몇 명 없다. 대나무와 등나
무가 무성하게 자라 햇빛을 차단시켜줘 정적 그 자체. 투숙한 여행자
는 만감이 교차해 잠들지 못하고 야밤을 보내는데, 모기의 날갯짓 소
리만이 붕붕 세차게 울려 문 안 깊숙히 있는 방 안에는 시끄러움만 가
득하다. 과객이 묘상인을 위해 짓다.)

　1950년에 와세다 대학 문학부를 졸업한 후, 고교 교사를 하다 절을
이었다는 누키나 주지로부터 신기수가 사망하고 나서 들은 통신사에
얽힌 에피소드에 이런 이야기가 있다.

　신기수가 1711년에 방일했던 제8차 통신사의 서기 남성중南聖重이 남
긴 문장을 읽어 나가다가 "주지스님! 여기에 적혀 있는 항아리는 어디
에 있습니까?"라고 물었다.

　남상중의 부친도 그 2대 전인 1655년 통신사 일행의 일원으로 이 사
찰에 머물렀었다. 그 때 선물로 두고 간 항아리를 보고 아들은 아버지
를 몹시 그리워했다고 적혀 있었다.

　놀란 주지가 "옛! 항아리요? 그거라면 마루 밑에 있지요"라고 대답하
자, 평상시에는 온화하기 이를 데 없는 신 선생이 "그것은 고려청자입
니다"라고 큰소리로 외쳤다.

　두 사람이 먼지를 뒤집어 써 가면서 마루 밑에서 꺼내 온 항아리는 높

조선통신사가 남긴 고려소(高麗燒)의
항아리와 누키나 닛타이.

이 50cm 정도의 황동색 청자였다. 정월 등에 꽃꽂이에 사용하는 외에
는 쓸모가 없어 마루 밑에서 잠자고 있다고 했다.

그 이후, 이 항아리는 혼렌지 절의 객전客殿의 도코노마床の間[5] 벽 중
앙에 '경왕산経王山(경전 중에 최고 - 역주)'이라고 적힌 커다란 액자 아래에 떡
하니 자리 잡게 되었다. 각 지역에서 조선통신사 전시회가 열릴 때마
다 출품을 부탁하는 요청이 들어와도 거절할 정도로 사찰의 보물이 되
었다.

혼렌지 절에는 이 밖에도 통신사 일행이 남긴 글씨와 청자, 화기花器
등 22점이 남아 있다. 그 유물들이 전해진 배경에는 전전 주지의 남다

---

5) 일본식 방의 상좌에 바닥을 한층 높게 만들어 벽에는 족자를 걸고, 바닥에는 꽃이나
장식물을 꾸며 놓는 곳.

른 반골기질이 있었다.

"절에는 오래된 책이 많이 보관되어 있어서 1년에 한 번 날씨가 좋은 날에 햇빛을 쬐어주고 있습니다만, 전쟁 중에 할아버지인 닛세이日靖가 조선통신사가 쓴 글씨 등을 가지고 있다는 것을 특별고등경찰이 알고 '일본이 비하하고 있는 나라의 물건 따위를 사람들에게 보이지마라, 모두 태워버려라'라고 압력을 받았답니다. '모처럼 받아 둔 중요한 문화유산을 그렇게 간단히 처리할 수 없다'며 할아버지는 창고 2층 구석에 몰래 숨겨두고 돗자리로 가려놨답니다.

조부는 1953년에 83세로 돌아가셨지만, 완고한 분으로 전쟁이 끝난 후에도 이런 에피소드가 있습니다. 오카야마에는 오스트레일리아의 군대가 주둔하고 있었고 우시마도의 유곽에 와서 놀고 있었는데, 현에서 칼과 같은 쇠붙이를 공출하라는 포고령이 내려졌습니다. 그런데 '절의 보물은 내줄 수 없지!' 하며 일본도의 묶음에서 아래를 잘라내어 칼 부분만 숨겨 두었습니다. 그것이 지금은 현의 중요문화재로 지정되어 있습니다. 그런 할아버지가 없었다면 통신사에 관한 기록도 남아있지 않았을 것입니다. 가족이지만 정말로 훌륭한 분이라고 생각합니다."

조선통신사의 항행루트를 따라 요트로 여행을 계속하는 도중에 혼렌지 절에 들러서 누키나 닛타이에게 이런 내용의 에피소드를 접했던 해양 저널리스트 고지마 아쓰오小島敦夫는 〈조선통신사의 바다朝鮮通信使の海〉(三省堂)에 서울대학 명예교수 김재근金在謹에게 들었던 다음의 말을 소개하고 있다.

"이곳(조선 국내)에 남아 있는 조선통신사의 두루마리 그림도 조선총독부(식민지 지배 시기의 행정부) 사람들은 눈에 띄는 대로 태워버리라고 명령했습니다. ……조선인이 탄 가마를 일본인이 메고 있는 그림은 괘씸하다는 것이었습니다."

참으로 마음이 싸늘해지는 이야기이지만, 세토내해 각지에서는 진구황후의 신화가 도처에 남아 있다. 우시마도牛窓의 곤노우라의 에키紺浦神社の疫 신사에서 매년 10월 제례 때 추는 가라코춤唐子踊에 관해서도 '진구황후가 삼한정벌[6] 때 포로로 데리고 온 조선인 남자아이에게 추게 한 춤'이라고 전해온다.

본디 우시마도 지명에 대한 유래도 진구황후가 탄 배가 우시마도 앞바다를 지나갈 때, 소의 요괴가 나타나 배를 습격하려고 했지만 스미요시묘진住吉明神[7]이 할아버지로 변한 모습으로 나타나 소의 요괴 뿔을 잡고 내던진 것에서 '우시마로비牛轉'라고 부르게 되었고 그것이 차차 변하여 '우시마도'가 되었다고 한다.

그만큼 진구황후 신화가 강하게 영향을 미치는 지역이지만, 가라코춤의 삼한정벌 유래설에 관해서는 현지의 중학교 교사인 니시카와 히로시西川宏가 제자를 데리고 혼렌지 절과 에키신사疫神社, 조선학교 등을 면밀히 조사하여 '가라코춤의 조선통신사 기원설'을 제기했던 적이 있다.

니시카와 히로시는 이 내용을 문장으로 잘 정리하여 오분샤旺文社 출판사의 학생콩쿠르에 보냈는데 가작에도 당선되지 않았다.

---

6) 진구황후가 신의 계시를 받고 한반도를 정벌하여 복속시켰다는 설로, 〈니혼쇼키(日本書紀)〉의 '신공기(神功記)'에 실려 있다.
7) 일본 신도(神道)에서 추앙하는 신.

그러나 조선사 연구자인 하타다 다카시旗田魏[8]가 이 문서를 높게 평가하는 격려의 편지를 보내준 것을 계기로 현지에서도 이러한 생각이 조금씩 전해지게 되었다.

누키나 닛타이도 신기수를 처음 만났을 때부터 진구황후 기원설을 부정하고 조선통신사 춤을 현지에서 보고 흉내 내서 재현한 것임에 틀림없다고 설명했다.

이 춤은 10세 정도의 남자 아이 두 명이 얼굴에 하얀 분을 바르고 화려한 색상의 의상을 차려입고서 소고와 횡적[9] 연주에 맞추어 노래와 춤을 선보인다(그림 참조). '휴호이—'라는 추임새와 기괴하게 들리는 가사는 조선의 춤을 많이 닮은 것 같다.

1682년 제7차 통신사가 방일했을 때 선박 안에서 숙박하는 일행 이외에는 우시마도 마을의 769가구 중에서 426가구에 나눠서 잤다는 기록이 있다. 현지인에게 조선 사람들이 입었던 의상과 행동거지는 강렬한 인상을 남겼을 것이다.

신기수와의 교류를 통해서 누키나는 조선통신사 세계에 더욱 매료되어 갔다. 1994년 7월 12일자 일본경제신문 조간 문화란에 장문의 수필을 싣고 끝머리를 다음의 글로 맺고 있다.

혼렌지 절은 과거에 조선반도를 향하여 열려 있었던 개방적인 창窓 중의 하나였다. 그런 역사적 사실을 왜곡하지 말고 여러 형태로 전해주

---

8) 동양사학자, 도쿄도립대학 명예교수(1908~1994). 경상남도 마산 출생. 식민지 지배를 부정하는 입장에서 조선사연구의 중심적 역할을 했다.
9) 삼국시대 관악기(管樂器)의 하나. 구멍이 7개 있는 피리.

오키야마현 우시마도쵸 가라코춤. 통신사의 소동대무를 흉내냈다고 전해온다.

는 동시에 앞으로도 더 더욱 우호의 폭을 넓혀가는 것이 나의 책무라
고 생각한다.

1986년 11월 22일, 조선통신사가 우시마도에 기항한지 350년이 된
것을 기념하여 350주년 기념식이 열렸다. 이 자리에 1643년에 방일했
던 제5차 조선통신사의 종사관 신유申濡의 10대 손에 해당하는 신병
식申丙植 등과 함께 초대된 신기수는 신치 이사무新地勇 읍장의 인사를
마음이 정화되는 느낌으로 듣고 있었다.

"우시마도와 조선반도의 인연은 오래됐습니다만, 그 중에서 특필할
만한 것은 에도시대의 조선통신사입니다. 그 당시에 나누었던 교류의
흔적과 문화적 유산이 현재까지도 이 지역에서 살아 숨쉬면서 우시마
도의 지역문화에 많은 영향을 주고 있습니다."

신치는 이렇게 말하면서 읍사무소 현관 옆에 있는 진구황후 신화에서 유래한다는 가라코춤에 관한 설명을 확실하게 부정했다. 신기수는 3년 전에 제1회 우시마도 국제예술제에 초대받았을 때, 가라코춤의 유래는 사실과 다르다며 수정해달라고 요청했었다.

현 읍장인 히가시하라 가즈오東原和郎는 당시 총무과의 기획담당 참사參事였지만 350주년 기념식을 앞두고 신치와 함께 히가시 오사카에서 조선통신사 특별전을 개최하고 있던 신기수에게 어드바이스를 받으러 간 일이 신기수와의 첫 만남이었다.

"신 선생께서 조선통신사의 후손을 일본으로 초청해서 식전을 더욱 고조시키면 어떠냐는 조언을 해주었는데, 그때 개인적으로 인상에 남은 것은 우리 집안이 대대로 중요하게 모셔온 조센바다이묘진朝鮮場大明神에 신경을 써준 일이었습니다."

히가시하라의 선조인 히가시하라 야에몬東原弥右衛門이 우시마도의 마을대표를 하고 있었던 1594년 9월 3일, 우시마도 앞바다에서 조선의 작은 배가 표류하고 있던 것을 발견했다. 야에몬이 배 안을 들여다보니 고귀한 옷차림을 한 젊은 여성이 합장하면서 목숨을 구해달라고 했다.

도요토미 히데요시의 조선침략이 한창이던 시기에 떠내려 온 전쟁의 희생자인 것 같았다. 집에 데리고 와서 간병을 해주었지만 12일 후에 숨을 거두었다. 이후 히가시하라 가문에서는 작은 사당을 짓고 매년 기일에 맞추어 400년 이상 이 여성을 조센바다이묘진으로 모셔왔다.

"1945년생인 나는 전후戰後 교육을 받았다고는 하지만 조선을 멸시하던 시대에 성장했습니다. 어른이 '조센바상(조선 아주머니)' 하면서 참배하는 일은 입 밖으로 내면 안 된다는 느낌이었습니다. 신 선생은 조센바다이묘진에 대한 이야기를 듣고 수백 년 동안이나 소중히 모셔와 주어서 정말 기쁘다고 감격하셨습니다."

우시마도와 조선의 관계가 얼마나 깊은지 마음이 따뜻해지는 에피소드지만, 350주년 기념식을 계기로 우시마도쵸에서는 조선과의 교류를 더욱 활성화사키겠다며 1988년에는 9월 17일의 서울올림픽 개막식에 맞춰 일본에서는 처음으로 조선통신사 자료관을 오픈했다.

페리선착장 근처의 경찰서로 사용하던 양옥을 개조한 흰 페인트칠의 자료관에는 통신사 정사와 부사의 의상 외에 유묵과 회화 등 약 60점이 전시되었다. 1992년에 '가이유 문화관海遊文化館'으로 새로 꾸며서 재개장했는데, 자료관 개관까지는 상당히 고생이 많았던 것 같다.

그를 위해 각지를 분주히 뛰어다닌 사람이 현재의 우시마도쵸 교육장인 다카하시 시게오高橋茂夫이다.

"사료전시방식에서 수집방법까지 신기수 선생에게 이런 저런 신세를 많이 졌습니다. 본래 현지의 마을 역사자료인 〈오쿠군시邑久郡史〉에 조선통신사에 관한 기술이 있습니다만, 신 선생과 만나기 전까지는 통신사가 어떤 역할을 했는지 몰랐습니다. 통신사 자료관을 만든다고 하니깐 NTT[10]와 함께 뭘 하려고 하느냐는 주민의 엉뚱한 질문이 있을 정도였습니다"라고 쓴웃음을 지었다.

가라코춤 보존회의 중요 멤버이면서 가을축제에서 횡적을 연주할

---

10) 1985년 일본 전신전화 공사(公社)에서 민영화됨.

정도로 조선통신사에 빠져있던 다카하시가 통신사의 글과 그림을 보관하고 있는 큰 박물관과 통신사와 관련이 있는 지역에 가서 관련 자료를 대여해주길 청해도 상대해주지 않았다고 한다.

"목조건물인데다가 너무 오래되어 내화구조도 아니고, 학예원도 없을 것 같은 그런 곳에 자료를 빌려줄 수는 없다는 것이었습니다. 신 선생에게 상담했더니 '복제라면 앞으로도 오래도록 전시할 수 있다'고 조언을 해주어 족자의 복제품과 세토내해를 항행해가는 선단그림 등의 패널을 전시했습니다. 그밖에 전국 각지의 가라코 인형唐子人形도 모아 전시해서 연간 1만 명 정도의 사람들이 다녀갑니다."

이 자료관에서 한 가지 더 볼만한 것은 가을축제에 사용되는 '우시마도 단지리'[11]라고 하는 선박모형 수레인데 전체를 노송나무로 만든 배 모형 3개가 전시되어 있다.

다카하시는 "현지 특유의 단지리를 보고 싶다는 관광객의 요청에 응한 것입니다만, 머리 부분이 용과 기린과도 닮아있는 동물모양의 진귀한 단지리로 통신사가 타고 온 배와 매우 비슷합니다. 이런 곳에서도 조선 문화의 영향이 느껴집니다"라고 말했다.

우시마도에서는 1984년부터 매년 재팬 우시마도 국제예술제가 9년간 열렸다. 신기수 선생의 장녀인 미사도 사무실의 스태프로 일했던 적이 있다.

그런 관계로 신기수는 가족과 함께 이곳의 도깨비 식당이라는 작은 가게에 들른 적이 있는데, 그곳에서 잠깐 휴식하는 것을 좋아했다.

---

11) 축제 때 기악(器樂)을 울리며 끌고 다니는 수레(壇尻=山車).

눈앞에 펼쳐진 풍요로운 바다에서 잡은 세토우치의 작은 물고기들······.

뽈락과 감성돔 조림에 붕장어 양념구이, 문어 초무침 등을 술안주 삼아 맥주와 현지 술인 '센쥬千壽'를 벌컥벌컥 들이켰다.

현지의 향토사 관계자들과 자리를 함께할 때에는 활발한 담론장이 되었다.

우시마도에서는 매년 11월 제3일요일에 '에게해 페스티발'이 개최되고 있는데, 거기서 볼만한 이벤트가 조선통신사 행렬이다. 한국의 고베神戶 총영사관 사무소장이 정사역을 맡고, 많은 마을사람들이 당시의 통신사 의상을 차려입고 바닷바람이 부는 마을 안 이곳저곳을 행진하는 광경은 한일우호의 단골장면이 되었다.

2003년 9월에는 부산에서 열린 조선통신사 행렬에 우시마도의 가라코춤 멤버가 초대를 받아 5000명이 참가하는 퍼레이드에 어른이 가라코 역할의 아이들을 어깨에 올려 목마를 태우고 3km를 행진하며 환영을 받았다.

2. 시대의 교양 – 도모노우라

"여러분이 앉아 계시는 이 곳은 과거에 조선통신사 중에서도 특별히 지위가 높은 삼사, 즉 정사·부사·종사관이 앉았던 곳으로 아무나 앉을 수 있는 자리가 아니었습니다. 여기에서 바다를 내다보던 통신사 일행은 바다가 잔잔해서 호수와 같다고 감동을 받았다고 합니다."

　우시마도에서 세토내해의 서쪽으로 약 100km. 히로시마현 후쿠야마시福山市 도모노우라鞆の浦에 있는 후쿠젠지福禅寺 절의 대조루對潮樓. 현지의 도모노우라 역사민속자료관의 전 관장이었던 이케다 가즈히코池田一彦가 관광객에게 잘 들리는 큰 소리로 이 절의 객전은 일본 전국에서도 보기 드문 통신사의 영빈관이었다고 설명한다.

　새파랗게 빛나는 바다와 소나무가 무성한 센스이지마仙醉島와 벤텐지마弁天島, 저 멀리 시코쿠四国 지역의 산들까지 바라다 보이는 도모노우라는 에도시대에 도모노쓰鞆の津라고 불렸고 기타마에부네北前船[12] 등의 큰 선박들이 밀물을 타고 항구에 들어와 썰물 때 나가는, 조류를 기다리던 항구로 이용됐다.

　매년 5월이 되면, TV에서는 세토우치의 초여름을 장식하는 행사로 '도미 그물잡이'가 소개되는 곳이다.

　이곳 바다에서 잡히는 자연산 도미는 먹이가 풍부한데다가 조수에 시달리며 잘 자라기 때문에 회는 물론이고 화장염[13]을 해서 도미를 통째로 굽거나 도미소면으로 먹어도 그야말로 일품이다. 이들 요리는 조선통신사의 접대요리에서 단골메뉴이기도 했다.

　　吾妹子が見し鞆の浦の
　　むろの木は常世にあれど
　　見し人ぞなき　　　　　　　　　　　　　　　　（万葉集 3）

---

12) 서회해운선(西廻海運船). 에도시대 동해 연안의 항구와 오사카를 운행하던 배. 동해를 서쪽으로 돌아 시모노세키에서 세토내해로 들어가 오사카를 오갔다.
13) 식재료가 타는 것을 방지하기 위해 굽기 전에 뿌리는 소금.

우리 아내가 그 날 바라보던 이 도모노우라의

　　노송나무는 이렇듯 변함없이 서있지만

　　나무를 바라보던 아내는 어디에도 없네.　　　　　　　(만요슈3)

　오토모노 다비토大伴旅人(665~731)가 큐슈의 다자이후大宰府에 부임하던 중에 아내를 잃고 교토로 돌아가는 길에 부부가 함께 본 경치를 추억하며 읊었던 노래이지만, 옛부터 많은 가인이 이곳의 풍경을 사랑해 왔다.

　납작한 돌로 가지런히 정비된 길과 연결된 높직한 언덕에 후쿠야마 번주 미즈노 가쓰타네水野勝種가 1690년경에 건립한 사찰이 후쿠젠지 절이다. 다다미 78개가 깔린(약 129㎡) 객전에서 바라본 풍경을 1711년 제8차 조선통신사 상관 8명은 "쓰시마에서 에도까지의 경치 중에서 여기가 제일 아름답다"고 감격했다. 종사관 이방언李邦彦은 "日東第一形勝(일동제일형승. 여기에서 내다보이는 전망이 일본에서 제일 아름답다 - 역주)"는 글을 남겼고 조선반도에도 알려지게 되었다.

　후쿠젠지 절에는 '對照樓(대조루)'라는 통신사의 서예가가 쓴 편액이 걸려 있고, 전전前戰인 1940년에 히로시마현은 '조선통신사 숙관유적지'로 지정하였다.

　그 귀중한 역사적 건조물이 노후화와 흰개미에 의한 피해로 붕괴위기에 처하게 되자 현지에서 재건운동이 일어났고, 그들을 돕기 위해 한걸음에 달려간 사람이 신기수이다.

　1990년부터 2개년 사업으로 시작한 보존수복공사에는 1억 엔의 비용이 예상되었는데 히로시마현과 후쿠야마시의 부담액 7500만 엔을

후쿠젠지 절의 대조루에서 잔잔한 세토내해를 바라본다(도모노우라 팸플릿에서).

제외하고 나머지 자금이 모이지 않았다. 역사에 남을 유명한 절이라고 하지만 단가檀家(절에 시주를 하며 절의 재정을 돕는 집 - 역주)가 불과 4가구 밖에 없었기 때문이다.

우시마도와 똑같이 가끔 도모노우라에도 방문했던 신기수는 "대조루는 조선통신사 우호의 상징입니다. 무너지도록 방치해 둘 수는 없습니다. 재일동포와 조선통신사에 관심을 가지고 있는 사람들에게 도움을 청해봅시다"라며 자신이 운영하고 있는 청구문화홀의 기관지 등에서 모금을 호소했다.

내외 135명으로부터 150만 엔을 모금한 1991년 5월, 현지에서 기자회견을 했을 때의 신기수의 모습을 도모노우라 역사민속자료관의 이케다 가즈히코는 잘 기억하고 있다.

기자: 모금활동을 하신 동기는 무엇입니까?

신 : 대조루는 노후화됐고, 그대로 놔두게 되면 노후화가 가속되겠
지요?

기자: 어떤 의미입니까?

고개를 갸웃거리는 보도진에게 신기수는 메이지 이후에 전국적으로
조선통신사의 유품이 버려지고 없어지면서 한일우호의 역사가 싸그리
지워진 것을 강조했다.

게다가 "히로시마현이 대조루를 '조선통신사 숙관유적지'로 지정한
1940년은 조선반도가 일본의 식민지였던 시대입니다. 조선을 멸시하
는 풍조가 휘몰아치면서 여러 압력이 있었다고 들었습니다만, 그럼에
도 불구하고 지정명칭에 '신사信使'라는 글을 넣은 것은 그야말로 훌륭
한 식견 아닙니까. 시대의 교양을 느낍니다"라고 열정적으로 말했다.

이케다는 1938년생으로 현지에서 중학교 사회과 교사를 하면서 향
토역사자료를 모으고 있다가 1988년 역사민속자료관 개설에 공헌해
1991년부터 6년간 관장을 지냈다.

신기수와 20년 가까이 만남을 지속해오고 있고 통신사에 얽힌 자료
수집과 역사민속자료관 개설, 그 후의 특별전 개최 등 신기수에게 많
은 도움을 받았다.

1990년 여름, 오사카의 사카이시 박물관을 방문하고 돌아오는 길
에 신기수는 '통신사연구를 하려면 우선 음식체험부터'라고 권하면
서 이케다를 JR오사카 간죠센 쓰루하시역 근처의 한국식당으로 데
려갔다.

"한국의 고기요리에는 타레(소스 · 액상 양념)가 100종류 이상이나 되니 조금씩 여러 종류를 주문합시다"라는 말을 듣고, 생곱창요리 등을 먹었는데 그 중에서도 소골 사시미는 감촉이 두부 같아 달작지근하고 입에도 맞아 술을 많이 마셨다.

그런 대식가인 신기수가 식도암 수술을 받기 직전인 2001년 가을, 병원에서 빠져나와 부인 강학자 여사의 부축을 받으며 효고현兵庫県의 무로쓰室津에서 열린 조선통신사 연지연락협의회緣地連絡協議會[14] 모임에 참석했는데 그때는 모두가 따라주는 술을 애주가인 신기수 대신 이케다가 혼자서 도맡았다.

그러고 나서 1년 후에 신기수는 하늘나라로 가버렸다. 이케다는 폭우가 내리던 날의 쓰야通夜(조문)에 참석했는데 웃는 얼굴로 사람들에게 말을 거는 듯한 신기수의 영정사진을 바라보면서 염주 알을 하나하나 세어가며 함께했던 지난날들을 회상했다.

"그는 상대를 보고 설법한다거나 나에게 무엇을 하라든가 격려의 말을 입에 올린 적이 없었습니다. 다만 조선통신사의 역사는 '빛明'과 '그늘暗'을 과부족없이 지켜봐야 한다는 연구 자세를 배웠습니다. 아오모리青森와 아키타秋田 같은 세토내해와 아주 멀리 떨어져 있는 지역에서도 조선통신사의 흡인형이 발견되고 있습니다. 전국적으로 조사해보면 재미있겠지요, 라는 식으로 나를 궁금하게 만듭니다. 신기수는 초일류 기획가였다고 생각합니다."

---

14) 1995년 11월 쓰시마에서 발족. 한일친선우호의 역사적 자산인 '조선통신사'가 지나간 지역의 관계자들로 구성했다. '성신교린'의 정신을 널리 알리기 위해 관련 역사자료 등을 연구하고, 연고지 간 연계성을 높이면서 '아시아의 공생'의 이념하에 한국과의 교류 촉진 및 한일 우호친선을 위해서도 노력하고 있다.

조선통신사 일행이 세토우치에서 도카이도 가도를 따라 에도로 이르는 곳곳에서의 접대는 각지의 다이묘가 담당했는데, 그 보좌 역할을 위해 동북지방의 오슈奧州부터 서쪽의 큐슈까지 각지에 있는 다이묘가 말과 인부를 차출해 행렬 경호와 사역을 하는 구조로 되어 있었다.

가령 1748년 제10차 통신사의 도모노우라 접대역은 후쿠야마 영주가 오사카죠다이大阪城代[15]를 맡고 있었기 때문에 에히메愛媛(시코쿠 북서부)의 우와지마번宇和島藩이 맡았고, 1764년 제11차 때에는 오이타大分(큐슈 동부)의 오카번岡藩이 맡았다. 그리하여 조선통신사의 문화는 일본전국으로 퍼져나갔다.

그러나 대조루 재건을 실현시킨 이후, 신기수가 도모노우라에서 가장 마음 아파했던 일은 히로시마현이 도모항 일부를 매립해서 길이 180m의 우회교를 건설하려고 했던 문제였다.

뉴욕에 본부가 있는 세계문화유산재단이 만리장성 등과 함께 세계 각지의 100개소 유적 중의 하나로 일본에서는 단 한 곳, 도모노우라가 선정된 적이 있었다.

도모노우라에는 조선통신사가 나누어 숙박했던 28개의 절 이외에도 격자창과 백벽토의 오래된 집들이 즐비하게 늘어서 있고 돌로 만든 상야등常夜燈, 계단식 선착장인 '간기雁木'라는 귀중한 항만시설도 남아 있어서 마을 전체가 박물관 같다. 통신사가 좋아하며 마셨던 약용보명주保命酒의 술 창고도 여전히 남아 있어 마치 타임슬립한 듯한 느

---

15) 오사카 성주대리로 오사카성을 관리하는 직책.

낌이다.

신기수는 그러한 역사적 경관을 지켜야만 한다고 생각하고 여기저기에 호소했다. 이 계획은 2003년 9월 '토지권리자의 동의를 얻을 수 없다'는 이유로 20년간의 논의 끝에 백지로 돌아갔다.

3. 피로를 풀어준 최고의 음식접대 - 시모카마가리

멀리 조선반도에서 온 통신사 일행이 무엇보다도 제일 기뻐했던 것은 각지에서 준비한 호화로운 식사접대이었을 것이다.

도모노우라보다 더 서쪽에 위치한 구레시吳市의 남쪽 바다에 있는 히로시마현 시모카마가리지마下蒲刈島 섬. 이곳은 귤 재배가 활발한 둘레 16km의 작은 섬이다. 이 섬의 자랑은 '손님접대 최고관御馳走一番館'이라는 이름을 내건 조선통신사에 대한 본격적인 자료관이다.

인구 2250명 남짓한 이 섬에 에도시대에는 통신사 일행과 수행봉행 등 약 2000명이 찾아와서 "섬이 가라앉을 것 같은 많은 인원이 체류했었다"는 말이 전해오고 있다.

간기라고 부르는 돌계단으로 된 항구가 있고, 깊고 커다란 만도 있어서 대선단이 순풍을 기다리며 계류하기에 편리했다.

일행이 분산하여 숙박할 수 있도록 섬 주민은 자기의 집을 비워주고 산 속에 임시 오두막을 짓고 옮겨가 지냈다. 통신사와의 직접 교류는 금지되었다고는 하지만, 선진적인 조선의 문화를 한번이라도 보려고 산 위에 올라가 이국인들에게 뜨거운 시선을 보냈을 것이다.

1994년 7월에 시모카마가리지마에 탄생한 조선통신사 자료관에서 특별히 볼만한 작품은 아사노번浅野藩이 한번 접대에 3000냥이나 되는 큰 돈을 들여서 통신사에게 대접한 호화메뉴를 재현한 상차림과 통신사 선박의 복원모형 등이다.

이 작업을 담당한 현지의 우체국장이면서 마을 문화재보호위원장인 시바무라 게이지로柴村敬次郎는 "자료관 완성을 제일 기뻐해주신 분은 신기수 선생입니다. 선생이 숙소에서 이 접대요리 중의 일부를 재현한 음식을 먹으면서 유쾌하게 술을 마시던 것이 마치 어제 일처럼 기억이 생생합니다"라고 말했다.

'손님접대 최고관'에 전시되어 있는 접대요리는 1711년에 에도까지 통신사와 동행한 쓰시마번주가 "아키카마가리安藝蒲刈 접대가 최고(시모카마가리의 요리가 제일 맛있었다)"라고 칭찬할 정도로 실속이 있었다며, 그 호화메뉴는 현대의 맛집 순례에 있어서도 수연垂涎(군침을 흘림 - 역주)의 대상임에 틀림없다.

우선 정사 등 삼사에게 차려낸 의례용 상차림 중에서는 최고 수준이라고 불린는 '시치고산 상차림(七五三の膳)'[16]은

- 상어와 전복, 문어, 메기, 해삼 등 건어물.
- 가라스미(숭어 등의 알집을 소금에 절여 말린 것).
- 오리고기 절임.
- 메추라기 통구이.
- 히시오(간장의 원료).
- 이세새우와 소라, 전복 등을 배 모양의 그릇에 담은 요리.

---

16) 에도시대 손님맞이용 최상의 접대 요리.

등 30종류나 되는 진미를 하얀 나무 교자상에 차려 냈지만 이 음식은 보기만 하는 의례용 상차림으로 실제로 젓가락을 대는 것은 아래 '3탕 15찬(3汁15菜)'이다(사진 참조).

- 농어 살과 칡뿌리가루를 섞어서 반죽한 수제비에 하얀 된장을 넣어 만든 스프(껍질을 조금 구워서 향을 낸다).
- 다진 도미 살을 밀가루 반죽을 해서 동그랗게 뭉친 후에 삶아낸 것과 표고버섯, 미나리를 넣어 끓인 맑은 생선국.
- 대구, 순무, 파를 넣은 맑은 장국.
  도미 소금구이에 달걀 지단 고명(세토우치가 자랑하는 참돔으로, 조릿대 잎을 깐다).
- 카스테라 두부(두부를 고은 체로 걸러서 다시마 육수로 반죽하여, 계란과 녹말가루로 구워낸다. 맛은 소금과 설탕으로 낸다).
- 채소 절임(된장에 절인 무).
- 양념장을 발라서 구운 연어.
- 양념장을 발라서 구운 꿩(통신사 일행에게 특히 인기가 있었다).
- 오리고기 초무침(오리고기를 잘게 잘라서 살짝 데친 된장초무침).
- 삼나무껍질 위에 올려놓고 구운 오리고기(삼나무 판 표면에 소금을 칠하고 그 위에 오리고기를 올려놓고 굽는다. 현재의 스키야키[17]의 원조라고 생각되며 육식을 좋아하는 통신사 일행이 '맛있는 음식'이라고 매우 칭찬했다.)

---

17) 일반적인 전골(すき焼き)은 쇠고기를 사용한다. 파, 배추, 쑥갓, 표고버섯, 구운두부, 실 곤약 등의 재료를 함께 넣고, 기본양념은 간장과 설탕으로 한다.

히로시마현 시모카마가리쵸에서 복원한 조선통신사 향응요리의 일부 〈3탕 15찬〉
세토내해의 진미를 가득 담았다(히로시마현 구레시 시모카마가리쵸 〈손님 접대 최고관〉 소장).

- 물기를 뺀 두부(두부를 둥글게 만들어서 기름에 튀긴다).
- 오징어 말이(말린 오징어를 물에 불려서 둥글게 말아 양념하여 조린다.)
- 전복간장조림(전복은 두껍게 자른다).
- 흐물흐물하게 삶은 무(된장, 겨자, 유자를 곁들임).
- 대구조림(송이버섯과 다시마를 사용한다).
- 광어회(도미와 견줄만한 흰살 생선의 대표격).
- 유자 된장구이(속을 파낸 유자에 된장을 넣고 아래서부터 굽는다).
- 닭꼬치.
- 쌀밥.

이들 산해진미가 넘치도록 진열된 상을 앞에 두고 인동과 조선인
삼을 원료로 양조한 인동주忍冬酒와 히로시마현의 미하라三原에서 만

든 일본 술을 한 잔 기울이면서 통신사 일행은 장기여행의 피로를 풀었던 것이다.

그 밖에 양갱과 만두, 카스테라, 유평당有平糖 사탕,[18] 대전병大煎餠 등의 과자류, 조선에서는 진귀한 감귤 등 과일도 충분히 준비되어 있었다. 이 만큼의 식재를 갖추기 위해 아키번安芸藩은 조선통신사가 도착하기 반 년 전부터 쓰시마와 시모노세키로 정찰대를 보내 통신사 일행의 기호를 조사하고 꿩을 좋아하는 것을 알아내자 한 마리당 3냥이나 하는 큰 돈을 들여 수백 마리의 꿩을 모았다.

돼지는 멀리 나가사키에서 들여오고, 흐물흐물하게 무를 조리하기 위해서 모아 둔 10개의 무 중에서 바로 이것이라 할 만한 최상의 무 한 개를 가려내어 정성 가득한 요리를 준비했다.

이런 풀코스 요리를 시바무라에게 의뢰받아, 에도의 문헌을 기초로 재현한 음식문화사 연구가인 나가야마 히사오永山久夫는 "막부 정치판에서 융통성 없는 정치가로 알려진 아라이 하쿠세키가 〈일본 천황을 대접하는 곳에서도 이처럼 호화로운 식사는 나오지 않는다〉고 분개할 정도로 전무후무한 요리. 중국의 궁정요리인 만한전석滿漢全席[19]과 비교해도 절대 뒤지지 않는다"고 시모카마가리쵸 팸플릿에 적고 있다.

"이웃 나라 문화에 대한 깊은 동경심이 있었기에 이 정도의 접대가 가능했겠지요"라고 말하는 시바무라 게이지로가 조선통신사에 흥미

---

18) 유럽에서 전래된 마른 과자 일종의 설탕 과자.
19) 산해진미를 모아 놓은 청나라의 궁정요리.

를 가지기 시작한 것은 1983년경 히로시마 현립도서관에서 전전 기록인 '히로시마현 사적명칭 천연기념물 조사보고'라는 오래된 암갈색 문서를 읽은 후부터이다. 거기에는 "고향 시모카마가리의 접대가 다른 번을 능가하여 제일 좋았다"라고 적은 기록이 있었다.

"어떤 접대를 했을까 궁금해서 조사한 것이 통신사연구의 시작이었습니다. 에도시대, 세토내해에 있는 이렇게 작은 섬이 국제교류의 선두였던 사실을 알았기 때문에 참고가 될 만한 것을 이리저리 찾아다녔지만 사료는 거의 발견하지 못했습니다."

시모카마가리지마 섬은 1962년에 일어난 화재로 마을회관에 보관되어 있던 세토내해의 해운과 통신사와 관련된 귀중한 고문서류 대부분이 소실되었다. 현지의 어르신들이 "그 사료가 남았더라면 이 섬에서 역사분야로 이름을 날리는 박사가 많이 탄생했을 텐데……"라고 한탄할 정도였다.

시바무라는 현지 태생으로 에히메대학愛媛大學에서 고고학을 전공했으면서도 가정형편 때문에 초등학교 교사를 거쳐, 우체국에서 근무했다. 하지만 학문에 대한 꿈을 접지 못하고 독학으로 공부를 계속했다.

그 결과 나고야에 있는 오와리 도쿠가와 가문의 자료관인 호사분코蓬左文庫[20]에 통신사의 향응요리도면 등이 보존되어있는 것을 알아냈다. 이 도면과 오래된 문헌을 기초로 하여 설계도를 그리고 1500만 엔을 들여서 실물 그대로 복원했다.

같은 방법으로 통신사 일행이 타고 온 배를 10분의 1크기의 모형(길

---

20) 오와리 도쿠가와가 소장했던 역사 문헌자료.

복원된 통신사 선박과
시바무라 게이지로.

이 3.5m, 높이 3m, 무게 약 600kg)을 3500만 엔을 들여서 제작하여 자
료관 중앙에 전시했다.

조선선박의 권위자인 서울대학교 명예교수 김재근 교수가 설계를
담당했으며, 약 1000개의 나무못을 사용하는 전통적 방식으로 전문
가 5명이 3개월에 걸쳐 완성해냈다. 선체는 빨강, 초록, 파랑 등의 화
려한 색체로 장식하고 뱃머리에는 한국의 해신이라는 도깨비 얼굴을
그렸다.

시모카마가리지마 섬의 자료관은 조선통신사를 위한 향응요리와 복
원한 통신사 선박이라는 볼거리 이외에 실물 크기의 통신사 인형과 통
신사와 관련 깊은 흙인형, 통신사 회화 등 여러 가지 품목들이 전시되

어 있는데, 이 자료제공 등은 신기수가 전면적으로 협조했다.

"25년 전 쯤의 추운 겨울날이었다고 생각되는데, 아직 자료관 건설계획이 없었을 때 신 선생이 불쑥 섬에 오셨습니다. 마을의 문화재에 관해 많이 알고 있다고 해서 내가 섬을 안내해드린 이후부터 교류해 왔습니다. 통신사 자료관을 만들고 싶다는 상담을 드리자 본인이 할 수 있는 일이라면 무엇이든지 도와주겠다고 했습니다.

아직 현지에 칼라복사기도 없었던 시대에 사진 전시패널을 만들기 위해 오사카에서 칼라복사를 해서 보내준 적도 있습니다. 그러나 복사한 것만 가지고는 부족하다면서 소중히 간직해온 통신사 행렬 두루마리 그림을 함께 보내주셨습니다."

이렇게 말하는 시바무라는 이전에 〈조선통신사와 시모카마가리〉라는 책을 발간한 적도 있어 신기수로서도 기대하는 바가 컸을 것 같다.

"시바무라 씨, 후쿠이福井에서 조선통신사와 관련된 좋은 병풍이 나왔습니다."

"교토로 통신사 인형을 보러갑시다."

등등 자주 연락을 주었다고 한다.

이렇게 전국에서 모아온 통신사에 관한 자료는 미술관 1층에 수용할 수 없을 만큼 양이 많아져서 새롭게 독립된 자료관을 건설하기로 했다.

현지에 오래된 민가는 간기와 돌계단 정도뿐이어서 일본 각지로 건물을 찾아다니다가 도야마현富山県 도나미砺波 지방의 대표적인 상가인 아리카와 저택有川邸을 시모카마가리로 이축해서 자료관으로 이용하고 있다.

시모카마가리지마 섬에서는 가든아일랜드(섬 전체 공원화) 구상을 진행하고 있으며, 그 중심에 역사와 문화발굴을 두었다. 다케우치 히로유키竹內弘之 읍장이 "어디에나 있을 법한 리조트개발은 안 된다. 이왕이면 섬의 고유문화, 역사와 풍경을 융합시킨, 호흡이 긴 진흥책이 필요하다"고 강조했기에 충실도가 상당히 높은 자료관을 완성할 수 있었다.

신기수가 처음 시모카마가리지마 섬에 왔을 때에는 국철(현 JR)로 구레吳의 니가타仁方까지 들어가서 페리를 타고 섬으로 건너가야 했지만, 1996년에 아키나다安藝灘 대교가 개통되자 JR 히로시마역에서 직행버스로 1시간 정도에 갈 수 있게 되었다.

대교에서 저 멀리 내려다보이는 세토내해의 넓고 넓은 파란 바다에 녹색 섬, 그 사이에 어선이 외로이 떠있는 모습은 절경이다.

대교의 개통으로 자료관을 방문하는 관광객은 연간 3만 6000명으로 비약적으로 불어났고, 신기수는 "근대에 들어서 좋은 일이 그다지 없었던 조선과 일본 사이에 밝은 화제가 조선통신사입니다. 한국에서 수학여행단도 그 교류의 발자취를 더듬어 보기 위해 찾아오고 있습니다. 정말로 기쁜 일입니다"라며 생전에 기뻐했다.

4. 닌자탐색대의 활약 - 가미노세키

야마구치현 가미노세키쵸上関町는 시모노세키에서 세토내해로 들어간 조선통신사의 대항해 선단이 맨 처음에 기항하여 숙박했던 항구마을이다.

조선통신사선가미노세키내항도 부분(1821年, 超專寺 소장).

쵸센지超專寺 절이 소장하고 있는 '조선통신사선 가미노세키내항도
(朝鮮通信使船上関来航図)'는 당시의 활기찬 분위기를 잘 표현해주고
있다. 이곳은 중세 후기에 세토내해를 지배한 무라카미 수군村上水軍의
서쪽 거점이기도 하다. 지금도 마을에는 옅은 갈색 나무로 지은 전통
적인 상가가 남아 있어 독특한 풍경을 자아낸다.

가미노세키는 통신사가 방문했던 다른 마을과 달리 통신사와 인연
이 있는 사적이 마을 안에 여기저기 존재하고 있다. 그 기록과 복원에
착수한 마을주민의 활동도 활발하다. 신기수는 그러한 자세에 감명을
받아 가끔 이 마을을 방문했다.

신기수와 친하게 지내오던 마을 상공회 사무국장이며 향토역사 연
구가인 니시야마 히로시西山弘志가 "분해서 견딜 수가 없다"고 말한 것

은 1991년 봄의 일이다.

섬 전체를 공원화하겠다는 구상을 진행하고 있던 히로시마현의 시모카마가리쵸下蒲刈町가 에도막부 말기에 요시다 쇼인吉田松陰[21]과 다카스기 신사쿠高杉晋作 등의 존왕지사들이 머문 적도 있었던 옛 가옥인 요시다 저택을 사서 시모카마가리로 이축했기 때문이다.

시모카마가리지마 섬은 당초 그 건물을 '손님접대 최고관'을 전시하는 조선통신사 자료관으로 사용할 예정이었지만, "자료관으로 개조하기에는 아깝다"고 하여 개조하지 않고 그대로 '등불관'으로 사용하고 있다.

"우리들이 긴 세월 친근하게 지내온 건물을 송두리채 그야말로 흙덩이 한줌까지, 같은 세토우치 마을에게 빼앗겼습니다. 마을 예산이 없어서 매입할 수가 없었다지만 대단히 안타까웠습니다."

니시야마와 같은 자원봉사자로 구성된 '가미노세키 향토역사학습 닌자忍者[22]탐색대'의 회원은 요시다 저택의 마지막 모습을 비디오로 촬영해 남겨두었다. 그리고 예전부터 해상경비에 이용된 가미노세키 고반쇼御番所(대기소)도 연이어 시모카마가리로 가져가기 직전에 현의회 의원이 중재토록하여 간신히 막을 수 있었다.

고반쇼는 결국 가미노세키쵸가 사들여 1996년에 항구가 보이는 고지대로 이전 복원시켰는데, "옛 것에 대한 문화적 흥미가 없었던 마을의 자세도 이제는 상당히 달라졌다"고 니시야마는 말했다.

---

21) 에도시대 후기의 존왕파(尊王派) 사상가이며 교육자로 메이지유신의 정신적 지도자이자 이론가.

22) 가마쿠라시대, 에도시대의 다이묘나 영주를 섬기거나 첩보, 파괴, 침투, 암살 등 비밀활동을 도맡은 집단의 명칭이었다.

히로시마에서 샐러리맨 생활을 하다가 가미노세키로 유턴하여 취미인 향토사를 공부하고 있던 니시야마는 약 25년 전에 정토진종 혼간지파本願寺派인 쵸센지 절에 보관되어 있던 '조선통신사선 카미노세키내항도'를 주지가 보여주자 그 장대한 스케일에 감동했다.

석담 위에 안치된 고반쇼를 바라보며 입항하는 6척의 통신사 호화선 단과 마중 나온 쵸슈번長州藩의 배가 항구 가득히 떠있는 모습이 화면에 생생하게 그려져 있다.

니시야마는 그 후, 조선통신사에 관하여 혼자서 공부한 성과를 현지의 보쵸신문防長新聞에 23회에 걸쳐 연재했다. 그 당시 담당기자를 통해서 신기수와 알게 되어 가미노세키에서 강연해주길 부탁드리고 통신사의 영빈관으로 쓰였던 번주의 별장御茶屋터와 고반쇼 등을 안내하기도 하고, 현지에서 발굴된 통신사 관계 사료를 소개하기도 했다.

신기수와는 한국의 TV방송국이 방영한 8·15광복절기념 다큐멘터리 방송에 함께 출연한 적도 있다고 한다.

가미노세키에서는 이와쿠니번이 통신사 영접을 담당했는데, 신기수가 저서와 강연에서 자주 거론하는 사료 중에 이와쿠니 쵸코칸徵古館이 소장하고 있는 〈신사통근각서조선인호물부의사信使通筋覺書朝鮮人好物附の寫〉가 있다.

1711년에 쓴 이 문서에는 통신사 일행이 제일 좋아했다는 소고기 조리방법에 관하여 다음과 같은 흥미로운 기록이 남아있다.

얇게 저민 소고기를 작은 고치로 찔러서 기름과 간장을 발라 굽는다. ……후추가루를 조금 뿌려도 좋다. 또 삶은 소고기인 경우에는 고기와 간, 대소장을 적당히 잘라서 접시에 담는다. 작은 고기는 아

래쪽에 먼저 담고, 간과 대소장을 위에 올려서 내놓는다. 그 위에 식
초를 조금 넣은 간장을 곁들인다. 파를 잘게 잘라 얹고, 겨자양념을
곁들인다.

처녑(위내장) — 저 나라 사람이 맛을 칭찬하며 먹는 음식이다. 위(胃)
에는 검은 털과 같은 것이 있으니 반드시 벗겨내고 흰 살을 잘게 썬
다. 처녑도 역시 마찬가지로 접시에 한가득 담아 겨자양념을 곁들인
다. 혹은 고기 냄새가 나면 잘게 썰어서 술지게미에 담아두어 초를 조
금 가미하고, 생강과 마늘을 넣어 버무린다.

갈빗대 — 저 나라에서는 갈비라고 하고 그 맛을 즐기며 길이는 3촌(
약 9cm) 정도씩 자르고 갈빗대에 붙은 고기에 5부정도 칼집을 넣고 기
름과 간장에 발라 구워낸다.

(신기수 저 〈조선통신사 — 사람의 왕래, 문화의 교류〉,

제5장 '조선통신사와 육식문화'에서 발췌)

이 사료에는 깍두기 담그는 법까지 기록되어 있다. 에도시대에 조
선요리의 방법이 이 정도로 상세하게 일본에 전해진 것이 놀랍기만
하다. 이것을 해독한 것이 가미노세키의 고문서 해독모임 멤버였다.

이 마을은 조선통신사의 기항지일 뿐만 아니라 에도시대에는 서쪽
지방 다이묘의 산킨코타이와 류큐琉球 사절, 홋카이도北海道의 다시마
를 운반하던 기타마에부네北前船(서회해운선)의 출입으로 번화했기 때문
에 옛 기록문서가 많이 보관되어 있다. 이 자료들을 해독하여 마을의
역사를 알고자 하는 시도가 이어지고 있다.

그러한 활동의 중심에 있는 모임이 '가미노세키 향토사학습 닌자탐
색대'(대표 이노우에 게이지井上敬二)이며, 고문서 연구 외에도 〈코믹 조
선통신사이야기 — 바다와 시간을 넘어서〉를 제작해서 마을에 오는

사람에게 무로쓰室津반도와 나가시마長島에 남아 있는 사적을 무료로
안내하는 자원봉사도 하고 있다.

2003년 10월에 통신사 방문을 미리 알려주던 봉화대와 파수꾼의 오
두막터가 가미노세키쵸 네리오練尾 지구의 산능선에서 발견되었다. 이
곳은 닌자탐색대 멤버가 문헌으로 대략의 위치를 특정하고 현지를 탐
색해서 확인한 것이다.

이러한 자원봉사 활동실적이 조선통신사 연구자 사이에서 높이 평
가되어 2004년 가을, 가미노세키쵸에 '조선통신사 관계지역사연구회
사무국'을 두기로 결정되었다.

이 연구회는 조선통신사와 연고가 있는 마을이 결성한 조선통신사
연지연락협의회(회장 마쓰바라 가즈유키松原─征) 연구부회로 설립되
어 정보교환 등 네트워크화를 촉진하고 통신사에 관한 연구를 더욱 심
화시키는 것이 설립목적이다. 책임자는 신기수와 오랫동안 2인 3각이
되어 통신사 연구에 매달려 온 교토 조형예술대학 객원교수인 나카오
히로시가 맡게 되었다.

5. 노기 장군의 뿌리는 조선 – 시모노세키

에도시대에 조선통신사의 호화선단이 몇 번이나 왕래하고 조선반
도의 문화를 가장 적극적으로 받아들인 혼슈의 가장 서쪽 야마구치현
시모노세키시.

현해탄에 면한 이 항구마을은 메이지를 경계로 쵸슈번 출신의 기도

다카요시木戶孝允가 정한론을 주장하면서 부터는 우호 분위기가 180° 바뀌어 조선침략의 현관으로 되어 갔다.

신기수는 일본의 패전 후, 일가가 조국으로 귀환하는 것도 고려해서 시모노세키를 자주 방문했는데, 조선인이 많이 거주하는 곳인데도 동포에 대한 심한 차별에 우울한 기분이 되기도 했다.

시모노세키는 아카마가세키赤間関라고도 한다. 옛날에 겐페이 전투源平合戰[23]의 무대로 알려져 있다. 조선통신사 일행이 쓰시마에서 현해탄을 건너 일본 본토에 최초로 닻을 내리는 큰 항구마을이었다.

1719년에 방일한 제술관 신유한은 〈해유록〉에서 아카마가세키의 인상에 대하여 다음과 같이 기록하고 있다.

> 저녁에 아카마가세키 만 앞에 도착했다. 만의 제방은 매우 장대하다. 한 아름이나 되는 나무 수십, 수백 그루를 잇따라 물 속에 꽂고 그 위에 하얀 널빤지를 깔아 포장해 놓았다. 사방 20m 정도로 하여 연안과 수평하게 만든 것이 조금도 울퉁불퉁함이 없다. 서산 기슭에 대변정待變亭이 있다. 이 정사亭舍는 넓게 트여 있고 허리에 칼을 찬 남자 십수 명이 쭉 늘어앉아서 대포 몇 십대를 가설하고 있다. 포문은 모두 바다를 향하고 있다. 탄환이 장전되어 있고 화약심지를 끼워 두어 정말로 적에게 대응하여 발포를 기다리고 있는 것 같다. 정자 아래 바닷물이 소용돌이치는 곳에 전선戰船 3척이 있는데 매우 크다.

조선통신사는 히데요시의 조선침략(임진왜란)의 전후처리를 위해서 방일한 우호사절이지만, 일본이 다시 조선을 침략할 의도는 없는

---

23) 1180년부터 1185년까지 겐지(源氏)와 헤이시(平氏) 일족이 전국패권을 놓고 벌인 전쟁이라는 의미에서 겐페이 전투(源平合戰)라고 부르며 가마쿠라 막부정권이 수립되는 계기가 되었다.

지, 지리와 군사 면에서의 관찰도 게을리 하지 않은 것을 이러한 문장에서 읽어낼 수 있다.

시모노세키의 아름다운 풍광과 큰 도시로서 번화한 모습은 신유한 뿐만 아니라 정사나 부사가 남긴 조선측 기록에서도 찾아볼 수 있지만 시모노세키에는 같은 야마구치의 항구마을인 가미노세키와는 대조적으로 통신사에 관한 사적과 역사자료는 거의 남아있지 않다.

"메이지유신(1868년) 이후, 조선반도에서 돈벌이나 강제연행 등으로 많은 조선인이 시모노세키에 와서 부락을 이루었다. 진구황후의 삼한정벌 등을 소리 높여 주장하고 조선인에 대한 차별의식이 강해지는 바람에 통신사의 세계는 어느새 사라져버렸던 것이겠지요."

이렇게 말하는 사람은 시모노세키에 살고 있는 향토사 연구가로 〈문명의 사신, 조선통신사〉를 쓴 마에다 히로시前田博司이다.

시모노세키시립대학에 비상근 강사로도 일하고 있는 마에다는 1989년에 시모노세키 시립쵸후長府박물관에서 열린 조선통신사 전시회에서 알게 된 신기수에게 많은 격려를 받고 통신사 연구에 빠져 들었다.

그 결과 시모노세키시의 야스오카安岡 지구에 메이지 연간(1858~1912)까지 전해오는 아마고이 오도리雨乞踊(신에게 강우를 기원하는 춤 - 역주) 춤은 오카야마현 우시마도의 가라코춤과 가사가 비슷한 것에서 조선통신사의 영향을 받은 것임을 알게 되었다.

"현지의 사료를 꼼꼼히 검토하던 중에 이런 사실을 알게 되었을 때에는 정말로 감동이었습니다. 하지만 지금, 가라코춤에 얽힌 것은 아무 것도 남아 있지 않습니다. 시모노세키라는 곳은 항구마을이므로 원래는 외국과의 관계로 입에 오느내려야 하는데도, 겐페이 전투라던가 메이지유신 등 국내의 역사밖에 관심을 보이지 않습니다."

그런 마에다가 신기수와 얼싸안을만큼 기뻐했던 것은 2001년 8월 25일, 시모노세키시의 아카마신궁赤間神宮 앞에 '조선통신사 상륙 엄류의 땅(朝鮮通信使上陸淹留之地)'이라고 새긴 비석이 건립되었기 때문이다.

아카마신궁은 과거에 통신사의 삼사와 상관上官이 숙박했던 객관으로 아미다지阿彌陀寺 절이라고 불렀지만, 메이지시대의 신불분리령神佛分離令[24]으로 덴노샤天皇社가 되고 신사 이름은 아카마궁赤間宮이라고 개명했는데, 1940년에 지금의 이름이 되었다.

그러나 이곳에서는 에도시대에 조선에서 온 손님에게 성대한 환영 행사를 했다는 우호적인 역사적 사실은 거의 알려지지 않았다.

조선과 일본의 교류역사를 지금도 전하고 있는 이 비석은 높이 1.8m, 폭 5.4m, 두께 25cm의 크기다. '엄류淹留'는 신분이 높은 사람이 그 지역에 잠시 체류했다는 의미로, 현지에 거주하고 있는 나오키直木[25] 상 작가인 후루카와 가오루古川薫(1925~)가 이름을 짓고, 한국 경기도에서 옮겨 온 푸른색이 감도는 화강암에 한국의 전 총리 김종필金鍾泌이 쓴 글을 새겼다.

그 제막식에서 신기수는 "12년 전 쵸후박물관에서 조선통신사전을

---

24) 메이지 정권은 1868년 3월 신불분리령을 내리고 불교와 별도로 신사제도를 확립했다. 사원·불상 등을 파괴하는 폐불훼석(廢佛毀釋)이 전국 각지에서 격렬하게 일어났지만, 그 후 불교는 국민신앙으로 존속했다.

25) 신인이 아닌 기성작가의 소설작품에 수여하는 일본 최고 권위의 문학상.

'조선통신사 상륙 엄류의 땅'의 제막식에서. 뒤 열 좌측에서 3번째가 신기수. 신기수 앞이 마에다 히로시. 뒤 열 우측에서 3번째에 자민당 간사장이었던 아베 신조(安倍晋三)의 모습.

열었을 때, 시모노세키에 조선과의 교류흔적이 지명밖에 남아 있지 않다고 했던 것을 생각하면 감개무량합니다"라고 인사했다.

이 날을 신기수와 마에다처럼 기분 좋게 맞이한 사람이 쵸후박물관에서 학예원을 하던 마치다 가즈토町田一仁이다.

그는 1955년 현지 출생으로 츄오대학中央大学에서 일본 중세사를 전공했다.

조선통신사 전시회는 과거에 서일본에서 개최된 적이 없기 때문에 마치다는 신기수에게 통신사 컬렉션을 빌리고 어드바이스도 받아가면서 1989년 11월에 '조선통신사 — 그 발자취와 보쵸防長지방에 있어서의 문화교류'를 쵸후박물관에서 열었다.

"시모노세키에서는 재일동포에 대한 차별의식이 굉장히 강한데 이

것을 없애기 위해서는 사이가 좋았던 에도시대의 조선통신사부터 전시하지 않으면 이해를 얻을 수 없다는 생각을 가지고 사카이堺에 계신 신기수 선생님을 방문하여 말씀드렸습니다. 자그마한 꼬치구이 가게에서 한잔하는 사이에 승낙해주었습니다. 나 자신 속에 있는 차별의식을 극복하고 싶다는 마음도 있었을지 모릅니다."

그러나 현지 시모노세키에는 막상 통신사의 흔적을 뒷받침해줄 수 있는 사료가 아무것도 남아 있지 않았다. 마치다는 이래서는 꼴이 말이 아니라고 생각했다. 과거에 통신사 일행의 영빈관이었던 아미다지 절에 무언가 실마리가 될 만한 것은 없을까 생각하고 찾아다니던 중에 신기수가 교토국립박물관에 아카마궁에서 보낸 종이박스에 정리되지 않은 사료가 와있다는 것을 알려주었다.

"기대할 수는 없겠지만 일단 가보기로 하고 신기수 선생과 한창 무더위가 기승을 부리던 더운 여름에 교토로 갔습니다. 국보수리소에서 오래된 기록을 한 장 한 장 넘기는 도중에, 거의 끝 부분에서 어쩌면 이라는 생각이 드는 것이 나왔습니다."

그것은 1711년에 방일한 통신사의 부사 임수간任守幹이 남긴 글씨였다. 아미다지 절에 겐페이 전투에서 단노우라壇ノ浦 바다에 빠져 죽은 안토쿠安德 천황[26]을 기리는 미에이도御影堂가 있다. 그 앞에서 통신사 일행이 회고시를 읊는 것이 관례로 되어 있었다. 임수간도 그러한 문

---

26) 1185년에 헤이시(平氏)와 겐지(源氏) 두 가문의 최후의 결전을 벌인 곳이 시모노세키의 단노우라이다. 이 전투에서 겐지 가문이 승리하였고, 미나모토 요리토모(源賴朝)가 1192년 가마쿠라(鎌倉)에 막부를 설치하여 700년간의 막부시대가 시작된다. 전투에서 패한 헤이시 가문은 자결하고, 8살 안토쿠 천황은 외할머니의 치마폭에 안겨 바다에 투신해 자살했다. 단노우라 전투(壇ノ浦の戦い).

장을 적었던 것이리라.

쇼와 초기(1926년 이후)의 조일역사 전문가인 마쓰다 고松田甲가 예전에 아카마신궁에는 통신사에 얽힌 사료는 남아 있지 않다고 한 만큼 "이 사료를 발견했을 때의 기쁨은 일생 동안 잊을 수 없습니다. 신 선생은 자신을 내세우지 말고 가까운 데서부터 찾자는 말을 하고 필드워크의 중요성을 가르쳐주었습니다. 대학교수 이상의 은사입니다."

마치다는 그런 신기수에게 어드바이스를 받아가며 사료발굴을 계속해 1996년에 쵸후박물관에서 '특별전 동아시아 속의 시모노세키 — 근세 시모노세키의 대외교섭'을 열었다. 전시된 133점의 사료 중에는 '쵸후번번중략보(長府藩藩中略譜)'라는 근대 조선과 일본의 역사를 다시 써야 할 만큼의 임팩트가 있는, 종이에 적힌 먹 글씨가 있었다.

쵸후번번중략보(노기 가문의 조항). 여기에는 노기 가문의 선조도 임진왜란 때에 일본에 연행되어 와 다지마(但馬)의 노기야(乃木屋)에 거주한 포로였지만 조선으로 돌아가지 않고, 후에 쵸후번에 임관했다는 내용이 적혀 있다('특별전 동아시아 속의 시모노세키' 도록에서).

이 가운데 '노기 가문의 조항'에, 러일전쟁에서 제3군사령관을 역임하고 메이지천황이 작고한 날에 부부가 함께 순사殉死한 노기 마레스케乃木希典(1849~1912)[27]의 뿌리는 임진왜란 때 조선에서 연행되어 와서 그대로 일본에 정주하고, 나중에 쵸후번에 임관된 조선인이라고 기술된 자료가 발견된 것이다.

"노기 장군의 뿌리는 조선에 있음"이라는 이야기는 현지에서는 알 만한 사람은 다 아는 이야기이지만 공식적으로 이야기된 일은 없었다. 이 사료가 발견되었을 때도 현지의 신문기자는 너무 영향이 크기 때문에 기사화하는 것을 망설였다고 한다.

그런 만큼 현물을 본 신기수 선생과 교토대학의 우에다 마사아키의 기쁨도 한결 더했다. "개전과 종전 시에 외무대신을 역임한 도고 시게노리東鄕茂德[28]도 조선에서 온 도공들의 후손이었지만 노기 마레스케도 그렇다는 것은 놀랄만한 일이다. 시바 료타로 등 많은 일본의 작가나 지식인이 그 일을 안다면 노기 장군이 순사한 의미도 달라졌을 것이다. 근대일본의 상징이라는 인물이 조선반도 출신이라는 것이 널리 알려진다면 조선의 이미지도 변하지 않을까"라고 말했다고 한다.

---

27) 쵸후번 무사, 육군대장(1849~1912). 러일전쟁에서 여순공위전(旅順攻圍戰)을 지휘했다.

28) 제2차 세계대전 개전과 종전시의 외무대신(1882~1950). 가고시마현(鹿児島県) 히오키군(日置郡)의 조선인 도공마을 '나에시로 가와무라(苗代川村)' 출신. 원래 이름은 박무덕(朴茂德)이다.

6. 국경의 섬에서 아리랑 축제 – 쓰시마

잔잔한 세토내해와는 전혀 다르게 파도가 거센 현해탄에 솟아 있는 쓰시마는 나가사키현長崎県의 최북단에 위치하고 사도佐渡, 아마미오시마奄美大島[29])에 이어 일본에서 3번째로 큰 섬이다. 인구 약 4만 1000명. 섬 전체가 짙은 녹색으로 덮인 암석투성이인데다 섬 주위를 리아스식 해안[30])이 깊게 파고들어 있고, '쓰시마 야마네코'라는 고양이 등 대륙계의 진귀한 동물들도 서식한다.

쓰시마 북단에 있는 와니우라鰐浦에서 부산까지는 불과 50km 거리로, 맑은 날 밤에는 부산의 불빛이 확연히 보일 정도이다. 원래 일본이 조선반도를 식민지 지배하고 있던 시대에는 쓰시마 사람들이 부산으로 영화를 보러 다녔고, 한국전쟁 때에는 전화戰火가 한창인 조선반도에서 대포 소리가 들려왔다고 한다.

후쿠오카까지는 150km 떨어져 있고, 제주도보다 한국에 가까운 지정학적인 이유에서 옛날부터 쓰시마와 부산 사이에서는 활발한 교역이 이루어졌다. 특히 쌀을 재배할 수 없는 쓰시마로서는 조선과의 관계가 그야말로 생명선이었다.

도요토미 히데요시의 조선침략으로 조선과 일본과의 우호관계가 무너지자, 그 전후처리를 위해 쓰시마번주 소씨는 도쿠가와 이에야스의 국서를 위조하는 사건을 일으키면서까지 양국관계를 유지해야 할 필요가 있었다.

---

29) 가고시마현(鹿兒島県) 남쪽에 있는 아마미제도(奄美諸島) 가운데 가장 큰 섬.

30) 하천 침식작용으로 해수면이 상승하여 형성된 해안.

에도시대에 조선통신사 일행이 탄 호화 선단이 일본으로 건너 간 바 닷길은 현재 고속선 '시플라워'가 매일 운항하고 있다. 한국 관광객도 급증하여 연간 1만 7000명(2016년 25만 9815명)이 방문하여 시민교류도 확대일로에 있다.

신기수는 1960년대 중반에 이 국경의 섬으로 조선인 해녀에 관한 기록영화를 촬영하기 위해 방문했다가 현지에 큰 족적을 남겼는데 바로 '아리랑 축제'를 실현시킨 일이다. 그 일을 위해서 여러 차례 방문했는데 쓰시마를 제2의 고향처럼 생각했다.

"신 선생은 언제나 따뜻한 눈으로 쓰시마를 봐주었습니다. 쓰시마의 역사관을 바꾼 대단히 고마운 은인입니다."

이렇게 회고하는 사람은 조선통신사행렬진흥회의 회장을 오랫동안 지낸 쇼노 신쥬로庄野伸十郎이다.

쇼노는 1944년, 오사카부 사카이시 태생으로 중학시절에 부친인 고자부로晃三朗가 데리고 쓰시마로 이주했다. 한국전쟁 후, 물자가 부족했던 부산에서 일용품을 사러 오는 한국 사람들의 밀무역으로 흥청대던 시기로 한일조약(1965년)을 맺을 때까지 15년 정도는 대단히 형편이 좋았다.

1979년에 이즈하라쵸嚴原町에서 상영된 〈에도시대의 조선통신사〉를 쇼노와 함께 감상한 부친이 근세 조일우호의 파묻혔던 역사를 발굴한 신기수의 모습에 깊은 감동을 받고 신기수와 교류를 시작했다.

그때까지는 쓰시마가 낳은 에도시대의 위대한 유학자이자 조선외교를 담당해온 아메노모리 호슈의 존재에 대해서는 현지의 역사연구가 나가토메 히사에永留久惠가 거론한 적은 있지만 학교에서도 충분히 가르치지 않았고, 그의 묘가 현지의 쵸쥬인長壽院에 있는 것도 알려져 있

1980년 여름 쓰시마에서 열린 통신사 퍼레이드
당시는 '이조(李朝)통신사'라고 불렀다(제공: 쇼노 신쥬로).

지 않았다. 그 정도로 영화의 임팩트는 컸다.

신기수로부터 "통신사의 가장행렬을 하면 재미있을 거예요"라고 어
드바이스를 받은 쇼노의 부친은 당시 큰 의류품 상점을 경영하고 있었
다. 사재를 털어 치마 저고리 등의 민속의상과 북, 깃발, 창 등을 한국
에서 대량으로 수입해 이듬해인 1980년 여름 항구축제에서 조선통신
사 행렬을 재현했다.

마지막 통신사가 쓰시마에 왔다 간 후, 170년만의 일이다.

다만 당시는 한국을 배려해서 '조선통신사'를 사용하지 않고 '이조통
신사'라고 명명했다.

당시의 자취가 남아 있는 무가武家저택과 돌담이 있는 마을에는 한국
의 고전무용곡이 흐르고 빨강과 파랑, 녹색의 화려한 색상의 민족의상

을 입은 120명이 이즈하라의 번화가를 행진하자, 연도를 메운 약 6000명의 관객 사이에서 뜨거운 박수갈채가 터져 나왔다. 한국영사관의 영사가 통신사의 정사 역할로 분장하고 부산YWCA 합창단도 노래하고 춤을 추면서 본바닥(한국)의 분위기를 전했다고 한다.

이때의 모습을 보도한 8월 4일자, 나가사키 신문에 신기수는 "김대중 납치사건 같은 어두운 정세 속에서도 대륙과 가장 관계가 깊었던 쓰시마에서 조선통신사가 재현된 것은 대단히 의미가 깊다. 세계사 속에서도 찾아보기 드문 우호관계의 역사를 많은 사람들이 알고, 축제 행렬을 정착시켜줬으면 좋겠다"는 담화를 기고했다.

쇼노 고자부로庄野晃三朗는 그 후 5년 뒤에 72세로 사망했다.

"유산뿐만 아니라 회장직도 이어줬으면 좋겠다"고 읍장으로부터 여러 차례 부탁을 받은 끝에 신쥬로가 부친의 로망을 이어받기로 했지만 우여곡절도 많았던 것 같다.

"이 축제를 시작했던 초기에 나와 아버지는 싸움이 끊이지 않았습니다. 일본인이 일본 축제에 참가하는 것인데 왜 조선인 의상을 입지 않으면 안되는가, 라는 솔직한 비판이 있었습니다. 게다가 마을에 행사예산이 없어서 회사 경비를 사용하는데다, 사장명령으로 30명의 종업원도 강제로 행렬에 참가시켰습니다. '치마저고리를 입으면 덥고 창피해서 싫어요' 라며 훌쩍거리는 여직원도 있어 대단히 힘들었지만, 3년 정도 지나고부터는 마을과 상공회에서도 지원에 나섰습니다.

통신사에 관한 사료가 한국에는 별로 없다며 일본인이 재현해준 것에 대해 한국인에게 감사 인사를 받았을 때에는 무척 놀랐습니다. 아버지에게 선견지명이 있었다고나 할까요. 문득 생각해보니 아버지 이상으로 통신사의 세계에 흠뻑 빠져버렸습니다. 부자 2대 바보라고 웃음거리가 되었지요."

이렇게 말하며 수줍어하는 쇼노가 가장 중요하게 여긴 것은 축제에 사용하는 의상을 가능한 한 당시의 것과 똑같이 만드는 것이었다. 그래서 조선통신사 두루마리 그림에 나오는 의상을 한국의 전문가에게 보이기 위해 신기수에게 서울대학교 교수와 복식전문가를 소개받는 등 여러 가지 조언을 받았다.

"일본과 조선 사이에 과거에 어떤 일이 있었던가, 좋은 일도 나쁜 일도 포함하여 다음 세대에게 정확하게 전하고 싶습니다. 바른 역사를 표현하는 일은 나의 경우에는 통신사의 의상에 매달리는 것입니다. 온 힘을 기울여 역사를 다시 보려는 신 선생의 자세를 존경해왔습니다. 쓰시마에 국제교류라는 씨를 뿌려주었고 그것이 훌륭하게 커가고 있습니다."

아리랑 축제는 매년 8월 제1 토요일과 일요일에 실시되는데 4반세기를 맞이했다(올해는 38회째). 이제는 큐슈를 대표하는 여름 이벤트의 하나로까지 성장했다. 쓰시마에서는 한일교류 마라톤대회와 음악제를 개최하는가 하면 한국학생을 홈스테이로 받아들이기도 한다.

쓰시마가 한일교류의 섬으로 다시 태어나게 된 계기는 신기수가 그의 영화 〈에도시대의 조선통신사〉에서 거론한 아메노모리 호슈의 존재가 노태우 전 대통령에 의해 소개된 영향도 크다.

1990년 5월에 노태우 대통령이 방일했을 때, 천황 주최의 궁중만찬회에서 "성의와 신의로 조선과의 외교에 종사한 인물"로 호슈의 업적을 칭송하는 연설을 했다. 호슈의 87년 생애 중 66년간을 살았던 쓰시마는 갑작스럽게 영광스러운 외교 무대로 각광받게 되었다.

이것은 알려지지 않은 일화이지만 노태우 전 대통령의 연설문 초고에 아메노모리 호슈를 넣은 사람은 한국외교부의 지일파 서현섭徐賢燮이다.

한국에서 베스트셀러 〈일본은 있다〉(일본어 번역 〈日本の底力〉, 光文社, 1995년)를 저술하여 화제가 된 인물이다. 1998년에서 2001년까지 후쿠오카福岡 한국총영사로 근무했던 적이 있어 쓰시마의 아리랑 축제에도 초대되어 정사 역할을 연기하게 되었고 쓰시마와의 인연에 깊이 감동했다고 한다.

서현섭은 1944년 전라남도 구례 태생으로 건국대학교 졸업 후, 한국외교부에 들어가 케냐, 러시아 참사관, 파푸아뉴기니아 대사를 역임했고, 세 차례 일본에 주재하는 동안 메이지대학明治大學 대학원에서 석사와 박사학위를 취득했다. 후쿠오카 재직 후에 요코하마 총영사도 역임했다.

신기수는 서현섭의 초대를 받아 후쿠오카의 총영사 공관저택에 가보기도 했고 통신사를 둘러싼 각지의 집회에서도 얼굴을 마주쳤다고 한다. 서현섭에 대한 인상은 "일본의 대학원에서 한일관계와 국제법 등을 연구할 정도로 일본통이면서도 영어권의 외교관으로 언제 부임하게 될지 모르니까 매일 아침 1시간씩 영어공부를 빠뜨리지 않고 있다고 들었다. 한국과 일본은 너무 가까워 양국관계가 맑기도 하고 흐리기도 하는 것은 당연하다고 했던 말을 기억하고 있다. 성실하면서도 유머가 있어 현대의 조선통신사라고 부르기에 어울리는 분이다"라고 했다.

서현섭이 아메노모리 호슈에게 주목했던 이유에 관해서는 2000년에 서일본 신문 편집위원인 시마무라 하쓰요시嶋村初吉의 취재에 다음과 같이 대답했다.

나는 그러한 멋진 양국(한일) 관계를 구축하고 유지하기 위하여 노력을 거듭해 온 분들을 재평가하고, 양국에 보다 널리 소개하려고 생각하고 그러한 분을 찾았다. 그래서 조선의 역사에서는 신숙주(1417~75년)를, 일본에서는 에도시대에 최고의 조선통으로 활약했던 아메노모리 호슈를 발견해냈고 20년 전부터 비공식적인 장소에서 "서로를 속이거나 싸우지 않고 진실한 마음으로 교류한다"라는 성심외교의 정신을 되살려야만 한다고 끊임없이 주장해왔다.

그러나 나의 주장은 대단히 한정된 사람들에게만 전할 수 있는 기회밖에 없었던 탓인지 그다지 주목받지 못했다. 아메노모리 호슈는 한국에서는 말할 것도 없고 일본에서도 점점 잊혀져갔던 인물이라고 생각한다. 왜 잊혀져 갔을까? 그것은 메이지정부의 새로운 조선정책과 관련이 있다고 생각한다. 메이지 이후의 일본의 그것은 성심외교와 어울리지 않기 때문이 아니었을까.

　　(〈한일의 가교가 되었던 사람들日韓の架け橋となった人びと〉(明石書店))

아메노모리 호슈에 빛을 비춘 노태우 대통령의 발언은 그때까지 일본과 한반도의 관계에서 과거에만 눈길을 주기 쉬웠지만, 과거를 발판삼아 미래로 시선을 돌리는 한일 신시대에 어울리는 것으로서 임팩트가 있었다.

이때의 열기가 계기가 되어 3개월 후에 현지 향토사연구가 나가토메 히사에가 회장이 되어 '호슈회'를 설립하고 '誠信之交隣(성신교린)'이라는 비석을 세웠는데 비석의 제막식에는 한국에서 많은 분들이 참석했다.

나가토메는 아메노모리 호슈 재평가 움직임에 대해 "쓰시마의 새로운 발전은 쓰시마인의 국제성을 회복하고 이웃 국가와의 교류를 도모

하는 것 이외에는 없습니다"라고 1991년 10월 20일자 서일본 신문에
코멘트를 싣고 있다.

"쓰시마에서 노태우 전 대통령의 발언을 들었을 때, 모두들 많이 놀
랐다. 쇼노와 마을동료들은 무엇인가 하지 않으면 안 되겠다고 생각하
고 분주히 돌아다녔다. 그리고 2년 후에 신 선생의 협력을 얻어 조선통
신사에 관한 심포지움을 열 수 있었다"고 회고하는 사람은 현지의 해
운회사 사장 마쓰바라 가즈유키松原一征이다.

그 후 3년 남짓 사이에 마쓰바라 일행은 통신사와 연고가 있는 40
군데 시정촌市町村을 방문해서 한일평화의 심볼인 통신사의 역사를 계
승하면서 지자체 간의 교류를 도모하고 지역진흥에 기여하고자 호소
했다.

1995년 11월에는 이즈하라쵸에 30여 군데의 지자체 관계자가 모여
조선통신사연지연락협의회가 발족되었다. 마쓰바라가 회장으로 취
임하여 연고가 있는 지역을 릴레이식으로 다니면서 교류대회를 열기
로 결정했다.

신기수는 이 협의회 발족에 맞추어 현지 역사민속자료관에서 자신
이 소장하고 있던 통신사와 관련된 그림 등의 컬렉션을 전시하여 많은
사람들에게 에도시대의 한일교류 발자취를 소개했다. 또 '민중의 호기
심과 통신사'라는 타이틀로 강연하면서 다음과 같이 말했다.

"메이지유신 이후의 일본정부가 조선통신사를 얼마나 소외시키고
묵살하고 무시해왔는가. 최대로 희생당한 것이 회화류이다. 통신사를
그린 회화는 현재 백수십 점 발견되었지만 빙산의 일각에 지나지 않으
며, 소장자도 통신사에 관한 교육을 받지 않았기에 소유하고 있는 그

림이 어떤 것인지 모르는 채, 헛간이나 신사와 절의 창고에서 잠자고 있는 것이 많다고 생각한다. 사실 뛰어난 회화의 대부분은 우연히 세상에 나오는 것이다."

신기수가 자주 다녔던 쓰시마는 외딴 섬이라는 이점과 함께 본토와 비교하면 고서적 등의 유출도 적어 귀중한 사료들의 보물창고가 되어있다.

그 중에도 에도시대에 조선과 일본의 교류에 커다란 역할을 한 쓰시마번의 번정藩政 사료인 '소케 문서宗家文書'는 압권이다. 쓰시마번의 일들을 상세히 기록한 일지류日誌類와 외교와 무역에 관한 봉서奉書, 도쿠가와 쇼군으로부터 역대 영주에게 보낸 공문서와 그림, 도장 등이 12만 점 이상이나 소장되어 있다. 이 중에는 독도영토 문제에 관한 기술과 조선인삼 수입 등 무역 상태를 보여주는 사료도 포함되어 있다.

1968년 이후부터 매년 2, 3회 긴 휴가를 얻어 쓰시마에서 이 고문서를 조사해온 게이오기쥬쿠대학慶応義塾大学 문학부 교수인 다시로 가즈이田代和生는 도쿄 오차노미즈お茶の水의 일불회관日仏會館에서 상연한 〈에도시대의 조선통신사〉를 보고 마음이 움직였던 한 사람이다.

그 후 쓰시마의 이즈하라쵸에서 신기수와 만나게 되는데 "조선과 일본관계가 좋았던 시대에 빛을 비추어 민중 속에 매몰되어 있던 조선 문화를 차례로 발굴했다. 신 선생은 눈이 매우 아름다운 분으로 영화에도 그 인품이 스며 나오는 것 같았다"고 말했다.

쓰시마 체류 중에 다시로는 매일 소씨 가문의 보리사인 반쇼인万松院의 창고에 보관되어 있는 방대한 사료를 읽어가며 1장씩 사진을 촬영하는 작업을 했다. "쓰시마번은 도쿠가와 막부에게 강경한 자세였으며 그에 대해 막부도 쓰시마를 종기 다루듯 조심하며 소중히 대했다. 그것은 왜일까? 소씨 가문의 문서는 보물찾기와 같은 재미가 있었다."

먼지와 땀이 범벅이 되는 단조로운 일이었지만 이렇게 찾아낸 사료가 기본이 되어 신기수가 〈에도시대의 조선통신사〉 속에서 소개한 길이 120m이나 되는 통신사 두루마리 그림의 유래가 해명되기도 했다.

다시로는 착실히 연구에 매진하면서 근대 한일관계사의 전문가로서 〈근세일조통교무역사의 연구近世日朝通交貿易史の研究〉(創文社), 〈다시 쓴 국서書き替えられた國書〉(中央新書) 등을 발표하며 신경지를 열어가고 있다.

쓰시마의 국서위조 사건[31]은 도요토미 히데요시가 일으킨 조선침략의 전후처리를 둘러싸고 도쿠가와 막부와 조선왕조 사이에 끼어 이러지도 저러지도 못하게 된 쓰시마번이 쌍방의 국서를 일부 고쳐써서 국교회복을 서둘렀다는 것으로, 농지가 부족하여 고대부터 조선과의 무역이 도민의 생활에 불가결한 소씨 가문으로서는 어쩔 수 없는 선택이었다.

1633년에 쓰시마번의 내분이 발각되고 2년 후에 에도막부 3대 쇼군인 도쿠가와 이에미쓰家光가 에도성 내에서 재판을 했다. 사건에 관련된 가로인 야나가와 시게오키柳川調興 등을 처벌했는데, 다시로의 작품은 그간의 내막과 전말을 스릴있게 그리고 있다.

---

31) 임진왜란 후, 조선과 일본의 교류가 끊어지자 큰 타격을 입은 쓰시마번은 국교 재개를 위한 편법으로 상대방의 위신을 세워주기 위해 조선과 일본 간의 국서를 위조하여 1607년 통신사교류가 성사된다. 그러나 쓰시마번의 국서위조는 계속되었고 1631년 영주 소 요시나리(宗義成)를 상대로 중신 야나가와 시게오키(柳川調興)가 소송(柳川一件)을 걸었다. 1635년 번주는 무죄, 야나가와는 유배되었다.

2002년에는 부산에 있는 도쿠가와 막부 공인의 일본인 마을 '왜관'이 개설된 것을 그린 〈왜관 — 쇄국시대의 일본인 마을倭館-鎖国時代の日本人町〉(文春新書, 한국어판은 논형, 2005)로 2003년도의 매일신문사 아시아・태평양상을 수상했다.

왜관은 현재 부산타워가 있는 용두산 공원을 중심으로 10만 평, 즉 나가사키의 데지마[32]보다 실로 25배나 넓은 부지에 쓰시마인 400~500명이 이주하여 조선과의 외교와 교역에 종사했지만 그 실태가 거의 알려져 있지 않았다.

여기에 거주하는 외교의 막후 실력자와 조선측과의 밀접한 교류가 있었기에 조선통신사가 일본에 오고가는 평화스런 선린우호시대가 실현되었다고 할 수 있다.

그런 다시로지만 힘든 하루 일을 마치고 난 오후 5시 이후를 매우 고대하고 신기수와도 자주 술잔을 기울였다. 이때의 인연을 바탕으로 1992년에 국립국회도서관과 오쓰시大津市 역사박물관에서 '소케 기록宗家記錄과 조선통신사전'을 개최했을 때에는 신기수에게 요도가와 강을 거슬러 올라가는 통신사 선박 등의 컬렉션을 빌려서 상당히 구색을 갖췄다고 한다.

"신 선생은 보물을 모으고 있는 사람이라고는 생각할 수 없을 정도로 기분 좋게 작품을 빌려주셨다. 모두가 좋아해준다면 그걸로 만족한다는 느낌이었지만 솔직히 통신사의 컬렉션을 후세에 어떤 방법으로 전할 것인가를 고민했다고 생각한다. 본인이 발굴하고 그 존재를 소개해

---

32) 1634년 에도막부가 쇄국정책을 유지하며 제한된 장소에서 외국과 교류하기 위해 나가사키에 건설한 인공섬이며 네덜란드와 교류하던 장소이다.

가는 작업에 의해 작품의 시세가 올라간다. 그렇게 되면 누구나가 손을 뻗을 수 없게 될 것이기 때문이다. 신 선생의 협력으로 가능했던 화려한 전람회는 이젠 불가능하구나 하는 느낌이다."

다시로는 신기수가 사망하고 나서 반 년 후에 고문서가 산더미처럼 쌓여 있는 연구실에서 이렇게 추억을 이야기했다.

7. 비와코 호수와 조선인가도 - 시가

바닷길을 지나 오사카에서 내륙으로 들어온 조선통신사 일행은 배를 이용하여 요도가와 강을 거슬러 올라가 교토에서 시가滋賀 방향으로 나아갔는데, 신기수의 마음을 깊이 사로잡은 곳은 비와코 호수의 아름다운 풍광과 조선인가도朝鮮人街道의 조용한 분위기였던 것 같다.

여름에도 시원하게 호숫물이 가득 차 있고 그 안에 소나무가 무성한 치쿠부시마竹生島 섬이 떠있다.

때때로 아침 안개가 자욱한 호수면에서 교토대 학생들이 보트를 저으면서 땀을 흘린다.

그러한 장면을 상기시켜주는 '비와코 뱃놀이 노래琵琶湖周航の歌'를 신기수가 좋아해서 술에 거나하게 취하면 흥얼거릴 때도 있었다.

신기수의 고별식 회장에서 고교생 손자 겐源이 부른 이 곡에, 참석자 모두가 "아아, 이 곡이야 말로 신 선생의 테마송이다"라고 감동하여 모두가 조용히 있기 보다는 만감이 교차하는 마음으로 큰 목소리로 따라부르며 신기수를 보내드렸다.

신기수가 사망하기 7년 전의 1995년 7월말, 시가현 오미하치만시近

江八幡市의 호반가도.

'조선인가도'라고도 불리는 비와코 호수에 가까운 이 옛길은 장마 끝의 더위가 유난히 기승을 부렸다.

"신 선생, 여기라면 가게의 나팔 같은 것을 불고 있는 사람이 조선 사람입니까?"

"그려. 이 길은 도쿠가와 쇼군 이외에 조선인만 지나가는 것을 허락받은 특별한 길이었어."

피리와 타악기를 연주하면서 발걸음을 재촉하는 조선통신사의 그림을 보여주는 신기수는 모자를 쓰고, 하얀 반팔 셔츠에 검정 계통 바지 차림. 숄더백을 어깨에 메고 부채로 더위를 식히고 있지만 이마에서는 구슬 같은 땀이 흐른다.

통신사 행렬 중에서 가장 인기가 있었던 것은 나팔과 소라고둥처럼

술이 들어가면 '비와코 뱃놀이' 노래를 흥얼거리기 좋아했던 신기수
(1989년 세타도바시(瀬田唐橋)를 배경으로).

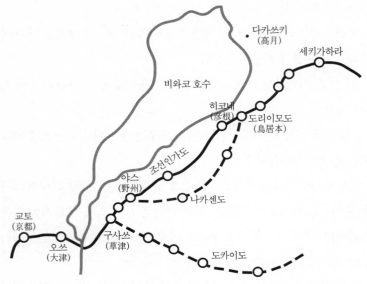

조선인가도.

생긴 악기를 불기도 하고 징과 북을 두들기면서 2열로 줄지어 걸어가
는 악대였다. 음악을 좋아하는 젊은이들은 재빨리 반응했다.

　신기수가 비상근 강사로 나갔던 나라 덴리대학天理大學의 '민족문제론'
의 현지 공부모임에는 젊은이뿐만 아니라 야간중학교 교사도 참가하
여 성황을 이루었다.

　일행은 에도시대 주요가도의 하나인 나카센도中山道 가도의 옆길인
조선인가도를 걷고, 오미하치만시의 도서관과 자료관에서 고문서와
고지도를 살펴본 후, 시가현 다카쓰키쵸高月町에 있는 아메노모리 호슈
의 생가인 '동아시아 교류하우스 아메노모리 호슈암東アジア交流ハウス 雨
森芳洲庵'을 방문하면서 한일우호의 발자취를 하루 일정으로 더듬었다.

조선인가도는 야스野洲의 유키하타行畑에서 나카센도 가도와 갈라져 비와코 호수의 동쪽 호반을 따라 오미하치만, 아즈치安土를 지나 히코네彦根의 도리이모토鳥居本에서 다시 나카센도 가도와 합류하는 약 40km를 가리킨다. 이 길은 오다 노부나가織田信長가 아즈치성安土城을 지을 때 정비되었다고 한다.

마을과 마을이 자연발생적으로 연결되어 있고 옛날 건축 유적의 영향도 있어 굴곡이 많은 길이지만 검은 벽에 격자창과 백벽토장의 오랜 가옥들이 남아 있는 곳도 있다. 농촌길 정비와 다리 교체 등으로 예전의 모습은 줄어들었지만 현지의 히코네 히가시 고등학교 학생들이 옛 사료를 기초로 현지답사를 통해 1990년에 지도상에 조선인가도를 복원하여 화제가 된 적이 있다. 지금은 관광객도 방문하고 있다.

에도시대에 산킨코타이를 위해 에도를 오가는 다이묘와 네덜란드, 류큐에서 온 사절은 비와코 호수 남쪽의 오쓰에서 오른쪽 방향으로 접어들어 스즈카 산맥鈴鹿山脈을 넘어 도카이도 가도를 이용하는 것이 일반적이었지만, 조선통신사 일행은 도쿠가와 쇼군이 교토로 갈 때 이용했던 이 호반가도를 통행할 수 있었다. 당시의 조선과 일본의 외교관계가 얼마나 중시됐는지 상상할 수 있다.

신기수는 한일우호를 지향하는 청구문화홀을 주재하면서 조선통신사 사료발굴을 위해 각지를 돌아다녔기 때문에 몹시 바빴다. 대학 측에서 강사초청이 있어도 거절하는 경우가 많았지만 이때 덴리대학의 비상근 강사 일은 받아들이기로 마음먹었다. 전후 50년이라는 고비를 의식하고 있었는지도 모른다.

"전 해에 덴리대학의 학생기숙사에서 조선인 따돌림 사건이 있었다.

그것도 오래전부터 조선학과가 있던 전통 있는 대학에서 일어난 사건이다. 이 문제로 골치가 아픈 대학 측이 민족문제를 정면으로 다뤄보는 강좌를 만들고 싶다. 그러니 강의하러 오시지 않겠습니까, 라고 부탁받았다"고 한다.

매주 목요일 오후 90분짜리 수업 2단위(180분)였는데 내용은 ① 일본에서는 근대에 들어와서 위로부터의 타민족 멸시사상이 얼마나 일반민중의 마음을 모독했는가. ② 그 이전 에도기에는 조선통신사 왕래를 긍정적으로 받아들이고 임진왜란의 어두운 그림자를 극복하려는 노력을 했다는 주제로, 매회 200명 정도의 학생이 청강했다. 학생들의 반응도 좋았고 좋은 질문도 많았다고 한다.

그리고 월 1회 정도 토요일이나 일요일에 시간이 생기면 과외세미나 형식으로 오사카 쓰루하시의 조선 시장과 오사카 체류 중에 병사한 제11차 조선통신사 일행이었던 총각 김한중金漢重의 묘가 있는 치쿠린지竹林寺 등을 방문하여 일본과 조선반도의 과거와 현재를 현장에서 배웠다.

신기수는 수업에서 시험은 보지 않고 "아메노모리 호슈의 조선외교와 문화상대주의에 대해서 기술하시오"와 같은 테마로 400자 원고지 5장의 리포트를 제출하게 했다.

신기수의 강의에 매주 출석하며 조선인가도에서의 과외세미나에 참가했던 조선학과 3학년 스즈이케 다쿠지鈴池拓司는 "민족문제 강의를 한다고 들어서 처음에는 차별이라든가 재일동포 문제를 배우는 과목인가 생각했다. 그러나 조선통신사라든가 아메노모리 호슈와 같은 일본과 조선 간에 있었던 좋은 이야기를 들을 수 있어서 미래를 향한 희망을 가질 수 있었다"고 감상을 말했다.

그런데 오미노쿠니近江国는 옛날 일본의 동과 서, 남과 북을 연결하는 교통의 요충지로 7세기 덴지天智 천황의 치세에는 나라의 아스카飛鳥에서 오쓰로 천도한 시대도 있었다. 비와코 호수 주변에는 조선반도에서 온 도래인渡来人의 흔적을 보여주는 유적 등도 많이 발견되어 일본과 조선과의 교류 최전선의 지역이기도 했다.

1719년 제9차 조선통신사 제술관으로 방일했던 신유한이 정리한 〈해유록〉에는 교토를 떠난 통신사 일행은 오미로 들어가서 오쓰를 경유하여 모리야마守山의 도몬인東門院(守山寺)에 숙박한 뒤, 조선인가도를 지나 하치만의 니시혼간지 별원八幡西本願寺別院에서 점심식사를 하고, 히코네彦根의 소안지宗安寺에서 여장을 푼 후, 스리하리摺針 고개길을 넘어서 오가키大垣로 향하는 모습이 나온다.

그 중에서도 일행이 깊은 감명을 받았던 것은 비와코 호수의 아름다움이다. 신유한은 중국의 시인들이 명승이라고 노래한 동정호洞庭湖에도 필적할 만한 경치라고 칭찬했다.

신기수는 조선통신사에 조예가 깊은 역사학자 강재언과 1971년 가을에 이 도몬인을 방문했을 때, 주지스님이 통신사가 두고 간 선물이라며 현판과 큰 항아리를 보여준 적이 있었다.

본당 뒤쪽에서 꺼내온 비닐에 싸여 있던 현판에는 '守山寺(수산사)'라고 굵직한 글씨로 적혀 있고, '朝鮮黃敬庵(조선황경암)'이라는 낙관이 찍혀 있었다. 크림색 바탕에 녹색의 당초모양이 새겨진 조선식 항아리는 창고 뒤편 안뜰에 아무렇게나 방치되어 있었다.

"현판은 상당히 훼손되어 있었고 먼지투성이였다. 이것이 네덜란드나 중국의 물건이었다면 이런 취급은 당하지 않았을 것이라고 생각했다. 전시 중에도 주지스님이 몸으로 맞서면서까지 통신사의 유품을 지켜준 우시마도나 도모노우라 등과는 너무 대조적이었다."

이렇게 느낀 신기수이었지만, 주지스님에게 현판의 수리를 부탁하고 돌아온지 십수 년 후에 '조선통신사 길을 따라가는 모임' 일행 수십 명과 함께 이 절을 다시 방문했더니 '守山寺'의 현판은 본당에 잘 걸려 있었고, 큰 항아리는 객실에 놓여 있어서 마음을 놓았다.

도몬인은 전교대사伝教大師 사이초最澄[33]가 794년에 개창한 고찰로 교토 북부 히에이잔比叡山 산의 동쪽 끝에 있다가, 1986년 12월의 화재로 본당이 전소하여 조선통신사의 현판과 큰 항아리는 소실되었고 조선 도자기 술병만 남아 있다.

이 절에서 도보로 5분 거리에 있는 자민당 전 총재로 내각총리대신을 역임한 우노 소스케宇野宗佑(1922~1998)[34]의 본가는 조선통신사의 한시 몇 편을 붙여 만든 병풍을 보물처럼 간직해오고 있다. 신기수는 1989년 6월에 술도가이기도 한 우노 가문을 방문하여 실물을 보려고 했으나 입구 옆에서 젊은 경관이 불러 세우고 방문 이유를 끈질기게 물었다.

"우노 씨의 따님은 아버지의 허락 없이는 촬영을 허가할 수 없다고 했다. 우노 본인은 막 수상이 된데다가 리쿠르트 사건[35]과 여성문제가

---

33) 당나라에 가서 천태학을 배우고 일본에 귀국하여 히에이잔(比叡山) 산꼭대기에 엔랴쿠지(延曆寺) 절을 세워 천태종을 창시했다.

34) 1989년 6월 자민당 총재로 선출되어 제75대 총리 취임 후 자민당에 정치개혁추진본부를 설치하고 '깨끗한 내각'을 내세우며 출범했다. 하지만 게이샤와 관련된 스캔들, 고용문제, 소비세 문제 등이 겹쳐 1989년 7월에 치른 참의원선거에서 자민당이 참패한 뒤 총리가 된지 69일만에 사임했다.

35) 1988년에 일어난 일본 최대의 정치 스캔들.

통신사의 한시를 붙여 만든 병풍을 보면서 우노 소스케와 환담을 나누는 신기수.

발각되어 연락을 취할 방도가 없었다. 그래서 그때는 우노 씨의 선조인 우노 슌시키宇野春敷와 조선통신사의 관계에 관하여 우노 본인이 정리한 책을 사들고 돌아왔다"고 한다.

나중에 신기수는 우노 본인과도 만나서 가보로 소장하고 있는 병풍에 관한 설명을 듣게 되었다. 그러나 우노 내각이 불과 70일도 안 되는 단명내각으로 끝자 버리자, "한국에서도 국제화시대에 어울리는 일본의 새 총리가 탄생했다고 환영을 받았고 일본에서도 두 민족의 우호를 한층 더 견고하게 해줄 것으로 생각하고 있었던 만큼 어이 없는 결말이었다"고 말했다.

우노 가문에서 전해오는 것은 조선통신사 접대기념으로 받은 한시 10편을 6폭 병풍에 붙인 것으로, 그 중에 1748년의 통신사 일원인 서경원徐慶元이 우노 슌시키에게 써준 한 편은 다음과 같은 내용이었다.

먼 여행의 손님으로 갑자기 당신 집에 왔습니다.
당신의 아름다운 얼굴을 뵙게 되어 감개무량합니다.
간청에 몇 자 적습니다만,
원래 재주가 없고 글씨도 졸필입니다.
하룻밤을 함께 지낼 수 없어
꿈속에서 당신을 그리워하겠지요.

또 슌시키의 아들인 레이센醴泉도 통신사와의 교류를 계기로 유학儒學에 힘써 번주의 선생이 될 정도의 학자로 성장했다고 전해진다.

도몬인 다음 숙박지는 히코네성彦根城의 서쪽에 자리잡은 이이 나오마사井伊直政(佐和山藩=彦根藩의 초대번주) 정실의 위패를 모시기 위해 문을 연 소안지宗安寺다. 통신사 일행은 히코네에서 많은 학자 문화인과 필담 등으로 교류했는데, 1764년 제11차 조선통신사 정사 조엄趙曮[36]은 〈해사일기海槎日記〉에서 당시의 히코네를 "인물은 번성하고 저자거리가 풍성하고 넉넉함, 오사카에 버금간다"라고 기록할 정도로 활기 찬 마을이었다고 한다.

역대의 히코네번주는 후다이다이묘譜代大名[37]로서 에도에서만 근무했기에 통신사 접대는 영주를 대신하는 가로家老가 맡았다. 전국에 이름을 떨친 오미近江 상인의 근거지라는 재력을 이용해서 접대의 끝을 보여줬다고 한다.

비와코 호수의 혼모로코(빙어를 닮은 8~10cm 어류 - 역주)의 소금구이와 비와마스(비와코 호수에서 서식하는 연어류 - 역주)의 회, 민물고기를 달착지근하게

---

36) 조선 후기의 문신. 쓰시마에서 고구마 종자를 가져와 한반도에 전했다.
37) 도쿠가와 이에야스가 천하를 장악하기 이전부터 도쿠가와 집안을 섬겨 온 다이묘.

구운 물고기 요리에 붕어초밥鮒寿司, 갓 잡은 메기요리 등을 금과 은으로 장식한 호화로운 식기에 담아 대접했던 것일까.

거기에 육식을 좋아하는 통신사 일행을 위해 오미의 소와 닭, 그리고 멧돼지와 사슴고기까지 준비했다. 불가에서는 짐승고기는 법도 때문에 먹지 못하기에 소안지 절은 이를 들여오기 위해 구로몬黑門이라는 전용 부엌문을 만들 정도로 열의를 기울였다.

히코네번의 전용목장에서 기른 오미 소고기를 된장에 절여서 에도의 쇼군에게 올렸다는 기록도 있는데, 통신사 일행 중의 전문 요리사인 '백정'에게 고기의 조리기술도 배운 것으로 보인다.

또 통신사 일행은 밥에 배이는 삼나무 향을 좋아하지 않아 일본 롯코요六古窯[38]의 하나인 오미의 시가라키信樂에서 전용 밥통 등 접대용 밥공기나 접시 등의 식기류까지 구워냈다고 한다.

시가라키의 나가노長野 지구에서 오래된 요(가마)를 지키는 이시노石野 가문에서는 1810년의 고문서와 통신사에게 진상하기 위해 시험적으로 구워낸 향응용 그릇 몇 점을 소중하게 보관하고 있었다. 소박한 형태와 투박한 느낌의 신가라키의 그릇은 조선의 그릇과 닮아서 통신사 일행의 마음을 편한하게 해주었음에 틀림이 없다.

본래, 시가라키야키信樂燒는 신라계의 도래인들이 이곳에 정착하여 시작한 것이라고 전해지고 있다.

이러한 대접을 받은 일행 중에 1636년 제4차 통신사의 정사 임광任絖은 히코네 가로家老인 오카다 한스케 노부나리岡田半助宣就에게 "술안

---

38) 일본 고유의 도자기 가마 중에서 중세부터 현재까지 생산이 계속된 대표적인 6곳의 가마를 이르는 말.

주는 큰 접시에 넘쳐나고 모두 귀중하며 진귀하고 맛있는 것들 뿐입니다. 봄에 새로 빚은 단지 안의 술은 알맞게 익어 매우 맛있습니다. 기분 좋게 취하여 갈 길이 먼 것조차 잊어버렸습니다. 이 따뜻한 후대를 주인에게 어떻게 감사를 드려야할지 모르겠습니다"라고 감사의 시를 읊고 있다.

그런 진수성찬의 연회가 펼쳐지던 소안지 절에 한편으로는 무겁고 슬픈 이야기도 전해온다.

1624년의 조선통신사의 부사 강홍중姜弘重이 집필했던 〈동사록東槎錄〉에 의하면 일행이 이 숙사에서 여장을 풀고 있었을 때, 조선인 여성 2명이 아들을 데리고 방문했다. 양반의 딸로 고국을 떠나 온지 30년 이상 지나 모국어도 잊고 눈물을 흘리면서 부모의 소식을 물어볼 뿐이었다. 귀국의사는 있는지 물어보았으나 일본인 남편과의 사이에 낳은 옆에 있는 아이를 가리킬 뿐, 아이 때문에 그것은 불가능하다고 무언의 의사표시를 했다고 한다.

"도요토미 히데요시의 분로쿠·게이쵸노에키(임진왜란·정유재란)로 수많은 조선 여성이 일본으로 끌려 간 일은 종군위안부 문제의 원형이 되는 것이다"라고, 오미와 조선과의 관계를 말할 때는 조용한 신기수이지만 이 문제에 대해서는 표정이 굳어진다.

"〈인간사냥〉이라고 불린 히데요시의 전쟁으로 일본에 강제연행된 조선인은 여성과 아이를 포함하여 5만 명이라고도 하고, 7만 명이라고도 하지만 귀국한 사람은 불과 1만 명뿐이다. 가족은 뿔뿔이 흩어졌고 집은 불타서 없어졌다. 친형제의 소식도 알 수 없는 고향으로 돌아가는 것은 생각할 수 없었겠지요"라고 말한다.

소실되기 전의 망호정 내부.

그런 복잡한 생각도 있었던 조선통신사 일행은 소안지 절을 출발한 후에 도리이모토에서 나카센도 가도를 통해 스리하리擦針 고개를 향해서 천천히 올라가다가 표고 170m 지점에 있는 '望湖亭(망호정)'이라는 찻집에서 잠깐 휴식한다. 여기에서 바라다 보이는 비와코 호수는 특히 경관이 멋져서 우타가와(안도) 히로시게歌川(安藤)広重(1797~1856)의 우키요에浮世絵에도 그려질 정도이다.

그 모습을 제11차 정사 조엄은 〈해사일기〉에서 다음과 같이 읊었다.

4월 초하루 오전. 스리하리 고개에 올라가 망호정에 이르렀다. 누각은 길옆 절벽 위에 있다. 그다지 웅대하고 훌륭하지는 않지만 높고 험한 곳에 있다. 눈앞에 내다보이는 골짜기 사이로 비와코 호수를 본다. 호수의 길이와 넓이는 100여 리, 모두 눈 안에 들어온다. 호수는 맑게 빛나고 산세는 수려하다. 기울어가는 석양을 한탄하는 고깃배가 들어온다. 왼편 산록으로는 고운 모래가 수면까지 펼쳐지고, 그 일대에 옅게 보이는 숲은 수십 리를 뻗어 있었다. 거의 이수중분백로주二水中分白鷺洲[39]와 같다. 호수 안에 작은 섬도 있어 그 이름을 치쿠부竹生라고 한다. 평온함이 마치 못 속에 하나의 연꽃을 피워내는 것과 같다. 동정호의 군산君山이 있다지만 과연 이와 같은지 아닌지……

'망호정'은 200여 년 전 히코네 번정시대에 세워진 맞배지붕의 저택풍으로 산킨코타이 때에 이용되기도 하여 '잠깐 쉬어가는 쉼터御小休本陣'라고도 불렀다.

여행객 사이에서는 여기서 먹는 팥소를 넣은 떡이 명물이었다고 한다. 이 찻집에는 통신사와 인연이 있는 현판과 글이 있어서 신기수는 몇 번이나 방문했다.

통신사 일행이 비와코 호수를 바라보던 시대와 현재를 비교하면, 지금은 눈앞에 보이는 평야부는 호숫가를 매립하여 택지개발도 이루어졌고 오미 철도와 도카이도 신간센이 달리는 등 변모했지만 여기에서 보는 비와코 호수의 일몰장면은 영원히 변하지 않는 것 같다.

"석양이 비와코 호수 저편으로 가라앉을 때, 호수 면과 눈앞에 보이는 밭이 새빨갛게 물들어 매우 아름답습니다. 이전에는 소나무가 무성해서 송이버섯도 채취할 수 있었지만 현재는 소나무를 먹는 해충에게 완전히 당해버렸습니다. 그 대신 대나무가 늘어났습니다. 휘파람새도 지저귀고, 신 선생도 젊은 사람들을 데리고 와서 통신사 이야기 등을 하곤 했습니다."

---

39) 백로주라는 섬에서 양자강은 두 갈래로 나뉜다.

이런 추억을 말하는 사람은 망호정을 소유하고 있던 다나카 다카시田中孝이다.

그러나 이 찻집도 1991년 11월 4일 아침에 일어난 화재로 불타버려 제11차 통신사의 사자관寫字官[40] 김계승金啓升이 '望湖堂(망호당)'이라고 쓴 현판과 제10차 삼사의 한시도 모두 소실되어 버렸다.

"중요한 사료가 없어져서 정말로 안타깝습니다. 좀 더 빨리 안전한 곳으로 옮겼더라면 좋았을 것을……. 일본은 문화재를 소중하게 다루지 않는구먼"이라며 신기수가 울듯한 모습을 기억하고 있는 사람은 함께 오미의 사적을 걸었던 오사카 부립 고등학교 교사인 나카노 에쓰지中野悅次이다.

신기수는 가라오케는 그다지 좋아하지 않지만 마이크를 잡았을 때는 '비와코 뱃놀이 노래'와 구 소련계 국제학생조직의 노래인 '국제학연의 노래國際学連の歌'를 자주 불렀다.

사회운동을 하고 있는 젊은이들 사이에서는 '학생의 노랫소리에 젊은 벗이여 손을 뻗어라. 빛나는 태양, 창공을 다시 전화로 어지럽히지 마라'로 부르기 시작하는 '국제학연의 노래[41]'는 익숙한 곡이었지만, 신기수가 '비와코 뱃놀이 노래'를 마음에 들어 한 이유는 "일하는 도중에 비와코 호수 주변을 몇 번이나 걸어 다니면서 그 자연과 풍토에 여러 번 접했기 때문에 비와코를 향한 마음이 다른 사람보다 더 강했기 때문이 아니었을까"라고 나카노가 이야기했다.

---

40) 조선시대의 관직. 승문원, 규장각의 말단 벼슬로 문서를 정사(精寫)하는 일을 맡아 보았다.

41) 1949년에 작곡된 러시아민요. 학생운동활동가.

신기수의 오랜 벗으로 재일조선인 아동교육에 몰두해온 이치카와 마사아키市川正昭의 생각은 이렇다.

"1943년에 내가 상해에서 돌아왔을 때 일본에서 유행하고 있었던 곡은 '호반의 여관湖畔の宿'과 '비와코 뱃놀이 노래'였다. 그런 중에서도 앞이 보이지 않는 시대를 살아가던 당시의 젊은이들의 마음을 매혹시 킨 것은 비와코 호수의 노래로 그 시절의 학생들에게는 청춘의 노래 와도 같은 것이었다. 나와는 연령이 비슷한 신 선생도 같은 생각을 갖 고 있지 않았을까."

신기수는 '비와코 뱃놀이 노래' 중에서도 친분이 있었던 가토 도키 코加藤登紀子(1943~)의 노래를 특히 좋아해서 투병생활 말기에 가족과의 대화를 온전하게 할 수 없었던 때에도 머리 맡에 CD를 사용해서 가토 도키코의 애수를 띤 노래를 틀어놓으면 입가가 웃고 있는 것처럼 보

교토의 러시아 음식점 '키에프'에서 가토 도키코와 즐거운 한때를 보내다 (1994년 12월, 제공: 미야오 미쓰야스(宮尾光保)).

였다고 한다.

8. 배다리와 은어초밥 - 미노지

조선통신사 일행은 비와코 호수의 절경을 즐기고 난 뒤, 나카센도 가도와 도카이도 가도를 따라 에도를 향해서 가다가 세키가하라関ヶ原를 넘어서 미노노쿠니美濃国로 들어가면 지금까지의 여정에서는 본 적이 없는 이비가와揖斐川 강, 나가라가와長良川 강, 기소가와木曾川 강으로 된 3개의 큰 강인 기소산센木曾三川과 만나게 된다.

국보급 사절인 그들은 어떻게 이 강을 건넜을까.

시즈오카静岡의 오이가와大井川 강을 서민이 목마를 타고 건너는 장면은 우키요에 그림에서도 자주 볼 수 있다. 그러나 미노의 번주들은 일행을 위하여 배를 많이 모아 강 수면에 붙들어 매서 '배다리'라는 수상 도로를 만들었다.

기후시岐阜市 역사박물관에서 학예원으로 근무하는 가케이 마리코筧眞理子는 1992년 2월에 동 박물관에서 '특별전 조선통신사 ─ 에도시대의 친선외교'를 열었을 때, 신기수에게 여러 도움을 받았다.

"전람회를 열기 1년 전에 컬렉션 출품과 강연을 부탁하러 오사카의 청구문화홀을 방문했어요. 신 선생과 통신사의 지명도나 활동스케일을 생각하면 큰 시설인가 생각했는데, 이렇게 작은가 하고 놀랐습니다. 그렇지만 신 선생을 만나고 싶어 하는 사람들의 연이은 방문으로 대단히 활기가 넘쳐났어요."

이전에도 조선통신사에 관한 전람회는 다른 장소에서도 개최되었으므로 가케이는 기후에서의 특별전은 미노지美濃路 가도의 하이라이트인 배다리 그림을 주된 테마로 전시하는 동시에, 현지의 고문서를 많이 소개하는 것으로 특색을 드러냈다고 한다.

배다리는 기소가와 강에 만든 것이 가장 큰 것으로 900m 강폭에 크고 작은 280척의 배를 뱃머리를 상류를 향해 세워놓고 모두 강바닥에 닻을 고정했다. 그리고 배 위에 가로 판자를 대놓고 망을 끝에서 끝으로 걸쳐서 널빤지가 어긋나지 않도록 단단하게 붙들어맸다. 기소산센을 건넌 후에는 시즈오카의 덴류가와天竜川 강 등의 배다리도 건너게 되는데, 1719년에 방일했던 제9차 제술관인 신유한은 기소가와 강의 배다리를 '천여 걸음'으로 건넜다고 표현했다.

이런 일행을 한 번 보고 싶다며 도시락을 지참하고 많은 구경꾼이 밀려 들었다. 가케이가 발견한 1748년의 고문서에 의하면 세키가하라 역참에 인부나 말을 지원해 주는 오타키무라大滝村 쇼야庄屋의 다메에몬為右衛門 일가는 가족과 고용인 10명이 함께 외출해 다다미 3개(5m²) 크기의 좌석을 360문文을 주고 빌려 점심을 먹으면서 타국에서 온 손님 행렬을 보며 축제기분을 즐겼다.

그 때의 반찬 메뉴는 새의 새끼(계란?), 우엉조림, 곤약, 고사리조림, 살구절임이었다고 기록되어 있다.

또 기후시 호라洞의 마쓰이 준松井諄 가문에 있던 문서 중에는 1719년에 무사인 소가 스케모토曽我助元가 쇼군의 명령으로 통신사 일행이 오카자키岡崎에 도착할 때까지 명물인 은어생선초밥을 배달하기 위해 부하에게 대금을 건넸다는 문서가 남아 있다.

당시의 은어초밥은 은어의 배에 초밥을 채워 넣은 형태가 아닌 은어와 밥을 삭혀서 발효시킨 식해로, 오와리번이 쇼군 가문에 진상한 것으로 유명하다. 나가라가와 강에서 가마우지로 잡은[42] 은어를 사용했는지까지는 문서에 적혀있지 않지만, 각지에서 가장 좋은 음식접대를 받은 통신사 일행에게 이 진미가 입에 맞았는지의 여부가 매우 흥미롭다.

"내가 통신사 연구를 시작했을 때는 현지의 고문서까지 조사하는 사람이 적었지만 돈과 사람, 그리고 재료제공이라는 시점에서 면밀히 찾아보면 재미있는 이야기가 제법 많이 나옵니다. 특별전은 추울 때 열었음에도 불구하고 1개월 동안에 1만 5000명 정도가 와줄 정도로 반응이 좋았고 신 선생님도 흥미를 가져 주었습니다."

이렇게 지방의 문서를 중시한 가케이의 연구 자세를 평가한 신기수는 〈선린우호의 기록 — 대계 조선통신사〉(明石書店)에 '조선 수레와 벳푸세공別府細工'이라는 제목으로 기후에서의 통신사 발자취에 관한 긴 해설문을 보내달라고 의뢰했다.

조선 수레는 통신사의 미노지 가도의 숙박지인 오가키大垣의 대축제에 사용했던 수레이고, 벳푸세공은 오가키 근처에서 만들어진 납형주물臘形鑄物을 그렇게 불렀으며 조선풍 인물모습이 새겨져 있는 것이 특징이다.

영화 〈에도시대의 조선통신사〉에서도 소개된 조선수레는 오가키 대축제에서 가장 인기를 끌었던 다케시마쵸竹嶋町 히키야마曳山 행렬에 사용하던 것으로 1649년의 하치만신사에서 제례를 올릴 때에 만

---

42) 올가미로 가마우지의 목을 묶어 생선을 삼키지 못하게 한 후 물 속에 넣어 물고기를 잡는 독특한 낚시법.

들어졌다.

신기수의 설명에 의하면 오가키에 체류했던 기품이 넘치는 조선통신사의 언행과 의상, 음악에 감동한 다케시마쵸의 다이코쿠야 하루베大黑屋治兵衛의 선조가 나고야까지 행렬과 함께 따라가며 그들의 모습을 정확하고 세밀하게 스케치해서 그것을 기본으로 교토의 니시진西陣[43]에서 조선의상을 만들었다. 그 의상을 입은 마을사람이 '조선왕'의 깃발을 내걸고 정사를 닮은 인형을 태운 수레를 지고 미노지 가도를 따라 걷는다.

이렇게 시작한 이색적인 도진唐人(외국인) 행렬은 당시에 압도적인 인기를 모았지만 메이지유신에 따른 폐불훼석廢佛毁釋 정책으로 "국가신도에 반한다" 하여 금지 당하자, '조선왕'을 일본신화에 등장하는 '사루타히코노 오카미猿田彦大神'로 바꿔 명맥을 이어가려했지만 결국 1874년에 폐지당했다.

조선의상과 청도기, 악기와 수레부품 등은 다케시마쵸의 창고에 보관되었고 거의 100년 후인 1970년경에 현지에서 가구점을 경영하는 고토 시게오五島茂雄가 창고를 청소하다가 발견했다.

당시의 마을회장으로, 80세 중반인 지금도 조각칼을 손에 쥐고 취미로 목각을 하는 고토의 회상.

"이곳 창고는 공습에도 불타지 않은 역사가 있지만 천장 안쪽에 궤짝이 있는 것을 발견하고 열어보았더니 생사람 머리 같은 게 나와서 놀랬다. 잘 살펴보니 인형머리였는데 관을 씌어보니 지위가 높은 사

---

43) 교토의 대표적 기모노 생산지.

람같이 보였다. 문화재 전문가에게 물어보아도 무엇인지 한동안 알
지 못했다."

보관되어 있던 것은 히키야마 행렬에 사용하던 29품목, 44점으로 '文
化5年(1808년)'이라고 적힌 나무상자에 들어 있었다. 이것들은 1979년에
는 기후현의 중요유형민속문화재로 지정되었다.

같은 해에 공개된 영화 〈에도시대의 조선통신사〉에서 신기수는 이
것들의 경위에 관해서도 다루었는데, 당시에 현지 오가키시에서 월간
〈니시미노西美濃 우리마을〉을 편집하고 있던 고다마 유키토시児玉幸敏는
도쿄까지 이 작품을 관람하러 갔던 감상을 계간 〈삼천리季刊三千里〉(1980년
봄호)에서 다음과 같이 말했다.

4월 13일, 도쿄 오차노미즈お茶の水의 일불회관 홀에서 상영된 이 영화
는 관람한 사람 전부에게 감동을 불러일으켰다. ……주최자에게 인사
하고 나서 삼삼오오 떠들썩한 소리를 뒤로 하고 집으로 돌아가는 남녀
의 대화는 지금 본 영화의 감동 때문인가, 어두운 페이브먼트(밤길)를
걷는 하이힐 소리처럼 경쾌했다. 가슴 속에 남은 여운을 음미하면서 묵
묵히 어깨에 달빛을 받으며 걷고 있는 사람도 많았는데, 그 중에 나도
있었다. 아니, 나는 29년간 긴 의문을 푼 기쁨으로 아주 큰 감동을 받아
빌딩의 벽이 깎아지른 듯 솟아 있는 대도시의 달이 비추는 포장도로를
한없이 걷고 또 걸었다.

고다마가 말하는 '긴 의문'이라는 것은 "왜 나가사키도, 고베도 아니
고 요코하마도 아닌, 항구와 바다가 없는 내륙 깊이 있는 오가키에서
이국풍이라 할 수 있는 조선인 행렬이 생겨난 것일까. 조선인 행렬이
라면서 왜 200년이나 성대하게 행해진 것일까. 그리고 어째서 폐지되

었고 부활되지 않았던 것일까"라는 것이었다.

그리고 나서 얼마 안되어 오가키시에서 영화상연을 위한 고다마의 활동이 중심이 되어 시당국에 의한 필름 구입과 전 시민을 대상으로 하는 감상회 개최가 실현되고 이웃 기후시에서도 이에 자극을 받은 듯 '조선통신사를 보는 모임'이 결성되어 상연운동은 확대되어 갔다.

9. 외국인 춤 – 미에

가까운 미에현三重縣에서도 스즈카시鈴鹿市 히가시 다마가키쵸東玉垣町와 쓰시津市 와케베쵸分部町의 외국인 춤이 지금까지 전해오지만, 신기수는 이들 미노지 가도와 도카이도 가도에서 떨어져 있는 마을에 전해오는 조선통신사 문화도 주의 깊게 추적해왔다.

"신 선생과는 연령도 거의 비슷하고 마음도 잘 통해서 죽마고우처럼 생각하면서 지내왔다." 이렇게 말하는 사람은 스즈카시 히가시 다마가키쵸에서 외국인 춤을 부활시킨 와다 사키오和田佐喜男이다.

이세伊勢 가도에 가까운 농촌마을인 히가시 다마가키쵸에 신기수가 교토대학의 우에다 마사아키와 조선통신사의 인형조사를 위해 방문한 것은 1980년 4월의 고즈텐노牛頭天王 봄축제 때이다.

이 마을의 외국인 춤은 어린이와 사자가 기묘하고 경쾌한 춤을 추고 난 후에, 축제의 서두를 말하고 큰 나팔과 피리를 가진 어른 3명이 곡에 맞추어 격렬하게 춤을 추며 가끔 1m 이상 높게 뛰어 오른다. 모내기 하는 시늉과 오곡풍성을 기뻐하는 모습 등을 표현하는데 조선음악의 영향을 받은 것으로 보인다.

에도시대부터 오래된 전통을 가지고 있지만 전쟁 중에는 중지가 되고, 전후 일시 부활했지만 이것도 1962년에 지역투표에 의해 중지되었다. 그러다가 당시의 시장이 지역문화를 중시하는 자세에 촉발돼 와다는 '너 밖에 없다'라는 말에 밀려 6년 후에 '외국인 춤 보존회'를 발족했다.

그런 축제 당일에 히가시 다마가키쵸를 방문한 신기수와 우에다는 와다의 안내로 고즈텐노신사에서 전통기예에 깊은 감명을 받았다고 말했지만, 이 외국인 춤은 일찍이 에도에 진출했던 이세상인이 실제로 조선통신사 행렬을 보고 감동하여 춤 도구 일절을 사서 고향으로 보냈던 것이 그 시작이라고 현지에서는 전해온다.

신기수는 이 마을을 여러 번 방문해서 와다와 술자리를 거듭하면서 외국인 춤을 자세히 관찰하고 "젊은이의 에너지가 폭발하는 듯하며,

어린이들의 외국인 춤 연습풍경. 전통은 이렇게 미래로 계승되어간다(제공: 와다 사키오).

한국의 옛 춤을 재현한 듯하다"고 감상을 이야기했다. 이 보존회를 구성하는 회원 약 60명 중에 반수는 젊은이들이고, 이 중에 15~16명은 초등학생이라고 한다.

와다는 "외국인 춤을 추노라면 수학과 영어는 잘하지 못하더라도 악기를 다룰 줄 알고 높이 뛰어오를 수 있다면 자기가 주인공이라는 것을 알게 됩니다. 보존회에는 머리를 물들인 젊은이들도 많지만 주위 분들이 자기를 믿고 의지하고 있다는 생각에 어린아이들도 잘 돌보게 됩니다. 그것이 마을을 사랑하는 마음이 되고 축제도 오래 지속할 수 있게 되는 것이라고 생각합니다"라고 말했다.

1997년 6월에 스즈카시 이세가도 연변에 있는 시로코 혼마치白子本町의 자치회 창고에서 조선통신사 일행의 모습을 선명하게 염색한 장

외국인 춤의 공연 장면. 어른 중에는 1m 이상 점프하는 사람도 있다(제공: 와다 사키오).

막이 발견된 적도 있다.

통신사를 그린 병풍과 그림은 다수 있지만 길이가 10m나 되는 장막은 진귀하다. 와다는 곧바로 신기수에게 연락을 취하고 한일 문제에 조예가 깊은 NHK오사카 방송국 카메라맨 고야마 오사히토小山帥人와 함께 스즈카로 달려갔다.

장막은 '밤의 막'이라고도 해서 제사를 올릴 때 사용하는 것으로 폭 1.25m의 면포를 이어서 만든 것이다. 남색으로 염색한 바탕천에 붉은색이나 갈색, 검정 색으로 화려한 조선인 행렬이 염색되어 있다. 시로코의 가을 축제에 사용되었던 것으로 추정된다.

이 장막을 대나무 장대에 끼워서 창가에 걸어 두면 바람이 들어와 펄럭거리면서 통신사 일행이 실제로 행진하고 있는 것처럼 보인다. 신기수는 "보통 같으면 버려도 이상하지 않을텐데 잘도 보존해왔다. 이 장막에는 조선과 일본의 우호를 소중히 하고 싶다는 많은 사람의 염원이 담겨 있다"며 눈물을 흘릴 듯이 기뻐했다.

그 장막을 보면서 신기수가 현지 사람들과 나눈 술맛은 각별했음에 틀림없다.

스즈카시에서 남쪽으로 15km정도 떨어진 미에현 쓰시는 인구 16만 5000명(2017년 28만 명)의 조용한 현청 도시다. 그 중의 오래된 상인 마을인 와케베쵸分部町에 360년 전부터 전해오는 외국인 춤은 조선통신사를 모델로 한 이국적인 분위기가 특징이다.

신기수는 1978년 10월 체육의 날, 영화 〈에도시대의 조선통신사〉에 수록하기 위해 취재팀 일행과 하치만신사의 제례에 등장하는 외국인 춤을 촬영하러 왔다.

장막의 유래에 관하여 설명하는 신기수(제공: 와다 사키오).

"조선인이 우리 외국인 춤을 촬영하고 있다고 해서 당시에 크게 화제가 되었지요"라고 말하는 사람은 와케베쵸 외국인 춤 보존회의 고문인 후지타 모모스케藤田百助이다.

"이듬해에 나고야의 시사회에 가서 영화를 보고 놀란 것은, 외국인 춤은 어렸을 적부터 도요토미 히데요시의 조선정벌을 계기로 조선에서 도쿠가와 막부에게 공물을 가지고 온 조공사를 흉내 낸 것이라고 들어왔다. 그것이 역사적으로 틀렸다는 것을 가르쳐준 분이 신 선생입니다."

외국인 춤의 명칭에 관해서는 중국에서 영향을 받은 예능이라고 해석하는 경우가 많고, 1719년 제9차 통신사가 방일했을 때에는 제술관 신유한과 아메노모리 호슈 사이에 "왜 우리들 한인韓人을 도진唐人(외국인)이라고 부르는가" 등의 대화도 오고갔다. 일행도 이 호칭에 관해서는 의아해했지만 축제의 고유 명칭으로서 사용되어 온 것이 현실이다.

쓰의 2대 번주 도도 다카쓰구藤堂高次 치세인 1636년에 시작된 와케베쵸의 외국인 춤은 1942년까지 약 300년 간 지속되었는데, 1945년 7월 28일 쓰시 대공습으로 통신사가 행진에 사용하는 형명기形名旗를 제외하고 전부 소실됐다.

그러나 오타 아쓰오太田敦雄 등 현지인들의 열의로 쇼와 초기(1930년 전후)의 사진 등을 기초로 의상과 깃발 등을 복원하고 11년 후인 1956년 가을의 쓰시 대축제에서 부활시켰다. 마침내 쓰시와 미에현의 무형문화재로 지정되어 전국적으로도 주목받게 되었고 신기수도 작가인 김달수 등 많은 지인을 데리고 왔다.

"각지의 축제에서 출연해달라는 요구를 해오는 것은 좋은데 프라이드를 가지고 응하지 않으면 떠들썩한 광고장이가 되어 버리고 만다. 최근의 젊은이들이 하는 외국인 춤에서는 별로 전통과 격식을 느낄 수 없다."

이렇게 까칠한 의견을 가진 후지타 모모스케가 신기수와 마지막으로 만난 것은, 2001년 10월 고베시 신시가지에 있는 공원에서 열린 효고兵庫 축제에 와케베쵸의 외국인 춤 멤버가 참가했을 때의 일이다.

이 때, 신기수는 식도암을 선고받고 2주 후 입원을 앞두고 있는 몸이었다.

"오래간만에 만나서 기뻤지만 신 선생은 외국인 춤을 견학하신 후에 역을 향해 혼자 터벅터벅 걸어가셨다. 공원에서 상점가의 아케이트로 빨려 들어가는 뒷모습이 굉장히 인상적이었다. 그 때가 영원한 이별이

될 줄이야……. 외국인 춤이 전국에 알려지게 된 것도 신 선생 덕분이다. 누구에게도 거만하지 않는 상냥한 사람이었다. 정말로 아까운 사람을 잃었다고 생각한다."

후지타는 와케베쵸의 자택에서 외국인 춤 기사를 모아 둔 공책을 넘기면서 신기수 선생과의 추억을 차분하게 말했다.

10. 문하생의 생각 - 시미즈

2001년은 도쿠가와 이에야스가 세키가하라 전투에서 승리하고 에도와 교토를 잇는 도카이도 53역참이 정비된 지 400년이 되던 해이다. 신기수는 이 해의 2월, 시즈오카현 시미즈시淸水市의 오키쓰에서 열린 '오키쓰 역참축제興津宿場祭ゥ'에 참가해서 조선통신사 일행이 왕래했던 당시를 생각하면서 즐거운 한때를 보냈다.

도카이도 가도라고 하면 통신사 일행에게 인상 깊었던 것은 에도로 향하는 도중에 본 후지산富士山의 웅대한 모습과 조선반도에는 없는 밀감의 달고도 신맛이었을 것이다.

오키쓰는 지금은 조용한 해변 마을이지만, 1920년대 전후에는 인기 있는 휴양지로 번창했고, 사이온지 긴모치西園寺公望[44]와 이노우에 가오루井上馨[45] 등 정계의 주요 인물들의 별장이 있는 것으로도 잘 알

---

44) 공가귀족, 정치가, 교육자. 제2차 이토내각에서 외무대신, 제3차 이토내각에서 교육대신. 제4차 이토내각에서는 이토 히로부미의 와병 중에 임시 내각총리대신을 맡았고 1906년에는 내각총리대신을 역임했다.

45) 쵸슈번 무사, 정치인, 실업가. 제2차 이토 내각에서 내무대신 등 요직을 역임했다.

후지산을 쳐다보는 통신사(가쓰시카 호크사이, 도카이도 53역참 · 하라(原)
(나고야시립박물관소장).

려져 있다. 이 마을의 또 한 가지 특색은 통신사 일행의 흔적을 보여
주는 사료가 세이켄지淸見寺 절을 비롯해 몇 개의 절에 다수 남아 있다
는 점이다.

에도를 대표하는 우키요에 화가 가쓰시카 호쿠사이葛飾北斎[46]가 조

---

46) 에도시대 후기의 우키요에 화가(1760~1849). 대표작은 부악36경(富嶽三十六景), 호
쿠사이 만화(北斎漫画)가 있다.

선통신사를 소재로 하여 도카이도 가도의 정경을 그린 '하라原'와 '유이由井' 작품을 남긴 것은 마지막 제12차 통신사 방일에서 12년이나 지난 시기였는데, 그 정도로 통신사는 일본의 화가들에게도 강한 인상을 남겼다.

4월에 교토에서 열린 '마음의 교류 조선통신사전'의 준비에 쫓기던 신기수에게 오키쓰에 거주하는 향토사연구가인 아사노 겐지로浅野建次郎로부터 "이번 축제에 사용할 그림 패널에 선생님의 책에서 설명문을 인용해도 괜찮겠습니까?" 라는 전화가 왔다. 흔쾌히 허락한 신기수는 자기도 축제에 가보겠다고 대답하여 현지인들을 감격시켰다.

전날에 부인인 강학자 여사와 시미즈에 간 신기수는 2월 10일 당일 JR오키쓰 역전 광장에서 통신사 일행을 그린 '슨슈駿州 행렬도'의 복제 병풍과 그림 전시판을 견학하기도 하고 이전에 영화 〈에도시대의 조선통신사〉를 촬영할 때에 현지에서 도움을 받은 사람들과 오랜만에 재회하기도 했다.

이 날은 약 90년 전에 일본에서 워싱턴 DC로 보냈던 벚나무의 형제에 해당하는 우스칸자쿠라薄寒桜(1월 하순경부터 2월 하순에 피는 벚나무 - 역주)가 농수성의 과수시험장에서 공개되어 신기수는 축제 주최자의 한 사람으로, 라이온 식당 사장 모치즈키 히로미望月弘美가 만든 특제도시락을 안주 삼아 세상보다 한발 빠르게 벚꽃 구경을 하고 아주 기분 좋은 시간을 보냈다.

신기수는 축제 전야에 아사노의 자택에 들러 술잔을 나누면서 여러 이야기를 했다. 연령도 거의 같은데다가 젊은 시절에는 사회개혁의 이상에 불탔던 것 등 공통의 경험도 많았기 때문이기도 하지만, 아사노

글을 쓰고 있는 통신사(가쓰시카 호쿠사이, 도카이도 53역참 유이(由井),
신기수 소장).

의 인상에 특히 남았던 것은 신기수가 도쿠토미 소호德富蘇峰[47])를 좋게
평가하고 있는 점이었다.

　"제 부친이 전전에 소호회의 회원이었던 이야기를 말씀드리자, 신 선
생은 도쿠토미 소호를 위대한 역사가라고 하더라구요. 도쿠토미 소호
가 저술한 〈근세일본국민사〉에서 히데요시의 조선침략에서 항왜降倭

---

47) 저널리스트, 사상가, 역사가, 평론가(1863~1957). 〈근세일본국민사〉 등을 저술.

(조선에 항복한 일본인)가 많이 있었다는 것을 숨기지 않고 쓰고 있다. 많은 학자, 연구자가 권력에 아부해서 항왜는 없었다고 말하고 있던 중에 드문 일입니다, 라고 말했습니다."

두 사람은 항왜의 대표 격으로 가토 기요마사加藤清正의 소총대장이었다는 사야가沙也可 이야기와 도쿠가와 이에야스의 노여움을 사서 하마마쓰浜松에서 도망쳐 행방을 감춘 사하시 진고로佐橋甚五郎가 20년 후에 조선통신사의 상상관上上官(통역)으로 이에야스 앞에 다시 나타났다는 모리 오가이森鷗外[48]의 기상천외한 소설 〈사하시 진고로佐橋甚五郎〉 등을 둘러싸고 시간가는 줄도 모르고 이야기를 나누었다.

신기수가 제작한 영화 〈에도시대의 조선통신사〉 중에 에지리 역참江尻宿(현재 시미즈시)의 숙사였던 데라오寺尾 가문에 에도시대부터 대대로 전해오는 숙박명부가 소개되었다.

이로하 47문자[49] 순으로 정리된 명부를 영화에서는 당주인 데라오 에이지寺尾英二가 페이지를 넘기면 숙박했던 통신사의 조선인 이름이 크게 보이는 장면이 인상적이다.

시즈오카현 내에는 이러한 조선통신사 방일 사료가 많이 남아 있지만, 가장 많이 발견되는 곳은 스루가만駿河灣을 바라보는 조금 높은 언덕에 서 있는 세이켄지清見寺 절이다.

이곳은 아시카가 다카우지足利尊氏시대(가마쿠라시대) 등 중세 무가

---

48) 소설가, 평론가, 군의관(1862~1922). 19세기 후반 신문학의 개척기에 일본문단을 대표하는 작가.

49) 히라가나(平假名) 47자의 사용하는 순서를 이로하순이라고 부르며 지금도 일상에 사용되고 있다. 우리의 가나다 순으로 보면 된다.

에게 높이 존경받아 온 사찰이다. 통신사 일행은 이곳에 두 번 숙박했고 휴게소로 이용했던 적도 있어 현지의 문인과도 시문창화를 나누면서 교류했다.

절의 정문에 걸려있는 '東海名區(동쪽 바다에 있는 아름다운 곳 - 역주)'라고 적힌 커다란 현판과 '산수화조도병풍' 등 통신사 관련 사료가 86점이나 남아 있어 1994년에는 '조선통신사유적'으로서 국가사적으로 지정되었다.

그러나 세토내해 지역의 우시마도와 도모노우라, 시모카마가리와 같이 소장품들을 폭넓게 공개하려는 자세는 보이지 않고, 절의 경내에도 통신사와의 관계를 말해주는 게시판조차도 설치하지 않았다. 신기수는 세이켄지 절을 여러 번 방문했지만 절의 주지는 "그런 건 모릅니다"라고 대답할 뿐이다.

"조선과의 관련을 의식적으로 회피하려고 하는지도 모릅니다"라고 이야기하는 사람은 현지에서 오랫동안 현립 고등학교의 교사를 지냈던 기타무라 긴야北村欽哉이다.

기타무라는 시미즈 미나미淸水南 고등학교에서 향토연구부의 고문으로 활동하던 1993년부터 1년 간 학생들과 시미즈 시내에 있는 120개소의 모든 사찰을 대상으로 산 이름과 사찰 이름의 유래를 조사하던 중 세이켄지 절 이외에도 만조지萬象寺 절과 규란지牛欄寺 절 등 6군데 사원에 조선통신사가 쓴 현판이 있는 것을 알았다.

시즈오카현 내에서는 통신사가 쓴 현판은 전부 15개 발견되었지만 그 조사 과정에서 기타무라가 어떤 사찰에 "무엇인가 조선과 관계가 있는 것이 없습니까?" 물으면 "여기는 일본입니다. 조선 것이 있을 리가 없잖습니까"라며 나무랐다고 한다.

"신 선생도 시즈오카 조사는 힘들었을지도 모릅니다."

기타무라는 현판과 통신사와의 관계를 배우기 위해서 오사카에 있는 청구문화홀에 1994년에 갔던 이후로 신기수와와 만남을 가져왔다. 새로운 현판과 사료가 발견될 때마다 신기수에게 연락을 취하고 가르침을 청했다.

기타무라는 현재 시즈오카현 내의 '시정촌사市町村史'에 조선통신사가 어떻게 기술되어 왔는가를 조사하는 연구를 하고 있는데 통신사가 처음 등장하는 것은 1957년 발행된 '미시마시사三島市史'부터이다.

통신사가 지나간 시정촌에서 발행된 현지의 역사지 중에 통신사를 언급한 시정촌과 언급하지 않은 시정촌의 비율은 1946년부터 1974년 사이에 발행된 책에서는 1대 2의 비율이었는데, 1975년부터 1988년까지 발행된 시정촌사에서는 1대 1로 되어 비약적으로 늘어났다.

"신 선생의 계몽활동은 '시정촌사'에까지 영향을 주었다는 것인데, 저는 예전에 대학에서 이에나가 사부로家永三郎 선생에게 역사를 배웠지만 신 선생에게 배운 것이 훨씬 더 많습니다. 지금은 신기수 선생의 문하생인 셈입니다."

도쿄교육대학 출신인 기타무라는 이렇게 말했는데, 고등학교를 퇴직하고 나서도 고향인 시즈오카와 조선통신사 관계에 관하여 더 깊이 파고들어 연구를 계속하고 있다.

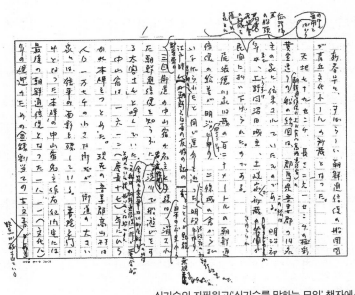

신기수의 자필원고('신기수를 말하는 모임' 책자에서).

1. 조선인을 감싸준 미술상

1923년 9월 1일에 일어난 관동대지진[1]은 수도권 주변을 잿더미로 만들면서 14만 3000여 명의 사망자와 행방불명자를 낸 미증유의 대참사였다.

그러나 관동대지진이 일본의 근현대사에서 특필됐던 것은 재해의 규모도 그렇거니와 "우물에 독을 넣는다"는 유언비어 때문에 6000명이 넘는 조선인과 수백 명의 중국인이 일본인 자경단自警団과 민중에게 학살되는 사태에 이르렀기 때문이다.

"광기의 조선인 사냥이 계속되는 가운데 조선인을 지키려다 일본인에게 옆구리를 찔려 중상을 입었습니다. 그 분이 기무라 도스케木村東介[2]입니다. 우익적 성향의 인물이었지만 독특한 윤리 의식과 로망을 가진 스케일이 큰 사람이었습니다. 오래된 그림과 미술품도 많이 수집하고 있고, 육필회화肉筆絵画를 보는 법 등 많은 것을 배웠습니다."

신기수가 1983년경부터 도쿄에 갈 때마다 찾았던 기무라 도스케는

---

1) 1923년 9월 1일 간토지방에서 일어난 리히터 규모 7.9의 강진. 12만 가구의 집이 무너지고 45만 가구가 불탔으며 사망자와 행방불명자는 40만 명에 달했다. 당시 일본인들은 한국인과 사회주의자들이 폭동을 일으키려 한다는 소문을 조직적으로 퍼뜨리고 자경단(自警団)과 관헌들이 조선인을 닥치는대로 체포 · 구타 · 학살했다.

2) 미술상(1901~1992년). 육필우키요에(肉筆浮世絵)나 오쓰(大津)그림 등을 수집하는 하구로도(羽黒洞)를 1936년에 창립.

도쿄의 유시마덴신湯島天神 근처에서 '하구로도羽黑洞'라는 화랑을 운영하는 미술상으로, 민족미술과 육필우키요에肉筆浮世絵[3]를 발굴해가면서 조선통신사 작품이나 조선민화도 수집하고 있었다.

기무라는 1901년 야마가타현山形県 요네자와시米沢市에서 제제소와 극장을 운영하던 현의회県議會 의원 집에서 태어났다. 동생인 다케오武雄는 건설부장관과 방위청 장관을 지냈다. 기무라는 왼쪽 손목을 잃을 정도로 심한 싸움을 벌이거나 우익이나 야쿠자 등과 얽히면서 검거되는 등 주먹이 셀 뿐만 아니라 각계에 폭넓은 인맥을 갖고 있었다.

정계에서는 전후 라오스에서 소식이 끊긴 육군 작전참모로 중의원 의원을 지낸 쓰지 마사노부辻政信, 자민당의 나카소네 야스히로中曾根康

관동대지진의 피해 현장(〈영상이 말하는 '일한병합'사〉에서).

---

3) 우키요에(浮世絵)의 한 장르로 대량생산하던 목판 우키요에와 달리 하나하나 직접 그린 우키요에.

弘, 이시하라 신타로石原慎太郎, 공산당의 노사카 산조野坂参三와 사회당의 이시바시 마사시石橋政嗣 등, 미술계에서는 기시다 류세이岸田劉生, 우메하라 류자부로梅原竜三郎, 기무라 쇼하치木村荘八, 이케다 마스오池田満寿夫, 오카모토 다로岡本太郎, 배우인 오자와 쇼이치小沢昭一, 아사오카 유키지朝丘雪路, 다테카와 단시立川談志, 사이덴스티카Edward George Seidensticker, 산유테이 엔라쿠三遊亭円楽, 미즈카미 쓰토무水上勉, 에이 로쿠스케永六輔 등 유명인사들과 두루 교류하고 있었다.

1990년 우에노上野에 있는 '세이요켄精養軒(서양요리점)'에서 있었던 기무라의 미수米壽 축하연에 이들 멤버 약 500명이 모였는데, 신기수는 한복을 입은 강학자 여사와 함께 참석했다. 기무라는 "미인께서 와주셔서 정말 기쁘네. 오늘은 당신이 주역이야" 하며 시종 유쾌한 기분이었다.

기무라 도스케는 동서고금의 문화 전반에도 정통하여 다양한 기획전을 개최했기에 란카이야 도스케4)라고도 불렀는데 화랑을 이어받은 장녀 시나코品子는 "고려문화는 에도문화에 큰 영향을 주었습니다. 일본은 한층 더 조선에 경의를 표하지 않으면 안 된다는 것이 아버지의 입버릇이었습니다"라고 말했다.

기무라가 남긴 〈우에노 일대上野界隈〉(大西書店)라는 자전적 수필집에 의하면 관동대지진 때의 에피소드로 다음과 같은 것이 있다.

대지진이 일어나고 3일 후, 우에노역에서 고향인 요네자와로 향하는 만원열차에 올라탔던 기무라 도스케는 조선인 소년이 일본인

---

4) '란카이야'는 메이지시대에 등장하여 다이쇼시대 이후에 본격적으로 활동한 박람회 업자를 말한다.

기무라 도스케(〈란카이야 도스케의 눈〉
출판기념 팸플릿에서).

400~500명에게 둘러싸여 아라카와荒川 강의 제방으로 끌려가는 것을
목격했다.

　그때까지 도처에서 조선인 학살 소식이 전해졌으므로 그 소년도 일
본도로 살해당했음에 틀림없다. 그때 공포에 떨던 소년의 표정이 기무
라의 뇌리에 박혀 떠나지 않았다. 그런데 오미야역大宮驛의 바로 눈앞에
서 조선인으로 보이는 중년 남성이 열차에서 군중에게 끌려 나가기 직
전이었다.

　더 이상 보고 있을 수 없어서 기차에서 상반신을 내밀고 "여러분, 이
런 때일수록 타국인을 위로하는 것이 야마토 혼大和魂[5]입니다. 떼거리로

――――――――――

5) 일본 민족 고유의 정신.

약한 자를 괴롭히는 것은 일본인이 할 짓이 아닙니다"라고 연설을 시작해버리고 말았다.

　그러자 이번에는 그 군중이 기무라에게 달려들었는데, 그 중 14~15세 가량의 소년이 죽창으로 기무라의 옆구리를 찌르고 달아났다. 복대 밑에 흰 무명천을 감고 있었기에 다행히 깊은 상처는 아니었지만 "건방진 일본인이 있다"는 말이 역에서 역으로 전해져 열차가 다음 역에 도착할 때마다 죽창이나 곤봉을 든 군중이 달려들었다.

　그러나 차내에 있던 승객이 힘을 합쳐 기무라를 지켜주었기 때문에 요네자와까지 겨우 갈 수 있었다.

　신기수는 고베대학 시절에 학생자치회 위원장을 맡아 사회참여파社會派 영화도 만드는 등 오랫동안 사회운동의 제1선에 몸을 던져왔는데, 기무라 도스케의 이러한 인간다움에 매료되어 교류를 돈독히 이어왔다.

　"콧등에 땀이 송글송글 맺힌채 '이 그림은 조선인과 일본 민중이 교류하는 장면을 그린 매우 귀중한 작품입니다. 그러나 나는 가진 돈이 이것밖에 없습니다. 제발 저에게 넘겨주실 수는 없나요' 하면서 머리를 숙이지 뭡니까.

　기무라 도스케와 나는 그런 신기수의 솔직하고 한결 같은 태도에 마음이 움직였습니다. 사실 신기수 씨를 알기 전까지 조선통신사가 나오는 작품은 남만인南蠻人(포르투갈인)을 그린 것이라고만 생각했습니다. 기무라도 '한일 간의 오해를 푸는 하나의 계기가 되면 좋겠다고, 올바른 청소년 교육에 도움이 되었으면 한다'며 두 사람은 상당히 마음이 통하는 것 같았습니다."

이렇게 말하는 사람은 '하구로도羽黑洞'에서 40년이나 기무라의 일을 도운 야마자키 도시타쓰山崎利達이다. 기무라는 요도가와 강을 거슬러 올라가는 통신사 선박을 그린 〈조선통신사국서선도선도병풍朝鮮通信使国書先導船図屛風〉 등 병풍 2점과 족자를 원가나 다름없는 가격에 신기수에게 넘겨주었다. 청구문화홀 개설 때는 축하선물로 이조민화李朝民画의 화조도花鳥図와 문방도文房図를 기증하기도 했다.

신기수는 오사카를 벗어나 기무라의 화랑을 방문할 때에는 마음이 편안해져 고민거리를 털어놓기도 했던 것 같다.

"이런 일을 하고 있으면 (한국을 지지하는) 민단과 (북한을 지지하는) 조총련, 양쪽 모두에서 압력이 들어온다며 한탄했습니다. 일본과 조선의 우호를 주장하고 있지만 진짜 속셈은 무엇인가, 라며 의심받거나 협박당하는 등 여러 일들이 있었던 것 같았습니다. 일본인과 좋게 지내는 것이 동포들로부터 배신이라고 비쳐지는 것이 가장 괴로웠던 것 같았습니다."

야마자키는 이렇게 회상했다. 민단은 조선통신사가 각 방면에서 메이저급 대우를 받게 된 1990년대에 들어서부터 신기수를 강연회 강사로 초빙하는 등 그의 연구실적을 평가하기 시작했다.

그러나 조총련은 신기수의 업적을 조직으로서 인정하는 일은 마지막까지 없었다. 과거에 조총련 오사카부大阪府 본부에 속해 있다가 김일성 예찬주의에 반발하여 조직을 떠난 사람을 '배신자'로 여기며 용서하지 않기 때문이다.

그런데 관동대지진과 신기수를 이야기할 때, 잊어서는 안 될 사람이 화가 다케히사 유메지竹久夢二이다.

〈도쿄재난화신 '자경단놀이'(미야코신문, 1923년 9월 19일자).

　'다이쇼大正(1912~1926)의 우타마로喜多川歌麿[6]라고도 칭송받은 유메지
는 탐미적인 여성상을 그린 화가로 유명하지만, 일본 사회의 저변에
눌러앉아 살게 된 조선인에 대해 깊은 공감과 동정심을 가졌던 사실은
그다지 알려지지 않았다.

　대지진 발생 2주 후부터 미야코都新聞신문(도쿄신문의 전신)에서
〈도쿄재난 화신東京災難画信〉이라는 스케치가 딸린 연재를 시작했는
데, 아이들이 자경단놀이를 하는 모습을 다루면서 백주대낮에 공공
연하게 조선인 살해가 횡행하는 일본 사회의 이상함을 통렬하게 풍
자했다.

　신기수가 그런 유메지의 세계를 알게 된 것은 NHK가 1987년 8월에
방송한 다큐멘터리 〈유메지, 대지진을 그린 '시대를 본 화가' 다이쇼 시
대의 로망과 다케히사 유메지, 남겨진 다수의 대지진 스케치〉를 보고
나서인데 "빛바랜 신문 스케치 속에서 미인화로 일컬어지는 유메지와

---

6) 우키요에 화가(1753~1806). 관능적 여인의 표정을 담은 미인도의 일인자.

는 다른, 시심詩心과 사회비판이 느껴져서 유메지에 대한 친근감이 한 층 강해졌습니다"라고 감상을 말했다.

유메지는 1884년에 오카야마현 세토내해에서 가까운 오쿠쵸邑久町에서 태어나 16살 때까지 그곳에서 살았다. 이엉과 띠로 지붕을 이은 생가는 지금도 보존되어 있어서, 신기수는 우시마도로 조선통신사의 발자취를 찾아가는 도중에 종종 들리기도 했다.

〈달맞이꽃宵待草〉[7] 등의 노래 작사도 했던 소박한 느낌의 유메지이지만, 러일전쟁과 관련하여 고토쿠 슈스이幸德秋水[8] 등의 〈평화신문〉에 삽화를 투고하여 조선과 만주지배를 반대하는 등 젊었을 때부터 반전사상을 가졌으며, 자택에는 항상 조선에서 온 유학생이 출입했다고 한다.

관동대지진이 발생하기 전 해인 1922년 니가타현新潟県의 비경이라고 일컬어지는 나카쓰가와中津川 강 수력발전소 공사현장에서 다수의 조선인이 살해되는 사건이 발생하였고, 이 사실이 요미우리신문에 보도되면서 일본인과 조선인이 연대하여 진상을 규명하려는 움직임이 있었지만, 대지진 때의 조선인 대량학살이라는 집단 테러로 말미암아 그 우호의 싹도 날아가 버리고 말았다.

그러한 일에 심적 고통을 느끼면서 유메지는 전술한 〈도쿄재난 화신〉에서 자신의 그림 아래에 '지극히 평범한 선전표어'라는 단서를 달

---

7) 待てど暮らせど来ぬ人を/ 아무리 기다려도 오지 않는 사람을
　宵待草のやるせなさ/ 달맞이꽃의 안타까움이어라
　今宵は月も出ぬさうな/ 오늘밤은 달도 나오지 않는구나.

8) 메이지시대의 저널리스트, 사상가, 사회주의자, 무정부주의자(1871~1911). 대역사건으로 처벌된 12명 중의 한 사람이다.

고, "아이들이여 막대기를 들고 자경단놀이를 하는 건 그만둡시다"라고 호소했다.

유메지는 대지진으로부터 꼭 11년째가 되던 해 바로 9월 1일 반 년만 있으면 50살이 되는 젊은 나이에 사망했다. 신기수는 "유메지의 경고는 몇 안 되는 인권 존중의 용기 있는 제언이었다. 꼭꼭 숨어서 살아남은 조선인은 처음으로 편안함을 느꼈을 것이다"라는 등 저서 〈아리랑 고개를 넘어서ァリラン峠を越えて〉(解放出版社)에 기록했다.

그로부터 70여 년이 지난 1995년 1월 17일 새벽에 간사이에서 한신 아와지 대지진阪神·淡路大震災이 발생하여 6300명이나 되는 시민이 목숨을 잃었다.

그때 신기수는 이미 잠에서 깨어나 신문을 읽고 있다가 좌우로 크게 흔들려 놀랐는데 오사카부 사카이시의 목조 2층인 자택은 무사했다.

지진 후 가장 피해가 컸던 고베시 나가타구長田區로 가서, 도요대학東洋大學 그룹과 지진피해 주민 약 200명으로부터 청취조사를 했다.

"관동대지진 때를 떠올리게 하는 사태가 일어나지 않을까하여 노심초사했지만 기우에 불과했다. 일본인이 조총련계 학교로 피난가거나 조선인들도 일본의 초등학교를 임시 거처로 사용하면서 서로 돕고 있었다. 재일동포가 많은 거리였기 때문일지도 모르지만 시대의 변화를 느꼈고, 또 지금은 그런 시대라는 생각도 들었습니다."

신기수는 당시의 감상을 이렇게 말했다.

2. 대나무 숲에 있는 천황 무덤

조선통신사의 세계를 폭넓게 소개하고 전시 중 일본의 식민지 지배를 고발하는 다큐멘터리 영화를 제작해온 신기수의 테마는 조선인과 일본인 사이에 어떻게 하면 인간적인 연대를 구축할 수 있을까 하는 것이었다.

재일코리언 연구자나 활동가 중에는 '까다롭고 고고한 사람'이라는 평을 듣는 이들이 적지 않은데 신기수는 일이 끝나면 누구에게나 "한 잔 할까요" 하며 대폿집으로 이끄는 붙임성 있고 개방적인 성격을 갖고 있었다.

키가 그다지 크지 않은 신기수가 약간 안짱다리로 터덜터덜 걸으며 선술집 안으로 들어가면 같이 있던 누구나 "아, 이걸로 하루가 끝났구나. 내일 또 좋은 일이 있겠지"라고 생각하게 만드는, 사람을 아주 편안하게 하는 분위기가 있었다. 그런 그의 개성은 어떻게 길러진 것일까?

신기수는 1931년 3월 30일 부친의 고향인 경상남도 창원군(현 창원시 마산 합포구) 진동면 진동리에서 태어났는데 생후 수개월 후 교토시 우쿄구右京区의 사가노嵯峨野로 이주했다.

그 해 9월에는 중국 봉천(현 심양)에서 남만주철도 폭파를 계기로 일본이 중일전쟁으로 치닫게 되는 만주사변이 발발했고, 일본에서는 그 다음해 2월에 전 대장상 이노우에 쥰노스케井上準之助가 암살되는 혈맹단사건도 일어나 국내외 모두 어두운 시대로 돌입하게 될 것을 예감했다.

부친 신종세辛宗歲는 1925년, 17세 때 일본으로 건너가 교토에서 신문배달을 하는 고학생이었는데, 심한 민족차별에 직면하여 면학보다는 프롤레타리아 운동이나 조선독립운동에 몸을 담게 되었다.

경상남도는 일본의 식민지 지배에 저항하여 1919년 3·1 독립운동이 경성(서울)에서 일어났을 때 지방에서 가장 먼저 호응한 지역적 특색도 있었다.

모친은 진주 출신으로, 역시 17세 때 교토에 있는 방적회사에서 '탁구대가 있는 문화주택에 살 수 있고 3년만 일하면 시집갈 자금이 생긴다'는 여공모집 안내를 믿고 일본으로 건너갔다가 두 사람은 알게 됐다. 두 사람은 당시로서는 드물게 연애결혼을 했다.

구르마자키신사車折神社 근처의 연립주택에 살면서 신기수와 여동생 정순이가 태어났는데 모친은 신기수가 5살 때 결핵으로 사망했다. 당시 방적회사는 자욱하게 솜먼지가 날리는 노동환경이었으며, 이른 새벽에 가면仮眠을 청하는 기숙사에서는 두 사람이 한 이불을 사용하는 비위생적인 환경이어서 결핵이 만연했다.

오사카 기시와다岸和田에서는 1929년, 이러한 열악한 노동조건과 저임금에 반발하여 조선인 여성노동자들이 스트라이크를 일으킬 정도였다.

신기수는 이후 제작하는 〈해방의 그날까지 ─ 재일조선인의 발자취〉[9]라는 장편 다큐멘터리에서 '기시와다 방적공장에서의 쟁의'를

---

9) 니가타현 나카쓰기와 수력발전소 공사장에서 자행되었던 노동자 학살 사건, 기시와다에서의 조선인, 일본인 방적여공의 공동투쟁, 아이치현 산신철도 공사장 노동쟁의, 큐슈 치쿠호 아소탄광 노동쟁의 등 일제강점기부터 해방에 이르기까지 노동운동에 앞장섰던 사람들의 발자취를 담은 다큐멘터리이다.

다루고 있는데 "방적회사의 과장 광고에 속아 일본으로 건너와 어린 자신과 여동생을 남기고 돌아가신 어머니의 원통함이 눈에 선합니다. 어머니를 생각하면서 여공들을 취재했습니다"라고 생전에 말했다.

신기수와 여동생은 모친이 사망한 후, 국철 산인혼센山陰本線 사가역嵯峨駅 뒤쪽 선로 변에 콜타르coal tar로 검게 칠한 함석지붕의 7칸 연립주택의 방 하나로 이사했고 친할머니 손에서 자랐다. 주변에는 논이 많았으나 연립주택 앞에는 영화배우 반도 쓰마사부로阪東妻三郎가 소유한 대나무 숲과 토벽이 있는 커다란 별장이 있었다.

사가는 뼛속까지 추운 곳으로 겨울에 산인혼센 선로를 넘어 대중목욕탕에 갔다가 선로를 넘어 돌아올 때는 다시 한기를 느낄 정도였다.

부친은 제재업과 생사生絲 중개업 등을 전전하면서 집을 비울 때가 적지 않았는데, 교토부 경찰본부로부터 '불령선인不逞鮮人'으로 행동을 감시당하고 있었다.

천황이 교토에 행차할 때에는 조선과 인연이 깊은 고류지広隆寺 절 서쪽에 있는 우즈마사太秦 경찰서에 유치되어 호스를 통해 매운 고추가 들어간 물을 코로 붓는 고문을 당했다. 신기수는 할머니와 함께 아버지에게 물건을 전하러 갔지만 경찰서 지하에서 들려오는 남자의 신음소리를 듣고는 무서워서 좀처럼 건물 안으로 들어갈 수 없었다고 했다.

조선독립운동을 했던 아버지를 괴롭히는 방법에는 여러 가지가 있었다. 아버지가 고향으로 돌아가는 데 필요한 도항증명서渡航証明書를 발급받기 위해 매일같이 우즈마사 경찰서로 찾아갔지만 좀처럼 허가

가 떨어지지 않았다. 나중에 신기수가 소중하게 길러온 프리모스 닭
(미국 품종)을 '내선계內鮮係(재일 조선인 담당)' 형사에게 선물로 건네고 나
서야 겨우 증명서를 손에 넣을 수 있었는데 이때는 어린 마음에도 원
망스러웠다.

사가에서 산인혼센 기차를 타고 여러 개의 터널을 빠져나가면 안개
가 심한 가메오카亀岡와 아야베綾部가 나온다. 이 두 마을에는 당시 데
구치 오니사부로出口王仁三郎(1871~1948)[10]가 주재하는 오모토교大本教 교단
본부가 있었다.

'세상을 바꿔 다시 세우기'를 내건 오모토교는 '세상을 바로잡는 교
단'으로 민중 속에 침투했기 때문에 1935년 12월 8일 이른 새벽에 경찰
관 550명이 교단본부에 돌입하는 등 전국 관련시설에서 데구치를 비롯
한 3000명을 검거했다. 이듬해 11월에는 가메오카와 아야베의 두 본부
에 다이너마이트 수천 발을 장전해 모든 시설을 파괴했다.

일본의 근대종교사상 전례 없는 탄압을 받게 된 이유 중 하나가 "천
황가문은 일본의 정통이 아니다"라는 오모토교의 교리가 치안유지법[11]
위반과 불경죄 혐의를 받은 것인데, 이때 교토에 사는 조선인은 천황
제 파시즘에 몸서리쳤다.

신기수의 부친은 오모토교가 아시아와 세계 민중의 우호를 표방하
였기에 데구치에 대해서는 동정적이었다. 신기수는 태평양전쟁 개전
날인 1941년 12월 8일자 신문에 실린 천황 황후의 사진에 부친이 불에

10) 오모토교의 창시자.
11) 1925년 일제가 반정부 · 반체제운동을 단속하기 위해 제정한 법률.

달군 젓가락을 들이대는 것을 보고 놀란 적이 있었던 듯하다.

"평소에는 가족을 사랑하는 부드러운 아버지였습니다만, 그때 나는 어린마음에도 심하다고 생각했습니다. 그러나 천황 때문에 경찰에 잡혀가 고문을 당한 아버지 입장에서는 당연한 감정이었겠지요. 데구치 오니사부로의 '오니王仁'는 일본에 천자문을 전한 조선의 왕인王仁으로부터 온 것이라고 아버지에게 들은 것은 일본이 전쟁에 패하고 조선민족이 해방되고 나서였습니다."

부친과의 접촉이 적었던 신기수는 시대의 분위기에 민감한 군국소년으로 성장해갔다.

동네의 사가소학교에 입학하여 일본인 아이들과도 사이 좋게 놀았다.

1년 내내 딱지치기와 팽이놀이, 스모를 하며 놀았고, 여름에는 가까운 명승지인 아라시야마嵐山의 도게쓰교渡月橋 다리 위에서 훈도시褌 한 장을 걸치고 가쓰라가와桂川 강에 뛰어들어 은어나 피라미를 잡기도 하고 물 속에서 잠수함놀이도 했다. 잡은 은어는 소금구이나 회를 쳐서 먹었는데 신선한 은어에서는 수박 냄새가 났다고 한다.

잡목림에서는 딱정벌레나 사슴벌레를 많이 잡았고, 밤에는 난무하는 반딧불과 장난치며 놀았다. 겨울에는 아타고야마愛宕山 산의 멋진 설경에 눈길을 빼앗기며 반바지에 나막신을 신고 등교하였고 연날리기를 즐겼다. 같은 연립주택에는 말로 짐을 운반하며 생계를 꾸려가는 집이 있어서 가끔 말을 타고 놀기도 했다.

가끔 아버지가 집에 있을 때는 함께 히로사와노이케広沢池 연못으로 외출했다.

"달이 밝아 연못을 돌았구나 밤새도록"이라는 마쓰오 바쇼松尾芭蕉[12]의 시구로 잘 알려져 있는 달의 명소다. 그곳에서 흘러나오는 개울물에서 붕어나 잉어를 잡았다. 가까운 곳에 있는 다이가쿠지大覚寺 절은 두부 요리로 정평이 나 있었다. "사가는 물이 좋은 곳이어서 두부도 맛있었습니다. 아버지와 잡은 물고기에 두부를 넣고 찌개를 자주 끓여 먹었습니다"라고 한다.

히로사와노이케 연못은 조선반도에서 건너간 도래인渡来人[13]인 하타우지秦氏가 만든 인공연못이라는 설이 유력하며, 근처에는 '사쿠라모리桜守'로 알려진 사노 도에몬佐野藤右衛門[14]의 거대한 부지가 있었다. 현재 16대 사노 도에이몬은 〈벚꽃의 생명 정원의 마음桜のいのち 庭のこころ〉(草思社)을 저술했으며 해외에서 '정원 만들기'를 지도하는 등 활동 스케일이 큰 인물이다. 15대 도에몬은 마루야마공원円山公園의, 아래로 늘어지는 벚나무를 키운 인물로 신기수의 부친과도 친숙했다. 그래서 어린 신기수는 봄이 되면 핑크 일색인 벚꽃 숲 속을 느긋하게 산책할 수 있었다.

이처럼 사계절마다 전통적 미의식의 서정 속에서 자란 환경이 나중에 조선통신사를 그린 작품을 많이 발굴한 신기수의 감성을 배양해주었는지도 모른다.

"신기수와는 소학교 2학년부터 6학년까지 같은 학급이었습니다. 단 것이라고는 감 정도밖에 없던 시절에 간식 대용으로 감을 서리해서 도

---

12) 에도 시대의 유명한 하이쿠(俳句) 시인(1644~1694).
13) 4세기에서 6세기 중기에 중국대륙 혹은 한반도에서 일본열도로 건너간 사람들.
14) 조경가. 주식회사 植藤造園 회장. 유네스코 본부의 일본정원을 만들었다.

망치기도 하며, 구김살없이 놀고 다녔습니다. 조선에서 왔다는 것은 그다지 의식하지 않았으며 그 당시 아이들은 모두 함께 논다는 느낌이 었습니다"고 당시를 회상하는 사람은 지금도 사가에서 식품 가게를 경영하는 가와이 히로시川井博이다.

가와이는 신기수와 국철(현 JR) 사가역으로 출정병사의 전송에 차출되어 갔는데, "하늘을 대신하여 불의를 무찌르고……"라며 깃발을 흔들며 목청껏 노래를 부르던 기억이 난다고 했다.

신기수는 조선반도 출신이라는 이유로 어릴 때 괴롭힘을 당한 일은 별로 없었다고 생전에 말했는데, 어릴 때 소꿉친구이자 서울대학교 명예교수인 김정근金正根에 의하면 때로는 싸우기도 했다고 한다. 소학교 2학년 때 신과 김, 또 한 명의 몸집이 큰 조선인 소년 김남수金南守 등 3명이 일본인에 대항하기 위해 새끼손가락을 베어 혈서를 교환한 일도 있었다고 한다.

김정근은 함석지붕으로 된 7칸 연립주택 옆에 살았는데 부친은 한의사였다. 신기수 부친과는 바둑을 같이 두는 사이지만, 친일적인 인물이어서 신기수의 부친이 우즈마사 경찰서에 구류되었을 때는 신병을 인수하러 가기도 했다. 어린 시절 신기수는 김정근의 누나 등에 업혀서 컸다고 한다.

신기수는 운동신경도 좋고 공부도 잘 하는 쾌활한 소년이었고, 그 당시 사범학교를 막 졸업하고 소학교 2학년 담임으로 부임한 오가와 이사무小川勇 선생님의 영향을 받아 20살 때까지 일기를 썼다.

당시 일기장 표지는 '1일 1효一日一孝'라고 인쇄되어 있었는데 1941년 12월 8일, 태평양전쟁 개전 날에는 이렇게 적혀 있다.

사가초등학교 시절 옛 친구들이 모여 은사와 함께
신기수는 뒷열 왼쪽에서 두 번째(1995년 10월 촬영, 제공: 미야오 미쓰야스).

　대동아전쟁이 시작됐다. 오늘 라디오 방송에 따르면 일본은 미국과
영국을 상대로 전쟁을 시작했다. 벌써 하와이 섬들을 접수하고, 일
본은 각지를 쳐부수며 싱가폴에 진출했다고 한다. 아직 전쟁을 하지
말고 내가 컸을 때 하면 좋겠다고 생각했다. 용감하게 싸워주겠다.

　그리고 그 옆에 용맹한 일본군의 그림과 루스벨트, 장개석의 얼굴 그
림이 붙어 있었다.

　교토 교외인 라쿠세이(교토 서부)에서도 전쟁의 흥분은 높아져 아이
들은 산인혼센의 레일 위에 못을 올려놓고 열차바퀴에 깔리도록 해서
나이프 같은 것을 만드는 등 무기를 만드는 흉내를 냈다. 사가의 민가
에서는 훈련의 일환으로 군인들이 나누어 숙박하던 시대였다.

　신기수는 부재 중일 때가 많은 부친을 대신해서 구루마자키신사에

사가초등학교 시절 4학년 3반 단체사진
신기수는 앞에서 두 번째 열 오른쪽 끝(1940년 촬영, 제공: 미야오 미쓰야스).

서 열리는 '협화회協和会'에 출석하여 황국신민의 맹세를 크게 외쳤다. 협화회는 내무성이 황민화정책皇民化政策의 일환으로 재일조선인을 지도하기 위해 만든 조직으로 맹세를 외치는 궁사宮司(神官)의 하얀 하카마袴[15] 모습이 멋지게 보였다.

1940년 2월 26일 일기에는 "저 건너편에서 천황을 대신해서 불의를 무찌른다는 소리가 기운차게 들려온다. ……나도 컸다면, 훈장을 달고 말을 타고서 나라를 위해 충의를 다해 천황폐하께 충성하고 싶다"고 썼다.

신기수가 전후에 황민화 교육의 쓰라린 기억의 예로서 드는 문장인

---

15) 남자들이 겉에 입는 주름 잡힌 하의(下衣).

데, 담임교사는 동그라미 3개를 치면서 "훌륭한 일본인이 되거라"라며 칭찬하던 시대였다.

그런 군국소년이 6학년 때, 조선인에게 일본이름을 쓰도록 하는 '창씨개명'을 하게 되었는데 부친은 맹렬히 반대했지만 이에 따르지 않으면 남방전선으로 징용된다고 하여 어쩔 수 없이 '미치카와道川'라는 이름을 쓰게 되었다.

이름이 바뀐 것은 황국소년 신기수에게도 위화감이 있었지만, 그 이전인 1938년경에 게이후쿠 전철京福電鉄 아라시야마센嵐山線 사가역 앞 근처의 대나무 숲에서 쵸케이 천황長慶天皇(1343~1394) 무덤이 출토되면서 큰 소동이 일어난 일이 있었다.

인근에 살고 있던 조선인 마을 50가구는 강제로 퇴거당해 모두들 뿔뿔이 흩어지게 되었다. 하는 수 없이 하천 부지에 판잣집을 짓고 살거나 한 집에 몇 세대가 함께 살 수 밖에 없었다.

"사가에는 천황의 능이 몇 군데가 있었는데 암기한 124대 천황의 이름을 떠올리면서 능 순례를 하게 했다. 그 정도로 천황색이 강한 지역 환경이라고는 하지만, 어린 마음에 조선인과 천황의 묘가 공존하는 것이 신기하다는 생각이 들었다"고 대나무 숲 인근에 살았던 신기수는 말했다. 그 당시 사가에는 이러한 조선인들이 만든 부락이 몇 군데 더 있었다. 쵸케이 천황의 묘가 발견된 곳은 현재 쵸케이 천황 사가 동릉嵯峨東陵이 되었다.

〈교토 속의 조선〉(明石書店)에 의하면 사가노에는 조선반도의 도래인인 하타우지 씨가 남긴 고분이 많다. 5세기말부터 7세기 전반까지, 소멸한 고분까지 포함하면 200기 가까이 조성되었는데, 이는 교토시내

고분 총 수의 40~50%에 해당된다.

신기수가 식도암 수술로 오사카시립의료센터에 입원했던 2001년 12월 23일 헤이세이 천황平成天皇(아키히토천황을 연호로 부른 것 - 역주) 68세 탄생일은 일본과 아시아 역사에 있어서 특기할 만한 기념일이다.

이날 아키히토 천황明仁天皇이 "간무천황桓武天皇(737~806)의 생모가 백제 무령왕의 자손이라는 내용이 〈속일본기續日本記〉에 실려 있다는 점에서 한국과의 연고를 느끼고 있습니다"라고 발언해 내외에서 화제를 불러 일으켰기 때문이다.

간무천황의 생모인 다카노노니이가사高野新笠의 묘도 교토시 니시쿄구西京区의 대나무 숲에 있는데, 지금까지 국체호지国体護持[16]에 얽매여 온 일본은 황실과 한반도와의 관계를 몇 세기나 걸쳐 애매하게 다뤄왔다. 궁내청宮内庁[17]이 천황가의 묘를 '사유재산이므로'라는 이유로 발굴하지 않는 것도 한반도와의 관련이 표면화되는 것을 우려하기 때문은 아닌지, 라는 지적도 있다.

한일 월드컵축구가 개최된 다음해 2002년 여름, 천황의 이 연고 발언에 대해 신기수에게 감상을 묻자 그는 목소리를 거의 낼 수 없는 상태였지만 필담으로 이렇게 대답했다.

"재일조선인과 일본인 일부 학자는 그런 사실을 알고 있었지만 공공연하게 말하기를 꺼리는 분위기가 있었습니다. 이번 천황의 발언은 대담합니다. 놀랐습니다. 터부를 깨부수겠다는 자세가 엿보입니

16) '천황을 중심으로 한 질서(정체)'를 의미한다.
17) 천황과 황실에 관한 사무를 관장하는 관청.

다. 천황 주변에서 이렇게 대담한 말을 하라고 했을 리가 없으므로 본인의 진심이라고 생각합니다. 한일 간 응어리를 없애고 싶다는, 그런 계기를 찾고 있었던 것일까요? 천황에 대한 인상이 크게 바뀌었습니다."

쵸케이 천황의 묘석이 발견된 조선인 마을에서 신기수는 어린 시절에 사람이 그리워지면 자주 놀러 나갔다. 가난하지만 상부상조하는 생활을 했고, 관혼상제도 빠짐없이 챙기는 마을에서 민족의 요람 같은 느낌을 받았다.

"마을의 장(공동체의 리더)은 60세 정도의 여성으로 젊은 아낙네들이 그녀를 중심으로 예의 바른 마을을 만들었습니다. 타국 땅에서 약자끼리 어깨 동무를 하고 살았습니다. 소박하지만 따뜻한 몇 건의 결혼식이 원색 그대로 선명하게 기억에 남아 있습니다.

마을에는 조선의 식재료를 파는 가게가 있어서 고추와 마늘, 갈치 등을 살 수 있었습니다. 소의 제2위와 제3위와 같은 내장을 생으로 소금에 찍어서 처음으로 먹어 보았는데 맛있었습니다.

당시 일본인은 소 내장은 먹지 않았으므로 도살장에서 내장을 구해 통에 넣고 팔러 다니는 조선인이 있었습니다. 동포에게는 그것은 즐거움이었으며 귀중한 영양원이었습니다."

그러나 전시 상황이 어려워지자 조선 여성도 방공훈련에 동원되었는데 아낙네들은 입고 있는 단벌 치마저고리밖에 없어서 속치마 바람으로 일본인에게 양동이를 건네주는 모습을 본 소년시절의 신기수는 너무 불쌍하다고 생각했다.

쵸케이 천황의 묘석이 나온 스미노쿠라쵸角倉町는 교토의 다카세가와高瀬川 강과 덴류가와天竜川 강 등 전국의 하천개발 공사와 슈인센朱印船(공식 해외 무역선 - 역주) 무역을 맡았던 거상 스미노쿠라 료이角倉了以(1554~1614) 일족이 거주하는 마을이었다. 료이의 아들 소안素安이 임진왜란 때 포로로 잡혀온 조선인 유학자 강항姜沆을 아라시야마로 초대했던 사실을 신기수는 조선통신사 연구를 하고나서 처음으로 알았다.

강항은 문인이면서 일본군과 싸우다가 해상에서 도도 다카토라藤堂高虎 군대에 잡혀 이요伊子[18]의 오즈大洲로 유폐되었다. 후에 교토 후시미伏見로 옮기게 되면서 스미노쿠라 소안角倉素安의 스승인 후지와라 세이카藤原惺窩[19]와 교우를 돈독히 하였는데, 세이카는 강항의 지도를 받으며 '사서'와 '오경'의 번역을 완성하였고 일본 주자학의 개조가 되었다.

두 사람은 전쟁을 부정하고 민족과 국가의 울타리를 넘은 우정을 키워 갔다. 그 무대가 자신이 태어나고 자란 고향인 '사가'라는 사실을 신기수는 내심 자랑으로 생각했던 것 같다.

3. 민족을 되찾은 날

1945년 8월 15일.

일본의 패전은 식민지 지배를 받은 조선민족에서 보면 민족해방의

---

18) 시코쿠(四國) 북서부 지역.

19) 쇼코쿠지(相國寺) 절의 선승(禪僧)(1561~1619). 주자학(朱子學)을 공부하다가 정유재란 때에 포로로 끌려온 조선의 유학자 강항(姜沆)과의 교류를 통해 유학을 체계화했다. 그의 학풍은 주자학을 기조로 하면서도 양명학(陽明學)도 수용한 것이 특징이다.

날로, 한국에서는 '광복절', 북한에서는 '해방 기념일'이라고 부른다.

신기수는 이 날을 14살 때인 교토시립 제1공업학교(구제旧制 중학교, 현 시립라쿠요洛陽 고등학교) 2학년 때에 맞이했다. 집은 히로사와노이케広沢池 가까이의 논 가운데 있는 한 칸짜리 셋집으로 주변에는 뽕밭이 펼쳐져 있었다.

쾌청하지만 더운 날이었다. 정오에 중대방송이 있다고 해서 오전에는 개울에서 붕어를 잡고 근처 농가의 처마 밑에서 라디오에 귀를 기울였으나 잡음이 심해서 내용은 잘 알아들을 수가 없었다.

그러나 그 며칠 전부터 미군 대형폭격기 B29가 상공에서 삐라를 뿌리고 다녀서 어른들은 올 날이 드디어 왔다고 받아들이는 분위기였다.

저녁이 되자 사가의 샤카도釈迦堂 뒤쪽과 니손인二尊院, 로쿠오인鹿王院, 우즈마사太秦 등 각 부락에서 조선인들이 막걸리와 닭을 손에 들고 축배를 들러 모여들었다. 그 수는 어림잡아 30여 명. 우즈마사 경찰서에 종종 유치되면서도 불굴의 조선독립운동을 계속해온 신기수의 부친을 위로하는 기분도 있었을 것이다.

관혼상제 이외에 이렇게 많은 사람이 모인 것은 오랜만이라서 어린 신기수는 눈이 휘둥그레졌다.

"이겼다~~."

"잘 됐다~~."

"만세~~."

조선어가 난무하는 가운데 정원에 돗자리를 깔고 풍로 위의 냄비를 둘러싸고 연회가 시작됐다.

민족해방의 날을 기뻐하는 재일동포들
오사카시 니시나리구(西成区)에서의 모습(〈영상이 말하는 '일한병합'사〉에서).

숯불 위에서 끓어오르는 냄비에는 미즈나水菜, 당근 등 교토에서 재배한 야채, 거기에 토막낸 닭을 넣고 푹 삶아서 간장과 고추장양념장에 찍어 먹었다.

식량난으로 힘들었던 시절이라고는 하지만 모두가 자기 집에서 가꾼 야채를 가져와서 그 재료로 신맛 나는 냉국을 맛볼 수 있는 즉석 물김치도 만들었다.

어디에서 조달해왔는지 밀조한 막걸리를 어른들은 코가 삐뚤어지도록 마셔댔다.

"어른들은 모두 취기가 돌아 '아리랑'이나 '도라지' 같은 조선노래를 흥얼거렸고 연회는 한밤중까지 와자지껄하게 계속됐습니다. 해방된 기쁨과 전쟁의 고생 등 화젯거리는 끊이지 않았습니다. 군국소년이었던 나에게 그때까지 검은 덮개로 싸두었던 전구에서 덮개를 벗겨낸 알전구의 눈부심은 매우 인상적이었습니다."

신기수는 당시의 모습을 이렇게 말했는데 그날 이후 교토 사이인西院에 있는 조선기독교 중앙교회[20]에서 민족의 상징인 태극기의 강력함에 감동했으며 애국가 선율에 마음이 흔들렸다.

기온祇園[21]의 돌계단 아래에서 당당하게 열린 모국어 강습회에 참가하는 동안, 천황을 위해 충의를 다하겠다고 일기에 쓴 황국소년의 자기회복은 반 년도 지나지 않아 실현됐다.

이듬해 1946년 8월, 교토시 마루야마공원丸山公園에서 열린 해방 1주년 기념대회에는 약 7000명의 조선인이 참가했는데 신기수와 부친, 그리고 여동생 신정순의 모습도 거기에 있었다.

참가자는 태극기와 미국 성조기를 앞세우고 시죠도리四条通り 거리를 마루야마공원에서 시작하여 미나미자南座를 지나 교토시청 방향으로 나아가는 데모행진을 했다. 뒤에는 백수십 대의 트럭과 목탄차, 꽃 삿갓을 쓴 사람, 그리고 삼륜차 대열도 이어졌다.

"노인도 젊은이도 이제 막 배운 〈해방의 노래〉를 불렀는데 이렇게 기분이 고양된 것은 태어나서 처음이었습니다. 교토대학과 도시샤同志社, 리쓰메이칸대학立命館大學의 학생들 중에도 조선인이 많다는 것을 알고는 놀랐습니다. 세상이 한꺼번에 넓어진 것 같은 기분이었습니다."

---

20) 1923년 한국유학생과 여성 주부들이 예배를 드린 것이 그 시발점이며, 1926년 교토대학 의학부 유학생이던 최명학을 중심으로 자리를 잡았다.
21) 교토 제일의 번화가. 야사카 신사(八坂神社) 앞 거리.

이때 불렀던 〈해방의 노래〉를 신기수는 특히 마음에 들어 했다.

조선의 대중들이여 들어라 힘차게 들려오는 해방의 노래를……

이 가사를 활기차게 부르면 몸 속이 후끈 달아오르고 자신이 이 시대에 살고 있음을 절절하게 느꼈기 때문이다.

그러나 작사자인 프롤레타리아 시인 임화林和[22]가 미국의 스파이였다는 이유로 그 후에 노래 부르는 것이 금지되었다.

임화는 마쓰모토 세이쵸松本清張의 소설 〈북의 시인北の詩人〉[23]의 모델이 된 인물이다. 1947년에 조선반도 38선을 넘어 북조선으로 월북했는데, 6년 후 스파이 용의로 처형되는 기구한 운명을 걸었다.

신기수가 임화라는 이름을 잊을 수 없는 것은 프롤레타리아 작가인 나카노 시게하루中野重治(1902~1979)가 전쟁 전에 쓴 〈비 내리는 시나가와 역〉(1928)에 대해 조선 측의 응답인 〈우산 받은 요코하마의 부두〉(1929)를 발표한 인물이었기 때문이다.

나카노의 이 시는 친한 조선인 친구가 강제 송환될 때의 심경을 읊은 것으로, 신기수는 고베대학 시절부터 반복해 읽으며 거의 암송할 정도로 마음에 들어 했다.

그런데 신기수와 부친이 미나미자 앞을 행진하고 있던 모습을 어떤 한 동포가 16mm 카메라로 찍은 영상이 있다는 것을 알게 되었고,

---

22) 시인, 평론가, 문화운동가(1908~1953).

23) 1962년 1월호부터 이듬해 3월호까지 잡지 〈츄오코론(中央公論)〉에 연재된 장편 소설. 1945년 8월 15일 일본이 패전한 후의 남한 상황을 그린 소설.

나중에 그 필름을 촬영자의 아들로부터 양도받았다. 이 장면은 신기수의 작품인 〈해방의 그날까지〉와 오덕수가 감독하여 1998년에 전국에서 자체 상연된 다큐멘터리 〈전후 재일 50년사·재일在日〉 등에 등장한다.

민족해방으로부터 40일 후인 1945년 9월말, 미군사령부가 교토에 입성했을 때 재일조선인을 대표해서 사령관인 그루가Kreuger에게 꽃다발을 증정하는 역할을 맡았던 학생이 신기수의 여동생 신정순이었다.

교토시립 니조二條 고등여학교에 다녔는데 기량도 뛰어나고 성적도 우수했기 때문인데 아버지의 득의양양한 얼굴이 며칠 계속됐다. 그러나 모친을 쏙 빼닮았던 여동생도 17살의 어린 나이에 결핵으로 죽자 부친의 낙담은 차마 눈뜨고 못볼 정도였다.

구제 중학교 시절의 신기수에 대해, 오사카시 이쿠노구生野区에서 도금공장을 하는 동급생 심종우沈鐘愚는 이렇게 말했다. "농구를 함께 했는데 액티브한 성격이었다. 중학교 3학년 때는 '성서의 가르침을 실천하자'며 커다란 냄비를 들고 시죠 오미야四条大宮에서 가와라마치河原町 거리까지 행인들에게 모금을 호소했던 적도 있었다."

그런데 조선인 귀국대책이나 생산현장에서 내쫓긴 실업자 구제, 동포의 생명과 재산보호, 아이들의 민족교육…… 등 산적한 과제에 대응하기 위해 도쿄와 오사카 등 각지에서 재일본조선인연맹朝連의 설립이 잇따랐다. 교토에서는 1945년 10월 임존강林尊康을 위원장으로 하는 재일본교토조선인연맹이 결성됐다.

그 본부는 나라전기철도 구죠역九条駅(현 近鉄東寺) 앞의 공과工科학교

건물에 있었으며 지하는 유치장으로 되어 있었다. 당시 교토에서는 일본인 야쿠자와 조선인 야쿠자의 싸움이 끊이지 않았는데 경찰은 무력했기 때문에 점령군이 조선인연맹에게 미군헌병의 임무를 부여했다.

신기수의 부친은 그 연맹에서 보안부장을 맡아 해방민족이라는 것에 들떠 날뛰는 젊은이들을 타일러 민족회생의 대열에 참가시키기도 하고 폭력단 싸움을 해결하기 위해 교토 최대 폭력단으로 알려진 '즈코시구미図越組' 보스의 술잔을 받은 일도 있었다고 한다.

"아버지도 처음에는 귀국할 생각으로 얼마 안 되는 가재도구를 꾸려 고향으로 보냈습니다. 그러나 한국과 일본을 빈번하게 왕래하던 친척이 저쪽은 콜레라가 유행하고 스트라이크도 빈발해서 인플레 때문에 생활이 어렵다는 말을 듣고 귀국을 미뤘습니다."

신기수의 친척 중에는 3세대가 배를 빌려 교토 마이즈루舞鶴 항을 출발했으나 시마네島根 앞바다에서 배가 고장나 일단 신기수의 집으로 되돌아왔다가, 수개월 후 기차를 이용해 시모노세키下関로 향한 일가도 있었다. 지인 일가는 낡은 배가 오사카 만에서 침몰해 간신히 목숨을 건지고 신기수의 집으로 돌아오기도 했다.

신기수 집에는 이러한 동거인이 한때 20명이나 되어 초만원이었다. 그러나 시모노세키에서는 수천 명의 조선인이 노숙생활에다 배고픔을 견디면서 귀국선을 기다리는 힘든 현실이었다.

일본은 중국과 한국에서 돌아오는 일본인 귀국자에 대해서는 원호대책에 힘을 쏟았지만 조선인들의 귀국에 대해서는 냉담했다. 일본에서 가져갈 수 있는 돈은 당시 금액으로 1000엔까지이고, 화물은 겨우

250파운드(113킬로) 이하로 엄격하게 제한했다.

일본에서 모은 얼마 안 되는 재산도 제한액을 초과하면 사실상 몰수 당하는 것으로 조선반도를 떠나온 지 오래돼 고향에서 생활기반을 마련할 수 없는 사람들에게는 가혹한 조치였다.

당시 조선인은 일본의 식민지 지배에서 해방되기는 했으나, 전쟁에 승리한 국민도, 패배한 국민도 아니어서 '제3국인'이라고 불렸다. 그들은 암시장을 지배하거나 일본인보다 경제적으로 우위에 있는 사람도 있어서 일본인 사이에서는 반감이 높았다.

오사카에는 우메다梅田와 덴로쿠天六, 쓰루하시, 난바難波 등에 40개나 되는 암시장이 있었는데, 암시장은 '제3국인의 암제국闇帝國'이라는 대중매체의 캠페인이 벌어졌다. 대장상인 이시바시 단잔石橋湛山이 현재 유통되고 있는 5백억 엔 중에 2백억 엔은 제3국인이 쥐고 있다고 말한 적도 있다.

이러한 정세 속에서도 경제적으로 성공한 조선인은 극히 소수이며 대다수는 하루하루 살아가기도 힘든 가난한 사람들이었다.

태평양전쟁 말기에 강제연행이나 자유도항으로 일본에 와 있던 조선인은 약 200만 명인데 1946년 3월까지 약 130만 명이 현해탄을 건너 고향으로 돌아갔다.

"그 해 가을까지는 우리들의 기분도 들떠 있었습니다. 바로 귀국할 수는 없다는 걸 알고 언어가 부자연스럽지 않도록 서당 같은 민족학교를 여기저기 만들었습니다. 색으로 비유하자면 반짝거리는 빨간색이었습니다. 그것이 2년 지나자 변색되어 거무스름하게 되었습니다."

신기수가 이렇게 회상하게 된 것은 1947년 신헌법 발포일 불과 하루 전인 5월 2일, 메이지 헌법의 최후 칙령으로 외국인 등록령이 발포되었기 때문이다.

14세 이상인 자에게 외국인 등록증을 상시 휴대하도록 의무화한 것으로 일본의 법률전문가는 일종의 주민표 정도로 보았지만, 이는 전후 재일조선인의 법적 지위를 상징하는 제도였다.

"당시 별건체포別件逮捕를 할 수 있는 구조라고는 생각도 못했습니다. 한국전쟁이 시작될 무렵 조총련계 민족학교 교사 등 많은 사람들이 목욕탕에 다녀오다가 체포되었는데, 그 이유가 등록증 불소지였습니다. 일본은 식민지 지배의 과거를 잊고 전전의 조선인 차별을 법률적으로 그대로 승계했습니다. 나는 전후가 조선인으로서 살아가기가 훨씬 어렵다는 걸 뼈저리게 느꼈습니다."

신기수 자신도 외국인 등록법 문제에 대해서는 여러 저항을 시도했지만 지문 날인에는 응하지 않을 수 없어 몇 번이나 괴로운 경험을 당했다고 한다.

4. 기세 꺾인 최강 노조

신기수는 교토 사가노의 내륙지에서 자랐지만 대학은 밝게 열린 항구도시 고베의 고베대학 경영학부에 진학했다.

대학원을 중퇴하기까지 햇수로 8년을 항구도시에서 살았는데 그 대부분의 세월을 학생운동으로 보내버렸다고 한다.

고베대학에서 전학련(전국일본학생자치회총연합)과 공동투쟁을 펼쳤으며 학생자치회 위원장으로서 레드퍼지red purge[24] 반대투쟁을 전개해 시대를 리드해나가는 한편, 조선통신사에 대한 관심도 싹 틔워갔다.

"우메다에서 한큐 전차阪急電車[25]를 타고 가다가 미카게御影 쯤에서 바라본 반짝반짝 빛나던 바다가 인상적이었는데, 저 멀리 시코쿠四国가 있는데도 불구하고 그대로 태평양 저편으로 이어지는 것처럼 보였습니다. 교토에서 구김살 없이 자라기는 했지만, 신사나 사찰이 많아서 천황제에 포위된 것 같아 답답하고 그다지 정이 들지 않았다는 것이 솔직한 심정입니다."

이런 신기수에게 있어, 고베대학 학생시절과 그 후의 인생을 결정하게 된 사건은 63일간에 이르는 장기 스트라이크를 관철하여 세상에서 주목을 받았던 탄로炭労(일본탄갱노동조합) 중앙위원회 위원장인 다나카 아키라田中章의 사임극이었다.

신기수가 고베대학 교양부 학생자치회위원장을 하던 1952년 2월, 탄광자본과 조합의 단체교섭 석상에서 회사 측은 "다나카는 조선인이다. 조합은 조선인을 위원장으로 둬도 좋은 것인가"라는 폭로 전술을 들고 나왔다.

당시 석탄은 검은 다이아몬드라고 불릴 정도로 값이 나갔으며 일본 에너지원의 중심이었다. 노동운동의 고양기이기도 했던 그 당시에,

---

24) 공산당원과 그 동조자를 공직 · 기업 등에서 추방하는 일. 일본에서는 1949~50년 GHQ(연합군총사령부)의 지시에 의해 대규모로 실시되었다.

25) 오사카 우메다(梅田)와 고베(神戸) · 다카라즈카(宝塚) · 교토(京都)를 연결하는 철도.

1959년 미쓰이 미이케三井三池[26] 대쟁의가 일어날 때까지는 일본탄갱노동조합이 일본노동운동에서 최강의 부대였다.

그러한 전국 탄광노동자를 통솔하는 다나카라는 존재는 탄광자본가 측에서 볼 때는 거슬리는 존재일 수밖에 없었다.

그런데 자본가측의 그 한마디에 노동운동의 선두에 서 왔던 탄로는 완전히 붕괴되었고 다나카는 조직에 폐를 끼치지 않겠다며 조합을 떠났다.

원래 탄로는 죄수 노동에 가까운 열악한 노동조건에 저항한 조선인이나 중국인 노동자의 봉기에 고무되어 일본인 노동자들이 만든 조직이라는 경위가 있었는데도 말이다.

〈주간 아사히週刊朝日〉의 1953년 3월 15일호에 다나카 본인이 기고한 '나는 위원장 자리를 떠난다 — 어느 이방인 투사의 심경'이라는 글에 따르면, 다나카는 1921년 남조선의 경상북도에서 조선인 아버지와 일본인 어머니 사이에 태어났다. 가라후토樺太 탄광에서 일을 한 후, 전후에 홋카이도 미쓰이 스나가와三井砂川 탄광에서 갱부를 하던 중 홋카이도 탄갱노동조합 위원장이 되었고 중앙본부 위원장으로 발탁됐다.

조용히 귀화수속을 밟아 일본인이 되려고 했지만 위원장이라는 책무 때문에 뜻을 이루지 못했다. 본인 스스로 국적을 발표할 때는 실로 괴로웠지만 오히려 속시원해서 기분이 편해졌다. 산하 조합원으로부터는 동정과 격려도 받았다. 앞으로는 평범한 노동자의 입장으로 돌아

---

26) 일제의 강제동원 시기(1939~1945)에 일본으로 끌려간 조선인의 약 45%가 탄광에 배치되었다. 미쓰이광산주식회사가 운영하던 미이케 탄광은 일본에서 전후 최대의 노동쟁의가 벌어졌던 곳으로 일본 석탄생산량의 4분의 1을 생산하는 탄광이었다.

가 길가의 돌에 지나지 않더라도, 한국과 일본 양국 국민의 우정을 위해 의미 있는 삶을 살아가고 싶다. 그것이 한국인인 나와 일본인인 아내와의 가정을 평화롭게 꾸려가는 것과도 뗄 수 없는 관련이 있기 때문이다, 라고 하는 내용이었다.

신기수는 다나카가 사임했다는 소식을 들었을 때 "너무나도 화가 나서 눈물이 멈추지 않았다"며 〈아리랑 고개를 넘어서〉(解放出版社)에 다음과 같이 감상을 썼다.

> 비열한 공격이었지만 기세 좋게 내달리던 일본탄갱노동조합이 마치 푸성귀에 소금을 친 듯이 비틀거리며 붕괴되었다는 뉴스는 충격적이었다. ……아킬레스건을 겨냥한 일격을 맞은 일본탄갱노동조합은 '말라버린 억새'에 지나지 않았음을 여실히 보여주었다. 그 이후 사회적 약자 편이어야 할 일본 노동운동과 재일조선인의 관계는 30년 이상 무거운 테마가 되었다.

신기수가 가지고 있던 문제의식의 일단을 보여주고 있는데, 훗날 영화 〈해방의 그날까지〉의 촬영과 조선인 강제연행조사 등을 위해 홋카이도를 찾았을 때, 다나카 소식을 수소문했지만 끝내 알 수 없었다.

신기수가 구제 중학교인 교토시립 제1공업학교를 졸업하고 고베경제대학 예과에 입학한 것은 1948년 봄이다.

미군의 점령정책 전환으로 문부성이 조선인 민족학교에 폐쇄령을 내리고 3000명 이상의 체포자가 나온 한신교육사건阪神教育事件[27]이 일

---

27) 1948년 4월 14일부터 4월 26일까지 오사카부와 효고현에서 재일조선인과 일본공산당이 벌인 민족교육투쟁, 대규모 테러, 체포감금 사건. 일본국 헌법 하에서 유일하게 비상사태가 선포되었다.

어난 것이 이 해 4월이다.

"친척이 야마구치현 시모노세키의 오쓰보쵸大坪町에서 민족학교 교사를 하고 있어서 고베대학에 들어가기 전에 방문한 적이 있습니다. 그는 형무소에서 가까운 작은 판잣집에 살고 있었습니다. 그 당시에는 귀국선의 순번을 기다리는 사람을 상대로 이런 저런 장사를 했는데, 친척이 암거래로 담배를 취급했었기 때문에 궐련용 종이를 보자기에 한가득 싸서 운반했습니다. 학생이라면 들키지 않을 거라고 해서.

그때 보았던 민족학교의 모습은 '더듬거려도 좋으니 조선어로 말해', '민족문화를 잊지 않기를 바란다' 등 무서울 정도의 열기로 가득 차 있었습니다. 자식을 염려하는 부모가 효고 현청으로 몰려들었습니다."

당시 세토내해의 이에시마 제도家島諸島에서도 채석장에서 노역을 하던 조선인이 민족학교를 만들었는데, 이곳에는 일본학교가 없었기 때문에 일본인 아이도 다니도록 했고, 교사는 수업을 두 번 해서 국제교류가 실현된 일도 있었다고 한다.

조선반도에서는 남북 긴장이 높아지고 GHQ(연합군총사령부)에게 일본 국내의 조선인 학교의 성황은 무시할 수 없는 존재가 되었다. 1947년 당시 데이터에 의하면 전국에 578개 민족학교가 있었고 6만 여 명이 다니고 있었다. 효교현 안에만 42개교나 있었으며 약 7500명이 모국어를 배우고 있었다.

GHQ의 지시를 받은 문부성이 '아동들은 일본인 학교를 다니도록' 이들 학교에 지시했지만 이에 따르지 않자 고베시장은 학교 폐쇄령을 내렸다.

반발한 조선인 아동의 부모와 교사들은 효고 현청으로 항의하러 몰려갔으며 경찰과 몸싸움이 벌어져 다수의 체포자가 나왔다. 그러나 도지사와의 교섭 끝에 학교 폐쇄령 철회 각서가 교환되고 체포자의 즉시 석방도 허락받았다.

위기감을 느낀 GHQ 효고 군정부軍政部는 4월 24일, 고베에 비상사태 선언을 발령했다. 전후 처음이자 유일한 비상사태선언으로 다음날부터 효고현 내에서는 MP(점령군 헌병)의 지프차 사이렌이 울려 퍼지고 조선인 사냥이 시작되었다. 통행인에게도 '1엔 50전'을 말해보게 하여 조선인 억양이 있으면 체포했다.

이와 같은 대사건이었는데도 신문은 한 줄도 보도하지 않았고 나중에서야 조심스럽게 보도했다. 미군 점령 하에서는 보도의 자유도 대폭 제한되었던 것이다.

19개교에 폐쇄령을 내린 오사카에서는 지사와 조선인 학부형 대표가 교섭을 벌이던 청사 앞에 수천 명이 농성하고 있었는데, 경찰 측의 발포로 16세 조선인 소년 김태일金太一이 사망했다.

"계엄령이 내려졌을 때는 정말 무서웠습니다. 조선인이 모여 있으면 무조건 잡아다가 유치장에 집어넣었습니다. 검거되어 조선으로 송환된 사람을 기다리고 있던 것은 사형이거나, 오키나와로 보내진 사람은 강제노동이라는 가혹한 조치였습니다. 그 다음해에 대학의 자치회에서 위원장을 맡고 있었는데, 경찰과 GHQ가 학교에 온다는 소문을 들을 때마다 두려움에 떨었다는 것이 솔직한 심정입니다."

그러한 시대에 신기수는 고베경제대학 예과에 1년 재학한 후, 1949년 여름에 문을 연 신제 고베대학 경영학부에 입학했다.

그 해에 구제 야마가타 고등학교(현 야마가타 대학)에서 철학을 가르치며 유물론자로 유명한 고마쓰 세쓰로小松攝郎가 고베대학에 문학부 교수로 초빙되어 왔다. 그가 일본 공산당에 입당을 선언하면서 GHQ에 의한 레드퍼지(공산주의자 추방) 대상이 되어 학내를 크게 뒤흔드는 사태로 번졌다.

공산당원과 그 동조자를 직장에서 추방하는 레드퍼지는 신문업계에서 시작되어 전 산업분야로 순식간에 퍼져나갔다. GHQ의 민간정보교육국 고문인 일즈Walter Crosby Eells가 "공산주의에는 사상의 자유가 없다"며 도호쿠대학東北大學을 시작으로 전국 대학에서 강연하고, 수백 명의 추방교수 리스트가 만들어질 정도로 언론인이나 지식인 사이에서도 전향문제가 공공연히 논의됐다.

고마쓰의 처우에 관해, 학원자치 입장에서 문학부와 교양부의 교수회는 임용을 결정했지만, 그 상부기관인 대학평의회는 GHQ와 문부성의 압력을 받아 임용을 거부했다. 1950년 3월에 임용기한이 끝나기 때문에 대학 내에서 교양부를 중심으로 고마쓰를 옹호하기 위한 대규모 무기한 스트라이크가 벌어졌다.

그 중심이 된 것이 교양부 자치회 2대 위원장으로 뽑힌 신기수로, 그와 교양부에서 함께 공부한 교토부립 고등학교 교사 다카마쓰 히로시高松寬는 다음과 같이 회상했다.

"그때 고베대학은 다케이 데루오武井昭夫 위원장이 이끄는 전학련의 간사이 거점이어서 일본공산당 색이 농후한 교토대학이나 오사카 시립대학과는 사사건건 대립하여 전국에서 주목을 받고 있었다. 도쿄대학에서도 조직 확대를 위해 자주 찾아왔다.

그런 상황에서 너글한 성격의 신기수는 리더십을 발휘하여 구제와 신제 학생자치회를 잘 통합해가며 분발하여 스트라이크는 1개월 만에 끝났다.

당시 공산당은 노사카 산조野坂參三[28]가 자신들이 감옥에서 나올 수 있었던 것은 미국 덕분이라며 점령군이 있어도 일본에서 혁명은 가능하다는 견해를 피력했다. 우리들은 이에 반대해서 모든 점령군의 철수를 요구했다. 스트라이크 기간 중 미군 MP(헌병)가 자동소총에 지프차를 타고 캠퍼스로 들어오기도 하여 화가 났습니다."

당시 고베의 대학본부는 롯코六甲에 있었지만 미카게御影와 히메지姬路에도 교육학부와 공학부 캠퍼스를 둔 문어발식 대학으로, 입학식이나 졸업식 등은 롯코에 있는 대강당을 사용했다. 전쟁 전에 종합상사인 가네마쓰 고쇼兼松江商[29]가 기부하여 건립한 것인데, 전후 GHQ가 접수했기에 행사 때는 특별허가를 받아 사용했다.

보통은 인근에 있는 미군주택 '롯코하이츠' 주민들이 영화를 볼 때 사용했기 때문에 고베대학생들은 '롯코하이츠 극장'이라고 불렀다. 대강당 안쪽 벽에는 마릴린 먼로Marilyn Monroe나 타이론 파워Tyrone Power 같은 영화배우 포스터가 많이 붙어있었다.

고마쓰를 지키기 위한 반 레드퍼지 투쟁에서 "선두에 선 신기수를 퇴학 처분하라"는 소리가 전학의 교수회에서도 나왔지만 경영학부 교수

---

28) 야마구치 출생, 사회 운동가, 정치가(1892~1993). 게이오대학 졸업. 중의원 의원, 참의원 의원, 공산당 중앙위원회의장 역임.

29) 1889년에 호주와의 무역(日豪貿易)을 위해 고베에서 창업. 현재는 전자 · 디바이스(컴퓨터분야에서의 하드웨어) · 식료 · 철강 · 소재 · 플랜트(공장 설비, 생산설비) · 차량 · 항공을 중심으로 업종을 확대했다.

인 고바야시 요시모토古林喜楽와 문학부가 반대하여 철회되었다.

이런 가운데 신기수는 초대 교직원조합위원장이기도 했던 고바야시 교수를 직접 만나는 일이 많아졌다.

고바야시는 전전의 사회과학자로서 〈빈보모노가타리貧乏物語〉의 저자인 가와카미 하지메河上肇의 제자로 인간미 넘치는 경제학자였다. 전학련 중앙위원장인 다케이 데루오武井昭夫도 "우리들 학생활동가에게도 아주 친절하게 대해 주었다"고 했다.

"당시 GHQ와 문부성 합작에 의한 정령 62호에 반대하며 투쟁하는 것은 직장을 잃고 길거리를 헤매게 될 것을 각오해야만 했기에, 레드퍼지를 막을 수 있는 것은 학생운동뿐이었습니다. 도쿄대의 이데 다카시出隆 선생이 레드퍼지에 반대하는 일본의 학생운동에 보낸 메시지를 고베대학에서도 철야로 인쇄했는데 원지 한 장으로 등사판 3000장을 무사히 밀고난 아침의 충족감은 잊을 수가 없습니다."

신기수가 이렇게 말하는 그리스 철학의 권위자인 이데 다카시의 메시지는 다음과 같다.

"학원은 또 그 질서라는 이름 아래 '에덴동산'으로 둔갑하고 있다. 에덴동산은 신神의 식민지였다.……"

그리고 1950년 6월 1일, 대학평의회와 고마쓰 세쓰로 교수 변호인단 간의 대결의 장이 찾아왔다.

넓은 계단식 교실에서 교직원조합 위원장인 고바야시는 다나카 야스타로田中保太郎 등 평의회 측을 날카롭게 추궁하여 공개심리의 장에 모여든 학생들로부터 박수갈채를 받았다. 반전기反戰旗를 흔드는 학생도 있어서 열기에 휩싸였다.

그 달에 심리가 3회 열렸는데 6월 25일 돌연 한국전쟁이 발발하자, 고베대학에 대한 경찰의 규제도 엄해지고 철저한 삐라 수사가 벌어져, 운동 동료인 공학부 학생이 체포되는 충격적인 사태로 발전했다.

"당시 나는 폐병에 걸려 교토로 일시 돌아가서 요양생활을 하고 있었는데 호외를 통해 한국전쟁이 발발한 것을 알았습니다. 변변치 않은 학생기숙사나 신문부실에서 잠을 자면서 결핵에 걸려버린 것입니다. 고베항에서 조선으로 보내는 지프차와 전차, 산더미 같이 쌓인 드럼통들이 기억의 앨범 속에 남아있습니다. 그 군사물자로 고향의 모든 땅이 황폐해져 갔습니다. 고베대학 학생들은 아르바이트로 거룻배나 본선에 올라가 24시간 잠도 자지 않고 조선으로 보내는 짐의 수량을 셌습니다."

당시의 상황을 잘 아는 전 고베대학 학생에 의하면 이 아르바이트는 현금 800엔이 지급된 데다가 보리밥이 네끼 딸려 있었다. 그밖에 조선반도에서 전사한 미군사체를 포르말린으로 씻어 조국으로 보내는 일은 하룻밤에 2400엔을 받았다.

신기수를 비롯한 학생운동의 최전선에 있던 학생들에게 미국병사의 유체를 처리하는 아르바이트는 금기시 되어 있었지만, 조선전쟁의 병참기지가 되었던 고베항은 특수경기로 흥청거리고 이웃나라의 불행이 그대로 일본 전후 부흥의 디딤돌이 되었다.

그렇다고 해도 당시 학생들은 모두가 가난해서 기숙사 생활을 하는 학생이 많았다.

신기수와 같은 시기에 신제 고베대학에 입학한 하시구치 다다오橋口忠男는 한큐 이마즈센今津線의 고바야시역小林駅 부근의 학생기숙사에 살았는데 다다미 12장(20m²) 넓이의 방에서 남자 셋이 생활했다.

"아무튼 쌀밥은 먹을 수 없었습니다. 아침부터 저녁까지 감자뿐이어서 항상 배가 고팠습니다. 그런 때 신기수가 근처 조선부락에서 양동이에 막걸리를 담아 가져왔습니다. 그 맛은 시큼했지만 엄청 맛있었습니다. 학생시절 신기수와 제일 술을 잘 마시러 다니던 사이인데, 그는 아무리 취해도 책을 읽고 공부하던 모습을 기억하고 있습니다."

문학부 교수 고마쓰 세쓰로의 처우를 둘러싼 공개심리는 9월 이후 중단된 채로 레드퍼지 반대투쟁은 결국 패배로 끝나가고 있었다.

5. 미래를 내다본 행동

그리고 신기수는 1950년에 러시아 10월 혁명일과 같은 날 밤, 고베대학 선배 2명과 함께 일본공산당에 입당했다.

공산당이야말로 전전의 천황제 지배에 의한 파시즘의 역사와 싸워온 유일한 정당이며, 일본사회를 변혁시키기 위해서는 불가결한 존재라고 생각했기 때문이다.

아울러 전전·전후 재일조선인의 지원을 받으며 당세를 유지하고 확대해 왔음에도 불구하고, 이를 고려하지 않는 행태에 위화감을 느끼고, 자기 나름대로 공산당을 바꾸는 데 힘이 되고 싶다는 기분도 있었던 것 같다.

1945년 말, 일본공산당의 당원 약 1500명 중 3분의 1은 재일조선인이었다.

드디어 치안유지법이 철폐된 이 해 10월 10일, 각지의 형무소에서 사상범 취급을 받으면서도 비전향 입장을 관철한 공산당 간부가 출옥했을 때, 마중 나온 사람은 조선인 활동가들뿐이었다.

가랑비가 내리는 쌀쌀한 도쿄의 후츄府中형무소에서 도쿠다 규이치德田球一, 시가 요시오志賀義雄, 김천해金天海[30] 등이 석방되던 때의 모습을 작가인 나카니시 이노스케中西伊之助[31]는 그 다음해 1946년 7월 발행한 〈민주조선〉 4호에 다음과 같이 썼다.

> 작년 10월 10일. 도쿠다, 시가, 김천해 등의 제군이 일본 유사 이래 처음으로 역사적인 '천황제 타도, 인민 공화정부 수립'이라는 슬로건을 내걸고 후츄 감옥에서 출옥했을 때, 여러 대의 트럭에 붉은 깃발을 휘날리며 마중나간 수백 명은 거의가 조선인 연맹의 제군들이었다. 그 중에 섞여 있던 일본인은 불과 20~30명에 지나지 않아 쓸쓸했다. 동지의 출옥 사실을 제대로 연락받지 못했을 수도 있었겠지만, 신문에서는 2, 3일 전부터 센세이셔널하게 보도하고 있었으므로 모르지는 않았을 것이다. 따라서 그 안에 있었던 일본인으로서, 조선인 제군에게 부끄럽고 떳떳하지 못한 생각이 들었던 것은 나뿐만이 아니었을 것이다.

북쪽 삿포로札幌부터 아키타秋田, 센다이仙台, 오사카, 큐슈의 각 형무소에서도 같은 광경을 볼 수 있었는데 마중 나온 사람은 거의가 조선인으로 그들을 음식점으로 안내하여 오랫동안의 노고를 위로했다.

---

30) 일본 공산당에서 활동했던 정치가로, 본명은 김학의(金鶴儀)이다(1898~?). 1925년 사회주의 단체인 일월회를 결성했으며, 1928년 중앙집행위원장이 되었다. 1931년 10월 코민테른의 지시로 조선공산당 일본총국이 일본공산당에 흡수됨에 따라 4년 만에 출감 후 일본공산당에서 활동했다. 1949년 9월 일본공산당에서 축출되어 북한으로 갔다.

31) 작가, 노동운동가, 정치가(1887~1958).

"언제부턴가 재일조선인이라고 하면 비참하게 수난을 당한 조선인 상이 만들어졌지만, 역사를 되돌아보면 그렇지만은 않다. 조선인은 전전에도 가난한 생활 속에서 차별의 벽을 깨부수며 일본의 민주 세력과 연대하여 반제국주의, 반전反戰, 생활권보호 투쟁을 계속해왔다."

신기수가 언제나 입에 담는 말이지만, 재일조선인 노동자는 관동대지진에 의한 조선인 사냥으로 괴멸적인 타격을 받았음에도 불구하고, 그 후 메이데이(5월 1일 노동절)에도 적극적으로 참가하고 기시와다岸和田 방적의 여공쟁의나 아리마 전철有馬電鐵 공사현장의 1200명 총파업 등 각지에서 투쟁을 전개했다.

일본인 노동자의 투쟁이 전혀 없었던 전쟁 말기의 시점에서도 조선인 노동자의 투쟁이 계속되자 특고特高(특별고등경찰)가 신경질적이 된 것을 다음 자료 등에서 엿볼 수 있다.

> 일부 사상분자 중에는 아직도 조선독립의 악몽에서 깨어나지 못하고 여전히 불온책동을 계속하여 치안유지법 위반으로 검거된 자가 작년에도 192명에 달한다. (1944년 '치안상황')

이러한 시대에 일본공산당이 취했던 조선인 노동자의 위치는 천황제를 타파하는 일본 혁명을 실현시키기 위한 '전위적 행동부대'라는 것으로, 민족문제는 계급문제에 종속되었다.

전후에도 독자적인 민족적 과제를 짊어진 재일조선인 운동에는 그다지 관심이 없었던 공산당은 전전의 노선을 그대로 이어받았다.

전전과 전후의 이러한 경위를 잘 알고 있는 시인 겸 소설가인 나카노 시게하루는 만년의 저서 〈구쓰카케 힛키沓掛筆記〉(河出書房新社)에 쓴

'재일조선인과 전국수평사 사람들'[32]에서 다음과 같이 썼다. 나카노는 고베대학에서 대학문화제 등을 할 때 신기수가 강연을 의뢰한 적도 있다.

> "일본 제국주의의 식민지였던 조선과 대만의 해방의 깃발을 단호히……", "일본과 조선의 노동자는 단결하라" 그것은 옳았다. 그리고 당연한 것이었다. 그러나 우리들은 공산주의자를 선두에 내세우고, 일본 '내지(內地)'에서 조선인 노동자들과 어느 정도까지 육친처럼 단결해 왔던 것일까? 오히려 조선인 노동자측이 일본측의 전투적 노동자들과 단결했다고 말할 수 있는 것이 아닐까? (필자 주 〈공산당 50년사〉에)김천해의 이름은 써 있다. 그러나 그 의미는 써있지 않다.

여기서 일본공산당의 전후 역사에 대해 조금 언급하자면, 1947년 당시 당원 수는 약 10만 명으로 1949년 1월의 총선거에서는 일약 35석을 따내 당 사상 최고의 세력이 되었다. 그런데 1년 후, 국제 공산당정보국 '코민포름Cominform'의 기관지(〈항구 평화와 인민민주주의를 위하여〉)에 노사카 산조野坂参三가 주창하던 평화혁명론을 철저하게 비판하는 논문이 게재되었는데, 이를 계기로 공산당 지도부는 1950년 6월 '소감파所感派'와 '국제파國際派'로 분열되었다.

소감파는 도쿠다 규이치德田球一와 노사카 산조 등 지도부 다수파로서 군사노선을 채택한데 대해, 국제파는 미야모토 겐지宮本顕治와 시가 요시오志賀義雄 등 소수파로 형성된 일상투쟁을 중시한 온건파였다.

---

32) 1922년 3월에 결성된 부락 해방운동 단체이다. 약칭은 전수(全水) 또는 수평사(水平社).

소감파가 주도권을 장악한 일본공산당은 1951년 1월, 제4회 전국협의회(4전협四全協)에서 재일조선인을 일본 속의 소수민족이라고 규정했다.

이 때문에 재일조선인 문제는 일본국내에서 안고 있는 문제 중의 하나에 불과하다고 인식되어 일본에서 혁명이 성취되지 않는 한 해결할 수 없는 것이 되었다.

신기수가 재학했던 고베대학은 국제파의 거점으로 민족차별적인 노선을 취한 공산당에 대해 반대 목소리를 냈지만 "조선인이 안고 있는 여러 과제는 일본으로 귀화하면 해결된다는 것이 당시 공산당 지도부의 인식이었다"고 신기수는 말했다.

신기수는 고베대학 대표로서 전학련 전국대회 등에 참가했는데, 도쿄대학 출신으로 1948년에 전학련이 결성된 후 줄곧 위원장을 맡아온 다케이 데루오武井昭夫의 회상.

"그는 달변이고 머리가 좋았습니다. 도쿄에서 열린 도도부현都道府県 대표자회의 때는 물론 우리가 간사이로 갈 때도 종종 만났는데, 사람들을 북적거리도록 많이 모아놓고 그 선두에 서는 남자로, 수재답지 않은 수재라는 느낌을 받았습니다."

당시 전학련의 지방 멤버로는 구제 제4고등학교(가나자와金沢) 출신으로 나중에 경제학자로 대성하는 미야모토 겐이치宮本憲一와 구제 제5고등학교(구마모토熊本) 출신인 역사학자 오에 시노부大江志乃夫 등 쟁쟁한 인물들이 참여했는데, 리더로서의 신기수의 자질도 그들 못지 않았다.

그런 전학련도 위원장인 다케이가 이끄는 국제파보다 무력투쟁도 불사하는 소감과 세력이 강해져서 1952년 6월 26일부터 3일간 교토에서 열린 제5회 전학련 대회에서 다케이는 신기수 등 타 대학 26명과 함께 '반혁명·분열주의자'라는 일방적인 레테르가 붙여져, 국민전선으로부터 추방결의 처분을 받게 된다.

신기수의 학생시절 교우범위는 넓었다. 전학련 중앙집행위원으로는 전후 퇴학처분 제1호가 된 도쿄대생 안도 진베安東仁兵衛나 전쟁 중 병역을 거부했던 조토常東 농민조합 지도자인 야마구치 다케히데山口武秀 등과도 교류가 있었다.

부친인 신종세는 그런 아들을 보고 "일본 정치나 농민운동 따위에 몰두하지 말고 조선인을 위한 민족운동을 제대로 하라"고 꾸짖었다.

신기수가 고베대학에 들어와서 정말 좋았다고 느낀 것은 앞에서도 언급한 철학자 고마쓰 세쓰로를 옹호하기 위한 반 레드퍼지 투쟁 때 만났던 고바야시 요시모토의 세미나에서 배울 수 있었기 때문이었다.

신기수는 1953년에 고베대학을 졸업했는데 불황의 바닥에서 취직할 곳을 찾지 못하자, 대학원 시험을 보고 고바야시의 연구실로 들어갔다.

그런데 세미나에서는 야마다 모리타로山田盛太郎의 〈일본자본주의 분석〉과 가와카미 하지메河上肇의 〈경제학 대강〉을 돌려가며 읽었는데, 한자 투성이로 된 야마다 저서의 난해한 내용에 놀랐다.

같은 세미나에서 공부하던 학생 중에는 경영을 배우는 학부인데 어째서 마르크스주의만 하느냐고 불평하는 자도 있었지만 대학원에서 독일어판을 사용해 마르크스의 〈자본론〉을 강의하는 고바야시의 자세는 변하지 않았다.

"학생운동이 패배로 끝나 우리들도 무엇을 해야 좋을지 알 수 없었습니다. 그런 때 고바야시 선생은 학생들에게 마르크스주의를 차분히 공부하도록 함으로써 혼미하고 분열된 운동의 궤도를 사회과학이론의 궤도로 돌리려고 노력했다고 생각합니다."

신기수는 고바야시와 고베 산노미야三宮에 있는 술집에 같이 가거나 한큐 미카게역의 고급 주택가 한 구석에 있는 그의 집을 자주 드나들었다.

고바야시는 어두운 골짜기 속인 전시 중에 교토대학 은사인 가와카미 하지메에게 배운 강의노트를 보여주거나 신문배달을 했던 조선인 고학생을 하숙시켜준 목사 아버지에 관한 이야기 등을 들려주었다.

그렇다고 고바야시가 고지식하고 엄격한 성격은 아니었다. 독일에서 3년간 유학한 경험도 있었던 만큼 맥주를 아주 좋아하고 술자리에서 도조스쿠이泥鰌掬い(미꾸라지를 잡는 것을 흉내내는 춤 - 역주)도 잘 추는 다재다능한 사람이며 일본 학술회의에서는 '가걸歌傑'이라고 명성을 떨칠 정도로 성악가의 일면도 있었다.

신기수 등은 모금활동을 통해 100엔짜리 지폐 몇 장씩 자금을 모아 다음날 삐라 제작경비나 점심 값에 충당하기도 했다.

고바야시가 고베대학 학장을 하던 시절에 재일조선인에 대한 인권침해가 정점에 달했다. 일본 정부의 적시정책敵視政策 아래 민족학교는 인가되지 않았으며 생도들은 정기통학권조차 살 수 없었다. 그럴 때 고바야시는 학장업무에 바쁘면서도 외국인학교가 인가될 수 있도록 동분서주했다.

재일동포 고베대학 OB가 설립한 오사카 법과경제대학이 탄생한 배경에도 문부성에 여러 차례 진정을 계속했던 고바야시의 제자에 대한 평범하지 않은 애정이 있었다.

　고바야시는 모두가 애통해 하는 가운데 1977년 1월, 위암으로 74세에 돌아올 수 없는 사람이 되었다.

　학장 재임이 길었고 잡무에 쫓기는 날이 많았던 만큼, 그간의 활자 기아飢餓 증상을 메우려는 듯 투병생활 중에도 아주 열심히 공부를 했다.

　신기수에게 고베대학 시절의 추억을 물어보면 은사 고바야시에 관한 이야기를 많이 했다. "문상을 갔을 때 선생님 댁의 부엌 마루가 빠질 듯 삐걱거리는 것을 보고 일생 동안 청빈한 삶을 사셨다는 느낌을 받았다. 조선과 일본을 잇는 현해탄의 가교架橋이자, 진정한 국제인이란 고바야시 선생 같은 분을 말하는 것이라고 곰곰히 생각했다"고 말했다.

　그러한 신기수의 존재는 고베대학 후배들에게는 어떻게 비추어졌을까?

　신기수보다 4살 어리고 1956년 고베대학에서 교양부 자치회위원장을 역임한 일본노동조합총연합회의 효고현 연합회連合兵庫 전 회장 이시이 료이치石井亮一는 "선배들 대부분은 당시 폭력혁명을 지향하는 공산당의 잘못을 반복해서는 안 되며, 고베대학 학생운동의 전통을 지켜야 한다고 말로만 설교할 뿐이었다. 그러나 신기수 선배는 꼭 기부금을 주었다. 우동이 한 그릇에 10엔인가 20엔 하던 시절에 500엔에서 1000엔을 두고 간 일도 있다"고 회상했다.

그러나 이시이가 신기수에게 심취했던 것은 그러한 후배에 대한 배려는 물론이거니와 미래를 내다보고 행동하는 신기수의 사고방식 때문이었다고 한다.

"좌익적인 학생은 북조선이 옳다고 하고, 한국은 미국의 괴뢰여서 틀렸다는 풍조가 있는데, 나는 한국도 북한도 지지하지 않는 제3의 길을 선택한다. 조선민족통일의 입장이다. 조선민족의 우수한 문화를 발굴하여 일본인에게도 국제적으로도 평가받을 수 있는 것을 제시하고 싶다."

신기수가 이시이에게 한 말이지만 이러한 발상이 훗날 영화 〈에도시대의 조선통신사〉 제작과 청구문화홀 개설로 이어진다.

이시이는 신기수와 오랫동안 교제해온 이유에 대해 신기수가 사망한 후 다음과 같이 말하며 눈시울을 붉힌 적이 있다.

"일본은 과거에 조선을 식민지 지배하며 정말 심한 짓을 했다고 생각한다. 신기수도 여러가지 차별을 받았을 것이다. 하지만 일본과 조선을 둘러싼 격렬한 논쟁이 벌어져도 일본인인 나를 책망하거나 원망하는 말을 한 번도 한 적이 없었다. 마음이 넓은 사람이었다."

이런 점에서 신기수를 '마음을 허락할 수 있는 친구'라고 말하는 교토대학 명예교수인 우에다 마사아키上田正昭도 다음과 같이 말했다.

"그러고보니 신기수로부터 자신이 민족차별을 받았다는 이야기는 들은 적이 없다. 그러나 그의 작품에서 항상 민중의 시점을 내세울 수 있는 것은 그러한 아픔을 잘 알고 있기 때문이라고 생각한다. '재일동포로 살아간다'는 것은 누구나 할 수 있는 일이지만 신기수처럼 '재일동포를 살아간다'가 되면 상당한 노력과 신념이 없으면 안 된다고 생각하기 때문이다."

6. 코스모폴리탄(국제인) 일가

"나는 이 사람과 결혼할 때, 대학원에서 공부하는 경영학 박사라고 들어서 생활은 평생 보장받겠구나 했는데 착각이었어요."

해맑은 웃음을 띠면서 당시를 회상하는 분은 신기수와 함께 조선통신사 사료발굴을 계속 해온 부인 강학자姜鶴子 여사다.

"그런데 책장을 보니 경제에 관한 책도 있었지만 영화책이 잔뜩 꽂혀 있었어요. 매일 밤 아파트에는 이런저런 사람들이 잠자러 와서는 술자리가 반복되고 집에는 반찬을 살 돈조차 남아 있지 않았어요. 자극도 있고 즐거운 날들이었지만 정말 화나는 일도 많았어요."

두 사람이 그러한 신혼생활을 시작한 것은 1958년 1월이었다.

전후 부흥도 상당히 진행되고 프로야구에서 나가시마 시게오長嶋茂雄가 자이언트 프로야구단으로 데뷔했는데 고쿠테쓰 스왈로즈전国鉄 Swallows戰(1958年 5月 27日)에서 재일조선인 투수 가네다 마사이치金田正一에게 4타석 연속 삼진을 당해 큰 화제가 된 것도 이 무렵이었다.

"어떤 사람과 좋은 인연으로 함께 하게 되었습니다"라고 겸연쩍어 하는 신기수였지만 강학자 여사는 오사카부 남부에 있는 이즈미시和泉市에서 토목건축업 '나카노구미中野組'를 경영하던 재일조선인의 유복한 가정에서 성장했다.

부친 강명조姜明祚는 전전에 조선인 노동자를 고용해 국철 한와센阪

和線 건설의 말기공사를 맡기도 하고, 센보쿠泉北 지방(사카이시를 포함한 지역)에 관개용수를 보내는 고묘이케光明池 연못을 완성시키기도 했다. 한편으로 센보쿠泉北 광명회를 결성하여 지역의 일본인 사회와의 융화에도 노력한 인물이었다.

"나는 나비네, 꽃이네 하며 부모님께서 귀하게 키우셨어요. 학원에서 집으로 돌아오면 공부를 하도록 관리를 받고 있었는데 그때 남편이 '가정교사를 해드리겠습니다'라며 접근해 왔어요. 아버지 직원 중에는 일본인도 많이 일하고 있어서 이 사람과 결혼할 때까지 재일동포의 고생은 거의 몰랐어요"라고 강학자는 말한다.

그녀는 전후에 남녀공학이 된 오사카부립 이즈미오쓰泉大津 고등학교에 다녔다. 한 학년 위에 여배우인 야마모토 후지코山本富士子가 있었으나, 이목구비가 뚜렷한 강학자도 남학생들에게 눈길을 끌었던 것 같다.

다도, 꽃꽂이, 춤, 거문고 등 배우는 것은 뭐든 잘했다. 기무라 마스코木村益子 복식 디자인스쿨을 졸업한 후 한큐 백화점과 다이마루 백화점에서 디자이너 일을 하기도 했다.

대학원까지 진학한 신기수를 강학자 여사의 부모는 매우 마음에 들어 했는데, 훗날 신기수가 조선통신사 사료 발굴 등의 일을 시작하자 물심양면으로 지원해주었다.

그런 두 사람의 결혼 피로연은 1958년 1월 11일 오사카 우에로쿠上六에 있는 교직원 조합시설 나니와소浪速荘에서 고베대학 은사인 고바야시 요시모토 부부의 주례로 열렸다.

1인 300엔의 회비제로 하여 200명 가까이 참석했는데, 강학자 여사는 "손님은 이쪽에서 모시는 게 도리인데 돈을 받는 건 실례라며 아버지에게 꾸중을 들었어요. 피로연에서는 희극 극단인 요시모토 신키게키吉本新喜劇[33]도 무색할만큼 여기저기서 폭소가 터져 나와 마치 동창회 같은 느낌이었어요"라고 말했다.

그리고 미나미南의 '이로하'라는 요정과 우메다梅田의 막걸리 집에서 2차, 3차 모임을 가진 후 모두에게서 후원금을 받아 국철 우메다역에서 밤 11시 30분발 기차를 타고 야마구치로 신혼여행을 떠났다.

"야간열차 3등석은 의자가 딱딱하고 초라한 느낌이었어요. 오고리小郡에서 환승해서 아침에 야마구치山口에 도착했을 때는 눈이 30cm 정도 쌓여 있었고 추워서 정말 혼났어요. 서둘러 장화를 샀지만 '나, 돌아가고 싶어 하는' 마음뿐이었지요. 지금이라면 나리타 이혼成田離婚[34]감이에요."

강학자는 반세기 전을 되돌아보며 쓴웃음을 지어보였지만, 두 사람은 유다온천湯田温泉의 여관에서 1박한 후에 신기수의 친구이자 야마구치대학 경제학부에 부임해있던 고지마 마사미小島正巳의 기숙사로 들어가 숙박했다.

오지마는 고베대학과 대학원 시절에 같은 경영학부에서 공부한 사이로 중국노동문제를 전공했는데 야마구치대학 교수를 지낸 후 역시 고베대학 선배인 다이에The Daiei, Inc[35]의 나카우치 이사오中内功가 설립

---

33) 요시모토 크리에이티브 에이전시(吉本creative agency). 2007년 9월까지는 요시모토 흥업에 소속된 극단의 명칭.

34) 갓 결혼한 부부가 신혼여행 후 귀국길에 나리타(成田)공항에서 이혼을 한다는 1990년 경부터의 유행어.

35) 간토(関東)와 긴키(近畿)지방의 슈퍼마켓 체인점. 버블붕괴로 1990년대부터 경영부진에 빠져 공개 매각되면서 이온그룹의 자회사가 됐다.

한 유통과학대학에서도 교편을 잡았다.

첫날 저녁에는 두 사람이 선물 대신으로 가져 간 소고기와 두부로 스키야키 파티를 열어 기숙사 사람들도 초대했더니, 다음날 저녁은 "이번엔 우리가"하면서 배추와 닭고기 요리로 대접해 주었다.

이틀 밤을 신세졌는데 "다도와 같이 교양을 익히는 것 밖에 몰랐던 나에게 신랑의 친구들과 떠들썩하게 보내는 시간은 모든 게 새로웠어요"라고 강학자 여사는 말한다.

그 후 두 사람은 동해東海를 돌아 시마네島根의 유노쓰温泉津 온천 등에 들린 후 오사카로 돌아왔다.

신방은 오사카시 히가시 요도가와구東淀川区 쓰카모토塚本에 있는 다다미 6장(10m²)과 3장(5m²)의 간소한 아파트로 정했는데 신기수의 지시로 외상이 통하는 술집 옆에다 구했다.

"'술도 없고 돈도 없는데 신기수 집에나 가자'며 모두들 찾아오는 거에요. 한 주의 절반은 항상 누군가 와서 자고 갔어요. 밤늦게 술을 받아오라고 해서 나갔는데 그 시간에도 술을 파는 가게가 있다는 걸 알고 무척 놀랐어요."

고베대학 자치회 후배들이 오사카에서 데모나 집회를 마친 후에 막차를 놓쳤다는 구실로 아파트에 찾아와서 아침까지 큰소리로 떠들어댔다.

매실과 인삼, 솔잎 등을 소주에 담아 과실주를 담가 놓아도 숙성되기도 전에 모두가 빨대로 빨아 먹어치우는 바람에 만드는 재미도 뭐도 없었다.

이 무렵 신기수가 고베대학 도서관에서 발견한 조선사 전문가인 마쓰다 고松田甲가 쓴 책을 넘기면서 "조선통신사라는 것을 처음 알았다. 학교에서 배운 적이 없는 역사가 있었다"고 말하는 것을 강학자 여사는 기억하고 있다.

마쓰다 고의 〈일선사화(日鮮史話)〉(1926년)에 나오는 도쿠가와 시대의 조선통신사.

신기수는 고베대학 대학원 재학 중 모든 과목을 이수했지만, 수업료 미납으로 최종적으로는 중퇴 처리가 되었다.

강학자와 결혼하고 나서 장인어른의 일을 도우며 생계를 꾸려나갔는데 신기수가 간사이 노동조합 영화협의회에서 자체영화감상회 운동도 했기 때문에, 부인이 바느질하는 여성 2명을 고용해 운영하는 디자인 관계 일이 신기수 일가의 수입에 큰 비중을 차지하고 있었다.

이런 가운데 1960년 11월에 장녀 미사美沙가 태어났다.

일가의 생활도 궤도에 올라, 오사카부 사카이시 기타노다北野田의 작은 단독 분양주택으로 이사하게 되었는데, 미사는 어릴 때부터 독서를 좋아하고 공부도 꽤 잘하는 소녀였다.

부모의 권유도 있어 음악의 길을 선택해 도쿄 구니타치國立음악대학에서 피아노를 전공했는데, 미사의 그 후 인생은 음악에서 더 넓어져 미술 세계로까지 나아가 국내외에서 예술가가 모이는 오카야마현 우시마도 국제예술제에 스태프로 참가하기도 했다. 그런 도중에 한국 연세대학교 한국어학당에서 한국어 공부를 한 경험도 있다.

1990년 미국으로 가 뉴욕대 대학원에서 예술경영(Art Administration)을 공부했으며 졸업 후에는 뉴욕 화랑과 아트전문 매니지먼트 회사에서 일하는 등 9년간 체류한 후 일본으로 돌아왔다.

귀국 후에는 도쿄예술대학 첨단예술표현과에 비상근 강사로 영입되었다. "예술이 가진 힘과 정신성을 어떻게 사회로 발신하고 공유할 것인가"를 테마로 하여 학생들과 이바라키현茨城県 도리데시取手市의 사용하지 않는 민가 등을 활용해 참신한 아트 전을 열었다. 한편으로 국내외 아티스트를 초빙해 일정기간 머물도록 해서 창작활동을 하는 이바라키현 주최의 아티스트 인 레지던스 프로그램(Artist in residence program)을 운영했으며, 그 후 도쿄 도심에 있는 미술관에서 매니저로 일하기도 했다.

미사는 해외를 자유자재로 드나드는 자신에 대해 "아버지의 자유롭게 사물을 보는 눈이라든가 조직에 속하지 않는 삶의 방식이 부지불식간에 나에게 영향을 준지도 모른다"라고 말했다.

미사의 여동생 이화는 1964년 7월에 태어났다. 4살 때부터 피아노를

중학교 1학년생인 손자 겐(源)을 사이에 둔 신기수, 강학자 부부 (2000년 여름, 고베 시내에서).

배우면서도 "아버지의 권유로 유도를 해서 남자 아이로 착각했다"고
할 정도로 발랄한 소녀시절을 보냈다.

아침에 일어나면 집에 숙박한 손님들이 많았는데 "손님 콧속에 화장
지로 만든 끈을 살짝 집어넣어 일어나도록 하는 것이 즐거움이었어요.
장난을 아주 좋아했거든요"라며 웃는다.

그 당시 신기수는 지인과 만든 토목건축회사가 성공해 사카이시 니
시노西野에 단독주택을 짓고 기타노다에서 이사했다.

이화는 1982년 여름에 미사와 함께 처음으로 한국을 방문했다. 그
때까지 신기수는 조선국적을 갖고 있어서 가족도 자유롭게 해외여행
을 할 수 없었으나 한국국적을 취득하여 두 딸의 해외유학에 레일을
깔아주었다.

"서울에는 계엄령이 풀린 직후였는데, 야간군사훈련이 있었어요. 창에서 빛이 조금 새어나가자 군복을 입은 아저씨들이 강한 라이트를 비추며 고함을 쳐댔어요. 긴장했지만 아시아는 정말 넓다는 걸 느꼈어요.

아버지의 고향인 경상남도 진동리鎭東里는 흙담이 끝없이 이어지는 시골이었는데 어르신들이 밭에 쭈그리고 앉아서 자신의 밭에서 재배한 토마토나 오이를 팔아 느긋하게 살아가는 곳이었어요. 아버지가 태어난 곳은 헛간으로 바뀌었는데 아버지는 당신 대신 딸들이 고향을 찾아준 것을 매우 기뻐하셨어요."

이화는 신기수의 사촌에 해당하는 숙부로부터 한국을 안내받은 소감을 이렇게 말했다. 그 후 관심은 해외로까지 더욱 넓어져 1986년에 런던대학에 입학하여 언어학을 배우고, 졸업 후에는 런던을 중심으로 일본과 영국의 텔레비전 방송프로그램 제작에 관한 조사업무에 종사했다.

신기수의 친구이기도 한 NHK 프로듀서 나카타 세이이치中田整一가 1993년에 기획한 프로그램, NHK스페셜 '태평양전쟁'의 제작에도 참여하여 영국 측 정보를 조사하던 중에 임팔Imphal작전[36]의 존재를 알게 되었는데, "영국에서는 제2차 세계대전의 영광스러운 무대는 유럽이라고 말하지만, 완전히 잊고 있었던 아시아에서의 전투에 관심을 갖게 되었다"고 했다.

같은 시기에 영국 BBC로부터도 다큐멘터리 '버마 잊혀진 전쟁Burma,

---

36) 제2차 세계대전 말기 인도의 임팔에서 진격하려던 일본군과 영국·인도연합군 간의 전투.

forgotten war' 제작을 위해 일본 측 병사의 증언을 수집해줄 것을 의뢰받았다.

"'임팔'이라는 같은 테마를 통해 전후 수십 년을 지나서도 존재하는 영일英日 쌍방의 견해 차이를 알게 되었고, 또 국가의 경계를 뛰어넘어 같은 슬픔을 공유하는 사람들과도 만날 수 있었어요. 2개의 프로그램을 통해서 일본과 영국의 골은 조금이나마 메워졌을까요."

이화는 취재를 진행하는 과정에서 일본과 한반도의 관계에 대해서도 같은 생각을 거듭했다고 한다.

두 딸이 세계를 무대로 일을 시작한데 대해 강학자는 이렇게 말한다.

"남편은 술을 좋아해서 많은 친구를 데려와서 아침까지 여러 사회문제에 대한 논의를 끝없이 이어갔어요. 너무도 다양한 손님이 묵었다 갔기에 딸이 '우리 아버지, 진짜 뭐하는 사람이예요'라고 농담할 정도였어요.

그렇게 술에 취한 사람들의 자초지종을 오랜 세월 지켜보면서 두 딸은 내셔널의 틀을 뛰어넘어 인터내셔널한 사람이 되면 좋겠다고 생각하게 됐어요. 오해를 무릅쓰고 말하자면 아이들은 차별을 반대한다는 등의 사회운동만으로 인생을 마치게 하고 싶지 않았어요."

강학자는 예전에 유명한 디자이너 기무라 마스코木村益子(오사카에서 복식연구소 운영) 밑에서 공부하던 때에 "네 작품은 바느질이 꼼꼼해서 세탁해도 디자인이 흐트러지지 않는구나"라는 칭찬을 들으며 프랑스로 패션유학 권유도 받았다고 한다.

부모가 빨리 결혼하라고 해서 자신의 꿈은 이룰 수 없었던 만큼, 미사와 이화에게는 언젠가 해외로 나가 비약하기를 바라는 마음을 갖게 되었다.

그래서 두 딸은 한국·조선의 민족학교에 입학시키기보다는 보통의 일본학교에 다니게 하여 세계에서도 통하는 미술과 음악을 접촉할 수 있도록 했다.

그러나 강학자 여사의 이러한 생각은 신기수의 오랜 지인이나 재일교포들과의 사이에서 간혹 마찰을 일으킬 때도 있었다.

"남편 신기수는 나에게는 태양 같은 존재예요. 주변에 모이는 많은 사람들에게 빛을 비추어 행복하게 해 주는 만큼, 내가 맡아야 하는 역할도 있었지요. 남편은 집에 돌아와서 느긋하게 차 한 잔 마시는 것을 즐겼고 방에 장식해둔 꽃꽂이를 보면서 마음의 여유를 찾았어요. 조선통신사 사료를 함께 찾고 있을 때에는 모든 사람들에게 연락하는 일을 내가 맡고 있었는데 이렇게 혼자 먼저 떠나가버리니 뻥 뚫린 마음의 구멍은 메울 길이 없어요. '내 일을 빼앗지 마세요'라고 말하고 싶은 심정입니다."

강학자는 남편이 남겨 놓은 일을 정리하고 있던 날들을 이렇게 말했는데 신기수와 그 가족의 이미지는 주위에 어떻게 비쳐졌을까?

신기수와 40년간 교제해온 교사 출신 이치카와 마사아키市川正昭의 회상.

"예전에 학원분쟁사태 때 쇠파이프가 유행하던 시대가 있었는데 신기수는 어떤 일에도 용감하게 주먹을 휘두르며 자신을 주장하는 행태는 싫어했습니다. 감정적인 행동으로 흐르지 않고 하나하나의 사실을 쌓아가면서 권력구조를 겨눴습니다. 재일동포 중에서도 고루하다고 할까, 좀 이질적인 존재로 보였습니다."

신기수 일가에 대해 "이런 재일동포 가족은 본 적이 없다"고 말하는 사람은 교도통신 외신부 편집위원인 반도 히로유키阪堂博之로 "신기수의 장례식에 참석해서 느낀 점은, 보통 재일동포의 고별식은 모두 하얀 치마저고리를 입고 참석하여 최대한 감정을 표출하며 고인을 배웅하는데, 신기수의 경우는 일본인처럼 담담하게 진행된 것이 인상적이었다"고 회상했다.

오사카에서 재일코리언이라고 하면, 이카이노를 중심으로 한 지식인이라든가 숯불고기 집, 큰돈을 버는 파칭코점주 등 몇 가지 전형이 있는데, 신기수의 딸들은 "우리 일가를 재일동포라는 틀 속에서 본다면 좀처럼 이해할 수 없을 거라고 생각한다"고 말한다.

인간적인 연대를 찾아서

JR오사카 간죠센 철길 아래 있었던 청구문화홀. 왼쪽부터 이노우에 마사카즈(井上正一), 신기수, 문공휘, 그리고 필자(2001년 9월, 촬영 박종우(朴鍾祐)).

1. 철교 아래에 있는 문화의 전당

덜거덕 덜거덕, 덜컹, 덜컹……. 머리 위로 전차가 지나가는 소리를 들으며 요람에서 쉬는 기분으로 일본과 조선의 다양한 문화를 흡수할 수 있다.

이러한 청구문화홀이 국철(현 JR) 오사카 간죠센 데라다쵸寺田町 역에서 가까운 철교 아래에 개관한 날은 1984년 5월 26일이었다.

괴인 100면상怪人100面相이라고 주장하는 범죄조직이 초콜릿 등 과자에 독을 넣겠다며 식품기업을 차례로 협박한 구리코 모리나가グリコ森永 사건.[1] 간사이 지역의 대중매체가 이 '극장범죄劇場犯罪'[2]를 매일 대대적으로 보도하던 때에 신문 사회면의 자그마한 지면에 한국 조선관계 문화센터 탄생 소식이 전해졌다.

"오사카에는 20만 명에 가까운 한국·조선인이 살고 있지만, 2세나 3세 중 태반은 일본에서의 생활 밖에 모르고 문화적으로도 일본에 매몰돼가고 있습니다. 민족의 마음, 재일동포의 주체성을 기르기 위해서는 역사와 문화를 배울 수밖에 없다고 생각합니다. 이곳은 조선을

---

1) 1984년과 85년에, 오사카와 고베를 무대로 식품회사를 협박한 사건. 괴인 21면상 사건이라고도 부른다.
2) 범행성명 등을 발표하는 등 주목을 받을 목적으로 벌이는 범죄.

남북으로 가르는 38선은 없으므로 동포 여러분들이 편안한 마음으로 방문해주셨으면 합니다. 동시에 일본인에게는 조선을 제대로 알도록 해서 왜곡되기 쉬운 한국·조선인관을 바로 잡을 수 있으면 좋겠습니다. 그래서 양자 간의 마음에 깊은 골을 조금이나마 메워갈 수 있었으면 하고 바라는 바입니다."

신기수가 조선통신사의 사료발굴과 동시에 착수한 것이 이 청구문화홀 운영으로, 당시 개설 목적을 위와 같이 말했다.

'청구靑丘'란 기원전 7세기 고대 조선을 부르던 호칭으로 중국에서 본 동쪽의 성좌星座, 신선의 파라다이스라는 의미를 갖는다.

"당시 재일한국·조선인 사이의 논쟁은 한국을 지지하는 민단과 북한을 지지하는 조총련 중 어느 쪽을 선택할 것인가 하는 정치논의와 조직논의가 대부분이었습니다. 그러한 기성단체에서 벗어나 자유로운 모임의 장을 만들어 보자고 둘이서 자주 얘기를 나누곤 했습니다"라고 회상하는 사람은 신기수가 형처럼 따르던 역사학자인 강재언姜在彦이다.

"한국과 북한이 대립한다고 해서 NHK의 조선어강좌 '안녕하십니까'와 같이 어느 나라 언어인지도 알 수 없는 강좌명을 붙이는 것은 곤란합니다. 분단민족의 아픔을 극복하는데도 옛 시대의 단어가 좋을 것 같았습니다. 청구는 내가 좋아하는 단어인데 이 이름이라면 무난하지 않겠냐고 아이디어를 냈더니 그것으로 하자고 결정했습니다"

신기수가 오사카 철도관리국에서 빌려 국철 철교 아래 숯불고기 음식점으로 사용하던 2층짜리 점포를 개조해 만든 홀은 전체면적 약 200m². 1층은 미니극장과 음악회, 그리고 집회 등으로 사용하는 작은

신기수와 강재언(오른쪽)
오사카 시립박물관에서 열린 조선통신사전 오프닝 세레모니에서(1994년 6월).

홀로 와이드 스코프wide scope[3] 비디오와 피아노를 배치했다.

2층은 도서실과 가스대를 갖춘 조리실이 있다. 자료실에는 신기수가 영화 〈에도시대의 조선통신사〉와 〈해방의 그날까지〉 등의 제작 과정에서 수집한 방대한 자료를 비롯하여 자신이 촬영하거나 모아 둔 조일관계 필름과 사진, 서적, 미니 정보책자 등 약 5000여 점을 전시했다.

그 컨셉트는 지금까지 거의 기록이 남아 있지 않은 재일조선인에 관한 증거를 체계적으로 모은 공간으로 꾸미고 싶다는 것이었다. 이곳에

---

3) 1921년에 나온 대형화면 방식의 하나. 두 개의 영사기를 이용하여 각기 35mm 영상을 투사함으로써 70mm 화면의 효과를 낼 수 있다.

는 연구자와 학자는 물론 긴키지방近畿地方[4]의 중고등학생이 문화제 등에 발표할 자료를 만들기 위해 방문하는 일도 종종 있었다.

재일동포와 일본인 지인으로부터 영사기를 비롯하여 조선민요를 부르기 위한 가라오케 세트나 조선민화와 재떨이에 이르기까지 다양한 비품들을 기증받았는데, 그럼에도 불구하고 개업자금으로 1000만엔이나 들었다. 그를 위해 생활비까지 전부 쏟아 부어 자금으로 썼다. 월 500엔을 내는 회원 600명의 후원으로 시작했다.

오프닝 파티에는 간사이는 물론 도쿄, 나고야에서 약 150명이 참가했는데 신기수가 존경하던 김달수金達壽[5] 작가는 "오사카야말로 '중앙'"이라며 다음과 같이 축사를 했다.

> 도쿄에도 청구문화회가 있고, 고베에도 청구문고가 있습니다. 이곳저곳 여러 곳에 생겨나고 있는데 여러 활동을 거치면서 장래에는 더욱 고급스러운 것을 만들면 좋겠습니다.
> 재일조선인에게는 미술관 하나 없습니다.
> 동포 중에는 재산을 가진 사람도 상당히 계실 것 같은데 만들지 않습니다.
> 자료관, 박물관 하나쯤 만들려고 하면 만들 수 있습니다. 재일조선인으로 할 수 있는 일은 예를 들면 조선에 없는 그림, 도자기가 많이 있다는 전제 하에 힘을 모아 오사카에 '청구미술관'을 만들었으면 좋겠

---

4) 교토부(京都府), 오사카부(大阪府), 미에현(三重県), 시가현(滋賀県), 효고현(兵庫県), 나라현(奈良県), 와카야마현(和歌山県)의 2부 5현. 때때로 후쿠이현(福井県)과 도쿠시마현(徳島県)을 포함하기도 한다.

5) 일제강점기 피압박 민족의 서러움과 고통을 소설로 그린 대표적인 재일동포 작가 (1919~1997). 한국의 사정을 소개하는 잡지 〈민주조선〉을 창간했고, 언론 활동도 활발히 전개했다.

습니다.

특히 오사카는 재일조선인 입장에서는 말하자면 중앙입니다.
도쿄는 대도시라고 해도 동포는 6, 7만 명입니다. 오사카에서 다양한
운동이 일어나 서서히 통일적인 방향으로 나아갔으면 좋겠습니다.
이 홀도 개인의 힘으로는 한계가 있고 힘이 듭니다. 우리 모두 힘을 합
쳐 문화적인 의미로 확대해 나가기를 바랍니다.

(〈청구문화홀 통신〉 창간호에서 발췌)

21세기에 들어서면서 일본 텔레비전에서 〈겨울연가〉[6] 등 한국 드
라마가 방영되고 번화가의 문화센터에는 조선관계 강좌도 많이 생기
는 등 한국문화는 공전의 성황을 이루고 있다. 그러나 이렇게 일본인
의 눈이 세계로 향하게 된 것은 1988년 서울올림픽을 치르고 난 1990
년 이후의 이야기로 그것도 최근의 일인 것이다.

그보다 훨씬 전인 1984년에 청구문화홀을 개설한 신기수는 〈청구문
화홀 통신〉 제2호(동년 6월 발행)에서 〈풍요로운 문화 창조의 디딤돌로〉라
는 글을 통해 자신의 생각을 다음과 같이 기록하고 있다.

가까운 장래에는 재단법인으로서 대동단결할 수 있는 방향을 모색하
겠습니다. 이웃한 고베에는 재일중국인의 손에 의해 재단법인인 역사
자료관이 설립되어 개인소장의 귀중한 자료들을 제공받고 있고, 또
자료관 유지를 위해 기부하거나 역사자료관 이사理事가 되는 것은 재
일중국인의 명예라고 들었습니다.
또 본국에서 높은 분이 일본에 오면 반드시 들러 과거 역사를 확인한

---

6) KBS에서 2002년 제작 방영한 드라마. 〈가을동화〉(2000년)에 이은 두 번째 작품. 일
본에 한류 열풍을 불러일으킨 기폭제가 된 드라마이기도 하다. 2006년엔 뮤지컬로,
2009년 애니메이션으로도 제작됐다.

다는 이야기를 듣고 있습니다. 5만 명의 재일중국인에 비해 십수 배의 재일한국·조선인이 어째서 미술관, 자료관 하나 만들지 못했는지 한탄스럽습니다. 세대는 바뀌어 우리들도 큰 전환점에 서 있습니다. 지금부터라도 눈을 먼 곳으로만 향하지 말고 재일동포의 발밑을 제대로 보고 우리들의 손으로 좀 더 훌륭한 역사자료관을 만드는 데 노력하기를 염원합니다.

이렇게 시작한 청구문화홀의 활동내용은 실로 다채롭다. 개설부터 2년간 다룬 주요 기획 및 강좌명은 아래와 같다.

- 〈고대 조선과 일본〉 (전 6회)
  오사카 속의 도래문화渡来文化를 해설. 강사 김달수(작가)
- 〈이조 화가 강좌〉 (전 12회)
  조선통신사 일행으로 일본에 온 화가나 조선시대에 활약했던 화가 소개. 강사 요시다 히로시吉田宏志 (야마토문화관 학예부 차장)
- 〈제주도 강좌〉 (전 5회)
  영화를 감상하면서 오사카와 친숙한 제주도의 역사를 되돌아본다. 강사 김석범(작가) 등
- 〈근세 조·일 교류사〉 (전 7회)
  아메노모리 호슈와 조선통신사의 세계 등을 배운다. 강사 로날드 토비Ronald Toby (일리노이대학 조교수) 등
- 〈강항姜沆과 에도 유학儒学〉 (전 2회)
  강사 강재언 (오사카시립대학 강사)
- 〈동아시아 민중영화제〉 (3년간 3회 개최)
  한국 영화 〈바람 불어 좋은 날〉, 〈과부의 춤〉, 필리핀 영화 〈기

뺨의 신비〉, 대만 영화 〈아가의 인형〉, 〈노병의 봄〉 등을 상영.
- 〈한국 요리를 맛보는 모임〉 (전 11회)
  일반 가정에서 만드는 요리를 먹으면서 한국문화를 배운다. 강사
  김정자金靜子 (오사카외국어대학 객원교수)
- 〈한글 강좌〉 (초급 · 중급 · 상급)
  강사 오만吳滿 (모모야마학원대학桃山學院大學 강사)
- 자율야간중학 〈맥두麥豆교실〉
  재일동포 어머니들의 일본어 공부. 강사 이와이 요시코岩井好子

청구문화홀에서는 이 밖에도 일반 영화관이 상영하지 않는 진귀한 영화 상영회나 강연회, 심포지엄, 그리고 조선 민요를 부르거나 장구를 치는 음악 강좌 등 다채로운 기획이 빽빽했다. 매월 〈청구문화〉라는 10페이지 전후의 기관지를 발행하여 강좌 내용을 소개하거나 한일 문제에 정통한 문화인의 기고문 등을 실었다.

그러나 이만큼 다채롭게 짜인 이벤트를 진행하는 JR철교 아래의 건물은, 간판은 크고 멋지지만 낡은 느낌이 들어서 먼 곳에서 찾아온 사람 중에는 근대적인 건물일 것으로 상상하고 "더 멋진 시설일 것이라고 생각했다"며 놀라움을 숨기지 않는 사람도 있었다.

식자학급識字學級(문맹퇴치학급)에 다녔던 어머니들은 홀 주변에 자란 잡초를 뽑기도 하고 도랑청소나 자전거 정리를 하고 나서 수업에 참가하는 것이 관례였다.

홀 1층은 콘크리트만 쳐놓은 상태여서 겨울철 저녁이 되면 난방을 해도 몹시 추웠다. 신기수는 손님들과 함께 가까운 대중 목욕탕에 가

서 몸을 따뜻하게 하고 돌아와 소주를 마시면 기분이 좋아져 활발한 담론의 장이 되기도 했다.

그러나 이렇듯 좋지 않은 시설이었기에 오히려 신기수의 많은 친구와 지인들은 무보수나 다름 없는 대우에도 강사로 달려와 주었다.

'고대 조선과 일본'이라는 연속강좌를 담당했던 작가 김달수는 〈현해탄〉(1954년)[7], 〈태백산맥〉(1969년) 등 굵직한 작품을 썼으며 〈박달朴達의 재판〉(1958년)으로 아쿠타가와상芥川賞 후보가 되기도 했다. 신기수와는 조총련의 재일조선문학예술가동맹(문예동)에 있을 때부터 40년 이상 잘 알고 지내던 사이였다.

전전인 1930년, 열 살 때 일본에 온 김달수는 넝마 줍기나 낫토納豆[8]를 팔며 일본어를 공부하던 중 문학에 눈을 떴다. 전후에 〈민주조선〉에 '후예의 거리'(1949년)를 연재하면서 신일본문학회 회원으로서도 의욕적으로 글을 썼다.

"옳고 그름에 대해 엄격하고, 타협하지 않는 사람이다. 웃을 때도 화낼 때도 큰 몸집을 흔들며 떡 하니 선다. 특히 꾸짖을 때에는 큰 소리로 호통을 치기 때문에 '도나루도 김'[9]이라는 애칭이 붙기도 했다. 그는 조총련이 문학작품에 대해 자유로운 발표를 허용하지 않고 의견이 다른 인물은 수단을 가리지 않고 배척하는 행태에 항의하며 조직을 떠났다"고 신기수는 말했다.

---

7) 일제강점기 조선인의 험난한 삶을 그린 장편소설.
8) 발효한 콩에다 간을 한 것. 일본식 청국장.
9) '호통을 친다'의 일본어 '도나루(怒鳴る)'와 영어 '도널드'가 비슷한데서 따온 별명.

김달수는 1975년 재일역사가 강재언과 이진희李進熙[10]등과 함께 〈계간 삼천리〉[11]를 창간하여 재일조선인과 조선에 관심을 가진 일본인의 작품을 발표할 수 있는 장을 만들었는데, 여기에 모인 사람은 조총련을 떠난 재일동포 지식인들이 많았다.

〈삼천리〉는 한국 통일을 위해 한국과 북한이 낸 공동성명(1972년)을 계기로 문화인도 할 수 있는 것은 하자며 구체적인 액션을 취한 잡지다. 작가 시바 료타로司馬遼太郎[12] 등도 집필하는 등 1987년 제50호까지 발행했다.

13년 동안 발행하면서 한일 양국의 복잡한 실타래를 풀고 상호 이해를 깊게 하는 역할도 컸는데, 편집발행인인 이철李哲은 "조국통일의 마음을 담은 재일동포 1세의 기부도 많아 상업광고는 일체 받지 않았다. 그때까지 북한을 예찬하는 기관지 외에 시민을 위한 출판물은 없었기 때문에 일본 역사학회로부터도 긍정적인 평가를 받았다"고 말했다.

신기수도 이 잡지의 집필 멤버로 참여하여 열도에 사는 동포를 방문하는 카메라 르포 연재를 오랫동안 담당했다. 민속학자인 미야모토 쓰네이치宮本常一[13]의 여행기를 좋아했다는 신기수는 외딴 섬이나 산촌마

---

10) 부산 출신의 재일 한국인 사학자(1929~2012).

11) 한국과 재일조선인에 관해 일본어로 펴낸 잡지. 1975년 2월부터 1987년 5월까지 50회 발행.

12) 1960년 〈올빼미의 성〉으로 나오키상 수상, 1966년 장편소설 〈료마(龍馬)가 간다〉로 기쿠치칸상을 수상하며 역사소설의 황금기를 열어 국민작가가 되었다(1923~1996). 1988년 〈시바료타로 전집〉 50권이 나왔다. 〈언덕 위의 구름〉, 〈나는 것처럼〉, 〈항우(項羽)와 유방(劉邦)〉 등도 유명하다.

13) 민속학자, 농촌지도자, 사회교육가(1907~1981). 73년의 생애 중 일본열도를 16만 km(지구를 4바퀴 일주하고도 남을 거리)를 걸으며 탐구한 민속학 연구자.

을 사람들의 생활향상을 추구하며 전국을 돌아다닌 미야모토를 생각하며 재일동포에 대한 자신의 마음과 겹쳐보았는지도 모른다.

후에 김달수는 소설보다는 〈일본 속의 조선문화〉라는, 각지에 남아있는 조선인의 발자취를 더듬는 기행문(講談社文庫 전 12권)에 힘을 쏟아 유명해졌는데, 그 근저에는 신기수와 함께 다녔던 도호쿠東北와 시코쿠四國, 큐슈九州 여행도 들어있었다.

"김달수와의 여행에서는 배운 것이 많았다. '귀화인'이라는 말은 정치적인 의미를 내포하므로, 옛날 일본 〈풍토기〉에 나오는 '도래인'이 옳다"고 말했던 것처럼. 일본의 전통적인 황국사관에 역사학자도 아니면서 단호히 맞서는 박력에는 정말 놀랐다. 다카마쓰즈카高松塚古墳[14] 고분에서 벽화가 발견되면서 고대사 다시보기 붐이 일어난 시기이기도 하여, 책이 한 권 나오면 독자카드가 1300장이나 돌아올 정도로 김달수의 작품은 주목을 받았다."

김달수는 1997년 77세로 사망했는데, 신기수는 2002년 봄에 식도암으로 투병생활을 하면서 추도의 마음을 담아 〈김달수 르네상스 – 문학 · 역사 · 민족〉(解放出版社)을 스스로 편집하여 세상에 내놓았다.

청구문화홀에서 '강항과 에도 유학' 강좌를 비롯해 많은 강연을 했고, 오사카시립대학 등에서 교편을 잡았던 강재언도 과거에 조총련에 몸담았던 적이 있었다.

제주도에서 1926년에 태어난 강재언은 한국전쟁이 한창이던 1950년 12월, 당시 충청북도에서 고등학교 교사를 하고 있었는데 "언젠가

---

14) 나라현 아스카무라(明日香村) 마을에 있는 원분(円墳)으로 1972년 발굴.

는 군대에 끌려가 북한동포를 상대로 총을 들게 된다"며 4톤짜리 오징어잡이 배를 타고 부산에서 일본으로 밀항해 쓰시마対馬를 거쳐 시모노세키下関로 건너갔다.

김달수(왼쪽)와 신기수 (1984년, 신라 신사(新羅神社)에서).

오사카 상과대학(현 오사카 시립대) 대학원에서 마르크스 경제학을 공부하고 도쿄로 가 조선통신사朝鮮通信社[15])에서 번역 일을 했다. 강재언의 학문적 관심은 조선이 왜 일본의 식민지가 되지 않으면 안되었는지를 규명하는 것이었는데, 조총련 결성과 동시에 오사카로 돌아와 간부교육을 맡아 가면서 조선근대사 연구에 전념했다.

이 무렵 문예동文藝同에 있던 신기수를 알게 되었는데 북한 김일성 주

---

15) 조선민주주의 인민공화국(북한)의 국영통신사.

석을 신격화하는 조직 내 통제를 견디다 못해 "역사에 거짓을 쓸 수는 없다"며 1968년 조총련을 떠났다. 〈조선근대사연구〉(日本評論社), 〈조선의 개화사상〉(岩波書店) 등 30권이 넘는 저작을 가진 학자다.

강재언의 아내는 다케나카 에미코竹中惠美子로 오랫동안 여성노동연구를 계속하며 오사카시립대학 경제학부장도 역임했는데, 두 사람은 잉꼬부부로 유명하다.

신기수 일가와는 가족단위 만남을 계속해 왔고 긴키지방의 산골 깊숙한 곳으로 너구리나 사슴고기 요리를 먹으러 가거나 술자리를 함께 하는 일도 많았다. 강재언은 "신기수는 망망해서 무엇을 하려는지, 종잡을 수 없는 남자이다. 나는 문헌을 기초로 엘리트층의 역사를 써왔는데, 그는 그림이나 민예품 등의 발굴을 통해 민중의 세계를 표현한 점이 대단하다"고 말했다.

당시 조총련에는 나중에 대작 〈화산도火山島〉를 완성시킨 작가 김석범金石範[16]과 〈이카이노〉 등 장문의 시로 알려진 김시종金時鐘[17] 등이 있었는데 모두 조직의 속박에 반발해 조총련을 떠나 각자의 개성을 개화시켜 나갔다.

그러나 이들 멤버에 대한 조총련의 대응은 혹독해서 기관지 등을 통해 '전향분자', '탈락분자' 등으로 비방중상을 계속 했다.

---

16) 1925년 오사카 출생, 평생 동안 '제주 4 · 3 사건'에 관련된 작품 집필에 매달렸다.

17) 함경남도 원산 출생, 7살부터 제주도에 거주. 제주 4 · 3 항쟁에 참여했다가 1945년 5월 일본으로 밀항, 오사카의 이카이노에 정착한 재일동포 작가(1929~).

2. 미각은 국경을 넘어

그런데 청구문화홀에 모여든 사람들은 항상 어려운 문학이나 역사 이야기에만 빠져든 것은 아니다.

홀의 단골멤버인 강재언 등이 가장 기대했던 것은 오사카 외국어 대학 객원교수인 김정자金靜子가 1년 동안 거의 매월 열었던 한국요리 교실이다.

재일코리언이 많이 사는 오사카에서도 한국·조선요리라고 하면 당연히 불고기와 곱창요리, 그리고 김치였다. 강사인 김정자가 이 강좌에서 다룬 내용은 '음식은 약이 된다'고 생각하는 한국가정에서 일상적으로 만들어 먹는 요리법으로, 이러한 식생활의 배경이 되는 문화와 사계절의 세시기歲時記를 전하는 것이었다.

1984년 7월 6일자 마이니치 신문 오사카 시내판에서는 '미각은 국경을 넘어'라는 제목으로 '한국요리를 맛보는 모임'에 재일한국·조선인과 일본인 여성들이 참가한 모습을 다음과 같이 전했다.

> "한국 사람은 밥과 국을 수저로 뜰 때는 안쪽을 향해 뜹니다. 바깥쪽을 향해 뜨면 복이 달아나기 때문이지요."
> 국철 데라다역 근처 철교 아래에 위치한 청구문화홀 1층에서 요리강사인 김정자 씨(42세)는 참가한 20명 가까운 20~40대 주부들에게 이렇게 설명했다. 긴 테이블 위에는 참가자들이 2층 조리실에서 막 만들어낸 조선요리 접시가 즐비. 김정자 씨가 "불고기와 김치만이 한국요리라고 생각하면 큰 착각"이라고 말했듯이. 조선 된장을 사용한 '된장찌개', 애호박으로 만든 '호박전' 등 반찬은 다채롭다. 상추에 밥을 올리고 양념된장을 발라 싸서 먹는 것도 상당히 맛있다.

참가자 중에 도요나카豊中에서 온 주부는 "한국어를 배우는 중인데 단어에 담겨있는 문화도 알고 싶었어요. 아직 다 자라지 않은 호박으로 만드는 요리가 있다는 걸 처음 알았어요."

참가자 중에는 재일 2세, 3세의 젊은 조선인 여성도 섞여 있었는데 홀의 대표 신기수 씨(53세)는 "재일동포도 겨우 생활에 여유가 생겨 손이 많이 가는 한국요리를 배울 수 있게 되었다"고 말하며 빙그레 웃는다.

김정자는 황해도에서 태어나 이화여자대학을 졸업한 후, 유명한 테니스선수였던 남편을 따라 1969년에 일본으로 와서 오사카 외국어대학과 교토부립대학 등에서 한국어강사를 하는 한편, 쓰카모토 이사오塚本勲 편저 〈조선어대사전〉(角川書店)의 편찬 작업 등을 도왔다.

서울올림픽(1988년)이 다가오면서 일본에서는 한국요리를 알고 있는 사람이 적었기 때문에 신문사로부터 코멘트를 요청받고서 자신이 먹고 자란 가정요리에 대해 말하던 중에 요리 선생으로 추대되었다고 했다.

"일본에 와서 놀란 것은 '곱창구이'라고 하면서 소 내장을 구워먹는 것이었어요. 한국에서는 꼬리곰탕과 같이 내장은 전부 조리는 것이 기본입니다. 그리고 일본인은 한국요리를 스태미너 요리라고 생각하지만 사실은 야채를 풍부하게 사용한 건강식이 특색이며, 한 번에 많은 접시를 늘어놓고 야채, 생선, 고기를 골고루 먹습니다. 이 강좌에서는 요리뿐만 아니라 강좌 때마다 매번 새로운 무엇인가를 발견하기를 바라면서 메뉴를 짰습니다."

이렇게 말하는 김정자가 1년 동안 가르친 한국요리 메뉴는 아래와 같다.

1회당 회비는 3000엔으로 재료의 대부분은 '이카이노'라고 불렸던 미유키도리御幸通 상점가의 조선시장에서 조달했다. 이곳이 아니면 본고장과 다름없는 김치를 담그는 데 필요한 새우젓 등을 구할 수 없었다.

- 1984년 6월…오이콩나물(콩나물과 오이), 된장찌개, 호박전(호박 부침), 김(구이김)
- 동 7월…매운탕(고추장과 마늘, 양파로 맛을 낸 국물에 흰살 생선과 새우 등을 넣은 매운 찌개), 풋고추전(고기소를 넣은 풋고추 부침)
- 동 8월…삼계탕(통닭에 찹쌀과 인삼을 채워 넣고 푹 고아 만든 스프. 자양강장에 좋아 당시는 환상적인 요리의 재현이라며 주목받았다), 오이와 양배추 김치
- 동 9월…갈비찜(소갈비 조림), 시금치와 콩나물 무침, 물김치(물에 무와 배추, 마늘 등을 함께 띄워 가볍게 발효시킨 물김치를 말하며 숙취를 깨는 데 최고. 냉면국물로도 사용한다)
- 동 10월…잡채(쇠고기, 당면, 각종 채소를 넣고 볶은 것), 전(푼 달걀옷을 입혀 고기, 야채, 어패류를 굽는다)
- 동 11월…빈대떡(녹두를 물에 하룻밤 담가 부드럽게 불린 후, 고기와 조미료를 섞어 구워낸다), 수정과(감을 사용해 만드는 음료로 정월 요리의 대표)
- 동 12월…떡만두국(숙주와 시금치, 두부, 갈아 놓은 고기를 섞고

만두피로 싸서 뼈있는 갈비로 우려낸 국물에 떡과 함께 끓인다),
곶감쌈(곶감 속에 호두를 채워 넣은 과자)

- 1985년 2월…낙지볶음, 파쇠고기산적(파와 쇠고기 꼬치구이), 김
  치산적(김치 꼬치구이)
- 동 3월…꽃게찌개(1년 중 이 계절에만 잡히는 살아 있는 꽃게를 두
  부, 야채와 함께 고추장을 넣고 끓인다), 두부조림(두부를 얇게 썰
  어 참기름으로 볶고 그 안에 저민 고기와 파, 표고버섯을 넣어 설
  탕을 가미하여 간장으로 조린다)
- 동 4월…우거지국(소뼈와 심줄로 우려낸 국물에 말린 무청을 넣
  고 끓인 것), 돼지고기완자(돼지고기 동그랑땡에 찹쌀을 묻혀서
  찐다.)
- 동 5월…김밥(초밥용 밥이 아닌 보통 밥에 묵은 김치, 달콤 짭짤
  하게 조린 저민 고기 등을 넣고 참기름을 바른 김으로 싼다), 오이
  김치

이밖에 약밥(찹쌀에 대추, 밤, 호두, 꿀, 참기름을 넣고 찐 것)까지 만
들어 정말로 한국요리가 백화요란百花繚亂 같은 느낌이었으며, 강좌에
많을 때는 50명 이상 참가했다. 이 중에는 도이요리학교土井料理學校를
경영하는 도이 마사루土井勝 부인 등도 있었다.

신기수 등은 이들 요리를 대접받으며 즐거운 연회를 반복했다. 이
강좌를 계기로 김정자는 간사이에 있는 요리교실의 인기인이 되었
고, 다른 강사를 영입하여 그 후에도 한국요리 강좌는 계속 발전해
갔다.

"상대국 문화를 안다는 것은 역사와 언어를 공부하는 것만이 아니다. 식문화 교류야말로 서로를 알 수 있는 최고의 지름길이다."

신기수는 기회가 있을 때마다 이렇게 말했는데 일본에서 가장 소비량이 많은 절임식품은 21세기에 들어서부터는 예부터 먹어온 겨에 소금과 물 등을 섞어 야채류를 절이는 절임식품이 아니라 김치라는 현실만 보아도 이 말의 무게를 느낄 수 있을 것이다.

다양한 문화 활동을 하는 한편, 신기수가 고심한 것은 재일동포 어머니들에게 일본어의 읽고 쓰기를 가르치는 문맹퇴치학급이었다.

오사카시 덴노지天王寺 중학교에서 오랫동안 야간학교 교사를 했던 이와이 요시코岩井好子는 정년을 맞은 1986년 5월부터 청구문화홀에서 '맥두교실麥豆教室'을 시작했다.

"저의 아버지와 재혼한 어머니도 생활에 쫓겨서 읽고 쓰기를 몰라 고생하셨습니다. 이곳에서 문자를 배워 자신이 걸어온 길을 다음 세대의 아이들에게 전해주세요."

신기수의 이러한 격려로 시작된 '자율야간중학'은 홀 1층에서 매주 화요일과 목요일 2회, 오후 5시경부터 3시간 동안 수업했다. 낮에 일을 마치고 나라나 오사카 각지에서 온 연세 많은 어머니 약 30명은 특별히 만든 프린트 교재로 공부하면서 이와이岩井를 비롯한 여러 선생님들과 교류하며 일본어 읽기와 쓰기를 배웠다.

'맥두교실'은 공립야간중학교와 달리 수업연한이 없기 때문에 공부하고 싶은 만큼 다닐 수 있는 것이 특징이며 '보리 한 줌, 콩 한 되'가 선생님께 드리는 감사의 인사로 조선의 옛 서당처럼 풍요로운 학교로 만들고 싶다는 소망을 담아 이름을 지었다.

"공부가 즐겁다."

"배운 글자가 간판에 써 있다."

"살아온 인생을 글로 남기고 싶다."

"손자가 학교에서 받아온 통신문, 그것만이라도 읽을 수 있었으면 좋겠습니다."

어머니들의 말인데 이 교실은 그녀들이 살아가는 데 없어서는 안될 학교이고 '학교는 나의 연인'이라고 생각할 정도의 존재였다.

이러한 교실의 일상을, 영화 〈남자는 괴로워男はつらいよ〉[18]로 유명한 야마다 요지山田洋次 감독이 취재 촬영하여 마이니치방송毎日放送의 〈나카무라 아쓰오의 지구 발 22시中村敦夫の地球発22時〉[19] 특별 방송에 소개하면서 화제가 된 적도 있다.

이 자율 강좌는 청구문화홀에서 8년간 이어진 후 다른 건물로 옮겼는데 〈어머니의 노래〉(ちくま文庫)라는 저서도 있는 이와이는 다음과 같이 말하며 당시를 그리워했다.

"문자를 모른다는 게 얼마나 힘든 것인지 야간 교사를 하기 전까지는 몰랐습니다. 어머니들은 병원이나 관공서에 가서도 자신의 이름이나 주소도 쓰지 못하는 불편한 삶을 살았다고 생각합니다. 청구문화홀의 회의실은 학교 교실과 똑같은 크기로, 참고서도 그대로 책상에 놓아두게 했습니다. 나이 들어 자유롭게 공부할 수 있는 장소를 오

---

18) 1969~1998년 유행한 시리즈 영화. 1969년 개봉 이후, 매년 3편씩 상영된 세계 최장의 영화로 기네스북에 올랐다.

19) 1984년 10월 4일부터 1988년 3월 26일까지 TBS계열에서 방송된 마이니치(MBS)제작의 다큐 프로그램.

랫동안 제공해 주신 신기수 선생에게는 감사의 말을 찾기가 어렵습니다."

이러한 문화시설을 오랜 세월 주재해온 신기수에 대해 교도통신 나라 지국장인 나카가와 겐이치中川健一는 '일본인과 재일코리언, 재일동포 1세와 3세, 4세 등의 다음 세대, 일본과 조선반도, 그리고 과거와 미래를 연결하는 '가교인架橋人'이라고 부르는 것이 어울린다고 생각한다'고 말하며 다음과 같이 덧붙였다.

"재일 1세는 코리언으로 스스로를 드러내며 살아가지 않을 수 없었지만, 2세 이후의 세대는 혹독한 차별 속에 출신을 감추거나 귀화하는 사람도 많다. 그런 세대 사람들도 청구문화홀에 와서 민족에 대해 많이 배우고 민족학급이나 코리언과 일본인의 상호 이해를 발전시키는 데도 크게 공헌했다. 일본과 조선에 얽힌 다양한 사람들을 연결시키는 가교역할을 해온 사람이 신기수 선생과 청구문화홀이었다고 생각한다."

3. 이마무라 다이헤이에게 배우다

신기수는 대단한 독서가로 학생 시절부터 동서고금의 문헌을 섭렵했는데, 기본적으로는 활자인간이라기보다 영상을 지향하는 사람이다.

평론가 하나다 기요테루花田清輝(1909~1974)[20], 이마무라 다이헤

---

20) 작가 · 문예 평론가. 일본의 아방가르드 예술론의 선구자.

이今村太平(19141~1986)[21]의 저작을 읽고 앞으로는 활자문화에서 시청
각문화로 옮겨갈 거라고 생각했다. 또 조선 문화가 한문서적 등 활
자를 중시하고 그림 등을 경시하는 풍조에 대한 반발도 느끼고 있
었다. 그래서 차별과 투쟁을 다루는 데는 영상 표현이 중요하다고
생각했다.
(조선통신사 연구의 우물 파는 사람, 〈100인의 재일코리언〉(三五館)
에서)

이 글은 오사카에서 조선 문제에 오랫동안 매달려온 마이니치 방송
기자 니시무라 히데키西村秀樹의 인터뷰에 신기수가 답변한 내용인데,
이런 견해는 고베대학 대학원 시절, 영화이론에 관해 독학할 때 양성
된 사고방식이라고 한다.

"특히 영향을 받은 것은, 일본인의 영화론으로는 처음으로 영어로 번
역된 이마무라 다이헤이의 기록영화론記錄映畵論이었는데, 두루마리 그
림과 영화표현의 유사성을 역설한 점에 감명을 받았습니다. 〈에도시대
의 조선통신사〉를 만들겠다는 발상도 여기에서 나왔습니다. 조선과 일
본의 역사에서 누락된 것을 소생시키는 데는 활자보다 영상 쪽이 힘이
있습니다. 내가 극영화보다 기록영화에 관심을 갖게 된 것은 사회운동
에 관여했기 때문인데, 그러한 시점에서 다큐멘터리 〈해방의 그날까
지〉도 만들게 되었습니다."

신기수는 생전에 이렇게 말했는데 조선통신사 연구에 몰두한 1990
년 이전에는 영상문화협회 대표나 영상작가라는 직함을 쓸 때도 적지
않았다.

---

21) 영화평론가. 특히 영화이론 분야에서 뛰어난 활약을 했다.

청구문화홀의 큰 특색은 다른 극장에서는 볼 수 없는 역사적인 명화를 상영한다든가 영화관 관계자의 강연회가 열린다는 점이다.

지금의 소극장의 시초이기도 한데, 그러한 시도의 하나로 1984년부터 3년간 열린 '동아시아 민족영화제'의 호소 문구는 다음과 같았다.

> 동아시아는 친한 이웃이라고 불릴 정도로 미국과 유럽에서는 동아시아 국가들이 한 몸으로 간주되고 있음에도 불구하고 현실은 서로 잘 알지 못합니다. 이번에 대만 영화 〈아가의 인형〉의 일본상연을 계기로 한국과 일본의 영화를 골라 동아시아 영화제를 기획했습니다. 서로 모르는 동지끼리 서로를 알 수 있게 하는 미디어로서 영화는 최적이 아닐까요. 일본영화나 서양영화에 관한 정보량에 비교해서 대만과 한국영화의 뉴스는 한정되어 있습니다만, 이 영화제를 계기로 민중이 함께 웃고 울고, 각 나라의 영화를 통해서 참된 교류를 다져가고 싶습니다.

이런 취지로 1984년 11월 17, 18일에 열린 제1회 영화제의 상영작품은 다음과 같다.

- 〈아가의 인형〉 1983년, 대만, 감독 후효현侯孝賢. 60년대 전반의 대만을 무대로 아기를 출산한지 얼마 안 된 젊은 부부 등 씩씩하게 살아가는 사람들의 모습을 그린다.
- 〈진흙의 강泥の河〉 1981년, 일본, 감독 오구리 고헤이小栗康平. 오사카 아지가와安治川 강 하구를 무대로, 식당에 사는 소년과 강 건너에 매어 놓은 구루와부네鄭舟22) 남매와의 만남과 이별을 풍부한 정감으로 표현.

---

22) 소설 〈진흙의 강〉에 등장하는 매춘을 위한 배.

▪ 〈바람 불어 좋은 날〉 1980년, 한국, 감독 이장호李長鎬. 시골에서 서울로 올라온 3명의 젊은이를 주인공으로 하여, 고도경제성장의 그늘에서 꿋꿋하게 살아가는 사람들을 묘사.

영화상영 후에는 심포지엄을 열고, 〈진흙의 강〉의 감독 오구리 고헤이와 조각가인 긴죠 미노루金城実, 아이치현립대학愛知県立大學의 다나카 히로시田中宏, 신기수가 '동아시아 · 민족 · 민중 · 표현'을 테마로 토론했는데 이틀간 1100명이 참가하는 성황을 이루었다.

제2회 동아시아 민중영화제(1985년 12월)는 한국영화 〈과부의 춤〉, 대만영화 〈노병의 봄〉, 필리핀영화 〈기쁨의 신비〉를 올렸다.

제2회 동아시아 민중영화제의
직접 만든 전단지.

이들 작품은 나니와 해방회관 같은 큰 홀에서 상영했는데, 상영 전의 준비기간에는 청구문화홀에서 동아시아 민중영화제의 확대월례회 형태로 잊혀졌던 소품을 감상하거나 한국영화 상영회를 열기도 했다.

나아가 제2차 세계대전 때 청년시절을 보낸 영화감독 가메이 후미오亀井文夫 등의 강연회와 마르세 다로マルセ太郎[23]의 귀향 1인극 감상회, 조선 민요를 부르는 모임 등 다양한 기획이 많았는데 이러한 시도에는 신기수의 프로듀서적인 수완이 한껏 발휘되었던 것 같다.

조선민요라고 하면 신기수가 청구문화홀을 시작하기 전인 1981년부터 기획해온 〈조선과 일본의 전전·전후를 생각하는 모임〉(주최·사회주의 이론 정책센터) 중에서 걸작으로 전해져내려온 것이 이듬해인 1982년 8월에 개최된 '엔카怨歌(한을 읊은 노래)로 짓는 조선의 마음'이라는 제목의 한국 엔카 디너쇼였다.

고가 멜로디古賀メロディー[24]의 원류가 된 조선의 엔카에서 민족혼의 구슬픈 가락과 아름다움, 저항의 감성을 들을 수 있다. 이러한 사전 선전으로 오사카 우메다梅田의 도야마쵸堂山町에 있는 바나나 홀에서 족발, 돼지 귀, 김치의 안주 3점 세트에 막걸리를 마시면서, 아마추어 가수의 한국 노래를 듣는 기획에 정원의 2배인 300명이 몰려든 일도 있다.

다음은 신기수와 〈전전·전후를 생각하는 모임〉을 함께 기획했던

---

23) 판토마임 배우이자 극작가(1933~2001).
24) 작곡가이자 기타리스트(1904~1978).

시민정치 신문 '액트Act'의 편집장 고테라야마 야스오小寺山康雄의 말.

"〈돌아와요 부산항에〉를 부른 조용필이 일본에서도 점차 알려지게 됐을 때의 이야기이다. 아침부터 이카이노 시장에서 족발을 많이 사와 안주 3점 셋트에 술 한 병 해서 입장료를 2000엔 받았는데 티켓은 날개 돋친 듯이 팔렸다. 막걸리도 쌀로 빚어 단맛이 강한 것이 아니라 수수로 빚어 신맛이 나는 걸 고르는 등 신기수 씨는 상당히 신경을 썼는데, 기획자가 장소와는 어울리지 않는 사회주의이론정책센터라는 간판을 내리지 않았다는 점도 자랑거리였다. 이카이노 거리에 직접 가요쇼 포스터를 붙이고 다니는 성실함이라든가, 이벤트 기획력에 있어서도 신기수 씨는 아주 드문 재능을 갖고 있었다."

신기수의 고베대학 자치회위원장 10년 후배인 고테라야마는 신기수가 사회주의이론 정책센터의 조선문제연구회 책임자를 맡도록 했는데 "조선인을 차별 받는 수난자라는 측면만이 아니라, 전전 · 전후의 노동운동과 사회운동을 중심으로 접근하고 싶다는 자세에 감명을 받았다"고 한다.

이벤트와 기획의 달인인 신기수는 스스로 강력한 리더십을 발휘하는 것이 아니라 주변 사람들에게 그런 마음이 들도록 만드는 묘한 분위기가 있었던 것 같다.

예전에 '동아시아 민족영화제'의 사무국장을 맡았으며 현재 오사카 대학교 대학원에서 일본학과 문화교류사를 가르치는 스기하라 도루杉原達25)는 청구문화홀 시절의 신기수에 대해 이렇게 말했다.

---

25) 역사학자, 오사카대학 대학원 문학연구과 교수(1953~).

"어떤 영화를 다루면 좋을까. 당시 사무국 일을 재일조선인, 재일중국인, 오키나와 출신자도 포함해 20~30대의 젊은이 10명이 담당했는데 시끌벅적 했지만, 기본적으로는 즐겁게 토론하면서 일을 했습니다. 신기수 씨는 우리들이 제멋대로 발언하는 것을 따뜻하게, 때로는 쓴웃음을 지으며 들어주어 도량이 넓은 사람이라고 생각했습니다."

이카이노에 살면서 이 지역의 현지조사를 계속해온 스기하라는 1998년 〈월경하는 백성 – 근대 오사카의 조선인 연구越境する民 –近代大阪の朝鮮人史研究〉(新幹社)를 집필한 후, 오사카와 재일조선인을 축으로 하여 세계사를 다시 보고자 했던 시도가 논단에서도 주목받았는데, 그 토대의 하나가 청구문화홀에서의 문화 활동이었던 것 같다.

〈월경하는 백성〉은 이카이노에 사는 사람들에게 초점을 맞추고 있는데, 여기에 사는 재일코리언은 전전에 '기미가요마루君が代丸'를 타고 제주도에서 돈벌이 하러 온 사람과 그 자손들이 많았다. '동화同化를 강요하는 심볼로서 특별한 의미를 가진 명칭'이라고 스기하라가 말하는 이 연락선은 아마가사키 기선부尼崎汽船部라는 오사카의 중소해운업자가 1923년에 운항을 시작하여 1945년에 미군의 폭격으로 오사카의 아지가와安治川 강 부근에서 격침될 때까지 근 4반세기에 가깝게 제주~오사카 항로를 왕래했다.

"개집 같이 좁다"고 할 만큼 작은 기미가요마루를 타고 현해탄을 건너, 동양의 맨체스터라고 불렸던 오사카로 많은 사람들이 몰렸다. 태평양전쟁 말기에는 오사카시의 주민 3백여만 명 중의 10%는 조선인이었다고 한다.

이러한 역사적 사실을 현장에서 조사하는 과정에서 스기하라는 신

오사카와 제주도를 왕래한 '제2 기미가요마루'. 전신은 러시아 군함으로 1927년 1년간 약 3만 6000명을 실어 날랐다(〈영상이 말하는 '일한병합'사〉에서.

기수와의 잊을 수 없는 추억으로 기미가요마루 사진을 함께 찾아 나섰던 일을 꼽는다.

"신기수 씨의 사진 수집은 매우 선구적인 작업이라고 생각했기 때문에 '기미가요마루' 선장을 하셨던 분의 유족을 찾았을 때 사진을 함께 보러 가게 되었습니다. 그리고 유족이 소장한 귀중한 배의 사진과 항구 사진, 선장 사진을 신기수 씨가 한 장 한 장 접사接寫했는데, '기미가요마루'는 물론이고 '제2 기미가요마루'의 사진도 있어서 나뿐만 아니라 신기수 씨도 매우 놀라워했던 것을 기억하고 있습니다."

신기수가 1987년에 간행한 〈영상이 말하는 '일한병합'사〉(勞動經濟史)는 일본의 조선침략의 전모를 580장의 사진으로 재현한 것인데, 스기하라는 신기수가 사망한 후에도 대학 연구실에서 이 사진집을 학생들에게 보여줄 기회가 적지 않다고 했다.

4. 내선일체의 속임수

신기수가 전쟁 중에 교토 사가노에서 소학교를 다닐 때의 즐거움은 구루마자키신사車折神社 가까운 공터에 이동상영반이 와서 보여주는 은 막의 감상회였다.

부친은 경찰의 눈을 피해 다니며 조선독립운동에 분주하였고, 모친 은 어릴 적에 병으로 돌아가셨다. 신기수는 할머니에게 이끌려 땅거 미 지는 상영회장에 갔었는데 그 당시 봤던 영화 중에 가장 감동 받은 영화는 이마이 다다시今井正(1912~1991) 감독의 〈망루의 결사대望楼の決死隊〉(東宝映画, 1943년)였다고 한다.

1943년 조선과 일본에서 동시 공개된 이 영화는 조선반도 북단의 압록강에 면한 작은 마을을 무대로 일본인과 조선인 무장경관이 힘을 합쳐 항일 게릴라로부터 마을을 지킨다는 이야기로 다카다 미노루高田稔와 하라 세쓰코原節子가 출연했다.

"여름 밤, 영화를 보고난 후 할머니와 밤길을 서둘러 가는 발걸음이 가벼웠던 것은 조선인과 일본인 경관이 '내선일체内鮮一体'가 되어 민족 차별도 없이 국경경비에 힘쓰는 상큼함 때문이었다. 그 정도로 잘 만 든 영화였다."

신기수는 〈내 안의 쇼와昭和 영상〉(〈아리랑고개를 넘어서〉)에서 이렇게 감 상을 썼는데 조선의 영화사를 연구하게 되면서부터는 이러한 견해에 의문을 갖게 됐고, 도호東宝 영화제작소나 국립근대미술관의 필름도서관에서 그 영상필름을 빌려 상영하게 해달라고 몇 번이나 요청했다.

그러나 이마이 감독 본인의 강한 반대로 대여상영은 할 수 없다고 거절당했다.

이마이는 전후, 〈푸른 산맥青い山脈〉(1949년)과 〈또 만날 날까지また逢う日まで〉(1950년), 〈다리 없는 강橋のない川〉(1969, 1970년) 등의 명작을 차례로 제작하여 '민주영화의 기수'로 알려진 만큼 전쟁 중에 〈망루의 결사대〉와 같은 국책수행영화를 만들었던 일에는 별로 엮이고 싶지 않았던 것이다.

이 작품은 그 후 도호 비디오시리즈로 제작되어 판매되었기에 청구문화홀에서 상영했는데, 신기수는 45년 만에 다시 본 감상을 이렇게 말했다.

"〈망루의 결사대〉가 만들어진 시대는 조선총독부가 1940년 발령한 조선영화령朝鮮映画令에 의해 조선영화인은 영화를 자유롭게 만들 수 없었다. 그런 흐름 속에서 조선인 청년을 대륙으로 보내는 징병제 포석의 일환으로 만든 것이 이 작품이었다.

전의戦意를 고양하는 영화로서는 성공했지만 항일 게릴라가 왜 출현하게 되었는지 등등 시대 배경을 무시한 제작으로, 침략자의 사상에 물든 이마이 다다시에게 정신의 황폐함조차 느꼈다. 조감독 이름에 최인규崔寅奎가 있고, 그밖에 미술, 녹음, 조명 등도 조선인이 맡았던 것을 알고 천황제 이데올로기에 굴복한 조선영화인을 본 것 같아 복잡한 마음이 들었습니다."

〈망루의 결사대〉와 마찬가지로 '영화가 국책수행을 위한 앞잡이가 된 예'로 신기수가 청구문화홀에서 상영한 것이 도요다 시로豊田四郎[26] 가 감독한 〈오히나타무라大日向村〉(東宝, 1940년)이다.

이 작품은 1936년 나가노현長野県 미나미사쿠南佐久 지방의 외진 마을 오히나타무라의 백 수십여 가구가 마을의 재정재건을 위해 만주의 개척지로 집단이주한다는 와다 쓰토和田傳[27]의 소설을 영상화한 것으로 극단 젠신자前進座의 연기자들이 총출연했다.

다쿠무쇼拓務省[28]는 전국 벽촌에 이동영화반을 파견하여 선조 대대로 살아 온 땅에서 떠나기를 주저하는 농민에게 만주로 옮겨가라고 독려했다.

"작품 그 자체가 대포 이상의 힘을 가졌다"고 할 정도로 일거에 백만 명 대이동의 원동력이 되었으며 토지를 빼앗기게 된 중국인들의 관점 등은 물론 없었다.

도요다 시로도 이시자카 요지로石坂洋次郎의 〈젊은 사람若い人〉(1952년)을 영화화하는 등 전쟁 때부터 제1급 영화감독으로 주목받아 도호에 발탁되면서 〈오히나타무라〉를 만들게 되었다. 〈청구문화〉 제12호에 의하면 전후에 그는 자신의 작품을 회고하며 "이 사람들은 속아서 끌려가는 게 아닌가, 버리고 싶지 않은 고향을 무리하게 버린 것이 아닌가 하는 의구심이 아무래도 사라지지 않아 두 번 다시는 그런 작품을 찍지 않겠다"고 말했다.

---

26) 영화감독(1906~1977). '문예영화의 거장'이다.
27) 문학 작가(1900~1985). 농촌을 무대로 한 작품을 많이 썼다.
28) 식민지통치에 관한 행정을 관장.

이 작품의 조감독도 하루야마 쥰春山潤, 즉 윤용규尹龍圭인데 〈망루의 결사대〉의 조감독인 최인규와 마찬가지로 일본 패전에 따른 조국 해방 후, 민족혼을 되찾는 영상 제작에 몰두하여 조선영화를 부흥시키는 데 제 1인자가 되었다.

> 쇼와천황[29]이 사망했을 때 엄청난 수의 쇼와 전반前半 역사의 영상을 많이 보았다. 소학교 시절에 학교 강당에서 본 〈히노마루日の丸 뉴스〉가 대부분이었으며 영국 BBC 같은 비판력 있는 영상은 거의 없었다. '쇼와' 전반에 보았던 뉴스영화에서 중국대륙 성벽에서의 만세장면은 각본에 따라 찍은 것들이 많다는 것을 알게 된 것은 전후였다. 오늘날 일본 다큐멘터리는 기술적으로는 훌륭하지만 비판력이 결여된 것은 전전의 그런 전통을 이어받은 것일까?(〈내 안의 쇼와 영상〉)

신기수는 일본영상이 가진 본질을 이렇게 파악했는데 고베대학 대학원 재학 때부터 '간사이 노동조합 영화협의회'에 참가하여 영화를 자체 상영하거나 8mm 소형필름을 사용해 서민생활과 주민운동 등을 기록하는 일에 관여해 왔다.

아울러 1960년 재일조선인총연합회(조총련)에 들어가면서부터는 재일조선문학예술가동맹(문예동) 영화부에 소속되어 8·15 해방기념일과 3·1 독립운동기념일 등을 비롯하여 서일본 각지에서 열리는 조총련 주최 이벤트 등의 영상을 16mm와 35mm로 촬영하는 것이 큰 업무였다.

그 한편으로 히로시마의 조선인 피폭자와 일본 사회보장제도에서

---

29) 제124대 천황(1926~1989). 본명은 미치노미야 히로히토(迪宮 裕仁).

배제된 재일동포의 생활상을 전하는 작은 영화를 만들었지만 김일성 주석의 표창장을 받기 직전에 조총련을 그만두게 된다.

"김일성에 대한 개인숭배와 조직 내의 교조주의教條主義, 권위주의가 너무 심해졌다. 개인적으로 출간하고 있던 영화잡지도 '멋대로 나대지 말라'며 몰수당했기 때문에, 이곳에 있으면 아무것도 할 수 없겠다는 생각에 결심하게 되었습니다."

신기수는 생전에 당시를 이렇게 회고했는데 아내 강학자 여사는 "남편이 조총련에 들어갔을 때는 부부싸움이 끊이지 않았어요. 나는 학자學者와 결혼했다고 생각했는데 활동가가 되는 건 이야기가 틀리다고 생각했거든요"라고 말했다.

신기수는 이때부터 영화평론을 집필하게 되는데 1976년 발행한 〈사회평론〉 창간호에는 〈영화작가의 책임 - 일제지배 하의 조선영화인 활동을 통해서〉를 썼다. 이 글에서 전쟁 중에 영화계에서 단 한 사람, 희생양이 된 반골의 영화감독 가메이 후미오亀井文夫(1908~1986)에 대해 다룬 것이 인상적이다.

가메이는 언론 표현자유의 통제가 심했던 전쟁 하의 1939년에 중국 침략전쟁인 무한작전武漢作戰에 종군하며 장편기록영화 〈싸우는 병사들戰ふ兵隊〉(1939)[30]을 촬영했다.

육군성으로부터 "국민의 전의를 고양하는 영화를 만들어 달라"는 지시로 가메이가 완성한 작품은 불타버린 중국 민가 농민의 클로즈업이나 끝없이 이어지는 피난민, 아이들을 부각한 장면 등이 이어진다.

---

30) 일본의 다큐멘터리 중에 중일전쟁을 다룬 최초의 영화. 육군성이 전시 체제를 선전하기 위해 기획한 영화로 가메이가 무한전투에 종군하면서 만들었다.

그리고 "또 부대가 떠났다. 그날부터 농민들의 생활이 시작된다"는 타이틀, 부대가 버리고 간 병든 말이 석양을 등지고 무너지듯 쓰러진다. 병사가 도로에서 잠자거나 머리를 감싼 채 휴식하는 장면에 이어 "병사는 명예도 훈장도 원치 않는다. 다만 잠자고 싶을 뿐"이라는 타이틀이 크게 부각된다.

말과 인간을 똑같이 중요하게 여기며 카메라로 포착하는 발상은 그때까지의 〈히노마루 만세〉와 같은 뉴스영화와는 다른 전쟁의 실태를 기록했다.

가메이는 1928년에 혁명 후의 소비에트로 유학을 떠나 레닌그라드 영화전문학교에서 참신한 영화이론을 배우고 귀국했다. 그 후 농민 시인인 고바야시 잇사小林一茶(1763~1827)의 하이쿠俳句와 그 생애를 통해 시나노信濃의 풍경과 민속을 그린 〈고바야시 잇사〉(1940~1941)[31] 등 서정 넘치는 작품을 제작했다.

검열관은 〈싸우는 병사들〉의 의도를 알아채고 이 작품을 공개하지 않기로 했으며, 태평양전쟁 전야인 1941년 10월 가메이는 잠자는 사이에 쳐들어온 특별고등경찰에게 치안유지법 위반 용의로 체포된다.

특별고등경찰 과장은 이 작품에 대해 "후방에 있는 국민의 전의를 꺾기 위해 짜놓은 아편이다"라고 추궁했는데 가메이는 "반전영화가 아니라 완전히 주관적인 미의 추구"라고 주장했으나 약 1년간 유치소와 형무소에 구속되었다.

---

31) 1940년에 나가노현의 협력으로 '시나노 풍토기(信濃風土記)' 3부작으로 기획됐다. 시나노 출신의 19세기 시인 고바야시 잇사의 하이쿠를 모티브로 만든 영화로 가메이의 최고 걸작이다.

전쟁 중에 다수의 검거자가 나온 문학이나 연극계에 비해 영화계에서는 가메이 단 한 사람만이 희생양이 된 것이다. 본인은 옥중에서 "가족말고는 누구도 사식을 넣어주러 오지 않는 것은 어찌된 일인가, 라고 싱거운 생각을 하고 있었다"고 한다.

신기수는 1985년 동아시아 민중영화제의 7월 월례회를 청구문화홀에서 열었을 때, 〈싸우는 병사들〉과 〈고바야시 잇사〉를 상영했는데 도쿄에서 고미술상을 하던 가메이가 특별강사로 와 주었다.

당시 77세라는 고령임에도 "나는 조금도 용감한 일을 한 것이 아니다"라며 〈싸우는 병사들〉의 제작의도와 내막을 이렇게 말했다.

나는 항상 선전영화를 만들어 왔는데 스폰서가 바라는 것보다는 관객을 위한 영화를 만드는 것도 선전영화라고 생각하고 있습니다. 지금의 상업광고는 관객을 좀먹고, 속박하는 듯한 느낌이어서 별로 도움이 안 된다고 생각합니다만.

전쟁 중에는 지금 기대하는 것과 같은 반전영화는 만들 수 없었습니다. 나처럼 기가 약한 사람은 도저히 불가능합니다(웃음). 다만, 자막 뒤에 무엇인가 있구나 하고 생각하면서 보시길 바랍니다. 정말로 말하고 싶은 것은 자막에는 나오지 않으니까요. 하지만 당시 사람들은 그런 것 쯤은 생각하지 않아도 알고 있었습니다. 자신의 자식이나 형제가 전쟁터에 나가 있었으니까.

지금, 전쟁이라는 것을 진지하게 생각하지 않으면 안 됩니다. 그것을 위한 참고자료로서 이 영화를 봐주길 바랍니다.

나는 현지에 가서 보고 이 작전은 대실패라고 생각했습니다. 따라서 영상 안에 "일본군은 목숨을 걸고 싸우고 있다. 그러나 이것은 역사의 한 페이지를 중국 산동성山東省의 노산魯山에 새기고 있는 것이다"라고 써넣었다. 이것은 역사가 진행됨에 따라 일본군이 여기에서 잔학한 짓을 했다는 증거를 남겨두고 싶었기 때문입니다.

목소리 높여 전쟁을 반대한다고 말하지 않아도, 전쟁의 상태를 알림으로써 국내의 가족들에게 전쟁을 혐오하는 기분을 전할 수 있다고 생각했습니다.

〈싸우는 병사들〉이 완성되자 도호東宝 영화제작소에서도 격려해 주었습니다. 군인들 중에도 이 영화를 지지하는 사람이 있었습니다. 그러나 얼마 지나지 않아 도호 직원이 파격적인 퇴직금을 들고 왔습니다. 그래서 영화는 어떻게 될까 생각하고 있었는데 영화사가 스스로 철회하는 것으로 됐습니다.(〈청구문화〉 제15호에서 요약)

청구문화홀에서 〈싸우는 병사〉, 〈고바야시 잇사〉의 상영과 가메이의 강연은 7시간 동안이나 계속되었는데 참석자들은 가메이의 작품과 열정적인 이야기에 줄곧 압도되었다고 한다.

그로부터 반 년 후 가메이는 78세로 사망했는데 신기수는 "이마이 다다시의 〈망루의 결사대〉나 도요다 시로의 〈오히나타무라〉를 예로 들 것까지도 없이, 일본의 좌익이나 양심적 영화인들 다수는 전쟁 중에 전향해 조선으로 건너가 조선인에게 황민화 정책을 강요하기 위한 영화를 만들게 했다. 그런 시대에 가메이 씨는 자신의 양심을 지키기 위한 영화를 만들고 혼자서 투옥되었다. 그러한 의미를 일본영화사는 분명히 기록해서 남겨야 할 것이다"라고 영화평론 등에서 반복하여 강조하며 일본 영화인에게 자극을 줬다.

5. 오시마 나기사와의 교우

미치노쿠陸奥는 오우산맥奥羽山脈과 기타가미北上 산지에 끼어 있고 기타가미가와北上川 강의 맑은 물이 흐르는 이와테현岩手県 미즈사와시水沢市. 도호쿠東北 본선의 미즈사와역에서 도보로 15분 거리에 있는 사이토 마코토斎藤実 기념관을 신기수가 방문한 것은 1986년경이었다. 조선통신사 강연으로 도호쿠대학東北大學을 방문했다 돌아가는 길에 예전에 조선총독을 역임한 문치정치가이자 2·26사건[32]의 흉탄에 쓰러진 사이토 마코토斎藤実(1858~1936)의 생가를 방문해보고 싶었기 때문이다.

아내와 함께 자주 발성영화(무성영화의 반대개념)를 보러 다녀서, '일본활동사진가협회'의 회장직도 맡았던 사이토의 기념관이라면 가치 있는 영상자료가 남아 있지 않을까하는 기대도 있었다.

1975년 사이토 생가에 만든 2층짜리 기념관에는 본인의 일기와 편지, 훈장, 2·26사건의 유품, 장서 3만 8000권 등이 수장되어 있었다. 신기수는 관내를 둘러보던 중 계단 아래에 쌓여있는 앨범의 존재를 깨닫고 관리하던 시 직원에게 부탁하여 보았더니 바로 조선을 식민지 지배하던 시대의 빛바랜 사진들이었다.

학교나 시장 등 서민들의 생활상을 찍은 영상도 섞여 있고, 일본의 통치에 저항한 사상범에게 사용했던 고문 도구 등의 생생한 사진도 포함되어 있었다.

---

32) 1936년 2월 26일 일본 육군의 황도파 청년장교들이 일으킨 반란사건.

사이토 마코토 기념관에서
극비리에 앨범을 접사하고 있다.

"이것은 어디에서도 손에 넣을 수 없는 귀중한 역사적인 영상입니다. 부디 접사 사진을 찍게 해 주십시오."

"곤란합니다. 서울올림픽을 앞두고 높아져 가는 한일우호의 기운에 찬물을 끼얹게 됩니다."

"그렇지 않습니다. 사이토 씨는 3 · 1독립운동 이후에 총으로 위협하는 정치에서 문치정치로 전환시켜 역사에 이름을 남긴 인물입니다."

"하지만 미즈사와시가 구태여 일본의 옛 악행을 노출하여 비난받을 수는 없습니다."

"사이토 씨는 6년간이나 총독부에 있었고 현지 민중에게도 나름대로 호감을 가졌습니다. 오랫동안 역사 발굴을 계속해온 나조차도 나쁜 인상은 갖고 있지 않습니다."

신기수가 이런 식으로 설명하자 시 직원도 마침내 방침을 바꿔 허락하게 되었으며, 신기수는 날을 다시 잡아 카메라맨과 함께 가서 3일 동안 사진 접사작업을 마쳤다.

이들 사진은 1년 후인 1987년 8월 15일 간행한 〈영상이 말하는 '일한병합'사 1875~1945년〉(勞動經濟社)에서 많은 비중을 차지하게 되는데, 이 사진집 완성을 매스컴에서 크게 다루자 한국에서도 조선일보와 중앙일보 기자가 취재차 달려갔지만 사이토기념관 측은 취재에 저항하는 자세를 보였다.

〈영상이 말하는 '일한병합'사〉를 신기수가 편집하게 된 것은, 조선반도에는 일제강점기 당시의 사진은 거의 남아있지 않아서 과거 일제강점기 시절에 일본이 무엇을 했는지 문헌 이외에 실증할 방법이 없었기 때문이다.

게다가 조선은 유교국이기에 문자가 절대 우위로, 사진이나 영상을 경시하는 풍조가 있어 사진을 조직적으로 수집하는 활동도 없었다. 한국전쟁에 의해 많은 국토가 잿더미로 변한 것도 사진이 없어지게 된 이유 중 하나였다.

신기수는 사이토기념관 외에 히가시 혼간지東本願寺 절의 오타니 가문의 옛 창고와 홋카이도北海道 개척기념관(현재 홋카이도 박물관)에서 오래된 사진을 찾아 나서는 한편, 개인들도 많이 찾아다니며 사진을 제공받았다.

일본 국내에서도 별로 사진을 찾지 못했던 것은 패전 시에 강제연행 등의 자료와 함께, 이롭지 않다고 생각되는 자료들은 모두 소각해 버린 이유도 있었다.

8년에 걸쳐 수집한 580장에 이르는 사진집에는 일본침략에 저항하여 처형된 조선인 정치범과 댐 건설현장에서 강제노역을 하는 조선인 노동자 등의 사진도 수록되어 있었다.

"러시아혁명이나 제2차 세계대전 때도 사회의 한 변곡점에서 다큐멘터리가 수행한 역할은 활자보다 크다고 생각합니다. 그래서 영상의 힘을 빌려 왜곡된 한일관계를 비추어 보고 싶다고 생각했습니다. 이 사진집을 낼 당시는 후지오 마사유키藤尾正行 문부대신文部大臣(당시)이 한국병합은 대등하게 이루어졌다고 발언하는 등 역사를 왜곡하는 주장들이 눈에 띄었는데, 사진집을 보면 일본 측이 경찰과 헌병을 총동원하여 총검으로 한국병합을 진행한 사실을 잘 알 수 있습니다. 그리고 식민지 지배 하에서도 가슴을 펴고 살아가는 우리 조선민족의 모습도 알리고 싶었습니다."

신기수가 이렇게 말하는 이 사진집에는 민족의상을 입고 육체노동이나 논밭 일을 하는 노동자와 농민 ▷병사라기보다 유학자 풍의 의병 ▷쪽방에서 고통을 받으면서도 평온한 체 하는 토목노동자 등의 사진도 수록되어 있는데 그 사진들 모두가 침략자 측, 즉 일본인이 촬영한 것이다.

이들 사진은 청일전쟁 후 일본에서 한국으로 건너온 카메라맨이 각지의 모습을 필름에 담은 것이다. 청일전쟁 후 삼국간섭에 의해 중국에 요동반도를 반환하게 된 일본은 조선반도에서의 열세를 만회하기 위해 자객을 풀어 러시아와 손을 잡은 왕비 민비를 암살했는데, 그때

위력을 발휘한 것이 왕궁과 관련된 여성 전부를 사전에 촬영해 둔 사진집이었다고 한다.

사진에는 일본의 조선침략의 첨병尖兵으로 사용되었다는 마이너스의 역사가 있었다.

〈영상이 말하는 '일한병합'사〉는 6800엔이나 하는 고가였지만 초판 2000부는 바로 매진되었으며, 1000부씩 3회에 나누어 증쇄하여 총 5000부를 제작했다. 도중에 오자를 수정하고 새로운 자료를 추가한 증보개정판은 7500엔이었다.

"그럼에도 팔린 것은, 교과서 문제 등에서 자민당 정치가가 조선 식민지 지배에 관해 정색을 하자, 그렇다면 영상으로 증거를 보여주자고

〈민비암살〉(新潮社)을 쓴 쓰노다 후사코(角田房子)와 신기수
(1994년 6월, 사가(佐賀) · 가라쓰야키(唐津燒) 마을에서(제공: 요시오카 가즈코).

했기 때문이었다"고 말하는 사람은 노동경제사에서 이 사진집 편집을 담당한 미우라 리키三浦力였다.

과로사 등 사회문제에 대한 출판물을 다뤄 온 미우라는 "오사카의 어느 초등학교 선생님으로부터 '내용이 너무 어둡다'고 크레임을 받은 일이 있었다. 일본 아이들은 이 사진집을 보면 재일동포의 아이들을 동정한다. 그런데 재일동포의 아이는 그 동정을 어떻게 받아들여야 좋을지 몰라 고개를 숙여버린다. 결국 6년 후에 칼라 사진이 많이 들어간 〈조선통신사 왕래 — 260년의 평화와 우호〉라는 책을 신기수 씨에게 써달라고 해서 균형을 맞출 수 있었다. 평등호혜의 관계가 260년간이나 지속되었던 사실을 알게 되면 35년이란 식민지 지배의 무서움이 보다 선명하게 드러나게 된다"고 말했다.

이 〈조선통신사 왕래〉도 5000부를 찍었는데, 참신한 내용이 주목받아 마이니치 출판문화상의 후보작에 올랐지만 아깝게도 최종 선발에서 탈락했다.

〈영상이 말하는 '일한병합'사〉는 조선에 대한 일본의 식민지 지배의 실태를 영상으로 처음 고발한 것으로서 큰 반향을 불러일으켰으며, 신기수와 교류가 있었던 영화감독 오시마 나기사大島渚는 '조선민족 모두의 보물'이라며 이런 글을 보내왔다.

나는 예전에 "패자는 영상을 갖지 않는다"고 말했다. 태평양전쟁에 관한 TV다큐멘터리를 만들면서 통감했다. 일본 측이 찍은 영상은 과달카날Guadalcanal Island 전투를 경계로 없어지고, 그 이후는 미국 측 영상만이 존재하고 있다.
이 〈영상이 말하는 '일한병합'사〉에 수록된 대부분의 사진은 '대일본

제국' 측에서 '대일본제국'을 위해 찍은 것이다. 당시의 승자에 의한 영상이다.

그러나 승자는 영원할 수 없고 패자는 언제까지나 패자가 아니다. 여기서 과거의 '패자' 입장에서 모은 영상은 과거의 '승자'가 얼마나 도덕적으로 패자이고 '패자'가 얼마나 도덕적으로 승자였는가를 엄숙한 형태로 드러낸다.

여기에 찍힌 조선인민의 투쟁은 현대 한국 민중의 투쟁으로 이어지고 있다. 이것은 이 지구상의 각지에 사는 조선민족 모두에게 있어서 보물이고, 일본인에게는 숙연하게 몸가짐을 바로잡아야 할 거울이다.

오시마 나기사는 신기수가 고베대학 자치회위원장을 했을 때 교토대학 법학부 학생으로 전학련 교토부 학련學連위원장을 맡고 있었다. 당시 두 사람은 그다지 교류는 없었지만 오시마가 1960년 쇼치쿠松竹(연극·영화·연예 흥행회사)에서 제작한 〈일본의 밤과 안개日本の夜と霧〉[33]를 보았을 때의 충격에 대해 신기수는 "학생운동이 좌절된 내막에 대해 영화에서 이런 형태로 정리할 수 있다니 너무나 대단합니다"라고 감상을 말했다.

〈일본의 밤과 안개〉는 사회당 위원장인 아사누마 이네지로浅沼稲次郎가 우익소년에게 찔려 죽자 쇼치쿠는 정치적 배려를 이유로 불과 4일 만에 상영을 중단해 버렸는데, 오시마 나기사는 이에 항의하며 독립하게 된다.

---

33) 오시마 나기사(1932~2013)의 대표적인 정치영화. 학생운동을 함께 했던 동료들이 결혼식 피로연장에 모여 정치노선에 대한 격렬한 토론을 벌이는 과정을 전위적 영상기법으로 표현했다.

조선반도를 무대로 한 작품을 찍고 싶다며 오사카에 올 때마다 신기수와 친분을 쌓아온 두 사람은 이카이노의 곱창구이 집에서 팬티 하나만 입고 술잔을 주고받았는데 "당시의 오시마는 배가 나온 거구로 소혓바닥과 곱창을 숯불에 구워가며 몇 접시나 먹어치우는 일본인 같지 않은 대식가였다"고 한다.

그리고 1963년에 완성된 것이 〈잊혀진 황군忘れられた皇軍〉이라는 TV용 다큐멘터리로, 일본 병사로 출전하여 부상을 입었는데 조선반도 출신이기에 보상을 받을 수 없는 외팔 외다리에 두 눈을 실명한 남자의 드라마를 그렸다.

오시마는 이 작품을 가지고 이듬해에 처음으로 한국에 갔다. 신기수는 "그 당시 내가 조국을 방문하는 건 불가능했으므로 고향에 대한 마음을 모두 그에게 맡겼더니 스냅사진을 많이 찍어다 주었다"고 했다.

〈잊혀진 황군〉은 결국 한국에서 세관에 차압되어 상영할 수 없었다. 하지만, 오시마는 4·19혁명으로 이승만 정권을 타도한 여학생이 유곽에 숨어서 일하는 모습을 〈청춘의 비碑〉라는 영상으로 담아 돌아왔다.

신기수는 도쿄에 갈 때 오시마의 집을 방문하여 오시마 모친이 만들어 주신 비빔밥을 대접받은 적도 있다. 오시마의 부친은 예전에 수도水道 기사로 쓰시마에서 체류했던 적이 있었기 때문에 조선인 나무꾼과 사귈 기회가 있어 조선 요리에 친숙했다.

신기수가 사망한 후에 그의 사람됨을 말해주는 에피소드에 대하여 강학자 여사가 다음과 같이 밝힌 바가 있다.

오시마 나기사의 아내는 여배우 고야마 아키코小山明子인데, 국철 교바시京橋 역으로 고야마 씨가 신기수에게 빌린 자료를 돌려주러 온 일이 있다. 신기수는 자료를 받자마자 플랫폼 위를 총총걸음으로 걸어갈 뿐 절대로 뒤를 돌아보지 않았다고 한다. 그러나 아직 용무가 남아 있었던 고야마 씨가 "신기수 씨! 신기수 씨!" 라고 큰 소리로 부르며 뒤쫓아 가는 영화 같은 장면이 전개되었는데 그때 남편은 "고야마 씨가 너무나 아름다워 함께 있는 것만으로도 왠지 가슴이 벅차서"라고 수줍어하며 말했다고 했다.

오시마는 친구로서, 그 후 신기수가 〈에도시대의 조선통신사〉와

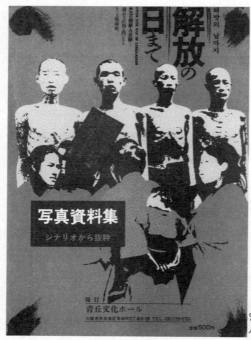

영화 〈해방의 그날까지〉
사진자료집.

〈이름〉,〈해방의 그날까지〉 등을 계속 발표하자 아낌없는 박수를 보냈다.

그러나 서로 바빠서 예전처럼 영상표현은 어때야 하는가 등의 예술 논쟁은 하지 못한 채 시간이 흘러 갔는데, 1996년 오시마가 런던 히드로 공항Heathrow Airport에서 뇌경색으로 쓰러졌다.

이때에는 당시 영국에 거주하고 있던 신기수의 차녀 이화가 문병하러 달려갔다. 오시마는 그 후 회복하여 1999년에 〈고핫토御法度〉[34]를 13년 만에 완성하며 화제가 되었으나, 반대로 신기수는 2002년 가을에 71세를 일기로 돌아올 수 없는 사람이 되어버렸다.

오시마보다 한 살 위였지만 두 사람은 영화론에 관해 의견을 나눌 기회가 영원히 사라져버렸다.

신기수와 오랜 친분이 있는 간사이대학 문학부 강사인 양영후梁永厚는 "신기수 씨가 오시마 씨와 알게 된 것은 재일조선문학예술가동맹에 소속되어 북한 예찬 영화만을 만들던 때로, 특히 〈잊혀진 황군〉은 신기수 씨의 그 후 작업에 크게 자극을 주었던 것 같다"고 말했다.

6. 한 줄기 빛

신기수가 사진집 〈영상이 말하는 '일한병합'사〉의 출판에 맞추어 1986년에 완성한 〈해방의 그날까지〉는 3시간 20분에 이르는 장편 다

---

34) 에도시대의 법령의 정중한 표현으로, 막부 말의 교토를 무대로 교토경비를 맡은 신센구미(新選組)를 남색(男色)의 시점에서 그린 시대극.

큐멘터리 영화다.

예전에 일본 각지의 탄광이나 산간벽지의 댐, 철도건설 현장 등에서 열악한 노동조건으로 일해야 했던 조선반도 출신 노동자들. 신기수 등이 매몰된 사료를 발굴하고 증언자를 찾아 인터뷰를 거듭하며 필름으로 담아내는 데 6년이란 세월이 걸렸다. 청구문화홀에서의 다채로운 행사를 계속하는 와중에 짬을 내어 일본의 각지를 취재하며 돌아다녔다.

영화의 목적은 민족차별에 저항하고 인간으로서 살아갈 권리를 주장하며 싸워 온 1세들의 생활상을 알리는 것으로, 그렇게 하는 것만이 재일동포 젊은이들이 긍지를 갖고 살아갈 수 있다고 신기수는 생각했다.

영화 〈에도시대의 조선통신사〉와 표리일체의 관계인 작품으로, 그 기조가 되는 테마는 조선과 일본 민중 사이에 인간적인 연대를 어떻게 구축해 나갈 것인가이다.

신기수는 이러한 연계를 표현하는 데 '한 줄기 빛'이라는 말을 즐겨 사용했다. 신기수가 애창하고 이 영화에서도 소개된 프롤레타리아 문학의 대표적 작가인 나카노 시게하루中野重治[35]의 시 중에 이런 작품이 있다.

---

35) 소설가, 시인, 평론가, 정치가. 프롤레타리아 문학에서 활동(1902~1979). 대표작품은 〈나카노 시게하루 시집〉(1935), 소설 〈노래의 이별〉(1939), 〈무라기모〉(1954), 〈갑을병정(甲乙丙丁)〉(1969)과 평론 〈사이토 모키치 노트〉(1940~1941)가 있다.

나카노 시게하루
(영화 〈해방의 그날까지〉
사진자료에서).

비 나리는 시나가와 역

신辛이여 잘 가거라
김金이여 잘 가거라
그대들은 비내리는 시나가와 역에서 차에 오르는구나

이李여 잘 가거라
또 한 명의 이李여 잘 가거라
그대들은 그대들 부모의 나라로 돌아가는구나

그대들 나라의 시냇물은 겨울 추위에 얼어붙고
그대들의 반역하는 마음은 이별의 한 순간에 있다

바다는 어두워가는 저녁에 파도소리 높인다
비둘기는 비에 젖어 창고 지붕 위에서 날아 내려온다
그대들은 비에 젖어 그대들을 쫓아내는 일본의 천황을 생각한다

그대들은 비에 젖어 그의 수염 안경 굽은 등을 떠올린다
쏟아져 내리는 빗속에서 녹색 시그널이 오른다
쏟아져 내리는 빗속에서 그대들의 눈동자는 번쩍인다

비는 포석 위에 내리고 검은 해면에 떨어진다
비는 그대들의 뜨거운 뺨에서 사라진다

그대들의 검은 그림자는 개찰구를 지난다
그대들의 하얀 옷자락은 플랫폼의 어둠을 뒤집는다
시그널은 색을 바꾼다.
그대들은 차에 오른다

그대들은 출발한다
그대들은 떠난다

잘 가거라 신辛
잘 가거라 김金
잘 가거라 이李
잘 가거라 여자인 이李

가서 그 딱딱하고 두껍고 맨질맨질한 얼음을 깨부숴라
오랫동안 갇혀 있던 물을 용솟음치게 하라
일본 프로레타리아의 앞방패 뒷방패
잘가거라
보복의 환희에 울고웃을 그날까지

(나카노 시게하루, 思潮社판에서 인용)

나카노 시게하루가 1929년에 잡지 〈개조改造〉에 발표한 시인데, 쇼와 천황의 즉위식을 앞두고 모국으로 강제 송환된 '불령선인不逞鮮人' 동료를 배웅할 때의 애틋한 마음을 담은 것이다.

신기수는 이 시를 마음에 들어 한 이유에 대해 "서두의 '신이여 안녕'에서 자신과 같은 성을 부르는데 친근감을 가졌고, 천황제 파시즘이 판치던 시대에 조선인과 일본인의 인간적 연대를 노래한 내용에 마음이 흔들렸기 때문"이라고 생전에 말했다.

복자伏字[36) 처리한 곳이 많았지만 그 후 한일 양쪽 연구자들의 연구에 의해 전체상을 거의 알 수 있게 되었다.

'이별의 서정', '국제적인 연대', '천황을 향한 테러리즘', '휴머니즘' ······. 여러가지로 해석되었지만 영상화할 경우 구체적인 이미지를 잡기가 쉽지 않았던 것 같다.

"이 시의 장면을 어디서 어떻게 촬영해야 할지 매우 고심했다. 지금의 시나가와역은 근대화되어 어울리지 않았고 수국 잎사귀 위에서 비를 맞는 달팽이 같은 것을 떠올려 보아도 마땅치 않았다.

〈비 내리는 시나가와역〉을 몇 번이나 워크맨(휴대용 소형카세트 리코더)으로 들으며 여기저기를 걷던 끝에 치바현 남부에 있는 보소반도房総半島의 규쥬큐리九十九里 해안에 다다랐다. 동틀 녘에 동쪽 하늘이 조금씩 밝아지는 것을 줌 업zoom up하여 시詩의 클라이맥스로 이끌어 갔습니다."

이렇게 회상하는 사람은 영화 〈에도시대의 조선통신사〉에 이어 〈해

---

36) 인쇄물에서 글자를 빼거나 지워버린 자리를 아무 의미없이 ○× 등으로 표시하는 것.

방의 그날까지〉에서도 촬영을 담당한 다카이와 진高岩仁이다.

다카이와는 신기수에게서 협력을 요청받았을 때 "전전의 조선인의 비참한 모습만 강조하는 작품을 의도하고 있다면 도와줄 수 없다. 그런 상황에서 투쟁해온 조선인도 있을 것이므로, 전후에도 영향을 미쳤을 만한 인물을 다루는 전향적인 내용이라면 함께 하겠다"고 대답했다고 한다.

〈해방의 그날까지〉는 신기수가 〈에도시대의 조선통신사〉의 상영도 일단락되었을 때, 〈조선인 강제연행의 기록〉(未來社, 1965년)의 저자인 역사가 박경식朴慶植에게 영화제작에 관한 상담을 하면서부터 시작된다.

박경식의 〈재일조선인 운동사〉(三一書房, 1979년)를 읽은 신기수는 그때까지의 재일론在日論이 조선인의 수난적 측면만을 강조한 것 뿐이고 민족해방을 위해 싸워온 조선인 상을 그린 것이 없었던 만큼 깊은 감명을 받았다.

신기수의 권유에 박경식은 "아슬아슬 하지만 지금이라면 그 시대를 살았던 증인도 찾을 수 있을 것입니다. 영화로 재일동포의 강인한 발자취를 찾아 나섭시다"라고 전면적인 협력을 약속했다.

박경식은 1922년 경상북도에서 태어났으며 6살 때 일본으로 건너가 도쿄에 있는 도요대학東洋大學 문학부를 졸업한 후, 조선대학교朝鮮大学校 등에서 교원으로 일하는 한편, 재야 역사가로서 방대한 민중사 자료를 수집하며 많은 저작을 남겼다.

1998년 2월에 도쿄도 초후시調布市에서 자전거를 타고 귀가하던 중에 교통사고를 당해 75세로 사망했는데 생전에 남긴 수만 점에 달하는 자료는 시가현립대학에 박경식 문고로 남아있다.

박경식은 〈재일조선인 - 나의 청춘〉(三一書房)에서 일본인 여성과의 애달팠던 연애경험에 대해 썼는데 신기수는 그러한 박경식의 인간미 넘치는 모습에도 마음이 끌렸다고 한다.

사전 예비취재를 위해 홋카이도와 큐슈 등 각지를 걸어 돌아다녔던 신기수이지만, 박경식을 동반한 본격적인 현지촬영은 1983년 7월 치쿠호 탄광筑豊炭鉱[37]에서 시작했는데, 먼저 후쿠오카현福岡県 이즈카시飯塚市에 사는 오랜 지인 하야시 에다이林えいだい[38]를 방문했다.

하야시는 〈치쿠호 광부무덤筑豊坑夫塚〉(1978), 〈기타큐슈의 쌀소동北九州米騷動〉(2001) 등 50여 권의 저서를 가진 논픽션 작가다. 그의 부친은 궁사宮司(신관)였는데 조선인을 감싼 죄로 특별고등경찰에게 고문을 받고 사망했다. 현지 출신이기 때문에 일본 최대 석탄생산지인 치쿠호의 사정에도 밝아, 아소상점麻生商店[39]이 경영하던 탄광 터를 방문해서 관계자를 찾는 데 도움을 주었다.

"내가 지금까지 조선인 광부에게 몇 번이나 찾아가 인터뷰를 하려 해도 어느 정도 이상의 이야기는 듣지 못했다. 그런데 동포가 왔다고 하니 둑 터진 물처럼 줄줄이 얘기가 나오는 것에 놀랐다."

하야시 에다이가 이렇게 말한 이유는 신기수와 박경식이 예전에 700

---

37) 후쿠오카현(福岡県) 중앙에서 북부에 걸쳐 있는 탄광.

38) 기록 작가(1933~). 아리랑 문고 운영.

39) 아소상점(麻生商店)은 아소탄광을 모태로 한 기업으로 현재는 아소(麻生) 그룹이다. 1872년 치쿠젠 광산개발로 시작된 아소탄광은 태평양전쟁 당시엔 중요한 전시 산업구로 지정되었고 1969년에 폐광되었다. 조선인 탄광노동자, 피차별 부락민이 동원되었고 열악한 노동환경으로 1932년 7월 25일 조선인에 의한 대규모 노동쟁의가 일어났다.

명의 동포들과 함께 치쿠호 전체를 뒤흔든 대쟁의를 벌였던 황학성黃學成으로부터 깊숙한 이야기를 끄집어냈기 때문이었다.

당시 아소탄광의 노동조건은 장시간 노동은 말할 것도 없고 산재가 일어나도 조선인 노동자에 대한 보상은 없는데다가 임금은 일본인의 절반 정도였다. 게다가 임금도 현금이 아니라 회사 매점에서만 통용되는 티켓으로 배부하고 시판품보다 2배에서 3배나 높은 가격으로 사게 만들었다.

1932년에 불황의 파도가 큐슈에도 밀어닥치자 조선인은 가장 먼저 감원 대상이 되었다. 그러자 야간학교에서 일본어 쓰기를 배운 황학성은 난생 처음으로 해고반대 삐라를 만들어 이른 아침과 심야에 신체검사를 당하지 않도록 팬티 안에 숨겨서, 그야말로 목숨을 걸고 고개를 넘어 다른 탄광에도 뿌리고 다녔다.

그 결과 삐라 내용이 치쿠호 전체로 전해지게 되고, 3주간이나 대쟁의를 끝까지 관철하자 곤경에 빠진 회사 측은 조선인에 대한 노무방침을 전환해야만 했으며 일본인의 노동조건도 향상되었다. 이 쟁의기간 중에 쌀 백 수십여 가마를 수평사水平社의 가난한 농민들이 모금을 해서 보내왔다.

"일본의 탄광 노동운동사에 남을 치쿠호 쟁의는, 조선인이 야간학교에서 문자를 배운 것에서 시작되었다는 것을 알고 감격했습니다. 그 시대에 일본인이 대량의 쌀을 모아 보내주는 등 조선인과 일본인의 연대 기운이 고조된 점에 대해서도 귀중한 증언을 영상으로 남길 수 있었습니다.

다만 청취 조사를 하는 시점에서 황학성 씨의 많은 동료는 이미 사망하여 일본의 흙이 되었습니다. 좀 더 빨리 주변을 살펴 과거를 파내는 작업을 했어야 했습니다."

신기수는 치쿠호에 갔던 감상을 이렇게 말했는데 하야시는 "꼼꼼하게 청취조사를 하는 두 사람의 자세에서는 배울 것도 많고 용기도 많이 얻었습니다. 이런 일은 가해자인 우리 일본인이 해야 할 일이 아닌가 하고 새삼스럽게 생각했습니다"라고 당시를 회고했다.

신기수와 박경식이 치쿠호에서 2주간 체류할 때의 화제 중에서 특필할만한 에피소드가 있다.

치쿠호에 전해오는 이야기인데, 땅 속 수백 미터에서 석탄을 캐던 조선인이 고향을 그리워하며 "엄마 보고 싶어요. 배고파요. 고향으로 돌아가고 싶어"라는 한글로 새긴 벽판이 발견되자, 일본의 가혹한 식민지 지배를 상징하는 것이라며 아사히신문朝日新聞의 〈아사히 그래프〉와 헤이본샤平凡社의 〈태양〉 등 많은 출판물에서 다룬 적이 있었다.

하야시도 이 에피소드를 자신의 저작물에 게재했는데, 술자리에서 박경식이 "그건 글자 하나가 전후戰後의 것이 들어가 있고 문법적으로도 어색하다. 이전에 조총련 산하 일본조선문학예술동맹(문예동) 사람을 추궁했더니 날조라고 한 적이 있다"며 놀랄만한 사실을 밝혔다.

이 이야기는 신기수도 알고 있는 문예동 영화부 관계자가 1965년 한일조약에 반대하기 위한 작품을 촬영하기 위해 치쿠호에 갔지만, 폐광으로 마땅한 소재가 없자 젊은 재일동포 여성에게 벽판에 한글을 새기게 했다는 것이 그 진상이었다.

평소 온후한 성격의 박경식이 "인간을 모독하는 작품은 안 된다. 다큐멘터리 정신에 반하는 행위다"라며 안색을 바꾸며 화를 냈다.

이 벽판은 현지 작가인 우에노 에이신上野英信이 자택인 치쿠호문고筑豊文庫에서 귀중한 역사적 증거물로 보관하고 있었는데 온가가와遠賀川 강이 범람했을 때 어디론가 떠내려가 버렸다고 한다. 박경식 등과 함께 소주를 마시던 우에노는 "그건 물에 떠내려갈 운명이었던 거예요"라고 말했다.

신기수는 자신도 예전에 몸담고 있던 문예동의 수법에 대해 "연출해서 찍는 영화제작은 전시하의 일본영화의 특징이었다. 재일동포 영화 제작에도 그 영향이 있는 것일까. 쇠퇴한 다큐멘터리는 언젠가는 들통 날 운명이었다"고 〈청구문화〉 제27호에 그 전말을 썼다.

치쿠호 취재 1개월 후에 촬영반은 홋카이도로 날아가, 유바리夕張 탄광[40]과 일본 최대급 인공호수 우류雨竜 댐이 있는 슈마리나이朱鞠内[41], 격렬한 노동쟁의가 일어났던 구시로釧路 등을 방문했다.

녹색으로 뒤덮인 탄광촌 마을에 노란 원색의 꽃이 만발하고 호수면 은 푸르고 푸르게 물이 꽉 찬 기분 좋은 계절이었다.

전쟁 말기인 1944년 가을이 되어서도 홋카이도는 헌병이나 경찰의 엄격한 감시하에 있었지만 조선인 노동자에 의한 스트라이크나 사보 타주sabotage 건수는 오히려 전년보다 증가했으며 이듬해에 일본의 패 전, 즉 조선민족해방의 8월 15일로 돌진해 갔다.

호로카나이幌加内의 크롬Chrom 광산에서는 일본인이 의류 티켓을 횡

---

40) 홋카이도 중앙에 위치한 탄광촌(1889~1977). 1970년대 이후 경쟁력을 잃고 파산했 다. 현재는 유바리 메론으로 유명하다.
41) 홋카이도 북부 지역. 전시(戰時) 중인 1938년~1943년에 전력 공급을 위해 조선인을 강제동원하여 건설했다.

홋카이도에서의 〈해방의 그날까지〉 촬영 풍경
(왼쪽부터 다카이와 진(高岩仁), 김흥곤, 박경식).

령한 탓에 조선인 광부들은 눈 속에서 다 떨어진 의복과 지하에서 신
는 버선발로 일해야만 했다. 현장감독을 하던 채만진蔡晩鎭은 그러한
동포의 궁상을 보다 못해 다코베야蛸部屋[42]를 없애기 위해 일어났다.

각지의 탄광을 돌아다니며 자신의 몸에 다이너마이트를 휘감고 "임
금을 주지 않을건가"라며 일본인 관리자에게 대들어 동료의 체불임금
을 획득한 김흥곤金興坤. 한 마리 늑대 같은 김흥곤은 1930년경 우류雨竜
댐 건설공사 현장에서 천여 명의 조선인이 세면기를 두드리는 시위 행
동을 리드하면서 혁명가이자 위험인물로 감시당했다.

그리고 유바리 탄광에 강제 연행된 조선인에게 신사神社에서 황국신

---

42) 전전에 홋카이도(北海道)나 가라후토(樺太)의 탄광 등에서 비인간적 환경에서 가혹
한 일을 시킨 노무자 합숙소.

민의 맹세를 하도록 강요하는 장면을 소년 시절에 목격했다는 초등학교 교사인 가토 히로시加藤博史 등…….

신기수와 박경식은 예전의 역사무대를 걸으며 한 사람 한 사람 인터뷰를 거듭하는 한편, 삿포로시에 있는 홋카이도 개척기념관도 찾아가봤다.

이곳의 지하창고에는 극비 취급한다는 붉은 도장이 찍혀 있는 '이입반도인 관계철移入半島人關係綴' 등 스미토모금속住友金屬의 고노마이鴻之舞 광업소에서 일한 조선인 노동자 자료가 골판지 상자 몇 개에 보관되어 있었다. 그 중에는 조선인 한 사람 한 사람의 성격과 사상경향까지 기록한 증명사진이 첨부된 명부 등도 포함되어 있었다.

그것들을 한 장 한 장 접사했는데, 그때의 취재는 〈해방의 그날까지〉가 완성된 1990년 이후에도 신기수가 조선인 강제연행 문제로 한국에 현지조사를 나갈 때 크게 도움이 되었다.

홋카이도에서의 취재를 되돌아본 신기수의 회상.

"일본 패전 직후, 유바리에서는 조선인 1만 명의 대 집회가 열려 연내 귀국과 임금보장 등을 요구했는데 이에 자극을 받은 일본인도 조선인에게서 노조결성방법에 대해 배우기도 했다. 그러한 분위기 등을 전하는 것이 이 필름의 목적이었다.

그 때문에 채만진 씨 등과 걸었던 호로카나이의 아리랑 고개나 김홍곤 씨와 보았던 우류 댐의 광경을 잊을 수가 없다. 홋카이도에서는 민중사 발굴운동이 확대되고 영화제작의 취지에 공감해주는 사람도 있어서 큰 용기를 얻었다."

7. 재일동포로 살아가는 자신(自信)

큐슈와 홋카이도 취재의 틈을 이용해 촬영반은 혼슈本州 산간부에도 들어갔는데 재일동포 역사학자 강덕상姜德相이 "신기수, 박경식 두 사람이 2인 3각으로 만든 이 영화에서 특히 재미있다고 느꼈다"고 말한 것이 산신철도三信鉄道[43] 편이다.

일본철도의 침목에 조선인의 피와 땀이 배지 않은 곳이 없는데, 나가노현長野県 이다시飯田市와 아이치현愛知県과 오카자키시岡崎市를 잇는 국철 이다센飯田線의 전신인 산신철도도 예외가 아니었다.

이 철도는 터널을 몇 개나 뚫어야 하고 가파른 절벽에서의 난공사가 예상되었는데 측량은 아이누족이, 실제 공사는 과장광고를 통해 조선반도에서 데려온 500명이 동원되었다. 일본이 중국 침략전쟁을 개시하기 전 해인 1930년의 일이다.

위험한 데다가 감시가 따라붙고 임금도 주지 않는 중노동으로, 조선인들이 임금지불을 요구하며 들고 일어서자 아이치현 경찰 1000명 이상이 달려들어 쟁의단을 에워싸며 칼(세이버·날이 휜 기병용 칼)을 빼들고 달려들었다.

조선인 노동자는 피투성이가 되면서도 곤봉이나 돌로 응전하여 칼과 모자를 빼앗아 경찰을 무장해제시켰다. 이런 이야기가 외부로 전해지는 것을 두려워한 경찰 측은 다시는 탄압하지 않겠다고 서약했다고

---

43) 1930년 7월 29일 아이치현 기타시타라군(北設樂郡) 미와무라(三輪村) 가와이(川合)~나가오카(長岡)구간 철도공사장에서 수백 명의 조선인 노동자들이 임금체불 등 억압적인 노동조건을 개선하기 위해 일본노동조합 전국협의회와 니가타(新潟) 조선노동조합, 도요하시(豊橋) 합동노동조합 소속 조선인 활동가들의 지도 아래 파업에 들어갔으나 경찰의 강제 진압으로 패배했다.

조선인 노동자는 댐 건설 현장이나 금속광산 등에 동원되었다(〈영상이 말하는 '일한병합'사〉)에서.

한다. 반 년에 걸친 대쟁의를 관철해서 얻은 수확이었다.

이러한 역사의 한 장면을 되살릴 수 있었던 것도 실제로 철도침목 공사에 종사했던 박두권朴斗權이 나가노현 시오지리시塩尻市에 건재했기 때문으로, 박두권은 신기수에게 "그때 일본인 아낙네들이 조선인들을 동정하며 주먹밥을 만들어 주었다. 그 맛은 55년이 지난 지금도 잊을 수 없다"고 말했다.

촬영현장은 산 속 깊은 곳으로, 학생 시절에 로케이션 사전답사차 박경식과 동행했던 프리저널리스트인 이토 쥰코伊東順子는 〈병으로서의 한국 내셔널리즘病としての韓國ナショナリズム〉(洋泉新書)에서 다음과 같이 썼다.

박경식은 청년처럼 발걸음이 가벼운 사람이었다. 내가 "선생님 저기에 비석 같은 것이 있습니다"라고 말하면 바로 그 순간에 절벽을 달려 올라갔다. 바지가 젖든 구두가 상하든 상관없이 아침이슬에 젖은 덤불 속을 항상 앞서서 나아갔다. 그렇게 다다르게 된 위령비에서 조선인 이름을 확인하면 몇 번이나 몇 번이나 그곳을 쓰다듬었다.

산신철도편은 취재와 촬영에 품이 많이 들었는데, 신기수는 현지를 여러 번 오가며 스스로 카메라를 돌려 16mm 필름을 촬영했다.

박두권은 영화 〈해방의 그날까지〉가 완성되고 얼마 안 있어 사망했는데, 신기수는 "박두권이 일본경찰이 조선인에게 칼과 관복을 빼앗기는 모습을 목격한 체험은, 이후 반세기 이상 재일동포로 살아가는 원동력이 되었다. 마을 아낙네들이 일본경찰을 위해서는 밥을 짓지 않아도 조선인을 위해서는 흔쾌히 주먹밥을 만들어주었던 것도 가난한 자들끼리의 연대의 증거였다"고 이 작품의 설명문 등에 기술했다.

쟁의의 무대가 된 가와이무라川合村에서는 조선인이 떠난 후에도 그들이 강가에서 옷을 세탁할 때 나무방망이를 사용하는 조선식 방식이 오랫동안 전해졌다.

"이런 험난하고 깊은 산골짜기에서 동포들은 노역 당하고 종국에는 무자비한 일까지 당하다니……."

2000년 초여름, 한국 대구방송국의 30대 프로그램 담당자들이 니가타현新潟県 시나노가와信濃川 강 상류에 있는 쓰난마치津南町를 방문했을 때 신기수로부터 조선인 학살에 관한 설명을 듣고는 신음소리를 냈다.

報　　昭和57年(1982年)10月25日　（月曜日）　(18)

中津川発電所「朝鮮人虐殺はあった」

津南の古老 60年の沈黙破り証言

飯場逃亡 死のリンチ

佐藤泰治
小出高教諭　〝四年の追跡〟を発表

富士川にミニ「大峡谷」

台風10号のいたずら

見物客殺到、県しぶい顔

60년 전의 조선인 학살을 전한 〈니가타일보(新潟日報)〉 1982년 10월 25일자 조간.

신기수의 반평생을 〈재일한국인 - 나의 일대기〉라는 1시간짜리 프로로 만들어 8월 15일에 방영하기 위해 취재차 온 것인데, 재일한국인의 고난의 역사를 모르는 본국의 젊은이들에게 신기수의 이야기는 충격과 놀라움의 연속이었다.

영화 〈해방의 그날까지〉의 '파트① 조선의 식민지화와 항일투쟁'에서 생생한 증언이 나오는데 이 쓰난쵸를 무대로 1922년에 발생한 나카쓰가와中津川 강 조선인 학살사건이었다.

당시 비경으로 불렸던 이 깊은 산 속에서 신에쓰 전력信越電力은 동양제일의 수력발전소 건설공사를 시작했는데 이 작업에 동원된 인부는 조선인으로 다이너마이트를 험준한 암벽 면에 장치하는 위험한 일이 반복되자 이에 항의하며 도망치는 자가 끊이지 않았다.

그러한 조선인들을 청부업자가 잔인하게 때려 죽이고 시나노가와 강에 던져버렸는데 그 수가 백 수십 명이라고도 하지만 정확한 숫자는 알 수 없다.

이 문제는 요미우리신문読売新聞이 동년 7월 29일 '호쿠에쓰北越의 지옥계곡'이라며 크게 보도하면서 드러나게 되었는데, 도쿄에 있던 조선인 유학생이 변호사인 후세 다쓰지布施辰治와 현지에 조사단으로 달려감과 동시에 서울에서도 동아일보 편집국장이 특파되었다.

후세 다쓰지는 한국에서 '일본판 쉰들러Schindler'[44]로 불릴만큼 전전의 조선인 인권옹호와 독립운동을 계속 지원하여 2004년에 한국 정부로부터 대한민국 건국훈장(애족장)을 수여받았다.

---

44) 쉰들러(Oskar Schindler)는 체코 태생의 독일 사업가로 나치정권 당시 수많은 유대인들을 구출해냈다.

당시 도쿄 간다의 청년회관에서 열린 사건진상을 규명하는 대규모 집회에는 일본인 약 2000명과 조선인 500여 명이 참가했고 회의장에 들어가지 못한 사람도 수천 명이나 됐다고 한다.

예상밖의 성황에 당황한 경찰은 해산명령을 내렸지만 일본인 청중들은 '경찰 횡포'라고 외치며 조선인에게 동정적이었다고 당시의 동아일보는 전했다. 현지의 움직임에 대해서도 동아일보는 정력적으로 보도했지만 철저한 함구령이 내려져 있었던 듯 했다.

그로부터 60년이 지나 현지에서 마을역사 집필을 담당하는 고등학교 교사 사토 다이지佐藤泰治는 4년에 걸친 청취조사에서 "당시는 완전히 무정부상태였다", "한 겨울에 손을 뒤로 결박당한 조선인이 물에 잠긴 채로……" 등 무거운 침묵을 깨고 증언에 나선 노인이 나타났다고 한다.

신기수는 영화에서 "역사의 오점을 매장시켜서는 안 된다"고 호소하는 사토 다이지와 증언에 나선 노인들의 육성을 모아 작품을 완성했다. 약 20년 만에 한국의 젊은이들과 현지를 방문한 감상에 대해 "당시에 비해 인구과소화가 많이 진행되었고 함바飯場(노무자들의 급식소) 건물은 간신히 남아 있었지만, 그 이야기를 들려주었던 노인들은 모두 사망했다. 방송국의 젊은 프로듀서들은 저 어두운 시대에 일본민중이 조선인 학살의 진상에 강한 관심을 보여준 이야기에 감동했던 것 같다"고 말했다.

이런 여정에 더하여 촬영반은 오사카부 남부에 있는 기시와다시岸和田市도 방문했다.

방적 산업은 일본자본주의의 대표 산업이었지만 조선인 여공을 싼

임금으로 12시간씩 2교대로 작업을 시킨 기시와다 방적[45]은 쇼와 초기에 방적이 번창한 센슈泉州(오사카 남부지역) 지방에서도 가장 큰 회사로 성장하였으며 조선방적이라고도 불렸다.

호소이 와키조細井和喜蔵의 〈여공애사女工哀史〉[46](1925)를 예로 들것도 없이 그녀들의 노동조건은 열악했는데, 그 중에서도 조선이나 오키나와 출신자들에게는 더욱 힘든 일들이 돌아왔다.

실먼지가 자욱하게 날리는 열악한 환경에서 일하면서 과로와 영양실조에 걸렸으며 결핵으로 타국 땅에서 목숨을 잃는 젊은 처녀들. 연고자가 없는 자는 공동묘지에 매장되었는데 묘석 대신에 길가의 작은 돌을 놓고는 그 앞에 꽃을 꽂아둘 우유병을 묻어 놓았다.

"나도 방적 공장 여공이던 모친을 5살 때 교토에서 잃었기에 이 묘석 대용의 돌을 보고 있자니 모친의 모습이 눈에 선했습니다."

신기수는 이 취재에 대한 감상을 이렇게 말했는데 재일코리언이 많이 거주하는 이카이노에서도 여공의 생존자를 찾아봤으나 여간해서 찾아낼 수가 없었다.

간신히 만날 수 있었던 심상두沈相杜 할머니는 1907년생으로 18세 때 결혼하여 돈벌이 하러 일본으로 건너온 남편을 따라 오사카로 왔다. 센슈泉州 특용작물인 양파를 보존하는 오두막집에서 촛불을 의지해 생활하고, 식사는 간장에 밥을 비벼 들풀을 반찬으로 먹었다. 기시와다

---

45) 제1차 세계대전의 호경기로 일본의 여공이 부족하자 1918년부터 조선인 여공을 적극적으로 고용했다. 경남과 제주도 출신이 많았다. 노동자들은 공장의 합숙소, 기숙사, 혹은 사택에서 생활했지만 위생 환경이 대단히 나빴다.
46) 방적 공장에서 일하는 여성 근로자의 고단했던 생활을 기록한 르포.

방적에서 일했는데 장녀를 출산하는 당일까지 다니다가 혼자서 산후조리를 해야하는 지경이었다고 한다.

억척스럽게 살아남은 심상두 할머니를 비롯한 여러 분들의 증언을 토대로 신기수는 1930년 5월의 기시와다 대쟁의의 모습을 영상화해 갔다.

이 쟁의는 대폭적인 임금삭감과 인원정리를 꾀하는 센슈 일대의 방적회사에 맞서 기시와다의 조선인 여공이 노동단체의 지지를 받으며 스트라이크로 대항한 것으로, 심상두 할머니네 집은 삐라와 포스터 제작 장소로 사용됐다. 당시 조선인 여공이 일본인 노동자의 근성을 바꾸어 놓았다는 말까지 전해지고 있다. 영화 속에서 심상두 할머니가 오십여 년 만에 혁명가를 흥얼거리는 장면이 인상적이다.

이 작품을 제작하기 위해 신기수를 도와 도쿄의 근대문학관 등으로 오래된 사료를 찾아 다녔던 가와이쥬쿠河合塾 강사인 조박趙博은 당시를 이렇게 회고했다.

"신기수 씨는 올드 볼셰비키Old Bolsheviki 47)라고 부르는 게 좋을까요. 내게는 정말 안심되는 분위기였습니다. '재일동포의 역사를 발굴하여 공통인식을 만들지 않으면 안 된다'고 입버릇처럼 말했습니다. 쓰치모토 노리아키土本典昭 씨가 미나마타병水俣病에 대한 영화를 제작하여 환자를 구제하는 운동에 얼마만큼 기여했는가, 재일동포에게도 이게 필요한 거야, 하며 집념을 불태웠습니다. 조총련이 주장하는 북한 예찬

47) 1917년 10월 러시아혁명 이전부터 활동해 온 공산당. 소련공산당의 전신인 러시아 사회민주노동당 정통파를 가리키는 말로 멘셰비키와 대립된 개념이다. 다수파(多數派), 과격한 혁명주의자라는 뜻으로도 쓰인다.

일변도의 작품으로는 우리들의 역사를 그려 나갈 수 없다는 생각이 신기수 씨의 마음 저변에 있었다고 생각합니다."

이렇게 각지를 취재하러 다니며 다카이와 진이 촬영한 필름은 전체 15시간 분량이나 되었는데 이를 어떻게 정리하느냐가 어려운 일이었다. 그 다카이와의 회상.

"어디서 만난 사람들이건 모두 인간적인 강인함을 지녔고, 밝고 매력적이었다. 15시간짜리 필름을 〈에도시대의 조선통신사〉처럼 1시간으로 정리해 보려고 했는데, 이 필름을 전부 본 박경식 씨가 매우 귀중한 영상이므로 무리하게 줄이지 않는 게 좋다고 조언을 해주었다."

최종적으로 전 5부로 구성하여 3시간 20분짜리로 완성한 작품은 1986년 4월 6일에 도쿄 일불회관日仏会館에서 게이센조가쿠엔대학惠泉女学園大学 교원인 우쓰미 아이코内海愛子 등이 운영위원을 맡아 상영회가 열렸다. 회장에 미처 입장하지 못한 사람들을 위해 급거 한국YMCA홀을 제2회장으로 마련했다.

1919년 조선 본국에서 고조된 독립운동에 호응하여 재일 유학생이 독립선언을 발표한 곳이 바로 이 YMCA인데, 〈해방의 그날까지〉를 상영하게 되면서 역사적 해후를 느낀 사람도 있었다.

"조선통신사의 존재를 일본에 널리 알린 최대 공로자는 신기수 씨인데 그런 그가 '엣, 이런 작품도 만드는 구나', 하고 놀랐던 것이 이 영화 〈해방의 그날까지〉였다."

당시를 회상하며 이렇게 말하는 마이니치신문 논설위원인 이시하라 스스무石原進는 "일본에 온 조선인에게는 빛나는 투쟁의 역사가 있다. 재일동포의 아이덴티티는 바로 여기에 있다, 고 하는 이 영화는 매우 이해하기 쉬웠다. 오사카 사회부기자 시절에 내가 쓴 소개기사를 데스크가 파격적으로 대우하여 지면에 크게 실어주었던 것을 기억하고 있다"고 말했다.

간사이関西에서의 영화상영은 교토를 시작으로 고베 등 각지에서 릴레이식으로 열렸는데 이 작품을 감상한 간사이대학 야마시타 하지메山下肇 교수(독일문학)는 "군국주의 일본의 역사를 되돌아보는 신선하고 아주 좋은 교과서라 할 수 있을 것 같다"고 하면서 당시 다음과 같은 감상을 〈청구문화〉 제12호에 보내왔다.

> '학도병' 세대인 내 입장에서는 1943년 가을 '조선인학도 출진장행회出陣壯行會'[48] 장면이 날카로운 절단면처럼 각인되었는데, 도처에 감동적인 장면들이 아로새겨져 자료발굴에 고생이 많았던 것으로 보이고 깊은 생각으로 마음이 흔들린 3시간 반이었다. …… '지문날인' 문제 하나만 보아도 일본의 민주주의가 많이 뒤처져 있음을 새삼스럽게 통감할 수 밖에 없었다. 그러한 반성의 자각을 계기로, 이 작품과 '조선통신사'의 두루마리 그림를 나란히 놓으면 실로 과거에 의도적으로 은폐되어 온 깊은 안개가 말끔하게 걷히게 될 것이다.

또 NHK 프로듀서인 미즈타니 게이치水谷慶一는 같은 기록영상을 제작하는 입장에서 '일본의 근·현대사를 완전히 새로운 시점에서 응시한 작품'이라며 다음과 같은 말을 신기수에게 보내왔다.

귀하의 작품에는 다큐멘터리의 원점이 있다고 생각했습니다. 최근의

---

48) 제2차 세계대전 종반인 1943년에 병력부족을 보충하기 위해 고등교육기관에 재적하는 20세 이상의 재학생(일본인, 조선인, 대만인)을 전쟁터로 내보냈는데 이들을 떠나보내는 행사를 '출진장행회'라 불렀다.

NHK 작품에는 결여되어 있는 만큼 한층 더 강렬하게 느꼈던 바이며, 오늘도 젊은 프로듀서들을 모아놓고 꼭 보도록 권유했습니다. 산신철 도공사 쟁의의 전말을 웃으며 회고하는 사람이 전하는 내용이 너무나 비참한 만큼 일종의 무서움마저 느꼈습니다. 처음으로 털어놓는 역사란 진정 그런 것이겠지요.

5장
도요토미 히데요시의 침략과 항복한 왜인

임진왜란 후 400년. 사야가(김충선)의 자손 김재덕과 사쓰마도자기 장인 14대 심수관(오른쪽)
이 연대의 악수를 나눴다(1997년 11월 피스 오사카에서).

1. 교토 불교회의 자기비판

도쿄 구단九段에 있는 야스쿠니신사靖國神社의 존재가 너무 신경이 쓰인다고 신기수는 생전에 자주 말하곤 했다.

세상 사람들이 이야기하는 야스쿠니 참배의 옳고 그름을 의미하는 것만이 아니다.

신사 안 기관차 뒤쪽에 세워져 있던 높이 2m 정도의, 비둘기 배설물로 뒤덮여 글씨도 읽기 어려운 돌 비석 때문이다.

비석에 〈북관대첩비北關大捷碑〉라고 적혀 있다. 도요토미 히데요시(1537~1598)의 분로쿠·게이쵸노에키(조선에서는 임진왜란 정유재란) 때 함경북도 길주吉州에서 가토 기요마사加藤淸正 군을 격퇴시킨 정문부鄭文孚[1]의 공적을 칭송한 내용이 한문으로 새겨져 있다. 이 비석은 길주의 임명역臨溟驛에 있던 것으로, 러일전쟁 후인 1907년에 일본군이 메이지 천황에게 전리품으로 뽑아 가져간 것이다.

임진왜란은 가토 기요마사 군대가 고니시 유키나가小西行長와 선두경쟁을 하면서 20일 만에 한양을 함락하고 파죽지세로 두만강 중국접경

___

1) 1588년 문과에 급제하여 이후 여러 관직을 거쳐 북평사가 되었다(1565~1624). 임진왜란이 일어나자 길주에서 군대를 일으켜 지휘했다. 이후 길주 등 여러 전투에서 승리하여 함경도 지역 대부분을 수복했다. 이때의 승전을 기록한 것이 북관대첩비다(북관대첩비는 일제 강점기에 일본으로 옮겨졌다가 2005년 한국을 거쳐, 원래 위치에 복원하기 위해 2006년 3월 1일 북한에 반환됐다).

까지 올라갔지만, 진격이 가능했던 것은 처음 두 달뿐이었다. 그 후에는 병참보급이 끊기고 조선 의병에 의해 주력군대의 절반을 잃을 정도로 패하고 있었다.

해상전에서도 이순신(1545~1598)이 이끄는 거북선단에 의한 결사 항전에 직면하고, 도도 다카토라藤堂高虎의 수군도 괴멸적인 타격을 입고 있었다.

일본학교 교육에서는 이런 사실을 제대로 가르치지 않고 가토 기요마사가 호랑이를 물리친 이야기만 무용담처럼 강조하고 있지만, 전쟁이 끝난 120~130년 후에 일본군을 상대로 한 이런 전승기념비가 조선 반도의 각지에 세워지게 된다.

고쿠민國民 신문[2]을 운영하던 도쿠토미 소호德富蘇峰는 과거에 조선 총독인 데라우치 마사타케寺內正毅[3]에게 일본이 조선을 통치하는 데 가장 곤란한 것은 히데요시의 조선침략 이미지를 어떻게 불식시키느냐는 것이며, 그를 위해서 이들 비석을 어떻게 처리해야 하느냐에 달려 있다고 충고했다고 한다.

신기수는 이 비문의 탁본을 가지고 있었는데 "한국의 광주에 살고 있던 어떤 사람이 비석을 반환해 달라고 야스쿠니신사에 요청했으나, 원래 비석이 있던 지역은 북한이었기 때문에 반환은 실현되지 못했다. 당시 비석의 대부분은 일본군에 의해서 바다에 버려졌고, 히데요시의

---

2) 1890년에 창간한 일간신문. 현재의 도쿄신문의 전신.

3) 일본 육군, 정치가(1852~1919). 이완용 친일내각으로부터 경찰권을 이양 받아 헌병이나 경찰을 동원하여 한국의 국권 탈취 후 초대 조선총독으로 무단 식민통치를 자행했다.

조선침략에 관한 사료는 지금은 거의 없어졌다"고 했다.

그 후 2005년 6월이 되어, 북관대첩비의 반환문제가 한일 정부 간에 논의되었고 "반환이 실현되면 한일관계뿐만 아니라 남북한 관계 개선에도 좋을 것이다"라고 하여 야스쿠니신사로부터 4개월 후에 한국으로 인도되었고, 그 다음해인 2006년 3월에 원래 있던 북한으로 옮겨졌다.

신기수가 반평생을 바쳐온 조선통신사 발굴 작업은 지금까지 언급해온 것처럼 임진왜란의 전후처리를 도쿠가와 이에야스가 성실한 자세로 임했기 때문에 실현될 수 있었던 것이다.

이런 의미로 말하자면, 한일 간의 근세의 빛明이라고 할 만한 조선통신사의 세계와 그림자曆에 해당하는 그 후의 일제강점기에 매달리는 신기수로서는, 도요토미 히데요시의 조선침략(임진왜란)은 모든 표현활동의 원점이 되는 주제였다.

영화 〈에도시대의 조선통신사〉 상영운동을 일단락 지은 후, 영화 〈해방의 그날까지〉의 사전취재와 청구문화홀 개설을 준비하는 가운데 그가 새롭게 착수한 것이 1983년 가을에 교토에서 열린 '이총 민중법요耳塚民衆法要'였다.

그 해에 공개된 지상호池尙浩 제작 8mm 기록영화 〈히데요시의 침략〉에 신기수는 깨우침을 얻었다. 현재 지상호는 고향인 남원에서 살고 있지만, 1939년에 일본에 와서 야마구치현 이와쿠니시岩国市에서 살았다. 신기수와는 〈에도시대의 조선통신사〉를 야마구치현에서 상영했을 때 알게 되어, 함께 김달수의 〈일본 속의 조선 문화〉 취재를 도와준 적도 있었다.

지상호가 10여 년에 걸쳐 완성시킨 〈히데요시의 침략〉에는 교토의 귀무덤을 비롯해서 각지에 남아 있는 상처가 기록되어 있다. 영화제작 동기에 대하여 그는 "일본에서 '침략'이라는 표기를 둘러싼 교과서 문제가 생겼을 때, 그것이 침략이 아니면 무엇인가라고 생각했다. 2차 세계대전뿐만 아니라 히데요시의 조선출병(임진왜란)도 침략이라는 생각을 전하고 싶어서 영화를 만들었다. 400년 전의 책임을 추궁할 마음은 없으나 침략이라는 사실 만큼은 인식해 주기를 바란다"(每日新聞 1994년 1월 7일자 석간)고 말했다.

　관동대지진 때의 조선인 학살로부터 60년에 해당하는 1983년, 오사카에서는 '웅비하는 국제도시'라는 슬로건 아래, 히데요시를 칭송하는 오사카성 축성 400년 축제가 행정기관 주체의 기획으로 진행되고 있었다.

　신기수는 "오사카에서는 경기가 좋지 않을 때, 언제나 태합太閤 도요토미 히데요시를 내세우지만, 한국의 어린이가 처음으로 기억하는 일본인 이름은 풍신수길豊臣秀吉이다. 학교에서 가르치고 있기 때문인데, 한국인의 히데요시에 대한 증오심은 뿌리가 깊다. 입신출세의 영웅으로 보고 있는 일본인들의 생각과는 차이가 크다는 것을 잊어서는 안 된다"고 말했다.

　7만 명이나 되는 조선인을 납치한 데서 '인간사냥 전쟁'이라고도 불리는 임진왜란이지만, 히데요시는 조선반도에서 왜군에 저항하는 농민의병의 목 대신 코나 귀를 잘라 염장鹽藏하여 '승전의 증표'로 통에 넣어서 일본에 가져오라고 했다.

　수만 명의 코나 귀는 교토의 히가시야마구東山区 도요쿠니신사豊國神

社 근처에 있는 '귀무덤'에 묻혔다. 둘레 50m에 흙을 쌓아 만든 언덕에 묻혀 공양을 해왔지만, 그것은 히데요시의 '자비'를 과시하는 허구의 위령비였다.

사실 귀무덤 주위를 둘러싸고 있는 돌난간에는 일본 가부키歌舞伎 사상 유명한 배우 이름이 새겨져 있다. 그들은 메이지 시대가 되어 '히데요시의 외국정벌'을 현창顯彰하게 되자 〈다이코키太閤記〉[4]를 상연하게 되었고, 배우들은 연기를 통하여 일본민중에게 조선 멸시감을 심어주는 역할을 하게 된다.

다이쇼大正 시대에 태어난 송두회朱斗会라는 재일동포가 1974년 무렵부터 "일본인의 조선인에 대한 차별과 전쟁책임의 원점은 히데요시의 '조선정벌'에 있다"고 생각하고 개인이 조촐하게 공양을 해왔다. 그러나 귀무덤의 역사적 사실에 대해서는 왜곡된 그대로 승려가 입회하는 법요식은 열린 적이 없었다.

송두회는 전후戰後, 귀국자를 태우고 조선반도로 가는 우키시마마루浮島丸가 교토의 마이쓰루舞鶴 앞바다에서 폭발 침몰한 우키시마마루 사건[5]에서 소송 원고단 대표를 맡았던 인물로 신기수에게도 자극을 줬다.

신기수는 예전부터 알고 지내 온 '잠깐만 기다려! 〈오사카 축성 400년 축제〉에 항의하는 모임' 대표인 가시이 히로유키柏井宏之와 함께 히데요시 예찬에 쐐기를 박는 행동을 일으켰다. 1983년 봄이다.

---

4) 다이코(太閤)라 불렸던 도요토미 히데요시의 생애를 그린 전기.

5) 1945년 8월 24일, 한국인 징용자 7000여 명을 태운 일본 해군수송선 우키시마마루(浮島丸)가 원인 모를 폭발사고로 침몰한 사건.

먼저 두 사람은 정토종 총본산인 지온인知恩院으로 가서 "귀무덤은 왜 만들어졌는가. 조선인 희생자를 위한 위령이 아니고, 히데요시의 덕을 칭송하는 것이 진짜 목적이 아닌가, 견해를 듣고 싶다. 만약에 우리가 지적한 대로라면 스스로 자기비판을 해야 한다"는 의견을 제시했다.

대응하던 지온인 측은 "취지는 알겠습니다. 자세히 조사해 본 후에 연락을 드리겠습니다"고 답변해주었고, 그로부터 2주일 후에 두 사람을 교토불교회관으로 불렀다.

"지적하신대로 우리는 히데요시 공의 높은 덕을 칭송하여 법요식을 하고 있습니다만, 여기에 잠들어 있는 사람들을 위한 법요는 하지 않았습니다."

"그렇다면 여기에 잠들어 있는 사람들의 법요식를 꼭 해주었으면 합니다."

"그렇게 하겠습니다."

"시민이 중심이 되는 법요식을 거행하고 싶습니다. 귀무덤의 민중공양으로 하면 어떤가요?"

"공양은 한정된 언어이므로 법요식이라면 불교회 전체가 받아들일 수 있습니다."

이리하여 그해 9월 18일. 맑게 개인 날, 귀무덤의 오륜석탑五輪石塔 앞에 제단이 설치되고 전국에서 약 1300명이 민중법요에 모여들었다. 그 중에 약 120명은 종교관계자였다. 조선인 희생자의 영혼이 약 400년 만에 위로받은 역사에 남을 한 장면이 되었다.

승려 30명의 독경이 울려 퍼지는 가운데 교토 불교회 이사장인 지온인 집사 고바야시 닌카이小林忍戒가 "우리들은 조상의 이런 비인도적 행위를 부끄럽게 여기는 동시에, 지금까지 진정한 공양을 하지 않은 것을 유감으로 생각합니다"라고 자기비판의 글을 낭독했다.

그 다음, 나가노長野에 살고 있는 재일한국인 승려 장한생張漢生이 "400년 전의 전쟁에서 희생된 동포의 혼을 기리면서, 이 곳을 동양 민족이 사상·신조·체제의 차이를 넘어 평화를 지키는 약속의 장으로 하자"고 인사를 했다.

교토에 살고 있는 작가 오카베 이쓰코岡部伊都子는 "히데요시의 귀무덤을 자비와 인애의 상징처럼 말해왔지만, 사람을 죽여놓고 나서 공양한다는 것이 무슨 자비, 인애입니까. 오늘의 법요식은 진혼鎭魂에 지나지 않을지도 모르지만 아주 기쁩니다"라는 조용한 말에 누구나 고개를 끄덕였다.

법요식의 서막은 메이지 천황과 사이고 다카모리西鄕隆盛[6]가 이 지역에서 만난 것을 기술한 비석을 배경으로, 간사이 예술극단關西藝術座의 연극배우인 신야 에이코新星英子가 1인극 〈신세타령〉을 연기했다. 하얀 치마저고리 차림을 하고 한층 풍부한 감정으로 연기하는 그녀의 모습을 가까이에서 본 어느 동포 어머니는 착각해서 "당신도 여러모로 고생이 많았네"라고 말을 걸 정도로 박진감 있는 연기였다.

그리고 피날레는 재일동포 2세와 3세가 '강강수월래'와 '쾌지나 칭칭나네'를 부르면서 큰 원을 만들었다. 장구와 징이 울려 퍼지는 가운데

---

6) 가고시마현(鹿兒島県)의 하급사족(士族) 출신으로 메이지유신의 중심적 인물로 활약하며, 도쿠가와 막부시대를 종결시키고 천황 중심의 왕정복고를 성공시키는 데 절대적인 역할을 했다. 메이지 신정부의 요직에 참여하다가 정한론(征韓論)을 주창한 것이 받아들여지지 않자 관직에서 물러난 후 귀향. 중앙 정부와의 대립이 격화되어 1877년 세이난(西南)전쟁을 일으켰으나 패하자 자결했다(1828~1877).

'신세타령'을 열연하는 신야 에이코.

"가토 기요마사가 도망가네"라는 조선 백성이 옛날에 소리 높여 부르던 노래가 고도古都 교토의 큰 길에 울려 퍼졌다.

이 에너지는 재일동포가 많이 거주하는 오사카 이카이노에서 열린 제1회 민족문화제로 이어지는 한편, 교토시민 유지들의 성대한 '귀무덤 법요'로 발전해갔다.

신기수와 2인 3각으로 귀무덤 민중법요식을 실현시킨 가시이 히로유키는 그 시절을 다음과 같이 회상했다.

"정말로 법요식이 실현될 것이라고는 생각하지 않았으며, '이만큼 멋지게 행사를 치뤘다면 비용도 상당히 들었지요', 라는 교토시민의 물음에 한 푼도 안 들었다고 대답하자 놀라더군요. 신기수 씨의 열정 어린 호소에 200여 명 가까운 찬동자가 모였던 점과 지온인과의 교섭에서도 신기수가 부드럽게 이야기를 진척시켰기 때문에 지온인측도 승낙했다.

이쪽에서 요구했는데 바로 답변이 없더라도 그 일을 책망하지 않고, 조사해서 답변해 주세요, 라고 말한다. 이쪽의 말이 정당하다고 생각한다면 반드시 실현시켜 주세요, 라는 쪽으로 끌고 간다. 어떻게 교섭을 해야 하는지, 신 씨로부터 배운 것이 많았다."

그런데 귀무덤 민중법요식이 있고나서 2년 후인 1985년 6월, 교토시 가미교구上京区에 있는 교토 오산(교토 임제종의 5대 사찰) 중의 하나인 쇼코쿠지相国寺 절 경내의 탑두塔頭(작은 절)인 지쇼인慈照院에서 창고를 해체하기 위해 소장품을 정리하던 중, 조선통신사의 서화 59점이 발견된 일이 있었다.

신기수와 조선미술사 연구가인 요시다 히로시吉田宏志가 조사해봤더니 에도시대에 외교문서작성을 위해 쓰시마의 '이테이안以酊庵'에 윤번승輪番僧[7]이 되어 파견된 지쇼인 주지가 통신사의 외교담당자에게 증정 받은 것 같은 산수화와 매 등이 그려진 수묵화, 오언절구五言絶句의 한시, 한글 시문 등이었다.

신기수 씨는 "정사正史에서는 그다지 나오지 않는 쓰시마를 무대로 한 근세 조선외교를 밝히는 중요한 발견"이라고 신문에 코멘트를 했는데, 지쇼인에서는 이밖에도 〈한객사장韓客詞章〉이라는 전 4권의 두루마리(길이 약 50m)가 보관되어 있었다.

1711년 제8차 통신사의 정사 조태억과 지쇼인에서 온 윤번승 벳소別宗가 쓰시마와 에도를 왕복하는 도중에 시문을 주고받은 방대한 기록을 정리한 것으로, 도카이도 가도에서 후지산을 바라본 광경과 에도성

---

7) 번갈아가며 사원의 사무를 맡는 승려.

에서의 향연 모습, 오사카에서 헤어지는 장면 등이 나온다.

지쇼인의 주지스님인 히사야마 다카아키久山隆昭는 "이 두루마리는 절의 대청마루에 펼칠 수 없을 정도로 긴 것인데, 신기수 씨가 여러 번 찾아와서 열심히 훑어보았다. 그리고 한국의 방송국 기자와 JR큐슈 여행객을 데려와서 과거에 이런 우호의 역사가 있었다고 진심을 담아 설명했던 것이 인상적이었다"고 말했다.

앞에서 송두회라는 재일동포가 귀무덤에서 조촐한 법요를 거행했던 것을 언급했지만, 신기수가 받은 송두회의 인상은 강렬했다. 1915년 경북에서 태어난 송두회는 교토대학 구마노熊野 기숙사에 기거하는 묘한 노인이었다.

한일합방 이후에 한국에서 태어난 송두회는 '일본인 국적' 밖에 선택할 수 없었는데도, 일본정부는 1951년 샌프란시스코 강화조약[8] 발효를 이유로 구식민지 출신의 일본국적을 일방적으로 빼앗고 조선출신 전몰자들을 전후 보상에서 제외시키는 한편, 거꾸로 외국인등록법으로 재일동포를 관리대상으로 삼았다.

송두회는 부당함을 인정할 수 없다며 1969년 일본국적 확인소송을 제기하고, 1973년과 1983년에 외국인등록증을 법무성 앞에서 불살라버려 일본사회에 충격을 주었다.

"일본정부의 편의주의로 우리 조선인은 전후에 지문채취를 강요받고, 외국인 등록증까지 소지하도록 만들어 심지어는 목욕탕에 오고가는 일상생활조차 번거로워졌다.

---

8) 1951년에 샌프란시스코에서 연합국과 일본이 체결한 평화 조약.

나 자신이 30년 전 쓰시마에 갔을 때, 길에서 외국인등록증 제시를 요구받았지만 어디다 두었는지 찾지 못하다가 유치장에 들어가기 일보 직전에 짐 보따리 밑바닥에서 찾은 적도 있다. 여러 번이나 쓰라린 경험을 했다. 조선인 입장에서 보면 전쟁 전보다 전쟁 후가 살아가기가 더 어렵게 되었다고 느꼈다."

신기수의 술회지만 가족단위로 오랜 만남을 이어왔던 신극 배우인 신야 에이코가 말하기를 신기수가 관공서 창구에 외국인등록증을 신청하러 갈 때 가지고 간 사진은 전신을 조그맣게 찍은 것이었다.

"이게 뭡니까?"

"틀림없이 저 맞잖아요?"

"안 됩니다."

다음해에도 규정 사이즈가 아닌 사진을 갖고 가서 창구 담당자를 한숨짓게 만들었다.

딸이 외국인등록증 갱신이 늦어졌을 때 "경찰에 신고합니다"라고 응대하는 창구직원에게 "내 딸이 병든 어머니를 간병하느라 관공서에 오는 게 늦었단 말이야. 당신은 그런 효녀를 나무랄 수 있는가?" 라고 다그쳐서 직원이 아무 말도 못하게 만들었다.

신야 에이코는 "신기수 씨는 늘 그렇게 저항하며 살아왔습니다. 온화한 말투와는 달리 속마음은 부글부글 끓고 있었다고 생각합니다"라고 회상했다.

전전에는 천황에게 충성맹세를 강요당하고 '일시동인一視同仁'이라며 차별하지 않는다고 하더니 전후에는 식민지 지배에 대한 반성도 제대로 하지 않고 재일동포를 관리대상으로 만들어 버렸다.

신기수가 에도시대의 조선통신사에 주목한 것도 도요토미 히데요시의 조선침략에 대한 전후처리가 중요했기 때문이고, 이런 일들은 전쟁이나 분쟁이 지구 각지에서 끊이지 않는 오늘날에도 통하는 테마였다.

2. 유학을 전한 강항

이야기를 임진왜란으로 되돌려 본다. 이 전쟁으로 사쓰마야키薩摩燒 도자기의 심수관[9]을 비롯한 많은 도공들이 포로가 되어 일본에 강제연행된 것은 잘 알려진 사실이지만, 강항(1567~1618)이나 이진영(1571~1633)처럼 일본에 유학儒學을 전한 지식인도 이때 납치되었다는 사실은 그다지 알려지지 않았다.

강항은 1597년에 도도 다카토라藤堂高虎 수군의 포로가 되어 이요노쿠니伊予国[10]의 오즈大洲에 10개월 간 유폐되었다가 교토의 후시미伏見에서 다시 2년 여 억류된 후에야 조선에 귀국할 수 있었다.

오즈시청에 근무하면서 향토사를 공부하고 있었던 무라카미 쓰네오村上恒夫는 〈오즈시지大洲市誌〉에 9줄 밖에 없는 강항에 대하여 흥미

---

9) 정유재란 때 끌려간 심당길(沈當吉)과 자손은 현재 16대 심수관에 이르기까지 사쓰마 도기를 주도하고 있다. 심수관이라는 이름은 12대부터 사용하였는데, 그는 1857년부터는 번립(藩立) 백자공장(白瓷工場)의 책임자로 사쓰마 도기 발전에 힘썼다. 시조 심당길이 창시한 '시로 사쓰마(白薩摩)의 스카시보리(透彫)'를 개발한 공로로 1901년 녹수포장(綠綬褒章)을 받았다.

10) 지금의 에히메현(愛媛県).

를 가지게 되어 강항이 귀국 후에 쓴 〈간양록看羊錄〉[11])의 복사본을 구해서 읽으면서 온몸에 찬물을 뒤집어 쓰는 것 같은 충격을 받았다고 했다.

일본 주자학의 시조라고 일컬어지는 교토 쇼코쿠지相國寺 절의 선승禪僧 후지와라 세이카藤原惺窩에게 유학을 전해준 사람은 강항으로, 두 사람 사이에는 깊은 교류가 있었음을 알았기 때문이다

"근세 일본교육의 원천이라고 할 수 있는 유교를 우리나라에 최초

강항(1567~1618).

___

11) 정유재란 때 일본군에 포로가 되었던 강항의 기록(1656년).

로 전한 인물, 이런 인물이 어째서 일본 역사서나 교과서에는 실려 있지 않는가."

무라카미가 이상하다고 생각한 것은 1980년 경이었는데, 그 무렵 아사히신문의 문화란에 한국국립광주박물관장 이을호李乙浩가 "일본문화에 크게 공헌했음에도 불구하고 기념비조차 없는 것은 어째서일까"라고 호소하는 글이 실렸다.

그런 역사적 사실을 제대로 알지 못했던 신기수는 강항에 대한 문헌자료를 모으기도 하고, 기념비제작 모금활동을 전국적으로 벌려 나갔다.

"전쟁의 그림자 속에서 꽃핀 조선과 일본의 두 유학자 사이의 따뜻한 우정에 힘입어 혼란스러웠던 교토에서 무사히 귀국하게 된 강항의 파란만장한 인생은 많은 사람들이 처음 알게 된 사실이다. 복잡하게 꼬여 있던 조선과 일본의 역사를 바로잡고, 과거의 역사를 후세에 올바르게 전하기 위해서는 강항 선생의 기념비 건립을 반드시 실현시키고 싶다."

신기수 등의 기념비 건립을 요청하는 문서가 1984년 6월에 오즈시 교육위원회에 접수됐다. 그로부터 6년 후인 1990년 3월, 벚꽃이 만발한 오즈성大洲城 터에 높이 3m 정도의 흰 화강암으로 된 기념비 〈홍유강항현창비鴻儒姜沆顯彰碑〉가 세워졌고, 한일 양국에서 180명 정도 참석해서 그 제막을 축하했다.

신기수는 그 개막식에서 "과거에 대해 눈을 감으면 '두 나라는 가깝고도 먼 나라' 그대로이다. 어제의 이 날을 내일로 이어지게 하는 교훈을 끌어내는 하루가 됐으면 좋겠다"고 인사했다.

강항 선생의 현창비 앞에서 제막 인사를 하는 신기수.

그때의 감격을 무라카미는 다음과 같이 말했다.

"그리스도교를 일본에 전한 프란치스코 하비에르Francisco de Xavier[12], 불교를 들여온 감진鑑眞[13], 난학蘭學[14]을 전파한 지볼트Philipp Franz von Siebold[15] 등…… 모두 학교에서 가르치면서 강항만 빼놓은 것은 국가의 실수라고 생각하고 있던 터라 정말 기뻤습니다. 모든 것이 한국과 일본은 사이 좋게 지내야만 한다는 신념으로 행동한 신기수 씨 덕분

---

12) 일본 전국시대의 선교사로 스페인 북부 바스크 지방 출신(1506~1552).

13) 나라시대의 귀화승(688~763).

14) 에도시대 네덜란드를 통해 들어온 유럽의 문물을 총칭하는 학문.

15) 독일계의 네덜란드 의사 (1796~1866). 7년 동안 극동지역의 자연과 문물에 대한 자료를 수집하여, 1840년경 〈일본 Nippon〉이라는 책을 출판했다. 이 책의 제7부에 한국 및 그 주변국가에 대한 기록도 있다.

입니다."

오즈시는 이요지방의 작은 교토라고도 불리는 곳으로 가마우지를 이용하여 물고기를 잡는 것으로 유명한 히지카와肱川 강이 시내를 흐르는 인구 약 3만 9000명의 조용한 성 아래 마을이다.

그 중심부에 세워진 오즈시립도서관에는 강항 선생의 삶에 감복한 재일동포 독지가들이 보낸 성금으로 만들어진 강항문고姜沆文庫가 있다. 전전에 도쿄대학에서 편집한 〈조선사〉 전 37권 등 한일관계의 귀중한 서적 약 500여 권이 소장되어 있어 시민이나 연구자들에게 활용되고 있다.

강항 선생과는 대조적으로 임진왜란 때 포로가 되어 일본으로 연행된 채 조선으로 돌아오지 못하고 기슈紀州 와카야마和歌山에서 유학자로서 일생을 마감한 사람이 이진영李眞榮[16]이다.

기슈의 성 아래 마을에 작은 사숙私塾을 열었던 이진영을 기슈 도쿠가와 가문의 초대번주인 요리노부賴宣는 30석을 주어 예우하고 번藩의 정치고문으로 후하게 대우했다고 한다.

아들인 이매계李梅溪[17]도 2대째 번주 미쓰사다光貞의 학문지도를 했고, 부모에게 효도와 법률의 준수를 강조한 번훈藩訓 〈부모장父母狀〉을

---

16) 1593년 왜장 아사노 유키나가(淺野幸長)의 포로가 되어 오사카로 끌려갔다. 1614년 기슈의 가이젠지(海善寺) 부근에 데라고야(寺小屋: 에도시대 서민교육기관)를 열어 조선의 유학을 가르쳤다. 도쿠가와 요리노부(德川賴宣, 이에야스의 10남)의 시강(侍講)이 되었다.

17) 도쿠가와 요리노부는 시강이었던 이진영이 죽자 아들에게 이진영의 직을 승계시키고 그의 아들 미쓰사다(光貞)의 교육을 맡겼다. 1660년 43세 때 쓴 〈부모장(父母狀)〉은 기슈도쿠가와(紀州德川) 250년간, 번정(藩政)의 규범이 되어 1890년 메이지교육칙어가 제정될 때까지 번내(藩內)의 교육기관·집회소·각 가정 등에서 이를 봉송토록 하였다.

만들어 기슈의 정신적 기둥을 세웠다.

이러한 부자의 공적을 현창하려는 움직임은 반세기 전에 두 사람의 묘가 있는 와카야마시 가이젠지海善寺 절의 선대 주지 다무라 간요田村歡陽가 시작했다.

다무라는 1960년 77세로 타계했지만, 아들 간코歡弘가 유지를 이어 갔다. 그런 취지에 공감한 신기수도 이진영의 고향인 경상남도 영산을 두 번 방문하고 부자의 현창비 건립을 제안했지만 "포로가 된 것은 가문의 불명예다", "아무리 다른 나라에서 공적이 있다해도 한국에서는 공적이 없다"는 이유로 거부당했다.

그러나 그 후 임진왜란을 다시 보는 기운이 한국 내에서도 고조되어 간코 등이 "부자의 영혼을 고향으로 돌려드리자"고 양국의 관계자에게 호소하여 1992년 11월 고향의 공원에 현창비가 세워지게 되었다.

위령비의 대리석에 새겨진 1000자의 비문은 신기수가 직접 썼다. 그리고 6년 후에는 와카야마성和歌山城의 서쪽에 이씨 부자의 현창비도 세워졌다.

이진영의 자손은 13대손인 이아야李ぁゃ가 1984년 죽을 때까지 면면히 '李'라는 성을 쓰며 긍지 높게 살아왔다.

이 씨 부자의 현창비가 고향에 건립된 것에 대해 신기수는 "전쟁의 그늘 속에서 피어난 꽃. 경사스런 일이다. 이국 땅에서 성도 바꾸지 않고 긍지를 가지고 살았던 이씨 부자. 기슈에 펼친 유학의 기본정신은 지금도 살아 숨쉬고 있다. 이 사실을 한국의 젊은 세대도 알았으면 좋겠다"(1992년 8월 23일자 아사히신문)고 감상을 썼다.

3. 김충선(사야가)과 연행자의 후예

도요토미 히데요시의 조선침략은 중국 명明을 정복하는 게 목적이라고 했지만 그 길목인 조선반도 전체를 전쟁터로 바꿔 놓았다. 많은 백성을 학살하고 귀중한 불교시설 등도 파괴했다.

이 대의명분이 없는 싸움을 혐오하여 조선 측에 투항한 일본병사도 나왔다. 이들을 항왜降倭라고 불렀는데, 도쿠토모 소호德富蘇峰도 〈근세일본국민사〉 중에서 "꽤 적지 않았던 것은 분명하다"고 썼다.

1607년 일본에 파견된 제1차 회답겸쇄환사 504명 중에 약 10%가 임진왜란 당시의 일본병사였다는 이야기도 있고 항왜의 숫자는 만 명을 넘는다고도 한다.

가토 기요마사의 철포대장인 사야가沙也可(한국명: 김충선, 1871~1741)도 그 중 한 사람이다.

부산에 상륙한 사야가는 3000명의 병사를 이끌고 경상도 절도사의 군대에 귀순하여 조선 측에 철포와 화약의 제조법을 전수하고, 일본군과 싸운 공적을 인정받아 김충선金忠善이라는 이름으로 개명이 허락되었고 모하당慕夏堂이라는 호를 받았다.

1600년에 진주목사의 딸과 결혼하고 우록동友鹿洞이라는 산골마을에 은거하며 유학을 배우고 72세에 사망했다. 자손에게는 "다른 나라에서 온 손님으로서 영달을 바라지 말고, 유교의 가르침에 따라 검소하게 살라"는 가르침을 남겼다.

그 후 지금의 대구시 교외에 있는 우록동에는 그 후손 약 200명이 살고 있고 '항왜의 마을'이라고 불리고 있다.

사야가의 뿌리는 기슈 지방의 철포발사 집단 사이카슈雜賀衆[18]라는 설도 있지만 문헌상 증빙은 없고 한국병합 이후 "황국의 신민 중에 그런 배신 자가 있어서는 안 된다"는 이유로 역사에서 말살될 위기에 몰렸다.

그러나 1930년대 조선총독부에서 일했던 조선사편수관 나카무라 히데다카中村榮孝가 〈모하당문집〉뿐만 아니라, 그 이외의 원전사료를 해독하여 그 존재를 증명했다. 사야가의 이름은 조선왕조의 정사正史인 〈조선왕조실록〉에도 기록되어 있다.

1999년에는 일본고등학교 일본사와 한국의 중학교 교과서에도 등장하였고, 만화잡지의 주인공으로 나오기도 했지만, 사야가의 존재를 의문시하는 작가도 있어 화제를 모으고 있다.

신기수가 사야가에 대해 깊은 관심을 갖게 된 것은 지인인 시바 료타로가 〈가도街道를 간다 - 한韓의 나라 기행〉에서 거론한 것과도 관련이 있다고 생각하지만, 신기수는 생전에 나카무라 히데다카에 대한 생각을 다음과 같이 말하고 있다

> 파시즘이 광란을 부리던 그 시절, 일본의 군부는 조선을 통치하는데 사야가의 존재가 얄미워서 어쩔 줄 몰랐다. 그런 풍조 속에서 나카무라 선생은 병약한 몸으로 한겨울 차가운 바람을 맞으며 오토바이를 타고 우록동 조사를 위해 분주히 뛰어다녔다. 선생에게는 영화 〈에도시대의 조선통신사〉의 시나리오 제작에도 신세를 졌지만, 역사적 사실을 왜곡해서는 안 된다는 자세에는 깊은 감동을 받았다.
> (〈조선통신사 - 사람의 왕래. 문화의 교류〉 출판기념 연설)

---

18) 중세 일본에 존재했던 용병, 지방의 토착무사 중 하나.

그런데 임진왜란으로부터 400년에 해당하는 1992년 11월 신기수는 '히데요시의 조선침략 검증'이라는 제목의 심포지움을 오사카성 공원 안에 있는 피스 오사카[19]에서 열었다.

그 곳에 사야가의 14대손인 김재덕金在德과 나베시마鍋島(지금의 佐賀縣)번에 의해 강제 연행된 조선도공의 후손인 나카자토 노리모토中里紀元를 초청하여 "역사의 올바른 공동인식이야말로 선린우호에 빼놓을 수 없는 기본 토대"라는 논제로 활발한 토론을 진행했다.

김재덕은 "일본에 올 때까지 내 선조는 배신자라고 해서 냉대를 받는 것은 아닌가 걱정했는데, 오사카에 와서 여러분들로부터 환영을 받게 되어 안심했습니다. 우리 가문은 애국심을 가진 한국인이지만, 동시에 선조가 조선에 진력을 다한 일본인이었다는 사실도 자랑스럽게 생각한다"고 말해 공감을 불러 일으켰다.

그리고 5년 후, 1997년 11월에도 정유재란으로부터 400년 심포지움 '다시, 지금 어째서 사야가인가'를 개최했는데 김재덕과, 이번에는 사쓰마야키의 도자기 도공 14대손 심수관이 참석했다.

그 당시 심포지움 분위기를 11월 21일자 미나미니폰南日本신문 조간에서는 다음과 같이 전하고 있다.

> 사쓰마번 번주 시마즈島津에게 연행된 조선인 도공의 피를 이어받은 심 씨. 그리고 "이 싸움은 대의명분이 없다"고 하여 조선군에 투항한 일본인의 피가 흐르고 있는 김 씨. 김 씨가 "우리들은 서로 기구한 생애를 살아가고 있다"라고 말하자, 심 씨는 "타국에서 살아가

---

19) 오사카 국제평화센타는 국내외의 사람들 사이의 깊은 상호교류를 통해서 오사카가 세계의 평화와 번영에 적극적으로 공헌하기 위해 설치했다.

는 중압감을 안고 있던 두 사람의 운명의 기로를 생각한다"며 감개
무량한 듯 이야기했다.

사야가가 왜 한국 쪽으로 투항했는가에 대하여 김 씨는 "철포를 짊어
지고 바다를 건넜지만, 조용한 유교의 나라 조선을 아무런 이유도 없
이 짓밟는 짓을 할 수가 없었다. 강한 자가 이긴다는 전국사관戰國史觀
시대에 사람으로서 인간의 길을 어긋나지 않게 살아가고 싶다는 철학
을 관철한 강한 분이었다고 생각한다"고 자기의 생각을 이야기했다.

...... 중략 ......

김 씨의 발언에 이어 심 씨는 사야가의 후예들이 살고 있는 집성촌 우
록동을 방문했을 때의 추억을 먼저 이야기했다. "거기서 이야기를 들
려준 농부가 우리 조상은 일본사람이요, 라며 숨기지 않고 태연하게
말하는데 놀랐고 복잡한 심경이었습니다. 일본에서 살아가는 한국인
은 작아져가고 있는데. 한국인이란 무엇인가, 일본인이란 무엇인가.
우록동에 다녀온 여행은 내 주변을 둘러보게 하는 좋은 기회가 됐다."
"이웃한 한국과 일본은 단연코 공생하지 않으면 안 된다. 타국을 내
나라로 살아온 우리들의 존재는, 이 공생의 시대에 도움이 될 것이라
고 생각한다"고 강조했다.

...... 중략 ......

심포지움 실행위원회 대표인 신기수 씨는 "이 심포지움은 역사의
사각지대에 파묻혀 있던 사야가라는 존재에 빛을 비췄다"고 마무
리했다.

마지막으로 심수관 씨와 김재덕 씨가 굳게 손을 맞잡고, 약 350명의
심포지엄 참석자들로부터 큰 박수를 받았다.

피스 오사카에서 두 가지 조선침략 400년 심포지움이 열리는 중에
1994년 9월에는 '조선통신사 - 선린우호의 사절단'이라는 전시회가

역시 오사카성 공원 내에 있는 오사카 시립박물관에서 개최됐다.

병풍과 에마絵馬 등 통신사를 그린 작품 151점이 공개되었는데 이것은 실질적으로 신기수가 세팅한 전람회이다. 청구문화홀 '친구의 모임' 멤버로서 운영을 도왔던 아키타 산오秋田三翁는 "히데요시의 아성인 오사카성에서 조선통신사전을 연 것은 획기적인 일이었다"고 회고했다.

70년대 안보투쟁이 한창일 무렵, 오사카의 난바難波에서 좌익관계의 서적을 모아 우니타 서점을 여는 등 여러 가지 시민운동을 지속해 왔던 아키타는 다음과 같이 말했다.

"조선통신사를 비롯해서 강항, 이진영, 사야가…… 처럼 역사에서 알지 못했던 것을 신기수 씨로부터 많이 배우게 되었습니다. 선술집을 하면서도 용케 공부를 하고 사료도 모았다고 감탄했습니다. 신기수 씨와 술을 마시면 문화적 소양이 쌓인다고 하면서 모두가 즐겁게 시끌벅적했습니다. 우리들은 좌익세계에 있으면서도 한국과 일본, 북한과 일본 관계에 대하여 진실을 전하려는 노력을 별로 해오지 않았다고 생각하게 되었습니다."

이들 심포지움의 보도를 시작으로, 사야가의 특집방송을 만들어 온 NHK 오사카방송국 카메라맨인 고야마 오사히토小山帥人는 오사카성 축성 400년 기념축제(1983년)에 반대하는 이벤트의 취재를 통해 신기수와 알게 되었다.

그 후 신기수의 사고방식이나 행동에 공명共鳴하여 함께 홋카이도北海道나 한국 등으로 조선인 강제연행의 상처를 찾아가는 취재여행을 하고, 신기수 본인이 등장하는 다큐멘터리 프로그램 등 모두 12편을 촬영했다.

"사야가는 국경을 초월한 인터내셔널리스트(국제주의자). 대의 없는 전쟁은 인정할 수 없다고 하며 국가의 범위를 넘어서 행동한, 정의의 편에 선 인물의 삶의 방식에 마음이 끌립니다. 신기수 씨에게도 그런 휴머니즘을 느낄 수 있어서, 함께 사야가의 존재를 많은 사람에게 알리는 일을 해왔습니다."

우록동에도 여러 번 발걸음을 한 고야마는 사야가연구회의 일본 측 대표인 신기수와 모하당기념관을 세우기 위한 모금활동을 벌이기도 했고, 1999년에는 현지에서 열린 '한일 우호의 마을 만들기'를 위한 심포지움에 신기수와 함께 페널리스트로 초대받아 "우호의 시설을 만들 때는 건물의 훌륭함보다 내용이 충실해야 함을 잊지 말아달라"고 쓴소리로 조언을 하기도했다.

신기수가 사망하고 나서 2003년 8월에 우록동을 다시 찾은 고야마는 환영 모임에도 참석하고, 도요토미 히데요시 군대가 축성한 왜성倭城을 견학한 후에 부산시립박물관에도 들렀다.

조선통신사 코너에는 '신기수 소장품'이라고 적힌 그림이 여러 장 전시되어 있었는데, 그 중에 에도성에서 통신사의 접대장면을 그린 그림을 발견했을 때는 가슴이 뭉클해졌다고 했다.

"다이묘가 웃음 짓고 있는 표정을 보니 통신사 일행과 마음이 통하고 있음이 잘 전해져 왔다. 우호의 상징 같은 작품이다. 1999년 말에 신기수 씨와 나라로 촬영을 가서, 이듬해 1월 5일의 '뉴스7'에 크게 보도했는데, 함께 작업을 했던 것은 그게 마지막이 되어 버렸다. 그 기념 할 만한 그림이 (통신사가 일본으로 향하여 출발하는) 지금도 부산에 소중하게 보관되어 있는 것을 알고 아주 기뻤습니다."

고야마는 이렇게 말하며 그 때의 우록동 여행은 일본과 조선관계의 명암을 지켜보면서 우호의 기초를 다진다는 신기수의 생각을 다시금 실감하는 여행이었다고 했다.

4. 고향은 잊기 어렵소이다

임진왜란은 아리타야키有田燒[20] 도자기의 시조인 이삼평李參平을 비롯해 많은 조선인 도공을 일본으로 연행했기에 '도자기 전쟁'이라는 별명도 있다. 신기수는 사쓰마야키薩摩燒 도자기의 14대손 심수관과는 '히데요시의 조선침략 400년 심포지엄'에 참석하기 전부터 알고 지냈다.

1970년 무렵, 역사가인 강재언과 일주일 정도 국철(현 JR) 완행열차를 타고 큐슈 각지를 여행 했을 때, 심수관의 도자기 가마가 있는 가고시마현 나에시로가와苗代川에도 들렀는데 대낮부터 환영회를 열어주었다.

그 때까지는 깊은 교류가 있었던 것도 아니었는데도 소주잔을 주고받는 사이에 서로 마음이 통해서 오랜 친구 같은 만남이 시작됐다고 한다.

사쓰마의 도자기는 임진왜란에 출정했던 시마즈 요시히로島津義弘[21]

---

20) 사가현(佐賀県) 아리타쵸를 중심으로 제작된 도자기. 1650년대부터 네덜란드 동인도회사가 유럽 각국에 수출하기 시작했다. 이마리항의 이름을 따서 이마리야키(伊万里燒)라고도 한다.

21) 큐슈 남서부 가고시마 일대를 지배하던 다이묘(1535~1619). 임진왜란 때 일본군 제4진으로 1만여 명을 이끌고 한양을 점령한 후 강원도로 향했고, 1597년 정유재란 때 칠천량 해전에서 원균의 조선함대를 격파했다. 그러나 500여 척의 해군을 이끌고 노량을 습격했다가 이순신의 함대에 대패하고 겨우 50여 척을 건져서 도망쳤으며, 이때 전라도 남원 지역의 도공 80명을 끌고 갔다.

가 1598년 조선인 도공 80여 명을 데리고 간 것이 그 시작으로, 번의 귀족이 좋아하는 시로사쓰마白薩摩[22]와 서민이 사용했던 구로사쓰마黑薩摩로 나뉜다.

14대 심수관은 1926년 태생으로 가고시마대학鹿兒島大學 의학부와 와세다대학早稻田大學 정경학부를 졸업하고 한 때 도쿄에서 국회의원 비서 등을 했지만, 고향인 나에시로가와로 돌아가 도자기에 몰두하는 생활을 시작했다.

1964년에 돌아가신 아버지 13대손 심수관은 아들이 학교에서 '민족차별'로 따돌림을 당하고 집으로 돌아오면 '낭심차기'를 가르쳐 주는 기골이 있는 사람이었다.

부자의 일화는 시바 료타로의 작품 〈고향은 잊기 어렵소이다故鄕忘れじがたく候〉에 나오는데, 그 13대손이 가장 신경을 썼던 일이 사쓰마 도자기의 400년 축제였다.

나에시로가와에서 태어나 도쿄에서 출세한 사람은 고향의 공동묘지에서 한글로 된 성씨의 묘지를 도회지로 옮겨간다. 도공에게 마음의 안식처였던 현지의 다마야마신사玉山神社[23]에서도 점점 조선 색채가 옅어져가는 것을 염려했다고 한다.

임진왜란으로부터 400년에 해당하는 1992년, 14대손 심수관은 매스컴이 이 해를 어떻게 다루는가를 기대와 함께 지켜보고 있었다. 그러

---

22) 시로사쓰마(흰색)는 영주 전용의 가마에서 구워낸 화려한 색상과 그림이 그려진 도자기를 말하며, 쿠로사쓰마(검은색)는 조선의 분황사기와 비슷하며 대중용이다.
23) 심당길(沈當吉)과 함께 끌려간 도공들이 1614년 나에시로가와에 지은 신사. 단군(檀君)을 모시고, 음력 8월 15일이면 마을사람들과 함께 조국을 향해 제사지냈다.

나 모차르트 탄생 200주년은 떠들썩하게 보도하면서 조선침략 400년은 뉴스로서 무시에 가까운 취급을 했다.

그렇다고 해도, 14대손은 6년 후의 사쓰마 도자기 400주년 축제에 대하여 "종군위안부 문제도 일본인의 99%가 미안한 일이라고 생각하고 있지만, 좀처럼 말로는 표현하지 못합니다. 그런 사람들이 솔직하게 죄송합니다, 라고 말할 수 있는 자리를 만들고 싶습니다. 평화를 바라는 사람들이 전국에서 모여, 일본인의 양심이 집결할 수 있는 기념제가 되었으면 좋겠습니다"(《주간 아에라》 1993년 5월 25일 호)라는 마음으로 철저하게 준비했다.

그리고 1998년 10월 22일 밤, 나에시로가와에 새로 만든 노보리 가마에 남원시에서 채화한 '가마의 불窯の火'을 점화했다.

임진왜란 때에 연행된 도공들이 400여 년 전에 가져가지 못했던 고향의 불. "불은 민족의 혼이다. 그것마저 빼앗을 것인가"라며 조국에서는 반발도 있었지만, 이해를 얻기 위해 노력했다고 한다.

한국에서 온 '가마의 불'은 흰색 두루마기를 입은 14대손 심수관의 아들 오사코 가즈테루大迫一輝(현 15대 심수관)가 한국해양대학교 실습선을 타고 부산에서 20시간 이상 걸려 가져온 것이다. 가즈테루는 구시키노串木野 해변에 상륙하여 수백 명의 관계자가 지켜보는 가운데 다마야마 신사의 본전으로 향했다.

신기수는 "하늘을 태우듯이 피어오르는 불꽃을 보고, 많은 사람들이 한일우호의 염원을 새롭게 다짐했다. 심수관 씨는 이 세리머니를 보고 가장의 권한을 아들에게 넘기기로 결심하고 다음해 정월 선대의 이름을 잇게 했다. 사쓰마 도자기 400주년 축제는 대성공이었다"고 말했다.

도요토미 히데요시에 대해서는 조선침략을 반성하고 역사를 바로 잡을 목적으로 1993년 10월, 현해탄에 접해 있는 사가현 히가시 마쓰 우라군東松浦郡 친제이쵸鎭西町(唐津市)에 사가현립 나고야성名護屋城 박물 관을 개관했다.

조선침략의 전진기지가 설치되었던 히젠 나고야성肥前名護屋城은 히 데요시가 전국의 다이묘에게 명령하여, 불과 반 년 만에 쌓은 것으로 당시 오사카성 다음으로 큰 규모였다.

히데요시는 여기에서 15만 8000명이나 되는 대군을 조선으로 출병 시키고, 전황에 일희일비하면서 7년을 보내고 1598년 8월 병으로 쓰러 져 다음과 같은 싯구를 남기고 61세로 생을 마감했다.

露と落ち 露と消えにし 我が身かな 浪速のことも 夢のまた夢
이슬로 와서 이슬로 가노라. 나의 몸이여, 오사카의 영화여, 꿈속의 꿈이로다!

전후 6년에 걸친 명분 없는 전쟁은 결국, 조선에 깊은 상처를 남겼고 일본군도 막대한 희생을 치르고 대실패로 끝났다.

히데요시의 유해는 내장을 적출하여 염장하고 관복을 입혀 살아있 는 것처럼 꾸몄는데 이런 사실을 알게 된 강항은 조선인의 코와 귀를 잘라 염장한 것에 대한 인과응보라고 자신이 쓴 〈간양록看羊錄〉에서 통 렬하게 풍자했다.

나고야성 박물관은 '일본열도와 조선반도의 교류사'를 메인 테마로 내 걸었다. 신기수도 "한국과 일본의 역사인식의 골을 메우는 데 큰 역할 을 할 것이다"라고 기대하며 사료 수집을 돕기 위해 각지를 돌아다녔다.

그리고 1593년에 시코쿠四國의 다카마쓰高松성주인 이코마 사누키生駒 讚岐의 태수가 연행해온 2명의 양반 출신 조선여성의 유품을 발견했다. 일본이름으로 오소에大添, 고소에小添라고 불린 아름다운 자매는 히데요시의 측실이 되었는데, 조선을 떠나올 때 부모가 준 일용품과 백자 항아리, 챙 넓은 모자, 불상 등 40여 점을 넣은 조선왕조시대의 큰 바구니가 남아 있었다.

이렇게 해서 박물관에 소장할 사료는 충실했으나 현지에서는 나고야성이 임진왜란의 무대였다는 것이 그다지 알려지지 않은 것이 사실이다.

"나고야성 자체는, 그 역사를 생각하면 부정적인 유산이기에 적극적으로 PR 할 수 없었다. 그러나 그런 사실이 있었다는 것만큼은 현민에게 알려야 한다고 생각해서 벼락치기 공부로 연재기획을 시작했다"고 사가신문 보도국장인 데라사키 무네토시寺崎宗俊가 회고했다.

1992년 당시, 보도부 유군遊軍기자[24]였던 데라사키는 센다이仙台에서 가고시마鹿兒島까지 취재여행을 계속하며, 오사카에서 신기수가 개최한 '분로쿠노에키(임진왜란) 400주년 심포지움'에도 참가했다. 그리고 그해 3월부터 다음해에 걸쳐 주 1회 연재하는 〈히젠 나고야성의 사람들〉을 50회나 게재했다.

한창 연재를 하고 있을 때 데라사키는 신기수에게 "나고야성과 관련해서 통신사를 소개할 수 있는 좋은 소재는 없습니까?"라고 문의한 적이 있다.

---

24) 특정한 부서에 속하지 않고 특집기사 등을 취재하는 기자.

신기수는 1643년에 제5차 조선통신사 일행이 서풍을 기다리기 위해 종래의 코스를 벗어나 나고야성에 들렸던 내용을 기록한 조선의 〈계미 동사일기癸未東槎日記〉[25]의 사본을 보내줬다. 발견된 지 얼마되지 않은 사료라고 하는데, 그 내용은 다음과 같다.

> 정유재란으로부터 약 50년 후, 나고야성은 다시 황량하고 쓸쓸한 마을로 돌아가 있었다. 본성과 여러 다이묘의 진영도 이미 파괴되어 있었고, 성 아래 환락가도 찾아볼 수 없다. 해안으로 갈수록 바닷길은 거칠고 날도 저물었다. 50여 호의 민가가 있었는데, 저녁 무렵에는 수백 개의 환영하는 불빛이 흔들리고 있었다. 급하게 마련한 숙소이기는 하지만, 향응은 쓰시마를 능가할만큼 호화로웠다. 통신사가 전하는 위로의 말에 담당 관리는 송구스러워하며 머리 숙인 채 짤막한 인사를 반복했다고 한다.

그 무렵 나고야성 근처에는 조선에서 연행된 도공들이 '고려촌'을 만들고 도자기를 열심히 굽고 있었는데 통신사가 귀국을 재촉해도 희망자가 없었다고 전한다.

데라사키는 이러한 이야기를 정리하여 연재물의 최종회를 매듭지었다. 신기수는 "일본인이 임진왜란에 관심을 가져 주는 것은 기쁜 일이다. 앞으로도 사료든 뭐든 찾아봅시다"라고 말해 주었다고 한다.

1998년 1월에는 국립진주박물관이 임진왜란 종전 400주년을 계기로 종합박물관에서 전문관으로 리뉴얼 오픈한다고 해서 데라사키는 카메

---

25) 1643년(인조 21년 계미년) 2월에서 11월까지 파견된 통신사의 일본 사행일기로 저자 미상. 제5차 통신사의 정사는 윤순지(尹順之), 부사는 조경(趙絅), 종사관은 신유(申濡)였다. 청나라의 압력에 대한 견제와 늘어나는 무역량의 축소, 일본의 해금정책(海禁政策) 등에 대한 현안 타개를 목적으로 파견되었다.

라맨과 오프닝 세레모니를 취재하러 현지로 향했다.

진주박물관은 임진왜란 당시 3대 결전지의 하나인 진주성 내에 건립되었고, 전시자료를 많이 제공한 신기수가 테이프 커팅에 초대를 받아 두 사람은 이곳에서 재회하는 기쁨을 나누었다.

그 후 2003년에는 진주박물관의 요청으로 나고야성 박물관과 학술교류협정을 체결하고, 연구원의 상호파견과 전시회의 협력 등으로 교류는 한층 깊어져 갔다.

일본 측의 '가해의 역사'를 직시한 사료전시를 인정받았기 때문인데, 신기수가 교토에서 '귀무덤 민중법요식'을 올리고 나서 20여 년이라는 긴 세월이 흘렀다……

한일양국의 정치, 외교차원에서는 가끔 정치가의 야스쿠니신사 참배 등 역사인식을 둘러싸고 삐걱대기도 하지만, 현해탄을 사이에 둔 사가현과 진주 사이에는 확실한 우호의 흐름이 뿌리를 내리고 있다.

5. 조국으로의 여정

"긴장된 분위기에서 서울 공항에 내렸지만 신기수 씨는 느긋한 기분이었습니다. KCIA(한국중앙정보부)의 미행도 계속 따라 붙었지만 사촌의 안내를 받아 전혀 개의치 않고 즐겁게 지냈습니다."

1986년 4월에 친구들과 한국에 갔을 때의 추억을 부인인 강학자 여사는 이렇게 회고했다.

서울올림픽을 목전에 두고 가는 곳마다 도로공사를 하는 등 서울은 활기가 넘쳤다.

택시 승강장에서 여행용 가방을 남루한 차림의 남자가 강제로 갖고 가버리자, 신기수는 지하도를 지나 계속 쫓아가 고속도로 근처에서 붙잡았다. 그러자 그 남자는 손을 번쩍 들어 택시를 잡더니 "수고비를 주세요"라고 웅수하는 지경.

남자에게 항의하자 "나도 먹고 살아야 하잖아요"라고 정색을 하는 바람에 일행은 아주 질려버렸다. 그때의 여행은 신기수의 사촌인 연세대학교 교수 내외의 안내로 민속촌 등 주로 관광코스를 찾아다녔다.

신기수가 조국을 방문하는 데는 예사롭지 않은 갈등이 있었다.

방한 5년 전인 1981년 봄에 〈계간 삼천리〉의 멤버였던 김달수, 강재언, 이진희 등이 갑자기 한국을 방문했기 때문에 재일동포와 정치범 구출운동을 하던 일본인 관계자들로부터 비난을 받고 뭇매를 맞은 일이 있었다.

〈주간 아사히〉의 81년 10월 9일자는 "조국은 너무나 가깝고도 멀었다 – 조선인 작가 김달수 씨, 37년만의 방한 후에 사면초가"로 그들의 진의를 전하고 있다.

그 내용에 따르면, 당시 군사정권 지배하의 한국에는 30명이 넘는 재일동포 정치범이 있었고 그 중 5명은 사형수였다. "사상을 이유로 사형을 집행하는 일은 있어서는 안된다"고 주장하면서 전두환 대통령에게 관용의 조치를 요구함과 동시에 고향의 변한 모습을 직접 눈으로 확인하고 싶은 마음으로 조국을 방문했던 것이다.

그런데 군사정권에게 '청원'이라는 형태를 취했다고 하여 "남한의 독재자 등과 음지에서 더러운 거래를 했다"며 조총련이 통렬한 비난을 퍼

부었고 정치범 구원운동을 하는 일본인 단체도 "군사정권에 도움을 준 게 명백하다. 우리들 구원운동의 기본자세와는 완전히 상반된다"고 항의하는 목소리가 이어졌다.

오랜 세월, 〈계간 삼천리〉의 편집에 관여해 왔던 작가 김석범은 의견이 다르다는 이유로 편집위원을 그만둬버렸고, 시인 김시종金時鐘도 "솔직히 말해 '망향의 마음을 누를 길이 없어 방한했다'고 말했으면 좋았을 뻔했다"며 그로부터 4반세기가 지난 지금도 그들과 거리를 두고 있다.

도쿄보다 재일동포가 많은 오사카에서는 강재언 등에 대한 비방중상도 대단해서 "방한은 민족에 대한 배신행위", "(조선과 인연이 있는) 고라이바시高麗橋의 발치에서 석고대죄하라"는 등 집중포화가 이어졌다. 신기수도 열심히 옹호했지만 아무래도 들어주는 분위기가 아니었다.

당시 신기수의 친구들이 "당신만은 한국에 가면 안돼, 가지마"라고 충고하면 신기수는 "지금은 안 간다"라고만 답했다.

김달수 등이 방한한 배경의 하나는 북한에서 김일성이 후계자를 김정일에게 넘겨주는 노선이 확실해지고 영웅숭배주의를 취하는 북한의 미래에는 희망이 없다고 판단했기 때문이었다.

조총련 주도로 1959년에 시작한 북조선 귀국사업도 조국에 돌아가서 사회주의 국가를 건설한다는 미명 아래 숨겨져 있던 본질이 드러나고 있었다.

1984년까지 9만 3000명 정도의 동포가 북한으로 갔다. 당초에는 '지상의 낙원'을 목표로 한다고 말했지만 귀국한 재일동포들로부터 생활의 궁핍을 호소하며 지원을 호소하는 편지가 일본에 있는 가족들에게 속속 도착했다.

신기수는 다른 재일동포 지식인들의 다수와 마찬가지로 재일조선문학예술가동맹의 일원으로 북한의 미래에 장미빛 이미지를 퍼뜨리는 역할을 해 왔었다.

북한으로 가고자 하는 귀국희망자는 간사이지방의 경우 니이가타항新潟港으로 떠나기 전에, 국철 오사카 역에서 모이는 것이 통례였다. 매번 수많은 관계자가 전송을 위해 나오기 때문에 역 구내는 인산인해를 이루었다. 그런 사람들로 가득 메운 울타리 근처에 카메라를 들고 촬영 때문에 뛰어다니는 신기수의 모습이 자주 목격되었다.

당시 담당자 사이에서는 북송된 사람이 행방불명되거나 보내준 원조물자가 몰수당하는 등의 정보도 귀에 들어왔지만 조총련 내부에서는 공공연하게 입에 올리는 것이 불가능했다.

신기수가 조선통신사 연구가로서 세상에 알려지고, 북한의 내부 실상이 밝혀짐에 따라 "귀국운동을 PR하여 동포를 불행으로 밀어 넣고서 번지르르하게 말만 잘한다"라는 식의 험담을 듣게 되었다.

신기수의 당시 모습을 알고 있던 노동경제사의 미우라 리키三浦力는 "입에 올려 말하지는 않았지만 그의 성품으로 보면 동포들에게 미안하다는 속죄의식에 괴로워했을 것으로 생각한다. 조총련을 탈퇴하고 나서는 정치적인 조직과는 거리를 두게 되었다"고 말했다.

다만 일본의 매스컴은 대체로 북한에는 유하고 한국에는 엄격한 보도를 하고 있었기 때문에 귀국운동의 실태 등이 독자에게 제대로 전해지지 못했다. 평양에 지국을 개설하고 싶다는 의향이 강해서 북한에 영합하는 자세가 눈에 띄었다.

신기수가 북한이나 조총련의 본 모습에 의문을 갖고 결별 의지를 굳힌 이유 중 하나는 조총련 활동가인 김철수에 대한 처사도 있었다고 생각된다.

1965년에 국교 정상화 조약 반대운동이 일어났을 무렵, 간사이의 저널리스트가 기업의 벽을 넘어서 '아시아 관계연구회(통칭 앞으로ㅜㅜ ㅁ)'라는 모임을 결성했다.

일본과 한반도 사이에 놓인 문제에 대하여 항상, 그리고 착실하게 공부하고자 하는 모임이다. 멤버는 아사히, 마이니치, 요미우리, 닛케이日經, 교도통신共同通信 기자들로 구성됐다. 한국어로 '전진'을 의미하는 이 모임과 밀접하게 접촉을 해온 것이 김철수였다.

조선신보朝鮮新報[26] 간사이 지사 편집부장을 하고 있던 김철수는 우키시마마루浮島丸 사건의 진상을 파고드는 기사를 쓴 일이 있고, 일본인 친구와 지인도 많았으며 폐쇄적인 조총련 내부에서는 개혁파로 주목받고 있었다.

그런데 1960년대가 끝날 무렵, 조총련 부의장이었던 김병식金炳植이 실권을 잡게 되자 주체사상에 근거한 철저한 정풍整風운동을 일으켰는데 이탈자가 속출했다.

김철수는 조총련에 남았지만 어려운 처지에 몰리게 되었고, 1978년 북한에 갔다가 오사카로 돌아온 직후 '밀입국' 혐의로 오사카경찰에 체포되었다.

---

26) 재일본조선인총연합회(조총련)의 기관지.

30년 이상 사용해 온 통명通名[27]으로 외국인등록을 한 것은 위법하다는 혐의를 받고, 1심과 2심에서 투쟁하여 오사카고등법원은 "다른 사람과 혼동될 염려는 없다. 통명으로 재입국 허가신청을 하더라도 허가된다"고 무죄판결을 받았지만 대법원에서 역전되어 파기됐다.

　"조총련 활동가가 밀입국하는 일은 드물지 않았는데, 어째서 김철수만 체포되었는가. 당시 모두가 의아해했다"고 '앞으로'의 젊은 멤버였던 한 저널리스트는 회상했다고 한다.

　김철수는 "이 사건은 부당탄압"이라며 경찰관과 검찰관에게 일체의 진술을 거부했다.

　"김철수가 석방되었을 때 조총련은 수수방관하는 태도였고, 친하게 지냈던 신기수 씨 부부가 자기 집에 재우며 정성껏 위로해 주었다. 그후 김철수는 뇌경색으로 쓰러져 병원에 입원해 있으면서 '집행유예라도 좋으니 빨리 재판을 그만두고 싶다'고 속내를 털어놨다. 그러나 조총련은 '단호하게 싸운다'는 주장만 내세워 허용하지 않았다. 이런 것도 신기수가 조총련 탈퇴와 이어진 것은 아닌가" 하고 이 저널리스트는 보고 있다.

　신기수의 부인인 강학자 여사는 당시 김철수에 대한 추억을 다음과 같이 말했다.

　"김철수 씨는 정이 많은 분이셨어요. 우리 집에 오셨을 때에는 편안한 마음으로 술을 드시고 낮잠을 주무시거나 바둑을 두거나 하시면서

---

27) 외국 국적인 사람이 일본 국내에서 사용하는 일본식 이름.

느긋하게 지내셨어요. 그 분이 '황성의 달'[28]을 한국어로 노래했던 것을 기억하고 있어요. 북한에 돌아갈 때에는 필요한게 없을까 생각하다가 옷감을 부인에게 보내 드렸더니 아주 기뻐하셨어요."

김철수는 1984년 7월에 북한으로 돌아갔다.

오사카 쓰루하시에 있는 한국식 불고기집 '아지요시ァジョシ'에서 열린 송별회에서는 전 오사카부 지사 구로다 료이치黑田了一와 변호사 가메다 도쿠지龜田得治를 비롯해서 김철수의 지인과 친구 약 80명이 참가하여 노老 저널리스트의 건강과 전도를 빌어주며 건배를 했다.

그러나 김철수는 "조국건설에 나도 공헌하고 싶다"고 말은 했지만

'김철수 송별저녁 모임'에서
일본의 친구들로부터 축배를 받는 김철수.

---

28) 1901년 작곡가 다키 렌타로(滝廉太郎)가 황폐한 오카성(岡城)을 배경으로 작곡한 일본 가곡. 남인수의 '황성 옛 터'는 이 노래를 참고한 것이다.

그대로 병상에 누웠고, 귀국 후 1년 후에 환갑 축하를 받은 후 얼마 지나지 않아 영원히 잠들었다.

김철수의 3주기 추도식이 오사카 주소十三에 있는 꼬치구이집 '잇페이一平'에서 열렸을 때의 신기수의 모습을 '앞으로'의 중심멤버였던 교도통신 OB의 히구치 히데오樋口日出雄는 잊을 수가 없다.

지금은 아키마 헤이안秋間平安이라는 필명으로 〈만담가 살인사건漫才師 殺人事件〉 등의 추리소설을 쓰며 작가로 활약하고 있는 히구치이지만, 신기수와는 편안한 술친구 사이로 언제나 온화한 신기수의 모습밖에는 알지 못했다.

그러나 그 때는 달랐다.

"조총련 오사카부 본부의 간부가 얼굴을 내밀었는데 신기수는 조총련의 김철수에 대한 심한 처사 등에 대하여 극렬하게 비판했다. 그렇게 화난 그의 얼굴은 지금껏 본적이 없었다"고 히구치는 회고했다.

6. 중앙정보부(KCIA)의 비밀공작

북한으로의 귀국운동이 일어난 1960년대, 신기수의 주변에도 귀국하는 사람이 많았고, 신기수 자신도 짐을 쌀까 하고 생각한 적도 있었다.

"언젠가는 남북이 통일된다고 생각했고, 그 무렵은 미국의 제국주의와 손잡고 있는 한국보다는 민족의 자주독립을 주장하는 북한 쪽이 훨씬 장래를 맡길 수 있다고 생각했다. 그러나 조총련의 재일본조선문학예술가동맹에서 일하고 있을 때는 김일성의 PR영화만 만들게 하고 조선인이 일본에 융화되어가는 모습을 촬영하면 안 된다는 그런 분위기에 적응이 되지 않았다.

선배 작가나 역사가에 대한 출판방해와 검열도 눈에 거슬렸다. 그 자신이 조총련을 탈퇴하고 영화 〈해방의 그날까지〉의 취재로 각지를 돌아다닐 때도 가는 곳마다 '녀석은 조국을 배반한 놈이다. 상대하지 말라'며 밀고하거나 연락을 했다. 내 쪽에서 조총련에게 화살을 쏜 것이 결코 아닌데도 일을 방해한다. 어찌된 일인가. 인간적으로 원만하지 않은 패거리들 뿐이어서 질려 버렸다."

생전에 신기수는 조총련에 대한 마음의 변화를 이렇게 말했는데, 당시 재일코리안의 장래상에 대해서는 한국 지지의 민단과 북조선 지지의 조총련 중 어느 쪽에 맡길 것인가, 하는 정치적 논의만이 횡행하고 있었다.

"바다 건너편의 동향에만 신경을 쓰는게 허무했습니다. 일본에 있는 것이 엉거주춤하다는 기분이었지요. 본국에서는 재일동포에 관해 별로 관심을 갖고 있지 않는데도 말이죠. 전쟁이 끝난지도 상당한 시간이 흘렀고, 2세나 3세는 이제 일본에서 살아가지 않으면 안 되기 때문에 좀 더 이 땅에 발을 붙인 현실적인 논의가 필요했습니다."

신기수가 청구문화홀을 열었던 것도 그런 것을 느꼈기 때문이었지만, 김달수와 강재언 등이 1981년에 전격적으로 한국을 방문한 이래, 자기도 조국 땅을 밟을 날이 오기를 계속 의식하고 있었다.

교토 사가노 초등학교 시절의 소꿉친구로 전쟁 중에 진주로 돌아가 20년 만에 오사카에서 재회한 이래 만남을 계속해온 서울대학교 의대 명예교수인 김정근金正根은 그 무렵 신기수의 모습을 다음과 같이 말했다.

"내가 일본에 있는 사촌에게 일본국적을 얻으라고 설득하고 있을 때의 이야기다. '재일동포가 지금부터 한국으로 돌아가 생활하더라도 한국생활에 익숙해지는 것은 어렵다. 일본에 귀화하더라도 한국에는 언제든지 올 수 있다. 재일동포는 시간이 지나면 언젠가는 없어지는 존재이기 때문'이라고 지론을 자랑하고 있으면, 옆에 있던 신기수는 끄덕거리면서도 '나는 귀화할 수가 없다'고 대답했다."

신기수의 이 문제에 대한 인식은 민주국가라면 당연히 보장받아야 할 국적 선택권을 전후에 일방적으로 빼앗은 것은 일본정부인데, 이 점을 애매한 상태로 둔 채 귀화한다면 민족으로서의 아이덴티티(정체성)가 상실되어버린다는 것이었다.

김정근은 미국 미네소타 주립대학과 예일대학 대학원에서 공부하고 베트남 전쟁 중에 3년간 사이공 등에서 군의관으로 근무했다.

1969년 서울대학교 의학부와 도쿄대학 의학부의 교류인사交流人事가 있어 조교수 신분으로 일본에 왔을 때 도쿄대가 준비해준 것은 조수와 함께 쓰는 방이었다. 김 교수는 여러 외국의 대학과 다른 냉대에 당혹해하면서 항의하여 방 하나를 얻었고, 재일동포의 보건위생조사 등에 관한 연구에 착수했다.

재일동포를 대상으로 한 이러한 조사는 전례가 없었고, 동포 1세의 어르신 약 500명의 건강 상태 등에 대하여 3년에 걸쳐 인터뷰 조사를 했다. 도쿄대학 의학부의 소노다 교이치園田恭一와 신기수 등도 협력했다.

그런데 그 김정근이 "한국중앙정보부(KCIA)로부터 신기수를 한국으로 데려오라는 부탁을 받았다"는 놀라운 에피소드를 밝혔다.

"박정희 대통령 시절인 1979년의 일이었다고 생각되는데, KCIA 간부가 심야에 집에 찾아와서 '신기수 씨가 당신의 친구라는 것을 안다. 경비는 얼마든지 준비할테니 한국으로 한번 오도록 해 달라'고 끈질기게 말했다. 오사카로 가서 신기수에게 '홍콩이나 싱가폴로 가는 척하면서 몰래 서울에 오면 어떠냐'고 제의해 와서 '아니 그건 절대로 안 된다. 반드시 들킬테니까'라고 말하고 응하지 않았다. '올 때는 정정당당하게 올 것이다'라고 말했다."

한국중앙정보부는 과거에 북한에 동조하던 신기수를 꾀여내어 군사정권의 이미지를 부드럽게 하는 광고탑으로 이용하려 했던 것이었을까.

신기수 일가와 소꿉친구인 김남수(맨 오른쪽), 김정근(오른쪽 2번째)
(1969년 겨울 교토 아라시야마의 도게츠교(渡月橋) 다리에서, 제공: 김정근).

신기수가 실제로 한국에 있는 김정근 앞에 모습을 드러낸 것은 그로
부터 4년이 지난 1983년 여름이었다.

"신기수가 어느 날 예고도 없이 갑자기 서울에 왔다. 나는 그때 직위
상 운전사가 딸린 차를 갖고 있었기에 두 시간이 걸려 그를 매운탕 집
에 데리고 갔다. 어떤 루트로 한국에 왔는지에 대해서는 묻지 않았지
만 함께 맛 좋은 술을 마신 것을 기억하고 있다."

당시 서울대학교 보건대학원장으로 있던 김정근이 20년 전을 회상
하며 말했다.

7. 한국계 일본인으로 살아가기

"한국이 북한보다는 경제적으로 성공했기 때문에 돌아섰느냐"는 등
의 비난을 받으면서, 조선국적에서 한국국적으로 바꾼 신기수는 둑이
터진 듯 한국 방문을 자주하는 한편 조선통신사 사료를 찾아서 미국이
나 유럽으로 행동반경을 넓혀갔다.

1987년 8월 15일 광복절에 천안에서 독립기념관이 개관하자, 그는
영화 〈해방의 그날까지〉 등을 제작하는 데 사용한 영상자료 약 200점
을 기증했다.

일제강점기시대의 영상은 늘 지배자의 것이라고 앞에서도 언급했지
만, 독립기념관에도 전쟁 중의 조선인 강제노동 등의 영상자료는 그다
지 많지 않아서 대단한 환영을 받았다.

다음해인 1988년 12월에 신기수는 서울에 개설된 윤봉길의사 기념

윤봉길(1908~1932).

관의 개관기념식에도 초대받았다. 윤봉길은 1932년 중국 상하이에서 열린 쇼와천황 탄생기념식전에 폭탄을 투척하여 23살에 처형된 인물이다. 중상을 입은 상해파견사령관 시라카와 요시노리白川義則는 한 달 후에 사망했다.

그로부터 23년 전에 하얼빈역에서 이토 히로부미伊藤博文를 사살한 안중근(1879~1910)과 마찬가지로 한국에서는 일본 식민지 지배에 저항한 의사義士로 추앙받아 교과서에도 크게 소개되었다.

윤봉길은 1932년 가나자와시金沢市에서 총살되고 유해는 쓰레기장에 묻혔다.

전후 한국의 젊은이들이 유해를 발굴해 전용열차로 도쿄로 보내고 미국점령군의 특별선으로 부산을 거쳐 서울로 옮겨 십수 만의 인파가 모인 가운데 국민장이 치러졌다.

1987년에 신기수가 출판한 〈영상이 말하는 '일한병합'사〉를 보았다는 독자로부터 "윤봉길의 유해발굴사진이 있다"는 연락을 받고 신기수는 가나자와로 달려가 관계자로부터 들은 이야기를 청구문화홀의 기관지인 〈청구문화〉에 소개하고 1988년 3월 네덜란드의 라이덴에서 열린 유럽한국학회에 출석했다.

그곳에서 윤봉길 기념관의 이사와 알게 되어 〈청구문화〉를 건넸더니, 윤봉길의 동생인 윤남의尹南儀가 그것을 읽고 오사카로 날아갔다.

쇼크를 받은 나머지 일주일 동안 입원했었다는 윤남희를 데리고 신기수는 가나자와의 매장지를 안내했다. 벚꽃이 핀 맑게 갠 4월의 따뜻한 날이었다.

"일본은 무사도의 나라라고 배웠다. 적이라 할지라도 정중히 장례를 치러 줬을 것이라고 생각했는데 이런 곳에 형이 묻혀 있었다니……" 하면서 큰 소리로 울기만 했다.

윤봉길 기념관은 한강 옆 양재공원에 정부로부터 2000평의 대지를 제공받아 800평의 큰 기념관을 완성했다. 모금활동으로 건설비용을 모으고 윤남의가 일본에서 가져온 사진과 자료도 전시했다.

신기수는 "서울올림픽 경기장으로 가는 일본인 관광객의 눈에도 기념관의 커다란 건물은 보였을 것이다. 불행한 역사를 반복하지 않기 위해서라도 이런 사실에 일본인은 더욱 눈길을 돌렸으면 좋겠다"며 기념관 완성 당시의 감상을 말했다.

영화 〈에도시대의 조선통신사〉를 만들고 통신사의 그림 등을 수집한 신기수의 지명도가 올라감에 따라 "일본과 조선 사이의 좋은 시기만을 취급하고 힘든 시기에는 눈길을 주려하지도 않는다"거나 "아류 수집가 행세를 한다"는 등 시샘 섞인 비판도 나오게 됐다.

이런 목소리에 대해 부인 강학자 여사는 신기수 사후에 "조선통신사의 세계는 문헌만으로는 알 수 없는 부분이 많았기 때문에 남편은 통신사의 전체상을 파악하기 위해 그림 등 현물사료를 손에 넣으려고 했던 것이었어요. 수집가 같다는 말을 듣는 것은 너무 뜻밖입니다. 남편이 살아 있었다면 어떤 연구 논문을 완성했을지 봤으면 좋았을 것"이라며 서글퍼 했다.

신기수 자신도 영화 〈해방의 그날까지〉를 제작함으로써 이런 비판에 대응한 셈이지만, 1990년에 들어서는 한국으로 전쟁피해자의 청취취재에 나서게 된다.

그 중에서도 상징적인 일은 스스로 일본군 위안부였다는 것을 고백한 김학순 할머니를 찾아가는 여행이었다.

1991년 8월 말부터 9월에 걸쳐 일주일동안, 그는 마이니치방송(오사카 MBS)의 니시무라 히데키西村秀樹가 만든 취재팀의 일원으로 한국에 발을 내디뎠다.

니시무라는 한반도 문제를 필생의 업으로 생각하고 방송기자를 하면서 〈북조선·어둠으로부터 생환 – 후지산마루 스파이사건의 진상北朝鮮闇からの生還 – 富士山丸スパイ事件の真相〉과 〈오사카에서 싸운 조선전쟁大阪で闘った朝鮮戦争〉(이상 岩波書店) 등의 역작을 집필해 왔다.

취재 동행자는 부인 강학자 여사, 조선인 강제연행문제에 밝은 편집자 가와세 슌지川瀬俊治와 카메라맨, 그리고 촬영조수였는데, 부산에 도착하자 신기수의 친구로 남원에 살고 있던 영상작가 지상호池尙浩가 화물승용차로 마중을 나와 주었다.

일행은 그 차량으로 임진왜란 때의 격전지였던 사적을 돌아보면서 서울로 들어가 전 이화여대 교수였던 윤정옥尹貞玉의 소개로 김학순 할머니의 이야기를 듣게 되었다. 이때의 방한은 신기수로서는 김학순 할머니에게 오사카에서 열리는 심포지움에 참석해 달라고 부탁하려는 목적도 있었다.

김학순 할머니는 구 만주(현 중국 동북부)에서 태어나 평양에서 자랐으나 17살 때 강제로 중국전선으로 끌려가 위안부가 되었다고 증언했다.

일본 정부의 "위안소는 민간업자가 행한 일"이라는 국회답변에 분노하면서 "숨겨야 할 사람은 모두 죽었다. 천애고아의 몸으로 내가 더 이상 잃을 것은 아무것도 없다"며 증언에 나섰다.

1992년에는 일본정부에 국가보상 등을 요구하는 재판을 도쿄지방재판소에 제기했고, 1997년에 74세로 사망하기 전까지 주위의 편견과 싸우면서 일본군의 전쟁범죄를 계속해서 고발했다.

신기수 일행이 김학순 할머니를 찾아갔을 때 그녀의 집은 서울 종로구 빈민촌이 밀집한 언덕 같은 주택가에 있었다. 조그만 집에 세 가족이 살고 있었고, 가운데 다다미 2장(3.3㎡) 정도의 방에서 살면서 공원의 풀 뽑기나 생활보호대상자로 생계를 이어가고 있었다.

"살을 저미는 심정으로 이야기를 들었다"고 신기수는 회상했다.

"유교사회에서 위안부를 했다는 과거를 밝히는 것은 아주 용기 있는 행동입니다. 고백하기까지 9개월 간 고민했다고 했는데, 동네를 다닐 때마다 사람들의 시선이 등에 창처럼 꽂혔다는 이야기를 듣고 견딜 수 없었습니다. 옆방에 사는 한없이 상냥한 여자가 잘 돌봐주는 것이 그나마 위안이었다고 말씀하셨습니다."

김학순 할머니의 증언과 생활모습에다가 일본 국내 위안부의 인터

뷰를 더하여 니시무라 히데키는 '멍에의 여자 - 조선인 종군위안부軛
の女 -朝鮮人從軍慰安婦'라는 1시간짜리 다큐멘터리 프로로 만들어 방영했
다. 멍에라는 것은 말과 소의 뒷목에 거는 횡목을 뜻한다.

"나로서는 2번째 다큐멘터리 작품으로 자신이 있었다. 그러나 (사회
주의파 영화감독인) 오카모토 요시히코岡本愛彦에게 '테마의 무게감을
고려하면 너의 화면은 색조가 너무 밝다, 고 혼이 났다"면서 신기수와
함께 일한 감상을 다음과 같이 말했다.

"신기수 씨는 김학순 할머니처럼 밑바닥에 있는 사람이 역사를 만들
어왔다고 말했는데 그 말이 아주 인상적이었다. 그런 사람에게 경외
의 마음을 가지고 있는 것이 신기수 씨의 뒷모습에서 나에게 전해졌
다. 신기수 씨는 글로 쓴 사료보다 영상을 중시하는 사람이었다. 그런
영상작가로서의 기본이 있었기에 조선통신사의 두루마리 그림이나 회
화 등에 남겨진 세계가 얼마나 매력적인지를 생생하게 전할 수 있었다
고 생각한다."

전쟁피해의 실상을 전한다는 의미에서 신기수는 1991년 오사카 모
리노미야森ノ宮에 오픈한 피스 오사카의 운영에도 협조했고, 그런 관계
로 사무국장을 하고 있던 아리모토 도모아키有元幹明와 한국으로 여러
차례 사료 수집을 위한 여행에 나섰다.

피스 오사카는 오사카부와 오사카시가 전쟁의 비참함을 후세에 전
하고 평화의 존엄성을 호소하기 위해 공동으로 개설한 전시관이었지
만 "일본 내에서도 히로시마현에 있던 구레 항軍港の吳29) 등 아시아 침략

---

29) 히로시마 남부에 있었던 군항. 지금은 미해군 기지가 있다.

점이 있었는데 이런 사실은 전하지 않고 자기들의 피해만을 강조하는 것은 어째서인가"라는 오프닝 심포지움에서의 지적에 아리모토는 쇼크를 받고 그 후의 전시방침을 결정해갔다.

그럴 때 상담 상대가 되어 준 사람이 신기수 씨로 두 사람은 임진왜란에서 가토 기요마사와 고니시 유키나가의 각각의 진군 루트를 더듬어가는 여행도 계속해 한국에서는 일본의 조선침략이 어떻게 받아들여지고 있는가 하는 관점에서 많은 사료를 모았다.

아리모토는 "일본이 의도적으로 감추어온 역사를 밝혀온 것이 신기수 씨의 업적이다. 일본의 전쟁에 대해 가해와 피해의 양면으로부터 이만큼 박력 있는 전시가 가능했던 것은 신기수 씨 덕분이라고 생각한다"고 말했다.

신기수는 이렇게 한국 내의 여러 곳을 돌아다니며 여러 사람들과 교류하게 되었고 조국의 분위기에 익숙해지면서도 한편으로 조금씩 위화감도 느끼게 된다.

"당신은 일본 사람처럼 보여요. 한국말도 제대로 못하고, 분위기도 일본사람 그 자체 아닌가."

"우리들은 성도 이름도 바꾸게 되었고 말도 빼앗겼다. 일본인을 보는 것만으로도 화가 난다."

이따금 퍼붓는듯한, 찌르는듯한 말투에 '재일교포'로 불리는 자신의 마음이 편치 않음을 느끼게 되었다.

일본에 살면서도 가족의 제삿날이나 추석과 설날 등에는 껍질을 깨끗이 벗긴 밤과 대추, 떡을 높이 쌓아 놓고 그 앞에서 절하는 제사의식도 제대로 해왔다.

민족성을 배양하려고 오사카 이카이노에 있는 곱창 집에 다니기도 하고 얼음과 함께 어미 돼지 배 속에 있던 새끼 돼지 회요리를 마신 적도 있다.

한국정부의 제일한국인에 대한 방침은 1970년대까지 사실상 국민을 포기하는 정책棄民政策을 취하고 있었고, 일반 국민도 재일동포에 대한 정보가 적었다.

그런 만큼 "우리들은 징병의 의무가 있는데 제일동포는 그것도 없다"라든가 "파칭코 점 같은 것으로 돈을 벌어들이기만 해서 벼락부자가 됐다"는 등 일방적인 이미지로 받아들였다.

신기수에게 쇼크였던 것은 자신이 발굴해낸, 전전의 재일동포의 민족해방을 위해 투쟁해온 역사가 한국의 동포에게 거의 전해지지 않았다는 것이다.

그러면서 한편으로, "조선통신사를 비롯해서 일본에 문화를 전달한 것은 한국이다"라는 등의 거만한 태도까지 보였다. 신기수는 "과거에 조선과 일본 사이에 여러 가지 일이 있다 한들 내가 자란 곳은 이 일본 열도이고 일본인 친구도 많다"며 한국계 일본인으로 조촐하게 살아가고 싶다는 마음이 강해졌던 것 같다.

다 꾸지 못한 꿈

다시 한 번 한잔 하고 싶었다 – 신기수여

오키 도루大木 透

당신이 구부정한 모습으로
옆으로 흔들거리며
종종걸음으로 천천히 다가오는 것을 보면서
나는 완전히 늙어 버렸다.
당신도 늙었다고 생각한다.

그래도
마음 놓고 손으로 닿을 수 있을 때를
영원보다도 소중히 여기는 목소리도, 눈동자도
변함없이 젊었었다.

당신은 웃으며 말했다.
"병풍을 어디서 샀는지 깜박 잊어 버렸네"
나는 아무 말 하지 않았다.
당신이 보내준 입장권으로
그런 병풍을 보러갈 수 없었던 것을
후회하지는 않는다.
당신의 필름에서
나는 시가 씨의 출옥 장면을 보았다.
거기에는 조선인 리더도 있었다.
그런 당신을 입국시키지 않았던
나라도 있다.

당신과 이야기를 나눈 시인은
시나가와역에서 검문을 받고 있었지만

당신은 시인이 노래한 사람들 중의
그런 후이었던 적도 있다.
롯코산의 기슭에서
당신은 이 나라의 일을
이상과는 동떨어졌다고 외치고 있었다.
당신에 대하여 알려준
당신의 학우인 이 나라 사람들은
당신 만큼 꿈을 좋아하지 않았다.

당신은 컵에 따른 술에
고춧가루를 흔들어 마셨다.
나도 그것을 받아 마셨다.
어제 일 같지만.
내가 술을 끊은 지 10년이 지났으니
훨씬 오래된 일이다.

당신 친구가 갔다던 길을
당신이 설명하던 게
작년의 일이었는데
이번엔 당신이
설명해주지 않으면 모를 길을
가고 있다.
후이여,
나는 다시 한 번
당신과 한잔하고 싶었다.

(2002.10.6.)

⟨ASSERT⟩ 299호 '신기수씨를 추모하는 모임' 팸플릿에서 게재

1. 출발점은 백정 문제

JR 간죠선과 긴데츠近鐵 전철이 교차하는 오사카 쓰루하시鶴橋. 그 철로 밑에 펼쳐 있는 미로처럼 우중충한 공간을 국제마켓이라고 부른다.

지금도 암시장 같은 에너지를 발산하고 있는 폭 1.8m 정도의 작은 점포가 줄지어 있고 대구, 아구, 가오리 등의 신선한 어류와 굴비나 옥돔을 말린 건어물, 새빨간 김치, 지지미(부침개), 젓갈 등의 부식도 팔고 있다. 마늘, 고추, 깻잎 등 향신료의 독특한 냄새도 떠도는 곳이다.

그 중에서도 압권은 돼지머리와 족발, 소꼬리, 게다가 소의 대장과 소장, 처녑(위) 등의 내장류가 그대로 팔리고 있다는 점에서 일본의 여느 시장과는 다른 분위기에 놀라게 된다.

신기수는 청구문화홀을 찾아온 지인들을 이 시장이나 혹은 근처에 있는 술집, 한국식 불고기 집으로 데리고 가서 곱창구이를 안주 삼아 소주나 막걸리를 주거니 받거니 하곤 했는데, 예전에 이카이노라고 불리던 이 일대의 분위기는 한국의 서민마을 그대로이다.

'이카이노'라는 이름으로 지금도 알려져 있는 오사카시 이쿠노구生野区는 인구가 14만 명(2016년 13만 194명)으로 이 중에 3만 5000명(2016

한국의 시장에서는 돼지 머리 등이
식재료로 팔리고 있다(부산 자갈치 시장).

년 2만 3500명)이 한국국적과 조선국적 사람이다. 일본에서 재일동포
가 가장 많이 살고 있는 지역이다. 특히 제주도 출신 교포가 많은 것
이 특징이다.

이카이노는 고대 백제로부터 온 도래인渡來人이 많이 거주했던 인연
이 깊은 지역인데, 1973년 새롭게 주소가 바뀌면서 쓰루하시, 모모다
니桃谷, 나카가와中川라는 3개의 구로 지명이 바뀌었다.

이들 지역에서 생활하는 사람들을 예로 들 것도 없이 조선인이건 일
본인이건 겉보기에는 똑같은 몽골계 사람인데도 육식의 역사는 큰 차
이가 있다. 한반도에서의 육식습관은 몽골지배의 영향을 강하게 받은
14세기 이후에 성행한 반면, 일본에서는 고대 이래로 꿩 등은 먹었지
만 불교의 영향으로 네발 달린 짐승 고기는 익숙하지 않다. 쇠고기 스

통신사 숙소에서 조리하는 광경을 그린 〈조선내조물어朝鮮來朝物語〉.

키야키[1]를 먹게 된 것이 메이지明治(1868년 이후)부터이고, 서민들에게 퍼지기 시작한 것은 전후의 일이다.

그런 가운데 에도시대 조선통신사가 일본에 육식문화를 전해준 것으로 보이는 상징적인 그림 한 장이 남아있다.

오사카에서 통신사 일행이 숙사로 사용했던 니시혼간지 쓰무라별원의 주방에서의 조리 광경을 그린 〈조선내조물어朝鮮來朝物語〉(延享五年新版)에 수록된 그림으로 주방 한가운데 있는 큰 불판 위에 사다리꼴 철망을 놓고 그 위에 양 한 마리를 노릇노릇하게 통구이 하고 있는 모

---

1) 간장, 설탕으로 만든 국물에 얇게 썬 쇠고기를 대파, 두부, 배추, 쑥갓, 표고버섯, 구운 두부, 실 곤약 등의 재료를 넣고 졸인 전골요리.

습은 호쾌하다.

두 명의 조선인이 큰 부채로 불을 피우고 있고 그 옆에는 고기에 바를 양념항아리가 놓여있다. 구이대 앞의 멍석 위에는 조선인이 닭털을 뽑거나 양가죽을 벗기고 있는 모습을 일본 요리사가 가만히 바라보고 있다.

통신사 일행은 일본 각지에서 진수성찬을 대접받았지만, 식문화에 차이가 있기 때문에 육식으로 건강을 관리하기 위해 반 년이 넘는 긴 여행에는 '백정白丁'이라는 숙련된 고기 요리사를 동행시켰다.

조선통신사가 들른 오미近江 히코네의 소안지宗安寺 절에는 정문인 아카몬赤門과는 별도로 구로몬黑門이라는 부엌문이 있었다. 백정은 구로몬으로 통신사에게 제공할 육식류를 들여왔다고 한다.

역시 통신사의 기항지인 쵸슈長州의 가미노세키上關에서 이와쿠니번岩國藩이 일행을 접대하기 위해 만든 매뉴얼 〈신사통근각서조선인호물부사信使通筋覺書朝鮮人好物附の寫〉에 있는 그림에는 소갈비 조리방법이 나오는데 이 또한 백정에게 배운 요리의 정수를 기록한 것이다.

신기수가 생전에 남긴 업적 중 하나는 한국에서는 거의 잊혀진 백정[2]의 존재를 발굴해내고, 일본의 부락해방운동部落解放運動[3]과의 연대를 깊게 한 일이다. 백정은 육식고기 처리를 생업으로 하는 피차별민을 가리키며 조선시대 500년에 걸쳐 최하층 신분으로 인식되어 여러

---

2) 조선시대 도살업·육류판매업으로 생활하던 천민층. 1423년 재인(才人)과 화척(禾尺)을 백정으로 개칭하였고 1894년에 폐지되었다.

3) 일본에서 부라쿠(部落)라 칭하는 천민들이 살던 곳을 말하며, 부락해방운동은 국제 규약에 따른 인권보장과 인권 확립, 차별 철폐 운동이다.

가지 박해를 받아 왔다.

1987년 8월, 천안시 독립기념관 개관기념식에 초대받은 신기수는 서울에 머무는 동안 사단법인 '한국축산기업조합중앙회'의 이영진李榮振과 알게 되었다.

서독에 7년간 유학을 다녀와서 축산조합의 간부로 활약하고 있던 이영진이란 이름은 백정에 대해 언급한 조선일보의 칼럼을 통렬하게 비판했던 인물로 신기수는 기억하고 있었다.

신기수의 저서 〈아리랑 고개를 넘어서〉(解放出版社)에 의하면, 그 해 4월 25일 조선일보는 조간칼럼 '만물상'은 한국국어연구소가 발표한 '한글맞춤법개정시안'을 언급하면서 "귀중한 우리말을 마치 백정이 소를 도살하듯 식칼로 난도질하는 것과 같다"고 풍자했다. 이 글에 대하여 이영진은 소리 없는 만 명의 도살노동자와 3만 5000명의 정육업자를 대변하는 입장에서 〈한글 새소식〉(1987년 6월 5일자) 글에 다음과 같이 반론했다.

> 도축상인을 무차별적으로 난도질하는 붓놀림이다. 백정은 식용을 목적으로 가축을 도살하고, 고기를 가공·판매 하는 직업인이며, 전문직에 종사하는 사람으로 대우하지 않으면 안 된다. 그런데도 〈만물상〉의 필자는 백정을 먹을 고기를 생산하기 위해 가축을 도축하는 사람이 아닌, 무자비하게 가축의 생명을 끊어 버리는 사람으로 묘사하여 '백정' 계급을 천민시하는 봉건적 이미지를 증폭시켜 직업 멸시를 부추기고 있는 것은 아닌가.
>
> 식칼은 고기를 처리하는 사람에게는 언론인의 펜과 마찬가지로 귀중한 직업의 도구이고, 소를 도축할 때 숙련된 솜씨로 정확한 위치에 칼을 대지 않으면 소중한 고기를 망쳐버리게 된다. 이것을 어째

난도질이라고 표현한단 말인가. 이런 무신경한 표현이 중요한 우리
나라 국어의 표준어개정에 관한 문장 속에 사용되는 것이 오히려 문
제인 것이다.

일본에서 온 동포가 백정에 깊은 관심을 갖고 있다는 점에 놀란 이
영진은 1개월 후에 직접 운전을 하여 신기수를 청주에 사는 김영대金永
大에게 안내하기도 했다. 김영대도 〈에도시대의 조선통신사〉가 한국
의 TV에 방영되었던 적이 있어 신기수에 대해 조금 알고 있었다.

김영대는 백정 출신으로 식육업계의 리더로 활약했는데 그 10년 전
에 〈실록형평實錄衡平 − 식육업의 유래〉를 출판하고 백정차별의 부당
성을 고발해 왔다.

그런데 한국 국내에서는 "긁어부스럼을 만들지 말라"는 듯 김영대의
책은 묵살에 가까운 취급을 당했다.

김영대가 저서에서 소개한 형평사衡平社[4]는 전국수평사全國水平社[5]가
교토에 창립된 이듬해인 1923년 백정차별 철폐를 요구하며 진주에서
생겼다.

형평의 유래는 '천칭 저울에 매단 듯, 정확한 평등'이라는 의미로 부락
차별에 반대하는 일본의 수평사운동과 한 때 교류를 했던 적도 있었다.
하지만 형평사는 조선총독부의 가혹한 탄압에 의해 소멸됐다고 한다.

그로부터 30년이 지나 한국 내에서 6·25전쟁으로 많은 도시와 촌락

---

[4] 1923년 일본 간토지방에서 전개된 수평운동의 영향을 받아 한국 진주에서 계급타파,
공정사회 건설 등을 내걸고 만든 단체.
[5] 1922년에 결성한 일본 부락해방운동단체이다.

이 잿더미로 변하고 백정이 사는 마을과 호적서류도 불타버려 백정차별은 없어졌다고 하는 것이 통례가 되었다.

"그러나 수백 년이나 지속되었던 차별이 그것을 극복하려는 투쟁도 없이 자연소멸 됐다는 것은 정말일까? 그렇다면 일본에서는 어째서 부락차별이나 민족차별이 없어지지 않는 것인가?"

신기수는 이렇게 생각하고 백정문제를 파헤쳐 나갔는데 그가 그렇게까지 매달리게 된 배경에는 어떤 일이 있었던 것일까.

2001년 봄, 신기수가 고향인 교토 사가노에서, 예전에 조선인 마을이 있던 대나무 숲을 함께 걷고 있을 때 묻지도 않았는데 다음과 같이 말을 한 적이 있었다.

"내가 어렸을 때 나쁜 행실을 하면 부모가 '백정 같은 짓을 하느냐'며 엄하게 꾸짖었습니다. 조선사람이 40명 정도 살아가며 수도꼭지 하나에 공동변소도 한 곳 뿐인 가난한 마을에서 서로 도와가며 생활을 하면서도, 어린 마음에 가까운 사람들로부터 차별을 받는 누군가가 있다는 것은 아무래도 이상하다고 생각했습니다.'"

"서로가 사람 위에 군림하려는 의식이 있는 한, 사회의 마찰은 없어지지 않는다. 민족과 민족의 경우도 마찬가지다. 내가 전전의 조선인과 일본인 노동자의 연대라든가, 조선통신사라고 하는 선린우호의 세계로 관심을 가진 원점에는 백정의 존재가 틀림없이 있었다고 생각한다. 통신사는 이웃나라 조선에서 온 우호사절이지만 일본 민중은 따뜻한 눈길로 바라보았다. 그것은 민족과 민족이 서로를 존중하고 대등하게 교류하는 자세와 통한다고 생각했다."

신기수는 고베대학 재학시절에 자치위원장을 맡고 있었는데, 당시 전학련(전일본학생자치회총연합) 본부의 핵심멤버에 오키우라 가즈데루沖浦和光[6]라는 도쿄대학 문학부 학생이 있었다. 그는 오사카 출신으로 신기수보다 5살 많은 대단한 논객으로 신기수가 보기에는 눈부신 존재였다.

오키우라는 비교문화론과 사회사상사 전공으로, 인도네시아에서 현장조사경력도 길다. 〈환상의 유랑민 상카幻の漂泊民・サンカ〉(文藝春秋社) 등 민중의 저변에 시점을 둔 민속학의 역작을 발표해서 '오키우라 월드'에는 뿌리 깊은 팬이 있었다.

신기수가 그 오키우라와 재회한 것은 1973년 무렵이다. 오사카부 이즈미시和泉市에 있는 모모야마학원대학의 학장(총장)이 된 오키무라를 찾아갔을 때였다.

신기수가 학교 근처 사카이시 기타노다北野田로 이사했기에 "옛날 생각이 나네요. 대단히 오랜만입니다" 하고 인사하러 간 이후부터 가끔 오키우라의 연구실에 찾아가 자신이 추적하고 있는 조선통신사 등의 테마에 대해서도 설명했다.

오키우라도 신기수가 경영하는 사카이시의 활어요리점 '우오이치魚―'에, 나중에 〈민간 다이코키民岩太閤記〉[7]를 쓰게 되는 작가 오다 마코토小田實를 데려오기도 하며 깊은 교류를 나누었다.

"신기수 씨는 전후 한국을 방문했을 때의 인상을 '뭔가 아주 그리운 것을 찾아낸 것 같은 기분이 들었다'고 말했던 것이 생각난다. 좀 더 정

6) 사회학자・민속학자이며 모모야마학원대학(桃山学院大学) 명예교수(1927~2015). 비교문화론이 전공이지만 평생 피차별민 연구에 몰두했다.

7) 임진왜란의 전 과정을 일본인 소년 톤과 그 여동생 민의 시선에서 그린 작품.

치적인 렌즈로 조국을 볼 사람이라고 생각했는데 의외의 인상을 받았다. 조선통신사를 다루는 것은 좋지만 이것은 어디까지나 외교정치의 이야기이다. 그것만 보면 안 된다, 더욱 저변으로 눈을 돌리지 않으면 안 된다고 말해주었다."

이렇게 말하는 오키우라는 그가 노마 히로시野間宏[8]와 1982년에 〈아사히 저널〉에 연재한 '인도여행에서 중국·일본으로'에서 신기수가 자극을 받은 것 같다고 설명했다.

이 연재는 다음 해 〈아시아의 성과 천 – 피차별민의 역사와 문화アジアの聖と賤 被差別民の歷史と文化〉(人文書院)라는 단행본으로 발간되었는데, 그 속에 '조선의 피차별 부락민·백정'에 대한 장章이 있었다. 신기수는 "그 문장을 읽고 눈을 가렸던 꺼풀이 벗겨지는 듯한 경험을 했다"고 오키우라에게 감상을 말했다.

신기수는 소년시절의 체험과 이러한 배경도 있어서 백정문제에 적극적으로 매달렸다고 생각되지만 신기수가 처음으로 백정에 대해 정리한 작업은 앞에서 언급한 김영대의 〈실록형평 – 식육업의 유래〉를 부락해방연구소 창립 20주년 기념사업의 일환으로 일본어로 번역 출판한 것이다.

1988년 7월에 〈조선의 피차별 민중 '백정'과 형평운동〉이라는 제목으로 출판하고, 이를 기념하여 김영대를 일본으로 초청하여 신기수의 통역으로 기념강연도 가졌다.

김영대의 조부는 형평운동에 참가하던 중 일반농민에게 폭력을 당

---

8) 소설가, 평론가, 시인(1915~1991). 부락 출신이 아닌데도 부락해방중앙위원장을 맡기도 했다.

해 한쪽 발을 제대로 쓰지 못하는 부자유한 몸이 됐다. 그런 이야기를 듣고 형평운동의 역사를 밝히고 싶어서 혼자의 힘으로 자료를 모아 〈실록형평實錄衡平〉을 집필했는데, 한국 내에서는 출판방해가 있었고 아무도 이 책이 완성되는 것을 달가워하지 않았다. 수평운동의 발상지인 일본에서 자신의 책이 발행되는 것은 매우 기쁜 일이며 한국에서도 형평운동연구소를 만들고 싶다는 포부를 밝혔다.

김영대의 이러한 바램 중 하나는 1993년 5월에 진주에서 열린 형평사衡平社 창립 70주년기념 국제학술회의로 이어졌고, 신기수는 일본에서 참가한 부락해방연구소部落解放研究所 방한단의 고문으로 참가했다.

구미의 연구자들도 참가한 회의에서 신기수는 "형평사와 수평사의 피차별 민중은 모두 사회의 가장 밑바닥에서 갖은 박해를 받으면서도 차별철폐를 날카롭게 주장하며 인간의 존엄에 관심을 불러 일으키려고 했다. 그런 냉혹한 시대에 연대를 시도한 것은 한 줄기 서광을 비춘 것이라 해도 좋을 것이다"라고 보고했다.

이 회의를 계기로 진주 시민과 지식인들 사이에서 모금활동이 시작되어 3년 후에 형평운동 기념탑이 한국 제일의 성이라는 진주성 앞에 세워졌다.

그리고 진주에서 국제회의를 개최한 두 달 후에, 일본에서도 오사카 인권역사자료관(현 오사카 인권박물관 리버티 오사카)에서 '형평사와 수평사 – 조선과 일본의 반차별운동'이라는 전람회가 열렸다.

"자료관의 학예원이 되고 나서 바로 맡은 일이었는데 백정의 존재도 잘 알지 못한 채로 신기수 선생에게 여러 가지를 배우면서 어찌어찌 넘어갈 수 있었다. 김영대 씨의 이야기를 반복해서 들은 기억이 있다. 제일동포 중에 나이 드신 분은 젊은 후배들을 위에서 찍어 누르듯 가르치는 사람이 많은데, 신기수 씨는 햇병아리인 나에게도 경의를 표하면서 대해 주셨다. 보기드문 분이라고 생각했다."

이렇게 회고하는 사람은 재일동포 3세인 문공휘文公輝이다. 이 전람회에는 일제 식민지하의 백정의 호적부와 형평사의 주지主旨를 인쇄한 문서, 조선총독부의 관련사료 등이 전시되었다.

신기수가 백정과 일본의 부락차별에 대하여 다루자, 신기수 씨에게 여러 가지 리액션이 들어왔다. 다음에 소개하는 것은 재일동포 여성이 익명으로 보내 온 신기수를 비난하는 편지의 일부다.

> "부탁합니다. 부락민과 함께 활동하지 말아주세요. 당신은 우리 재일동포들을 부락차별이라고 하는 막다른 골목길로, 아니 바닥 없는 늪으로 끌고들어 갈 작정입니까? 재일동포가 당신 혼자라면 마음대로 하세요. 당신이 부락민과 함께 행동하면 나머지 재일동포 전원이 일본사람으로부터 부락민과 같은 취급을 받습니다. 오키나와 사람들이나 중국 사람은 절대로 부락민과 함께 활동하지 않습니다. 오키나와 사람들이 부락민과 연대하여 운동을 전개한다면 문제없을 것 같습니다. 그렇지만 우리 집 근처의 오키나와 출신 사람은 부락민과는 절대로 같은 취급을 받고싶지 않다고 합니다. 중국 사람도 그렇습니다. 그들은 머리가 좋아서 차별이라는 단어에서 멋지게 벗어나 있습니다. 조선인은 바보입니다. 그 중 한 사람이 당신입니다."
>
> (《아리랑 고개를 넘어서》에서 인용)

이런 편지에 신기수는 침울한 기분이 들면서도 전전의 조선인과 일본 부락민의 인간적 연대가 어떻게 이루어졌는가에 대해 그의 저서나 강연 등에서 소개해 왔다.

치쿠호筑豊 탄광에서 강제노동을 했던 조선인이 대규모 쟁의를 일으켰을 때, 쌀을 모아 준 사람들은 가난한 수평사의 농민들이었고, 무엇보다도 자신이 자란 교토의 라쿠세이에서는 부락 안에 조선인도 함께 생활하고 있던 사실 등을 전했다.

신기수와 오랫동안 함께 일해 온 해방출판사의 편집자 가와세 슌지川瀬俊治는 다음과 같이 회상하고 있다.

"일본에서 백정차별에 대해 언급한 재일동포는 거의 없다. 나이든 사람일수록 싫어하는 테마에 신기수 씨는 어떤 망설임도 없이 파고든다. 계급사관이라든가 고정관념을 버리고 오해를 두려워하지 않고 말하자면, 인간이 그 때는 어떠해야 하는가를 항상 생각하고 행동해 왔기 때문일 것이다. 하나하나의 주제는 깊지 않을지 모르지만 파이오니어적인 발상에서 나온 행동은 도저히 학자나 연구자가 따라갈 수 없다고 생각한다."

신기수는 한국에서 200명 이상의 백정을 찾아다니며 대하소설인 〈백정〉(전 10권)을 쓰기도 한 작가 정동주鄭棟柱[9]와도 교우가 있었다.

"백정차별은 한국인의 마음속에 잔존하고 있는 유령 같은 존재"라고 말하는 정동주는 "차별은 내버려두면 그냥 저절로 없어진다는 것은 잘못된 인식이며 극복하기 위해 투쟁하지 않으면 안 된다"고 신기수와 같은 문제의식을 가지고 있었다.

1997년에는 정동주가 집필한 백정차별을 주제로 한 소설 〈신의 지

---

[9] 소설가(1949~). 산업화의 혼돈 속에서 인간상실의 문제를 객관적이고 절제된 언어로 쓴 작가. 작품으로는 소설 〈백정〉(1989), 〈아스팔트 위의 허재비들〉(1989), 〈단야〉(1992), 〈신의 지팡이〉(1996), 〈콰이강의 다리〉(1999) 등이 있다.

팡이〉를 부락해방인권연구소에서 일본어로 출판했을 때에도 신기수는 적극 협력했다. 〈신의 지팡이〉는 식칼을 말하는 것으로 소를 해체해서 천국으로 보내주는 도구라는 의미다. 이 소설은 3000부가 출간되었다.

2002년 9월 신기수 씨가 사망하기 3주 정도 전에 정동주는 신기수가 입원하고 있는 오사카 시립의료센터로 부락해방인권연구소의 도모나가 겐조友永健三, 국립민족학박물관의 고정자高正子 씨와 함께 병문안을 갔다. 그 당시 신기수 씨는 폐렴으로 인한 기관지 절개로 목소리를 낼 수 없는 상태였다.

이때 정동주의 "신기수 선생은 아주 큰 일을 해내셨습니다. 아무쪼록 어깨에 진 짐을 내려놓으시고 편히 쉬십시오"라는 위문의 말에 신기수 씨는 겨우 눈으로 대답했다.

이 광경을 마치 어제의 일처럼 기억하고 있다는 도모나가는 〈휴먼라이츠〉 2002년 11월호에 신기수에 대한 추모의 마음을 다음과 같은 문장에 담았다.

이듬해 형평사 창립 80주년에도 신 선생에게 다시 한 번 단장이 되어 진주를 방문해 달라고 하고 싶었는데 이제는 이룰 수 없는 바램이 되었다.
그렇지만 선생께서 개척한, 수평사의 전통을 이어받는 부락해방운동과 형평운동이 지향했던 목표를 한국에서도 이어가려는 사람들과의 연대는 한걸음 한걸음씩 깊어지고 있다. 이 운동을 더욱 발전시켜 나가는 것이 신 선생의 유지를 이어받는 일이라고 마음속으로 맹세하고 있다. 합장.

2. 잠자는 고양이와 심미안

과거에 조선통신사 일행을 태운 호화여객선이 왕래했던 요도가
와 강.

오사카시 미야코지마구都島区의 고층주택 26층에서 내려다보이는 나
니와浪速 거리는 빌딩 사이를 뚫고 개천과 운하가 여기저기를 누비고
있기에 '물의 도시'라는 분위기가 잘 전달되어 온다.

신기수는 1995년 10월에 사카이시에서 이곳으로 이사 왔는데, 집 바
로 근처에 시립의료센터가 있어서 말년에 몸 상태도 좋지 못한 만큼 새
집을 아주 마음에 들어 했다.

특히 여름의 덴진마쓰리天神祭り[10]가 열릴 때는 야경이 멋져서 신기수
의 친구들이 강학자 여사가 대접하는 특제 가다랑어 요리를 술안주 삼
아 즐거운 술파티를 열었다.

그 덴진마쓰리를 능가하는 인파로 북적대던 것이 에도시대의 조선
통신사 행렬이었다. 조선의 음악과 그에 화답하는 일본 뱃사공의 노
젓는 노래가 흐르는 가운데, 호화찬란한 가와고자부네川御座船[11]를 한
번 보려고 30만 명이 몰려들어 요도가와 강변 양쪽은 발 디딜 틈이 없
을 정도였다고 한다.

"오늘날 요도가와 강에서, 덴진마쓰리가 열리는 밤에 가와고자부네
를 부활시키고 많은 관광객에게 보여주면 좋을 텐데, 라고 남편이 말했
어요. 그러니 저러니 해도 통신사가 거슬러 올라가던 강 근처에 살게

---

10) 일본 3대 축제 중 하나로 오사카에서 매년 7월에 열리는 민속축제.
11) 황금으로 화려하게 장식한 2층 대형선박.

되다니 인연이 깊다는 것이 느껴졌어요. 남편은 창가의 서재에서 석양에 붉게 물들어 가며 일을 했어요."

강학자 여사의 술회인데, 신기수는 〈대계 조선통신사〉 편찬과 같이 큰 공간을 필요로 하는 작업은 청구문화홀에서 했지만 원고를 쓴다거나 사료를 읽는 작업은 집에서 했다.

대체로 밤 9시 무렵에 약주를 한잔하고 잠자리에 들었다가 새벽 2시경에 일어나 원고를 쓰고 6시경이 되면 집에서 1km 정도 떨어진 약사탕藥師湯으로 간다. 탕에서 나와 시원한 맥주를 한잔 걸치고 돌아와 다시 한숨 자고나서 청구문화홀에 얼굴을 내미는 것이 일과처럼 되었다.

신기수는 이 대중목욕탕에서 보내는 시간을 좋아해서 일요일 아침에는 목욕을 마치면 목욕탕에서 늘 마주치는 인쇄소나 생선가게 주인들과 세상 돌아가는 이야기를 즐겼는데 맥주에서 정종, 소주로 이어가며 점심 무렵까지 환담을 계속했다.

신기수가 어떤 인물이었는지, 그가 사망하고 난 후 신문에 보도되기까지 이들 멤버는 신기수를 알지 못했다며 "이름도 어떤 일을 하는지도 묻지 않아서 그렇게 훌륭하신 분인 줄 몰랐다. 그러고 보니 역사에 무척 밝은 사람이었다"고 놀라워했다.

전국 각지를 다니며 조선통신사에 관련된 회화나 두루마리 그림, 병풍 등을 세상에 소개해 온 신기수이지만, 그것들의 세세함에 주목하여 작품 속에 들어 있는 메시지를 해독하는 데에는 신기수 특유의 심미안이라고 해도 좋을 그 무엇이 있었다.

예를 들면, 고베 시립박물관에 전시되어 있는 하네가와 도에이羽川藤永의 작품 육필우키요에肉筆浮世繪 〈조선인내조도朝鮮人來朝図〉[12]의 경우가 그렇다.

후지산을 멀리 바라보며 에도성에서 국서전달식을 마친 통신사 일행이 숙박지인 아사쿠사淺草의 히가시 혼간지東本願寺 절로 향하는 광경을 구경꾼이 줄지어 배웅하는 그림으로 우에노上野에 있는 간에이지寬永寺[13] 절의 보물이었는데, 쇼와昭和(1926~1989) 초기에 고베의 무역상이 입수했을 때는 남만인(포르투갈인)이 에도로 들어오는 광경이라고 했다. 같은 그림이 도치기 현립박물관栃木縣立博物館에도 수장收藏되어 있다.

신기수는 1970년 무렵, 고베대학의 후배로부터 이 그림의 존재를 알게 되었고 통신사 일행을 그린 작품이 아닐까하여 가슴이 두근거렸다. 본인이 만든 영화 〈에도시대의 조선통신사〉의 마지막 장면에 사용했는데 한참 후에 행렬의 부자연스러움 등을 알게 되었다.

깃대는 일본의 것이고 정사가 타는 가마에 어린 아이가 타고 있었기 때문인데, 그로부터 20년 가까이 지나 하네가와 도에이가 그린 다른 한 장의 〈조선인내조도〉(그림 참조)가 나타났다.

오사카 기타하마北浜에서 '집아당集雅堂'을 운영하는 미술상 오카다 이치로岡田一郞가 도쿄에서 발견한 그림으로 같은 구도이면서도 깃대는 조선의 것이고, 가마에는 정사가 타고 있는데다가 건물 차양 위에 응

---

12) 1748년 하네가와 도에이가 제10차 조선통신사를 그린 '조선통신사 행렬도'.
13) 도쿠가와 쇼군가의 사찰이다. 도쿠가와 가문의 역대 쇼군 15명 중 6명이 모셔져 있다.

조선통신사가 아사쿠사의 히가시 혼간지 절로 향하는 광경(개인 소장).

크리고 잠들어 있는 한 마리의 고양이가 그려져 있었다.

"잠든 고양이는 평화의 상징으로 이 고양이가 들어 있는 그림이 진짜 통신사를 그린 작품임에 틀림없습니다. 통신사에 관해 일가견이 있는 로날드 토비Ronald Toby[14] 씨의 연구로 고베박물관에 있는 그림은 같은 시기에 열렸던 도쿄 간다神田 산노마쓰리山王祭의 통신사 행렬을 그린 것이 아닐까 생각하게 되었습니다. 당시 에도의 축제에서는 통신사 행렬을 모방한 것이 많았고, 에도 요시와라吉原의 유녀들이 통신사를 연출한 모습을 우타마로歌麿는 〈한인인화가韓人仁和歌〉라는 작품

---

14) 역사학자. 일리노이대학에서 일본 및 동아시아아의 근대사를 가르쳤다. 1965년 이후 와세다대학, 도쿄대학 역사편찬소, 게이오대학 등에서 연구했다.

에 묘사했습니다."

신기수는 생전에 이렇게 말했는데, 오카다는 "잠자는 고양이가 그려져 있는 〈조선인내조도〉는 고급자동차 1대를 살 수 있는 가격으로 구입했지만 미술관에는 팔 수 있어도 개인에게는 팔 생각이 없습니다. 개인 소장가는 미술전람회 등을 열 때에 빌려달라고 해도 응하지 않기 때문입니다"라고 말했다.

오카다는 조선통신사의 작품이 나올 때마다 반드시 신기수에게 감정을 받았다. "신기수 씨는 그려져 있는 도안에 모순은 없는지 정말로 정성들여 본다. 함께 자주 술을 마시기도 했지만 그렇게 마시고도 잘도 공부하네, 라고 생각했다. 정체를 알 수 없는 희한한 사람이지만, 어딘가 푸근한 분위기를 갖고 있었다"고 주선酒仙과 같은 그의 인품을 그리워했다.

조선통신사 연구가로서 신기수의 이름이 신문에 계속 오르내리자 각지에서 "이런 그림이 나왔는데 한번 봐 주세요"라는 연락이 들어오게끔 되었다.

1987년 1월 군마현群馬県 아즈마군吾妻郡의 고택에서 신기수가 감정했던 요도가와를 내려가는 선단船團이 그려진 그림은 그 지역에서는 '뱃놀이를 하는 다이코太閤(도요토미 히데요시)의 그림'이라고 전해져 왔지만 의심할 여지없이 통신사 일행이 황금 배라고 불렀던 호화스런 금박의 고자부네(하천용 선박)였다.

그림 폭 79cm, 길이 261cm의 화려한 색채의 선단도船團図는 고즈케 노쿠니上野国 누마타沼田 성주 도키土岐 가문에서 소중히 보관되어 왔던 그림으로 정한론征韓論이 들끓었던 메이지 시대가 되자 '값이 별로 나가

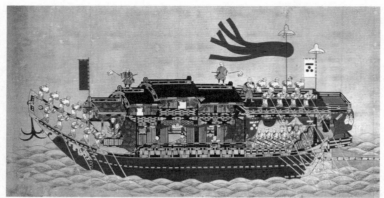

제8차 통신사 일행을 맞이했던 호화로운 배가 요도가와 강을 내려가는 그림(오사카역사박물관 소장. '신기수컬렉션').

지 않는 물건'으로 민간에게 불하되어 곳간에 잠드는 운명이 되었다.

에도시대의 도요토미 히데요시는 대의명분 없는 침략전쟁을 일으켰다고 비판받았지만, 근대 일본에서는 서민적인 인물이라고 해서 국민적인 인기를 얻게 되자 황금 배에 탔던 조선통신사의 고관은 어느새인가 히데요시로 바뀌어버렸다.

그림 속에서 이문화적인 것을 발견하면 무엇이든 남만인이라고 생각해 버리는 것이 일반적이었는데 이런 경향에 박차를 가했던 것이 탈아입구脱亞入歐[15]를 이데올로기로 삼은 미술계 1인자가 오카쿠라 덴신岡倉天心[16]이었다.

---

15) 후쿠자와 유키치(福沢諭吉)가 일본의 나아갈 길을 제시한 것. '아시아를 벗어나 서구 사회를 지향한다'는 뜻이다.

16) 메이지 시대에 활약한 사상가, 문인, 철학자. 미술사와 미술평론에 관한 글을 발표하며, 미술가 양성 활동도 했다. 가나가와현 요코하마시 출생으로, 도쿄 예술 대학의 설립에 참여하였으며 일본 미술원의 창설자이다.

신기수가 이렇게 정의하는 오카쿠라 덴신(1862~1913)은 〈일본의 각 성日本の目覺め〉이라는 글에서 자신의 조선관을 다음과 같이 피로하고 있다.

(도요토미 히데요시의 조선침략에 관하여 언급하고 난 후에) 이 예외 적인 원정이 초래한 유일한 성과는 이후 도쿠가와 시대를 통하여 쇼 군이 취임할 때마다 조선에서 조공사절이 파견되었던 일이었다. 조공 은 똑같이 중국 황제에게도 행해졌던 것은 말할 나위도 없다.

이렇게 해서 선린우호와 호혜의 입장에서 파견되었던 조선통신사 를 일본에 종속하는 입장의 조공사로 바꿔치기 하고, 미술계에서 발 언권이 큰 오카쿠라 덴신을 통해 민족차별과 배외주의 사상이 확산 되어 갔다.

요도가와 강과 조선통신사로 말하자면, 신기수의 마음에 들었던 작 품의 하나로 오사카 남부에 있는 돈다바야시시富田林市의 미구쿠루미 타마신사美具久留御魂神社에 1695년에 봉납된 통신사 선박의 에마絵馬가 있다.

이 신사는 백제로부터 와서 가와치河內(오사카 동부 지명)의 구릉지를 개 발했던 호족 우지신氏神을 기리는 것으로 알려졌는데, 본전 앞으로 올 라가는 도중의 배전拜殿에 걸려 있던 50장의 에마 중에 1장이 그것이 다. 가로 98cm, 세로 89cm의 크기에 3척씩 늘어선 고자부네가 상, 하 2단으로 그려져 있다.

봉납자 이름으로 현지의 농민 헤이조平藏, 지로베治郎兵衛, 쥬베忠兵衛 등 11명의 이름이 적혀 있다. 이 중에 3명의 자손은 지금도 그 지역에 살고 있다.

신기수는 1984년 사카이시 박물관의 관계자로부터 배 그림이 그려진 진귀한 에마가 있다는 말을 듣고 실물을 보러 갔는데 신기수의 견해는 이렇다.

헤이죠를 비롯한 농민들은 1682년 제7차 통신사가 오사카에 올 것이라는 정보를 접하고, 동료와 요도가와 강의 수상퍼레이드를 구경하러 나가 감격한 나머지 고라이바시高麗橋의 화가에게 배 그림을 그리게 하여 현지에 있는 신사에 기증했다.

"에마는 당시 사람들 마음의 심층부를 알 수 있는 단서가 되는데, 조선에서 온 손님을 오사카의 서민들은 어떻게 보았는지를 솔직하게 전해준다. 통신사와의 만남을 일생의 쾌거라고 감격한 농민들이 추렴하여 돈을 내서 그림을 그리게 하고 그 그림을 마을의 우지신에 봉납하고 소원을 빈다는 것은 흐뭇한 일이 아닙니까?" 라며 웃고 있었다.

당시 오사카에서도 조선통신사는 큰 화제가 되어 목판 인쇄물도 많이 나돌아 민중들의 관심을 불러 일으켰다.

조선통신사의 그림은 에마신앙繪馬信仰[17]이 성행한 군마현이나 도치기현에서 발견된 사례는 있지만 서일본에서 발견된 적은 없는데, 미구쿠루미타마신사의 신관인 아오타니 마사요시青谷正佳는 "이 주변은 옛날부터 물 분쟁이 없던 평화스런 지역이었습니다. 오사카의 스미노에住之江 강에 신전新田을 개발하기도 하고 뭔가 진취적 기상이 풍부한 지역색이

---

17) 절이나 신사에 말 대신 그림을 봉납하는 신앙.

있어서 그런 농민들의 기질을 표현한 에마가 나왔을지도 모릅니다"라고 말했다.

신기수는 두루마리 그림에 비한다면 에마와 마찬가지로 수수한 존재인 흙으로 만든 인형(흙인형)을 많이 모아왔다.

러시아와 함께 세계적으로 유명한 인형왕국으로 불릴 정도로 일본에서는 많은 인형을 만들고 있지만, 에도시대부터 농민은 벼 수확이 끝나고 나면 흙인형을 만들어 왕겨를 태워 색을 입히고 자기 주변에 두고서 즐겼다고 한다.

흙인형 이외에도 의상인형, 목각인형, 하리코 인형張子人形[18] 등 어느 것에나 통신사의 옛 모습이 보인다.

예를 들면, 동북지방인 요네자와米沢에서 만든 사가라 인형相良人形은 큰 나팔을 가지고 있는 것이 특징이며 후쿠시마福島 미하루三春의 하리코 인형에는 통신사의 고관을 본뜬 것도 있다.

"실제로 통신사가 지나가지 않았는데도 이런 동북지방의 먼 지역 인형에 통신사의 디자인이 이용된 것은, 그 노하우를 교토에서 후시미 인형伏見人形을 만들고 있던 인형기술자로부터 북쪽을 순항하는 배를 통해 전수받은 까닭이겠지요.

게다가 통신사 접대를 위해서는 동북에서 큐슈남부에 이르기까지 전국 각지의 다이묘가 사람을 보냈기 때문에 그런 사람들이 고향에 돌아갈 때 가져간 통신사 문화의 영향이 있을지 모릅니다."

이렇게 설명하는 신기수는 조선통신사와 흙인형의 관계에 대해 일

---

18) 찰흙에 종이를 여러 겹 붙여서 말린 뒤 만든 인형.

이즈모 인형(〈신판 조선통신사 왕래〉, 102쪽에서).

찍부터 관심을 갖고 있었는데 본격적으로 알아보게 된 계기는 지금은 오사카 국제이해교육연구소센터의 이사로 근무하는 이노우에 마사카즈井上正一가 1990년 무렵에 나라현 사쿠라이시의 하세 가도長谷街道[19] 연변의 이즈모에서 팔고 있는 이즈모 인형出雲人形[20]에 눈길을 주고 난 후부터였다.

도진상唐人さん(당나라 사람, 외국인)'이라고 불리던 그 인형을 본 순간 이노우에는 지인인 신기수가 관심을 갖고 있는 조선통신사 인형이 틀림없다고 생각하고, 그 인형을 청구문화홀로 가지고 갔다.

"인형을 본 신기수 씨는 대단히 기뻐했고 때마침 일본에 온 한국 문

---

19) 나라현 사쿠라이시(桜井市)에서 미에현 마쓰사카시(松阪市)를 연결하는 옛 가도.
20) 부드러운 점토로 형태를 만들어 1주일 정도 음지에서 건조하고 겨를 태운 재로 색칠한 인형.

교부(현재, 교육부) 직원에게 물어보니 인형이 입고 있는 옷은 두루마기가 틀림없다고 알려주었다. 모자와 악기, 두루마기라는 조선문화의 특징을 나타내는 것 등이 모두 갖추어져 있어 통신사가 틀림없을 것이라고 했다.

그런데 어째서 통신사가 지나가는 길이 아닌 하세 가도에 이런 인형이 있는 것인가. 에도시대에는 통신사를 그린 두루마리 그림과 인롱印籠[21] 등을 가지고 있는 것이 신분의 상징이었다. 서민은 손도 댈 수 없어서 흙인형을 구매한 것 같다고 이야기가 정리된 것을 기억하고 있다. 신기수 씨의 대단한 점은 일본 전국에 있는 흙인형 등을 조사하고 통신사와 관련 있는 인형을 수집했던 것이다."

그 성과는 150종류에 이르는 인형 컬렉션이 되어 히로시마현 시모카

인롱(개인소장).

---

21) 신분이 높은 사람들이 자신의 신분을 나타내는 표식으로 약품 등을 넣어 허리에 차고 다니던 작은 용기.

마가리지마下蒲ル島 섬의 조선통신사 자료관에 전시되어 있다.

3. 퍼져가는 통신사 연구

그런데 신기수의 조선통신사 연구는 유럽과 미국 등 해외로도 번져갔다.

메이지 정부에 의해 심어진 조선멸시관이 확산되는 가운데, 에도시대의 통신사를 그린 작품은 가치가 없는 것으로 취급되어 해외로 흘러간 작품도 적지 않기 때문이다.

1988년 네덜란드의 라이덴대학Leiden University에서 개최된 유럽한국학회에 참석한 신기수는 행사장에서 〈에도시대의 조선통신사〉를 상영하고 지참해 간 사료를 전시했더니 영국 런던대학의 문학부장이 "런던대학에도 두루마리 그림이 있으니 귀국길에 영국에 들러서 봐 주지 않겠습니까"라는 제안을 해왔다.

런던대학 아시아·아프리카연구소에서 소중히 보관되어 온 두루마리 그림은 길이가 약 13m나 되고 그 상단과 하단 부분에 금가루가 채색되어 있었는데, 도쿄 간다神田의 고미술상에서 구입한 듯 '1948년 7800엔'의 가격표가 붙어 있었다.

이 작품은 일본인이 조선통신사 고관이 타고 있는 가마를 높이 들어올려 연도에 나온 민중의 환호에 답하는 모습과 말을 탄 조선인이 관객이 보내온 동백 꽃 향을 맡고 있는 모습 등이 구김살 없는 자유스런 터치로 그려져 있었다.

그런 온화한 분위기에 매혹된 신기수 씨는 이 두루마리 그림을 여러 장 사진으로 찍어서 일본으로 돌아왔는데, 그 후 대영박물관에서 담배연기로 한시를 쓰는 연기마술사의 모습을 그린 우키요에浮世絵 그림도 보았다.

유럽에서의 이런 일은 런던에 살고 있는 차녀 이화가 함께 할 경우가 많았고, 신기수가 보스톤과 뉴욕 등 미국의 미술관을 방문할 때는 장녀 미사가 동행하여 통신사 사료와의 만남을 더해 갔다.

미국을 대표하는 대형미술관인 보스톤 미술관에는 1993년 5월에 들러서 수 만점이나 된다는 일본 컬렉션 가운데 교토 니죠성二条城을 왼쪽에 두고 북쪽으로 나아가는 통신사 일행을 그린 〈낙중낙외도 병풍洛中洛外図屛風〉을 감상할 수 있었다.

보스톤미술관에 일본 메이지(1858~1912) 초기의 작품이 많이 모이게 된 것은 1878년에 도쿄제국대학에 정치학강사로 방일한 어니스트 페노로사Ernest Francisco Fenollosa(1853~1908)[22]가 몰락한 무사가 팔려고 내놓은 가보 미술품과 부당하게 저평가된 우키요에 등을 사들여 미국에 가져 갔기 때문이다.

"소개장도 없이 전화로 부탁했는데도 '보러 오세요'라는 말을 듣고 일본의 미술관에 비해 개방적인 태도에 놀랐다."

신기수는 이렇게 말했지만, 같은 시기에 뉴욕시립도서관도 방문하여 스팬서 컬렉션Spencer Collection 안에 있는 가노 에이케이狩野永敬의 〈조선사절내조도권朝鮮使節來朝図卷〉을 처음으로 펼쳐 볼 수 있었다.

---

22) 동양미술사가, 철학자. 메이지시대의 고용외국인. 일본미술을 평가하고 소개하는 일에 힘썼다.

1682년에 제5대 쇼군이 된 도쿠가와 쓰나요시德川綱吉를 축하하러 에도로 향하는 통신사 일행을 그린 것으로 두루마리 그림의 첫머리에 〈조선인도朝鮮人図〉라는 제목과 낙관이 있었다.

이 도서관에는 문인화의 대가인 이케노 타이가池大雅(1723~1776)가 조선통신사 일행의 모습을 먹 하나로 다이나믹하게 그린 그림도 소장되어 있었다. 이케노 타이가는 26살 때와 42살 때 두 번 통신사를 만나는 행운을 얻었다. 그가 통신사의 동행 화원인 김유성金有聲[23]에게 후지산의 습곡 그림법을 알려달라는 편지를 쓴 기록도 남아 있다.

김유성이 도카이도 가도의 세이켄지淸見寺 절에 들렀을 때 주지로부터 조선 금강산과 낙산사를 그려 달라는 부탁을 받았기에 에도에 머무는 동안 〈산수화조도병풍山水花鳥図屛風〉을 그려서 귀국 길에 전달했다.

신기수가 미국에 갔던 것은 이때가 처음이었는데 뉴욕의 인상에 대하여 큰 딸인 미사에게 "여러 나라 사람들이 자립하여 살아가고 있어 대단한 에너지를 느꼈다. 요리도 세계 여러 나라 음식을 즐길 수 있어 좋았다"고 말했다고 한다.

이런 신기수가 국내외에서 모은 조선통신사 관련 회화자료가 호화본 〈선린과 우호의 기록 대계 조선통신사〉(明石書店) 전 8권 간행으로 이어지게 된다.

그런데 조선통신사 사료발굴에 앞장섰던 신기수가 2002년 10월에 이 세상을 떠나고 나서 통신사의 연구현황은 어떻게 되어 가는가?

---

23) 조선후기 화가(1725~ ?). 1763년 통신사를 수행해 일본에 다녀왔다. 일본 남화의 대가 이케노 다이가에게 영향을 주었다.

"신기수는 단편적인 정보라도 있으면 어느 곳이든 달려갔습니다. 정말로 여러 가지를 배웠습니다. 사료를 찾는 여행에 술은 늘 따라 다니는 것이었지만, 동행했던 부인이 고삐를 조이지 않았더라면 어떻게 되었을까, 라는 걱정도 있었습니다."

이렇게 말하는 사람은 오사카 역사박물관의 학예원 오사와 겐이치大澤研一이다. 신기수와의 교류는 1994년 가을에 오사카성 공원 안에서 열린 조선통신사전 준비를 위해 함께 사료 수집을 해온 때부터이다.

특히 인상에 남는 것은 그해 4월에 효고현의 다쓰노시龍野市의 고택에서 한글 붓글씨로 쓴 고킨슈古今集24)의 와카和歌를 감정하러 갔을 때의 추억이다.

한글로 쓰여진 고긴슈의 와카(개인 소장).

> 難波津に 咲くやこの花 冬ごもり 今は春べと 咲くや
> この花
> 나니와 나루에 피는 이 꽃,
> 겨울잠을 자고 있었지만 지금은 봄이라고 피는 이 꽃.

길이 138cm, 폭 15.3cm의 전통 일본종이에는 오사카의 봄을 알리는 축하 시가, 일본어의 발음을 한글로 옮겨 적은 글씨가 선명한 필치로 쓰여 있었다. 쓰시마 통역관의 낙관이 있는 것으로 보아 봄이 찾

---

24) 헤이안시대(平安時代) 전12권의 시가집.

아 온 것과 사절의 방일을 축하하며 통신사 일행에게 선물한 것 같다.

당시는 일본이나 조선에도 서로의 언어를 자유롭게 구사하는 우수한 통역관이 있을 정도로 문화교류의 질이 높아 신기수는 깊은 감명을 받았다.

신기수는 한국국사편찬위원회의 재외관계자료 수집업무도 맡고 있었기 때문에 한국에서 오사카로 찾아오는 연구자도 많아 오사와가 그런 사람들을 돕는 경우도 있었다.

"신 선생이 통신사의 새로운 사료를 잇달아 발굴하면서 해설 등 독특한 의견을 내는 것은 재미있었지만, 통신사의 풍속 설명 등에 관해서는 사실과 억측이 뒤섞여 있는 것 같다고 느낄 때도 있었습니다. 그 대목의 일은 뒤를 잇는 우리들이 좀 더 사료를 상세히 읽어 가야겠지요."

오사카는 세토우치를 건너온 통신사 일행이 일본 본토에 본격적으로 상륙하는 지점이고, 도쿠가와 막부의 중심인물과 처음 만나는 곳이기도 하다.

오사와 겐이치는 현지에 남아있는 통신사 관계 사료를 섭렵했지만, 오사카는 막부정권의 직할지였기 때문에 다른 현藩처럼 큰 도로를 따라 남아 있는 사료는 적었고, 접대를 담당했던 기시와다번岸和田藩의 사료라고 해도 눈에 띄는 것은 발견되지 않았다.

통신사 일행이 긴 여로의 피로를 푼 니시혼간지西本願寺(현재 쓰무라 별원) 절에는 통신사 기록이 남아 있었지만 전란 중에 많이 소실되었다.

그런 가운데 오사와가 통신사 연구에서 택한 테마는 가고水主라고 불렸던 통신사의 배를 지키는 선원들이었다.

부산에서 오사카까지 통신사 선박을 타고 온 500명이 약간 안 되는 사람들 중에 약 100명은 선장을 비롯한 가고들이었고, 이들은 정사 일행이 오사카에서 에도를 왕복하는 약 한 달에서 한 달 반 사이에 배의 수리를 끝내어 배가 최상의 상태가 되도록 하는 것이 그들의 중요한 일이었다.

오사와는 한국국사편찬위원회에 남아있는 〈신사지절오사카잔조선인어횡목방기록일장信使之節大阪殘朝鮮人御橫目方記錄日帳〉을 읽어보다가 이들은 육지 상륙이 허가되지 않았고 일본인과의 접촉도 금지되었지만, 병에 걸리면 극진하게 간호해 주었다는 것을 알게 되었다.

하선이 허락되지 않는 가고들의 스트레스 해소를 위해 막부는 상륙을 허가하여 씨름(스모)을 하도록 지시를 내리기도 했다. 장소는 지금의 오사카 돔 근처에 있는 치쿠린지竹林寺 절이다. 처음에는 조선 사람끼리, 나중에는 일본인과 씨름을 하게 했지만 일본씨름相撲(스모)은 거칠다는 이유로 경원시되었다.

치쿠린지 절에는 제11차 통신사 멤버로 일본에 와서 22살 젊은 나이에 병에 걸려 원통하게 죽은 김한중金漢重과 귀국 길에 오사카에서 쓰시마번의 무사인 스즈키 덴죠鈴木傳藏에게 살해당한 최천종崔天宗의 묘가 있다.

신기수 씨는 한국에서 지인이 오사카를 찾아오면 이곳으로 안내하고, "김한중이 병으로 쓰러졌을 때 그의 자녀와 비슷한 또래 아이에게 간병하게 하는 등 오사카에는 가슴 따뜻한 일화가 많이 남아 있다"고 소개했다.

최천종이 살해된 사건은 국제적 사건으로 〈한인한문수관시漢人韓文手管始〉[25] 등 몇몇 연극의 소재가 되었다.

치쿠린지의 주지 호사카 마사아키保阪正昭는 "신기수 씨와는 20년 가까이 교류하고 있었는데 이곳에 오시면 언제나 앉음새를 바르게 고쳐 앉았습니다. 온화하지만 심지가 굳은 사람이라고 생각했습니다"라고 말했다.

오사카에는 조선통신사를 둘러싼 이야기가 많은 것으로 생각되지만 오사카박물관의 학예원으로 여러 업무를 보면서, 한편으론 통신사연구에 관해서도 몰두하고 있는 오사와 겐이치의 감상은 다음과 같다.

"오사카 현지에 남아있는 사료가 적습니다. 쓰시마의 소씨 가문에 남아있는 방대한 기록 중에서 오사카 관련 부분을 찾아내려고 해도 한두 명이 읽어 낼 작업이 아닙니다. 그것보다 도로 연변에서 통신사 행렬에게 보낸 민중의 대응이나 외교교섭에 관한 연구는 꽤나 진전되어 있습니다만, 배후에 있는 사람들은 어떻게 행동했는지 살피는 것도 필요하지 않을까, 조선인과 일본인은 어떻게 접촉했을까, 또한 그 판단은 어떻게 내려졌을까. 통신사의 생생한 실태를 알기 위해서 그런 면에서의 연구도 재미있다고 생각합니다."

반세기 이상 전에, 고베대학 자치회위원장을 지낸 신기수가 오사카 나카노시마 공회당中之島公會堂에서 연설할 때의 모습을 보고 "재일동포인데 본명인 한국이름을 쓰고 있다. 꽤 멋진 친구로군"이라고 생각한

---

25) 가부키 대본. 1764년 오사카에서 발생한 조선통신사절단 최천종 살해사건을 각색한 시대물로 1789년 오사카에서 처음 공연됐다.

사람은 히가시 오사카시에 사는 조선통신사 연구가 이가사키 요시히코伊ヶ崎淑彦이다.

당시 나라학예대학奈良學藝大學(현 나라교육대학) 활동가였던 이가사키는 대학 졸업 후에 재일한국인과 조선인이 많이 거주하는 오사카시 이쿠노구에 있는 초등학교에서 근무했다. 그 후 근평투쟁勤評鬪爭[26]에 참가하고, 교직원 조합에 전임으로 장기 근무하다가 히가시 오사카시 교육위원회로 돌아와서 인권담당자가 되었다.

그 무렵부터 신기수와 교류를 시작하게 되어 함께 쓰시마에서 시모노세키, 우시마도, 오미로 조선통신사의 발자취를 찾아가는 여행에 참가하기도 하고 영화 〈에도시대의 조선통신사〉의 상영운동도 돕게 된다.

"신기수 씨가 통신사의 고문서보다 회화에 관심을 갖게 된 것은 근세의 초서체 읽기가 그다지 능숙하지 못한 것과도 관계가 있다고 생각한다. 초서체는 습득하는데 2~3년은 걸리기 때문에 그런 얘기를 술 마실 때 슬쩍 흘리면 '우리는 학생운동을 하기 바빠서 제대로 공부하지 못했다네' 하며 웃었다.

그 대신 그림분야라면 열심히 하면 앞설 수 있다고 생각하지 않았을까. 책은 혼자만 읽을 수 있지만 그림이라면 적어도 10명 이상이 볼 수 있다. 신기수는 통신사의 세계를 어떻게 하면 더욱 넓혀나갈 것인가를 늘 생각하고 있었다. 게다가 도요토미 히데요시의 조선침략을 묘사할 때에도 사야가를 언급하기도 하며 민중의 입장에서 폭 넓게 빛을 비추

---

26) 교원의 권리와 민주교육을 위해 투쟁한 운동으로 교사, 학부모, 노동자들이 전국적으로 참가했다.

는 것이 그의 방식이었다."

히가시 오사카시 교육위원회에서 이벤트도 담당하게 된 이가사키는 신기수의 전면적인 협력을 얻어 1987년 6월에 긴테츠近鐵 백화점 히가시 오사카 점에서 조선통신사 전시회를 열었다.

에도시대는 '닫혀서 시시한 시대, 쇄국'이라는 이미지를 바로 하고 에도에서 국제성을 배워 외국인을 대하는 올바른 이해와 인권의식을 고양하는 것에 목적을 두었다. 전람회에는 〈조선통신사선행회도朝鮮通信使船行繪図〉와 〈조선국서봉정행렬도朝鮮國書奉呈行列図〉(전 3권) 등과 통신사 목판화와 사진 패널, 통신사 행렬의 의상과 탈(가면) 등 수십 점을 전시했다.

오사카에서 처음으로 개최되는 조선통신사전이라고 하는 점에 덧붙여, 히가시 오사카시는 이쿠노구에 이어 재일한국인과 조선인이 많이 사는 만큼 현지의 관심도 높아 전람회장은 연일 대성황을 이루었다.

"신기수 씨는 통신사를 시작으로 근세부터 현대까지는 정성껏 찾아다녔지만, 고대의 도래사에 대해서는 언급이 없었다. 이 부분을 내가 할 수 있으면 좋겠다고 생각하고 있다"고 말하는 이카자키는 신기수의 통신사 연구에 대해서도 같은 연배인 만큼 솔직하게 감상을 말했다.

"조선통신사의 밝은 시대를 조명한 신기수 씨의 업적은 큽니다. 그러나 다이묘가 통신사 일행을 접대하기 위해서는 일반인들에게도 많은 세금을 부과할 수밖에 없었는데, 무거운 세금에 허덕이면서 마음속으로부터 통신사의 방일을 반겼을지는 충분히 규명이 되어 있지 않습니다. 지금까지는 통신사에 관하여 부정적인 면을 들추는 것은 안되는 분위기였지만 지금부터는 그런 점에도 언급하여 긍정적인 면과 부정적인 면에 대하여 말 할 수 있는 통신사연구를 진전시켜야만 한다고 생각합니다. 그렇게 함으로써 선린우호의 테마도 더욱 리얼한 것이 되리라고 생각합니다."

에도시대의 조선통신사 연구라고 하면 1926년에 〈일선사화日鮮史話〉를 저술한 마쓰다 고松田甲를 시작으로 전후 〈일선관계사연구日鮮關係史の硏究〉를 집필한 나카무라 히데타카中村榮孝와 신유한의 〈해유록〉을 번역한 강재언의 업적이 크다. 그러나 통신사를 누구라도 알 수 있는 형태로 소개한 사람은 〈계간 삼천리〉에 통신사 기행을 연재한 이진희李進熙이고, 오랜 세월 이 주제를 붙들고 와서 영화 〈에도시대의 조선통신사〉로 완성한 신기수이다.

"가끔 의견을 달리하는 이 두 사람과 균등한 교류를 해왔지만, 일본에서는 에도시대의 역사연구에 조선통신사가 누락되어 있기 때문에 조선이나 아시아에 대한 비뚤어진 생각이 자라왔다. 거기에 경종을 울린 사람이 이진희 씨와 신기수 씨였다. 특히 신기수의 역할은 감춰진 사실史實을 발굴하고 그 성과를 널리 보급한 공적이 크다고 생각한다."

이렇게 말하는 사람은 1992년 가을에 신기수와 함께 '히데요시의 조선침략 검증'이라는 심포지움을 개최한 이후 교류를 지속해 온 나고야 외국어대학 강사 누키이 마사유키貫井正之이다.

〈도요토미 정권의 조선침략과 조선의병연구〉(靑木書店) 등의 저서가 있는 누키이는 항왜인 사야가를 평화의 의사義士로 현창하기 위한 활동을 신기수와 계속하는 한편, 1999년에는 도카이東海 지방27) 조선통신사연구회를 발족시키기도 했다.

그 모임은 매월 1회 40~50명이 참석하여 정례회의를 열고 도카이 지방에서 나온 통신사 관련 화제를 서로 보고하는 동시에, 나고야名古屋에서 입수한 오와리 도쿠가와 가문의 문서 등을 해독하고 토론하면서 통신사연구의 깊이를 더해가고 있다.

이처럼 견실한 학습회를 계속해 온 만큼 누키이의 발언은 설득력이 있었다. 아이치현이 편찬 중인 〈아이치현사愛知県史〉의 근세사 편에 조선통신사 항목이 없는 것을 알았을 때에는 편찬위원에게 "현사県史에 통신사를 넣지 않으면 전국의 뜻 있는 사람들의 비판을 견디기 어렵게 될 것입니다. 새 현사 발행까지 백 년간 후회를 남길 것입니다"는 의견을 제기하자, "급히 넣겠습니다"라는 회답을 받았다.

일본 전국 각지에 여러 가지 형태로 잠자고 있는 조선통신사 관련 사료를 어떻게 발굴하고, 그 의미를 어떻게 부여할 것인가가 큰 과제가 되었기 때문에 2004년 7월에 과거 통신사 일행이 기항했던 야마구치현 가미노세키쵸에서 조선통신사연지연락협의회(연지회) 연구부회를 발족시키기 위한 준비회를 열었다. 가미노세키는 통신사 관련의 고문서가 많이 남아 있는 곳으로 그 고문서의 해독에 열심히 매달리고 있는 단체가 있는 것은 앞에서도 언급한 대로다.

이곳에 강사로 초빙된 누키이 마사유키는 조선통신사 연구 현황

---

27) 아이치현(愛知県), 기후현(岐阜県), 미에현(三重県), 시즈오카현(静岡県).

에 대하여 "각지에 사료는 많이 묻혀 있지만 그것을 발굴하여 해독하는 성실한 작업을 거듭하지 않고서는 역사학회에서 통신사는 인정받지 못한다. 아직 기초적인 연구단계"라고 말하고 다음과 같은 사례를 들었다.

이가사키 요시히코도 언급했던 서민에게 부과된 과중한 세금 문제인데, 1764년의 제11차 통신사가 일본에 왔을 때 간토関東지방을 중심으로 세금이 너무 많다며 약 20만 명이 참가하는 덴메이 농민반란天明の農民一揆이 일어났다. 그 때의 요구사항 중 하나가 고쿠야쿠国役[28]의 면제였다.

고쿠야쿠는 막부의 재정이 궁핍해졌기 때문에 통신사 초빙을 위한 비용을 새롭게 전 국민에게 임시세금으로 거둬 들이려는 것으로, 다음의 마지막 제12차 조선통신사가 일본 본토까지 가지 못하고, 쓰시마에서 멈추게 된 배경에도 민중들의 가중부담 문제가 있었다고 생각할 수 있다. 그런데 종래의 덴메이 농민반란 연구에서는 통신사를 전혀 언급하고 있지 않다.

"이런 연구방법은 일본인에게 있어서 매우 불행한 일입니다. 일본인의 정신구조에는 이웃 나라와의 우호사관 및 다른 나라를 생각하는 사관이 결여되어 있어 그것이 현대까지 영향을 주고 있습니다. 이 연구회는 이를 바로 잡겠다는 역사적 책무를 가지고 있는 것은 아닐까요."

누키이는 연구회의 준비회에서 이런 연설을 했고, 그 해 11월 쓰시마

---

28) 막부가 지방의 하천제방공사, 조선통신사 안내, 쇼군의 닛코참배 등의 경비에 충당하기 위해 임시로 부과한 세금.

의 이즈하라쵸嚴原町에서 열린 연지연락회의 제10회 전국 집회에서 연구부회가 정식으로 발족되었다.

사무국은 준비회를 열었던 야마구치현 가미노세키에 두고 연구부회장은 신기수와 공동연구를 하며 〈대계 조선통신사〉 등을 저술한 교토조형예술대학 객원교수인 나카오 히로시仲尾宏가 맡기로 했다.

4. 한국유학생의 급증

일본에서는 1980년 후반부터 90년대에 들어서서 신기수 등에 의한 사료발굴이 마중물이 되어 각지의 박물관과 고등학교, 대학에 근무하는 학예원이나 교원을 중심으로 조선통신사 연구가 진전되었는데 한국에서의 반응은 시원치 않았다.

"조선통신사라고 해도 이쪽에서 일본으로 간 것이니깐 조공사라는 이미지가 강했다. 그런 굴욕적인 주제를 연구하려는 동료는 그 당시 서울대학교에는 없었다." 이렇게 말하는 사람은 신기수와 교토의 사가노 초등학교 시절 죽마고우인 서울대 명예교수 김정근이다.

서울대학교 규장각문고 이외에 한국의 국사편찬위원회나 중앙도서관, 고려대학 도서관 등에 통신사 사료가 잠자고 있는 것은 많지만 적극적으로 활용되지 않았다. 〈조선왕조실록〉과 같은 기본적인 것도 통신사와의 관계에서는 충분히 해독되지 않았다.

자국을 식민지로 삼았던 일본을 연구한다는 것은 피지배자 입장에 놓였던 한국 국민의 자존심을 상하게 했다는 느낌이었다.

그랬던 것이 21세기에 들어서면서 분위기가 꽤 바뀌었다.

신기수와 세토내해에서 사료조사를 하고 있던 도모노우라 역사민속자료관의 전 원장 이케다 가즈히코池田—彦는 신기수 사후의 한국 통신사연구 현황에 대해 다음과 같이 말한다.

"덮어놓고 싫어했던 조선통신사의 문제를 파헤쳐보니, 일본과의 외교라는 명백한 사실을 한국 측도 마침내 깨닫게 된 것 같다. 일본과의 진정한 교류방법을 찾기 위해서도 대학의 조교와 조교수 급의 젊은이가 일본으로 잇따라 유학을 오게 되어 나카오 히로시 선생도 놀랬다.

그들의 장점은 한문에 섞여있는 한글을 읽을 수 있다는 점이다. 일본 연구자는 고문서해독도 잘 하지 못하지만 한시문에서도 도망치려는 경향이 있다. 그런 이유로 지금은 일본보다 한국 쪽에서 통신사연구가 활발하게 이루어지고 있다."

조선통신사 연구의 권위자인 나카오 히로시가 통신사의 전국횡단 단체인 일본연지연락협의회의 연구부 회장을 맡게 된 배경에도 이런 이유가 있었다.

한국에서는 최근까지도 한반도와 일본관계사에 관한 연구자는 일제 강점기와 임진왜란 이외의 부분에는 관심이 없었다. 하지만 1992년에 설립된 〈한일관계사학회〉가 크게 발전하여 그 사이의 공백기, 즉 통신사가 일본으로 향했던 에도시대에도 관심을 갖게 되었다고 한다.

한일관계사 학회를 만든 강원대학교 교수 손승철孫承喆은 통신사 연구의 기본자료라고 불리는 미야케 히데토시三宅英利가 저술한 〈근세일조관계사의 연구近世日朝關係史の硏究〉(文獻出版)를 1990년에 한국어로 번역했다.

"통신사에 관해서는 문화교류라든가 일부만이 연구되고 있지만, 중국과 한국, 그리고 일본이라는 동아시아 전체의 시각에서 보지 않으면 안 된다. 통신사는 도쿠가와 시대만 강조되고 있지만, 무로마치시대室町時代에서부터 시작되었던 것이다. 조선시대에 중국에 연행사燕行使가 가고, 일본에는 조선통신사가 파견됐다. 나의 연구는 베이징에서 에도까지 연결하는 것을 목표로 하고 싶다"며 의욕을 불태웠다.

"선린우호의 관점만을 조명하는 시대는 지나갔다"고 말하는 나카오 히로시는 앞으로의 통신사 연구에 대하여 다음과 같이 말했다.

"한국의 연구자가 일본의 대학으로 유학을 해서 일본어를 연마하여 한문으로 된 사료와 고문서를 해독하고 일본 국내에 있는 사료의 탐색능력을 익혀서 돌아간다. 그리고 그들은 조선이 통신사를 일본에 파견한 이유에 대하여 배후에 있는 중국을 견제하고 도쿠가와 정권과 교류할 수밖에 없었던 조선왕조의 이해 등에 관해서도 분석하려고 한다.

일본도 대학이나 연구기관에서 좀 더 인재를 양성하려는 노력을 해야 한다고 생각한다. 대체 도쿠가와 이에야스가 어째서 조선과의 관계를 회복하려고 했는가. 그 의미도 사료적으로는 충분히 밝혀내지 못하고 있다. 통신사의 방일은 조선과 일본, 양국의 냉철한 외교논리와 국내정치를 반영해서 실현되었다고 하는 점을 염두에 둘 필요가 있다."

일본 국내에 보관되어 있는 통신사의 사료는 막정幕政사료, 번정藩
政사료, 지방사료 등 여러 가지가 있지만, 연구수준은 아직 겉핥기에
불과하다는 것이 나카오의 느낌이다.

그런 가운데 나카오가 신기수와 함께 마지막으로 한 일은, 후배 연
구자의 길잡이가 되는 〈조선통신사 관계자료 목록〉을 만드는 것이
었다.

통신사 관계 사료는 미야케 히데토시의 저서인 〈근세일조관계사연
구〉에 1986년까지 발굴된 것의 큰 틀은 소개되어 있지만, 그 후의 통신
사 연구가 비약적으로 발전한 만큼 그에 따른 새로운 데이터베이스 같
은 것이 필요하게 되었다.

그래서 나카오가 관계하는 세계인권문제연구센터에서 한국문화진
흥재단으로부터 지원금을 받아 2002년 11월에 완성한 것이 이 목록인
데, 그 안에는 회화와 붓글씨 등의 유형문화재 898점, 문서목록 939점
의 데이터가 수록되어 있다.

"신 선생과 〈대계 조선통신사〉 전 8권을 만드는 과정에서, 특히 회화
등의 현물사료에 관해서는 선생의 두뇌에 의지할 수밖에 없었다. '이
것이라면 저기에 그런 것이 있다' 든가 '거기에 저 사람이 그런 물건을
갖고 있다' 는 등 무엇이든 잘 알고 계셨다. 그래서 전국에서 모은 데이
터가 이 목록에 수록되어 있으니 뒤를 잇는 젊은이들은 적극적으로 활
용해 주었으면 한다."

목록이 완성되기 한 달 전에 사망한 신기수의 마음을 나카오는 이렇
게 대변하고 있지만, 그 후에도 나카오에게 새로운 통신사 사료에 관
한 정보가 들어오고 있으므로 CD-Rom 목록도 만들고, 언젠가는 증보

판도 만들고 싶다고 한다.

5. 차질과 괜찮아요 정신

2004년 11월 28일 나가사키현 쓰시마의 이즈하라쵸에서 열렸던 조선통신사연지연락협의회의 10주년 기념대회.

친목의 밤 행사장에서 통신사의 사료발굴과 연구에 지대한 공헌을 한 고 신기수에게 감사하는 표창장이 가족에게 전달되었는데 부인 강학자 여사는 감개무량하다고 인사말을 했다.

영화 〈에도시대의 조선통신사〉의 제작과 〈대계 조선통신사〉의 간행 등 통신사연구를 비롯해 그밖의 다른 분야에서 신기수가 남긴 업적의 크기는 위에서 언급한대로이지만, 신기수의 낙천적이라고 해도 좋을 만한 구애 받지 않는 성격 탓에 주위와의 마찰도 가끔 일어나기도 했다.

영화 〈에도시대의 조선통신사〉가 도쿄에서 처음 상영된 1979년 3월의 일인데, 당시 〈계간 삼천리〉에서 편집 일을 하고 있던 신간사新幹社의 고이삼高二三 사장은 시사회를 마치고 사무실로 돌아왔을 때의 언짢았던 분위기를 잘 기억하고 있었다.

"영화 속 제작협력자에 이진희 선생의 이름이 나오지 않았다. 그것은 아무래도 문제가 있다고 얘깃거리가 됐다. 신기수 씨는 자료의 인용이나 자신이 봤던 원고 등에 대해서도 분명하지 못한 점이 있다."

이 영화는 쓰시마에서 에도에 이르는 통신사 일행의 궤적을 더듬어

가는 것으로 〈계간 삼천리〉의 편집장인 이진희 씨가 이전에 본인이 집 필연재 했던 〈역사기행 · 통신사의 길을 걷는다〉도 참고로 한 것처럼 일부 관계자의 눈에는 비추어졌기 때문이다.

역사학자인 이진희는 신기수보다 2살 연상인데, 신기수가 편집부에 넘기는 사진과 기사의 원고에 대하여 "자네도 글쓰는 사람이라면 사료 의 검증을 더 하지 않으면 안 된다"는 등의 말을 하며 다시 쓰게 한 적 도 꽤 있었다고 한다.

그런 관계에 있었기 때문에 이진희는 "예의를 벗어난 행위"라며 신 기수에게 힐책하는 편지를 보냈다. 이진희가 유달리 통신사 문제에 관 하여 예민한 반응을 보였던 것은 조총련 산하의 조선대학교에서 교사 를 하던 시절의 쓰라린 기억이 있었기 때문이다.

고고학 전문인 이진희가 통신사연구를 시작하게 된 계기는 동포 어 린이들이 통신사에 눈을 돌려 긍지를 갖게 하려는 생각에서였다. 1966 년 통신사에 관한 책을 출판하려고 했을 때 간부의 검열로 저지 당한 데다가 그로부터 6년 후에 동료교사가 이진희의 원고를 그대로 자기 이름으로 출판해 버렸다.

그 책은 결국 출판사가 회수하고 사죄도 했지만 이진희의 마음속에 응어리를 남기게 됐다.

한편 신기수의 입장에서 보면 고베대학 대학원 시절부터 자기 나 름대로 조선통신사의 테마를 오랫동안 조사 연구했다는 마음도 있었 을 것이다. 조선고대사연구가인 박종명朴鐘鳴은 오사카시립 니시이마 자토大阪市立西今里 중학교에서 교감으로 근무하고 있었던 50년 전의 신 기수 씨에 대한 추억을 다음과 같이 말했다.

"1957~58년 무렵. 신기수 씨는 영화를 만들기 위해서 조선인 학급을 촬영하러 왔었는데, 통신사 이야기가 자주 나왔다. 미에현 쓰시津市의 외국인 춤이 통신사로부터 유래된 것이라고 알려주었고 그것을 뒷받침하는 통신사 행렬 그림이 반드시 나올 것이라고 했는데 과연 그렇게 된 것이다."

신기수 씨는 그 후 이진희와의 관계를 복원하려고 했지만 결국 이루지 못하고 두 사람은 소원한 관계가 되었다.

"이진희 씨는 시사회에서 작품을 처음 보았을 때, 사실관계에 이상한 점이 있다고 했다. 신기수 씨도 이진희 씨에게 이번에 영화를 만드는 데 어드바이스를 해달라고 처음부터 부탁했으면 좋았을 것을 그렇게 하지 않은 것 같다"고 회고하는 사람은 당시 〈계간 삼천리〉의 편집부에 있다가 지금은 'RAIK(재일한국인문제연구소)'의 'RAIK통신' 편집장을 맡고 있는 사토 노부유키佐藤信行이다.

신기수를 잘 아는 교도통신 나라지국장 나카가와 겐이치中川建一는 "유교문화의 전통에서 재일동포의 세계에는 엄격한 사제師弟 관계와 같은 것이 있는데, 가령 신기수 씨가 이진희 씨에게 상담했으면 자유로운 작품을 만들 수 있었을까, 하는 느낌도 든다. 본래 연구자인 이진희 씨와 문화운동가인 신기수 씨는 눈높이의 차이가 있다. 거기에 신기수 씨에게는, 언제나 야단을 치는 이진희 씨에게 본때를 보여주고 싶다는 마음도 있지 않았을까. 대체로 도쿄에도 없는 청구문화홀 같은 재일동포의 문화거점을 오사카에 만든 것도 신기수의 지지 않으려는 의지표명이라고 생각한다."

〈에도시대의 조선통신사〉 제작을 함께 해 온 스태프와의 사이에도

실은 작은 소동이 있었다.

스틸사진을 찍기 위해 쓰시마에도 두 번 갔던 카메라맨 조지현曺智鉉의 증언이다.

"영화는 모두가 힘을 합쳐 만들어야 하는 것이므로 함께 일했던 스태프에게도 충분히 신경을 써주어야 한다. 그런데 이 영화포스터에는 제작 신기수와 감독 다키자와 린조만 나와 있고 촬영을 담당했던 다카이와 진의 이름은 없었다. 다카이와 진이 이전 직장이었던 도에이의 특수 촬영스튜디오를 제공하여 도운 점 등을 고려해 보면 어처구니가 없는 일로 그는 신기수 씨에게 엄중하게 항의했다."

다카이와 진은 신기수와 함께 장편 다큐멘터리 〈해방의 그날까지〉를 만든 적이 있다는 것은 앞에서도 언급했는데, 그 전인 1983년 〈이름〉이라는 재일동포의 본명 선언을 테마로 한 작품을 〈에도시대의 조선통신사〉와 마찬가지로 다키자와 린조가 감독하고 다카이와 진이 카메라맨을 맡아 제작됐다.

동화同化를 강요하는 일본사회에서 민족의 주체성을 되찾으려는 목적으로 본명 선언을 한 오사카부 다카쓰키시高槻市에 주소를 둔 박추자朴秋子 씨가 통명이 아닌 한국이름을 사용했기 때문에 사회복지시설의 도우미채용을 거부당했다. 일본인 남편과 한국과 일본을 연결하는 가교가 됐으면 하는 바람을 갖고 있고 두 명의 아이들과 살아가는 그녀의 인생을 통해 이름이 갖는 의미에 대하여 생각해 봤으면 좋겠다는 취지다.

신기수가 〈이름〉을 제작한 것은 고베대학에서 자치위원장을 했을 때, 탄광자본에게 출신을 폭로당해 어쩔 수 없이 퇴진한 전국 탄광노

조위원장 다나카 아키라田中章의 억울한 마음이 오랫동안 뇌리에 남아 있었기 때문이다.

"조선인의 본명은 그 사람의 존엄을 나타낸다는 사고방식이 아직 일본사회에 없던 시절에 이 작품은 매우 신선했다. 조선 사람이 본명을 말하고 일본사람도 그것을 제대로 받아들여야만 한다는 것을 생각하게 해주었다. 그 후 재일동포가 만든 계발영화가 여러 개 만들어지게 된 계기가 되었습니다."

이렇게 말하는 사람은 당시 미에현 내의 30여 군데에서 〈이름〉의 상영운동을 했던 '재일조선인의 교직원 채용을 추진하는 미에三重의 모임' 대표인 시마즈 다케오島津威雄이다.

그런 임팩트가 있는 작품이었지만, 그 〈이름〉의 상영을 둘러싸고 재일한국인 · 조선인이 가장 많이 사는 오사카 이쿠노구, 통칭 이카이노에서 문제가 발생했다.

신기수가 이 필름의 복제권리를 가진 현지의 실행위원회에 통보도 없이 상영을 희망하는 어느 교직원조합에 넘긴 것이 "싸게 팔아 넘겼다"는 등으로 문제가 됐고, 화가 난 재일동포의 젊은 청년들 약 30명이 규탄집회를 열고 신기수를 비난했다.

그 무렵 신기수의 비서격 업무를 하고 있던 조박趙博은 "필름대금을 받기 전에 필름을 건넨 것은 사실이지만 그런 의도는 전혀 없었다. 그 때의 분위기로 우리들은 일방적으로 나쁜 사람 취급을 받았다. 신기수 씨가 말을 잃고 망연자실해 있던 것을 기억하고 있다"고 말했다.

이카이노라는, 신기수에게 민족성을 풍부하게 불어 넣어 주어야 할 동네에서 그것도 연장자를 존중하는 조선인 사회에서 일어난 일로 본인이 상처를 받지 않았을리가 없다.

신기수의 부인 강학자 여사는 "남편은 세상 사람이 생각하는 만큼 이카이노에 잘 가지 않았어요. 한 번도 나를 그 곳에 데리고 간 적이 없거든요"라고 말했다.

1980년도 여름에 오사카에서 열린 〈근대조선영화사〉로 명명된 시민강좌에서 강사를 하고 있던 신기수를 만나 감격한 나머지 '조선통신사의 길을 더듬어 가는 여행모임'에 참가하기도 하며 청구문화홀의 사무국운영을 잠시 도왔던 우에니시 노리코上西法子는 신기수의 유례없는 업적을 인정하면서 다음과 같이 증언했다.

"내가 보아왔던 범위에서 신기수 씨는 계약관념 같은 것은 별로 없는 사람이었지요. 문헌의 무단인용 등도 그다지 신경을 쓰지 않았고, 반대로 자기의 작품을 타인이 아무 말 없이 인용해도 개의치 않았습니다. '좋은 목적이라면 수단은 별로……'라고 생각하는 사람으로 전문가라면 하고 싶어도 할 수 없는 것을, 예를 들면 병풍그림이었던가, 촬영을 거부한 사찰에서 스님이 한눈을 파는 사이에 후레쉬를 빵빵 터트리기도 했습니다. 행동력이 있는 사람으로 평생 아마추어였지만 그것이 오히려 그 만큼 큰 업적을 남기는 일로 이어졌다고 생각합니다."

신기수와 사진집 〈영상이 말하는 '일한병합'사〉를 만든 노동경제사 미우라 리키三浦力가 기억하는 강렬한 추억은 이 사진집 초판에 오자誤字를 많이 발견했을 때 신기수와 주고받은 이야기이다.

민족해방 기념일인 8월 15일에 맞춰 출판하려고 서두르다 보니 사진

설명에 중대한 오류나 지나치게 정서적인 표현이 많이 발견되어 개정 증보판은 대폭 수정할 수밖에 없었다.

참을 수 없었던 미우라가 "신 선생, 제대로 해주세요. 당신 뭡니까. 경제학자인가 역사학자 아니었던가"라고 묻자, 신기수는 "그래, 나는 민족독립운동가이지 학자는 아니야"라고 웃으며 얼버무렸다.

미우라는 "신 선생이 연구자였다면 치명적인 실수가 되었을 실수도 연구자가 아니었기에 강점이 되고, 타고난 인품도 한몫 도와서 더욱 폭 넓은 일이 가능했던 것이지요"라고 회고했다.

신기수는 정말로 '괜찮아요 (어떻게든지 될 거야, 신경 쓰지 않아도 돼 등 전향적인 의미)' 정신을 구현했던 밝은 사람이었다.

1995년 여름에 서울의 롯데월드 민속박물관에서 개최된 '한일교류 3000년전'에 조선통신사 행렬이 그려진 귀중한 두루마리 그림을 빌려 줬는데 중간에 끼어있던 기획사 사장이 자취를 감추어 버리는 바람에 "그림을 빌려준 사실을 입증하기 전에는 반환해 줄 수 없다"는 이유로 작품을 되돌려 받지 못했던 일이 있었다.

그 때에도 신기수는 "정말로 큰일 났네"라는 말만할 뿐 당황하는 기색도 보이지 않았다고 한다.

식도암을 선고받은 2001년 가을, 존경하는 김달수의 추도집 〈김달수 르네상스〉의 편집책임자로 마감 날짜에 쫓겼지만 "이거 큰일 났네. (집)옆이 병원이라 편리해서 너무 좋아요"라고 말해 주위를 웃게 만들었다.

그보다 2년 전에는 뇌경색으로 쓰러져 같은 오사카 시립의료센터에 입원했을 때에는 의사가 '술은 너무 마시지 않도록'이라고 주의를 줬지만 "금주하라는 것이 아니다. 그 사람 참 좋은 의사야"라며 퇴원 후에도 술을 끊지 않아 주위를 조마조마하게 했다.

이런 신기수를 '최고의 괜찮아리즘 사람'이라고 존경하는 사람은 청구인권문화회의 멤버로 오사카 이쿠노生野의 초등학교 교사인 미야기 겐키치宮木謙吉이다.

오이타大分 대학을 졸업하고 동화지구와 재일동포가 많이 거주하는 지역에서 오랜 동안 교사로 일해 왔던 미야기는 신기수와 알게 되고부터는 임진왜란에 저항했던 무장 사야가에게 매료되어 함께 한국에도 가게 되었다.

그 미야기가 어느 때인가 신기수에게 이렇게 털어놓은 이야기가 있다.

"언제나 아이들과 학교에서 정신없이 지내는 바람에 한국과 일본에 대하여 제대로 공부를 한 적도 없습니다. 물정을 몰라 부끄럽습니다."

그러자 신기수는 "나도 그래. 누구나 공부는 그다지 하지 않아. 사회운동을 하다 보면 공부할 시간이 없는 것이 당연하지. 공부는 누구라도 때가 되면 하게 되는 거야"라고 응대해주어서 미야기는 마음이 아주 편해졌다고 했다.

"남북한의 이데올로기 대립이라는 불모시대를 헤쳐 나온 신기수 씨가의 철학적인 양분을 흡수한 것 같아 활기를 되찾았습니다."

10년 전에 주고받은 말을 미야기는 이렇게 회상한다.

6. 유지를 잇는 작품이 히트

신기수 씨가 쓰시마를 '제2의 고향'이라고 생각할 정도로 마음에 두었던 것은 앞서 언급한 바 있다. 특히 인상에 남는 쓰시마의 추억은 1966년 5월 도쿄에 거주하는 김성학金性鶴과 함께 제주도 해녀의 세계를 촬영하기 위해 떠난 취재여행이었다.

김성학은 현재 도쿄 신주쿠에서 음식점을 경영하고 있지만 조총련 산하 재일조선문학예술가동맹(문예동)의 영화부원이었던 적도 있었고, 같은 문예동의 오사카 사무국에 있던 신기수와는 마음이 맞아서 신기수가 도쿄에 가면 술을 마시며 '오사카의 형', '도쿄의 동생'이라고 부르는 사이가 되었다.

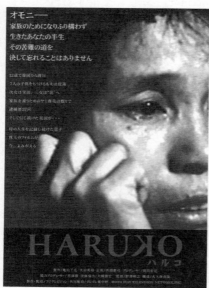

영화 〈HARUKO〉의 광고 포스터.

김성학은 오사카에서 태어났지만 10살 때 어머니의 고향인 제주에서 '4·3사건'과 조우한 적도 있다. 그 후 도쿄에서 성장하여 일본대학 예술학부에 다니면서 문예동에서 북한 선전영화를 찍고 있었다. 그는 시간이 나면 신쥬쿠에 있는 파칭코 가게에서 경품을 현금으로 교환해 주는 일을 하면서, 7명의 자식을 키워온 어머니 가네모토 하루코金本春子의 생활을 영상으로 담고 있었다.

"지켜야 할 것은 법보다 가족"이라고 거리낌 없이 말하던 어머니 하루코는 암거래 장사로 37번이나 체포된 경력이 있다. 그런 어머니가 경시청에서 석방되는 장면까지 촬영하여 그런 필름을 바탕으로 2004년 봄에 노자와 가즈유키野沢和之가 감독한 〈HARUKO〉라는 1시간 20분짜리 35mm영화는 여러 신문의 문화란을 뜨겁게 달구었다.

신기수는 1960년 무렵부터 매년 봄이 되면, 오사카의 국철 우메다역梅田駅에 생활용구를 끌어안고 야간열차를 기다리고 있는 여성 집단이 있는 것을 알고 말을 걸어 본 적이 있다. 그녀들은 제주출신 해녀들로 쓰시마로 전복이나 소라를 따는 돈벌이를 하러 간다고 했다.

그래서 신기수와 김성학은 서로 연락을 취해 쓰시마의 아레阿連라고 하는, 이즈하라嚴原에서 북서쪽에 위치한 반농반어의 해변 마을에 가게 되었다. 아직 전기와 수도시설도 갖추어지지 않아서 빗물과 램프에 의존하며 살아가는 지역이었다.

쓰시마까지 아직 비행기도 다니지 않았던 시절이어서 하카다博多에서 이즈하라까지 배로 갈 수 밖에 없었다. 그래서 "배멀미를 하느니 차라리 술에 취하는 편이 낫다"를 연발하며 술병을 껴안고 여행을 이어갔다.

아래에서는 김성학 어머니의 어릴 적 친구인 양의헌梁義憲이라는 분이 해녀 일을 하고 있어서 그녀를 밀착취재하기로 했다. 김성학은 3주간 농가에 머물면서 수중 카메라를 사용하여 촬영을 계속했다. 신기수는 쓰시마 토종닭을 잡아서 맛있는 요리를 만들어 대접한 적도 있었다.

양의헌 할머니 등은 당시, 현지의 어업협동조합에 고용되어 오전 10시에서 오후 3시까지 공기호스를 입에 물고 수심 10m에서 30m의 해저로 잠수했다. 위험하고 가혹한 중노동이었기에 당시 3달 동안 100만엔 정도 벌수 있었으나 그녀는 우유 한 컵도 마시지 않고 번 돈을 고스란히 가족에게 송금했다.

그 때의 필름은 미완성이었기 때문에 언젠가 신기수가 작품으로 완성시키기로 하고 김성학으로부터 양도받아 두었다. 가끔 청구문화홀에서 〈오사카의 해녀 – 신세타령〉으로 상영된 것 말고는 공개된 적은 없었다.

그랬던 것이 2000년 말에 사쿠라 영화사에서 기록영화를 만들고 있던 하라무라 마사키原村政樹와 만나 이 작품을 보여줬더니 해녀가 하는 일이 잘 기록되어 있고 가족이라는 유대와 모자 간의 애정도 느낄 수 있는 훌륭한 작품이라고 감격하면서,

"이 필름을 바탕으로 취재를 더해서 할머니를 주인공으로 한 영화를 만들고 싶다. 감독은 내가 맡을 터이니 신기수 씨가 총 감독을 맡아 달라"고 부탁해 왔다.

그러나 신기수는 "필름은 얼마든지 사용해도 좋으니 감독은 당신이 하면 된다"고 사양하고, 예전에 이 작품을 김성학과 함께 촬영했을 때

의 의도에 대하여 다음과 같이 설명했다.

"목적은 3가지인데, 우선 무엇보다도 제일교포 1세 여성의 노동과 생활이 그다지 알려져 있지 않다. 그 중에도 가장 힘들고 차별받고 있었던 해녀를 파헤쳤다. 두 번째로 귀국운동이다. 나도 그 무렵에 북한으로 가려고 생각한 적이 있었다. 그런 가족에 대한 생각을 전하고 싶었다. 그리고 마지막으로 8 · 15 광복절이다. 우리들은 해방된 민족인데 전후에도 차별을 받아 온 것은 어째서일까, 그 부분을

영화 〈해녀 양 씨〉의 포스터.

묻고 싶었다.

이 작품은 간사이 TV방송국에서도 방송예정이었지만, 의견이 맞지 않아 발표할 수 없었다. 일본 매스컴이나 조총련의 필름에도 소개되지 않은 가족에 대한 마음이 이 영화에는 남아있다."

그리고 신기수는 이카이노에 건강하게 살고 있는 양의헌 할머니를 비롯해서 많은 관계자를 하라무라 마사키에게 소개했다. 양의헌 할머니는 당시 87살. 7명의 자녀는 분단된 조국과 일본에 흩어져 살았다. 남편은 조총련의 활동가로 수입이 없었기 때문에 그녀는 70살까지 해녀생활을 하여 생계를 유지했고, 특히 북한에서 살고 있는 3명의 자식에게 송금하는 일도 빠뜨리지 않았다.

"그렇게 고생을 했는데도 저돌적인 분"이다. 양의헌 할머니에게 그런 인상을 받은 하라무라는 함께 제주도를 방문해 차녀와 만나기도 하고, 북한에 가서 자식들을 방문하기도 하며 2004년 봄에 〈해녀 양씨〉라는 제목으로 다큐멘터리 영화를 완성시켰다.

1시간 30분의 상영시간 중에 전반부는 기록영화 중심이고, 쓰시마에서의 맨몸 잠수 현장과 니카타항新潟港에서 북송선에 오르는 자식을 환송하는 장면 등이 수록되어 있다. 후반부는 하라무라 마사키가 새로 촬영한 자식들과의 재회장면으로 이어진다.

신기수는 이 영화가 완성되기 1년 반 전에 사망했지만, 하라무라는 신기수의 3주기 추도식에서 "이 작품은 서민의 관점에서 가족의 끈끈한 유대 등에 초점을 맞춘 영화로 신 선생이 예전부터 지향했던 영화제작을 일본인인 내가 넘겨받아 반드시 해내야만 하는 작업이었다"고 말했다.

〈해녀 양씨〉는 그 후 제2회 문화청 영화상 문화기록영화대상을 수
상하고, 기네마준보キ ネ マ 旬報(영화잡지) 문화영화 BEST 10[29]에서 1위에도
오르는 빛나는 성과를 냈다.

예전에 신기수가 만든 〈에도시대의 조선통신사〉가 그랬던 것처럼
이 영화도 일본 각지에서 시민들의 노력에 의해 자체 상영운동이 계
속 이어지고 있다.

7. 아직도 찾지 못한 영화 〈아리랑〉

그런데 영화를 통해서 한반도 문화를 전하는 데 집념을 불태웠던 신
기수 씨가 마지막까지 추적했던 큰 테마가 있었다.

일제강점기에 제작됐고 한국영화의 최고 걸작이라고까지 불리는 무
성영화 〈아리랑〉[30]의 필름을 자기 눈으로 보는 것이었다.

이 작품은 1926년에, 당시 24살의 나운규羅雲奎(1902~1935)가 직접 주
연과 감독을 하면서 만들었다. 일제식민지 지배에 저항하여 일어난
'3 · 1독립운동'으로 고문을 받고 마음의 병을 얻어 고향에 돌아간 대
학생이 일본인과 내통하던 지주의 심부름꾼이 자기 여동생을 덮치는
장면을 목격하고 그 심부름꾼을 낫으로 찔러 죽인다는 줄거리. 마지막

---

29) 세계 최고레벨의 영화상(賞). 1924년에 외국 영화만을 대상으로 '예술적으로 가장
   뛰어난 영화', '오락적으로 가장 뛰어난 영화'의 2부문을 동인의 투표로 정한 것이 시
   작이다. 일본영화 수준이 높아지자 1926년부터 일본영화도 선발했다. 매년 '일본영
   화 베스트10', '외국영화 베스트10', '문화영화 베스트10'을 정해 발표한다.

30) 1926년에 제작된 나운규의 대표작. 나운규가 각본 · 감독을 맡은 흑백 35밀리 무성
   영화이다. 당시 민족적 저항의식을 표현하여 전국에서 갈채를 받았다.

영화 〈아리랑〉에서의 나운규.

에 연행되는 장면에서 관중들이 주제가인 〈아리랑〉을 눈물을 흘리며 불렀다고 한다.

신기수는 영화 〈해방의 그날까지〉를 제작하기 위해 1983년에 홋카이도 도립도서관을 방문했을 때, 탄광관계자의 파일에서 〈반도영화 2대 명작상영半島映畵二大名篇上映이라고 쓰인 전단지를 발견했다. 2대 명작이란 한국의 고전을 영화화한 유성영화의 명작 〈심청전〉과 무성영화 〈아리랑〉이었다.

홋카이도 각지의 탄광에서 가혹한 노동에 시달리고 있던 조선인에게 대일본산업보국회大日本産業報國會[31] 지방부회가 당근과 채찍 중에서 당근으로 쓰려고 1942년에 기획했던 것이 바로 조선영화의 순회상영이었다.

그러나 이 작품들을 보고 일본 미소 된장국과 단무지를 먹으면서 일

---

31) 1940년 11월 23일, 전시체제하에 결성된 관민공동의 근로자 통제조직.

본사람으로 동화되어가는 듯 했던 조선인 노동자들이 하루아침에 민족성을 되찾게 해주었다. 그로 인한 스트라이크나 파업이 일본의 패전까지 빈발하게 된다.

"한국에서 영화역사가 시작된 지 7년, 일본영화의 복사판만 만들다가 처음으로 민족의 입장에서 만든 작품이다. 검열의 눈을 피하기 위해 일본에서 처음 개봉될 때의 감독이름은 일본이름을 사용하는 등 나운규의 고생은 말로 다할 수 없었다. 세르게이 아이젠슈타인Sergei Eisenstein[32]의 몽타쥬(편집)이론에 따른 환상장면을 도입하는 등 〈전함 포템킨〉[33]에 필적하는 세계영화사에 남을 걸작이라고 생각한다."

신기수가 높게 평가하는 〈아리랑〉이지만, 그 필름은 6·25전쟁의 혼란으로 남북한 어디에도 보존되어 있지 않아서 남북한 관계자가 세계의 도서관 등을 방문하여 필름 행방을 찾고 있다.

"〈아리랑〉은 민족의 문화유산. 장래 남북통일이 되면 국가國歌가 된다"는 말까지 나올 정도로 이 영화와 주제가에 대한 조선민족의 생각은 깊다.

일본에서는 히가시 오사카시 이코마야마生駒山 산기슭에 사는 영상자료수집가 아베 요시시게安部善重 집에 있는 방대한 수집자료 속에 묻혀 있다는 이야기를 듣고 나운규의 차남인 영화감독 나봉한羅奉漢이 필

---

32) 라트비아 출신의 구 소련 영화감독이자 영화이론가(1898~1948). '몽타주이론'을 확립하여 고전 영화이론의 기술적, 예술적 토대를 구축했다. 〈전함 포템킨〉, 〈오래 된 것과 새로운 것〉 등의 작품을 발표하며 러시아 영화의 황금기를 이끌었다.

33) 1925년에 발표한 장편영화. 1905년 오데사 항구에서 일어난 '전함 포템킨호의 반란' 사건을 소재로 한 무성영화다. 러시아 황제의 독재에 반대하는 해병들과 오데사 시민들의 반란을 담았다.

훗카이도립도서관에 보관된 〈아리랑〉상영회 전단.

름을 양도해 달라고 한국에서 교섭하러 방문한 적도 있었다.

북한의 영화광이었던 김정일이 지시했는지는 모르겠지만 조총련의
움직임도 활발하여 남북이 합동으로 발굴 협정을 맺기도 했다.

아베의 부친은 2차 세계대전 전에 한반도에서 경찰 의사로 근무하면
서 그 때 수집했던 약 160편의 조선영화 목록에 〈아리랑〉이란 제목도
있었지만 이사를 자주하는 사이에 없어졌다고 한다.

신기수도 아베의 집을 몇 번 방문하여 1929년에 제작한 〈이웃 사랑〉
과 같은 묻혀있던 명작을 발굴하기도 했으나 〈아리랑〉과는 만나지 못
한 채 2002년 가을에 저 세상으로 떠났다.

그 후 이두용李斗鏞이 감독해서 리메이크 한 〈아리랑〉이 2003년 5월
에 남북한에서 동시 공개되어 화제가 되기도 했지만, 아베 요시시게도
2005년 2월 입원 중인 병원에서 81세로 사망했다. 아베에게는 상속인
이 없었기에 문화청이 유품이 된 필름을 조사하게 되었다.

신기수는 고베대학 학생시절부터 조국인 조선반도의 영화에 뜨거운 열정을 갖고 언젠가 이 불후의 명작을 보고 싶다고 생각하면서 영화평론을 계속해서 써 왔다. 그는 조선통신사의 사료발굴 과정에서도 문자정보보다는 회화 등 비주얼의 세계를 추구해 왔다.

그런 신기수에 대해 40년 가깝게 사귀어 온 간사이대학 문학부 강사인 양영후梁永厚는 이렇게 말했다. "몇 가지 하던 일이 결실을 맺는 가운데에서도 신기수 씨가 아쉬워 했던 것은 〈아리랑〉 필름을 손에 넣지 못한 정도라고 생각합니다. 젊은 재일동포 영화인들이 나오고 있으므로 반드시 그 유지를 받들 것입니다"(〈GLOBE〉 2003년 겨울호)라고 추도의 글을 보냈다.

그렇다 치더라도 끊임없이 한반도와 일본민중의 연대를 모색해온 신기수로서는 요코다 메구미 등 많은 일본인 납치사건을 일으킨 북한의 문제를 어떻게 생각하려 했을까.

일본에서 평양을 간 고이즈미 준이치로小泉純一郎 수상에게 김정일 총서기가 납치된 일본인 8명 모두 사망했다는 충격적인 메시지를 전한 것은 2002년 9월 17일의 일이었다.

신기수는 그 후 20여 일 후에 오사카시립의료센타에서 폐렴이 악화되어 숨을 거두었는데, TV를 통해 이 뉴스를 알았다고 한다.

그의 침대 주변에는 여러 종류의 신문이나 서적류가 마치 서재인 듯 많이 쌓여있고 기관지를 절개하여 목소리가 나오지 않은 상태이기는 했지만 사망하기 전날까지 세상 돌아가는 일에 누구보다도 민감했다.

젊었을 때에는 북한 사회주의 국가건설에 꿈을 품고 조총련 활동가

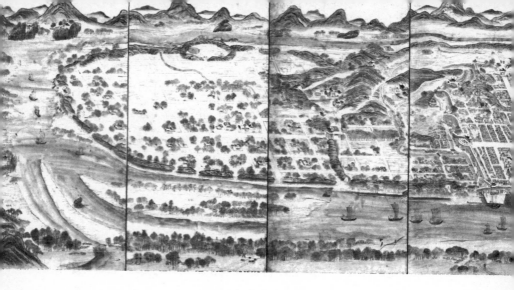

로 재일동포의 생활조건 향상을 목적으로 귀국운동에도 관여했었다.

그러나 '낙원'을 향한 꿈은 깨지고 조총련과 결별했지만, 실패로 끝난 귀국운동에 대한 씁쓸한 생각과 이후 일본과 한반도 관계나 남북통일문제 등에 대해 여러 가지 생각이 많았을 것이다.

1995년 10월, 오사카부 사카이시의 사카이 조선초급학교堺朝鮮初級學校에서 '전후 50년을 생각하는 사카이 시민의 모임'이 열렸다. 신문기사로도 취급되지 않을 정도의 조촐한 모임이었지만 신기수는 이곳에 게스트 스피커로 초대받아 "해방 후의 자유를 원점으로 재일동포인 우리들은 조국의 정세에 일희일비하지 말고 일본 안에서 진정한 통일 활동을 해야 하지 않겠는가"라고 말해 참석한 학부모로부터 박수갈채를 받았다.

"조총련의 아성이라고 해도 좋을 조선학교에 신기수가 정말로 찾아오리라고 생각하지 않았다. 신기수 씨의 이야기를 듣고 싶다는 교장 선생님의 결단과 그것을 지지하는 학부형이 있었기에 실현된 것으로

평양도시도 병풍(오사카 역사박물관 소장 '신기수컬렉션').

조직의 논리를 넘어선 뜨거운 분위기에 감동했습니다."

당시 이 집회를 준비했던 교과서 자료관[34] 대표 요시오카 가즈코吉岡数子는 이렇게 회상하고 있다.

신기수가 오사카 역사박물관에 넘겨준 컬렉션 중에는 조선통신사가 일본에 가져온 〈평양도시도병풍平壤都市図屛風〉이라는 8폭 병풍이 있다.

1800년대의 평양의 산세와 성곽, 대동강 등을 그린 판화로 신기수는 언젠가 이 작품이 일본과 북한의 가교역할에 쓰이는 날이 올 거라고 믿고 있었던 것은 아니었을까.

다하지 못한 일들과 다하지 못한 말들이 많을 것임에 틀림이 없다. 그런 신기수의 마음 한 구석을 엿볼 수 있는 에피소드를 소개해 본다.

납치사건이 발각되기 2개월 전에, 2002년 월드컵에서 한국과 다른

---

34) 요시오카 가즈코가 퇴직금을 들여 1997년에 오픈한 자료관.

월드컵 응원으로 들뜬 재일동포와 일본인 젊은이들
(2002년 6월 도쿄, 신오쿠보에서, 촬영: 하시다 요시노리).

나라들과의 경기에 대해 목소리를 낼 수 없던 신기수와 병원에서 필담
으로 다음과 같이 주고받은 이야기가 있다.

　　── 병상에서 TV를 보고서 받은 인상은.
"노도와 같은 민중의 힘을 느낍니다. '붉은'이라든가 '빨강'은 과거에는
사람들의 정치 생명을 빼앗은 단어였습니다. 그런데 한국의 응원스탠
드는 고추색깔의 붉은색 티셔츠를 입은 젊은이들로 빨강 일색. 시대
는 변하는 것이군요. 무엇보다도 그 박진감에 놀랐습니다."
　　──'리틀 서울(Little Seoul)'이라고 불리는 도쿄의 신오쿠보(新大久
保)에서는 한일의 젊은이들이 월드컵을 보면서 분위기가 한창 고조
되고 있습니다.
"일본 젊은이들도 한국 젊은이들도 베일을 걷어내고 교류를 시작했

다는 느낌이 듭니다. 마치 현대의 통신사가 왕래하는 듯하여 대단히 기쁩니다."

── 거리에서 한국 팀을 응원하는 재일동포 중에는 북한 국적을 갖고 있거나 북한을 지지하는 젊은이도 많습니다.
"나라의 형태는 바뀌지만, 새삼스럽게 민족은 하나라고 생각했습니다. 국가는 고작해야 100년의 역사 정도밖에 안됩니다. 그것을 실감했습니다. 중요한 것은 민중끼리의 유대이고, 거기에 시선을 맞추고 있으면 좋겠습니다."

그로부터 2년 후 일본에서는 TV드라마 〈겨울연가〉의 방영 등 한국영화가 계속해서 히트하고, 젊은이는 물론이거니와 중년여성에 이르기까지 한글을 공부하는 등 한류 붐의 한가운데에 놓여 있다.

독도 귀속이나 역사교과서 문제 등 국가 간의 관계라는 의미에서는 한일 간에는 여전히 힘든 국면도 있지만, 한국에는 일본문화가 개방되기 이전부터 일본의 애니메이션과 음악 등이 넓게 침투해 있었고 민중들끼리의 문화교류는 점점 돈독해지고 있다.

신기수가 남긴 조선통신사 연구업적은 일본과 한반도의 거리를 좁혀 21세기 한류 붐이 오는데 밑바탕을 만들었다고도 할 수 있다.

그렇다 치더라도 고령화시대를 맞이하고 있는 일본에서 71세라는 빠른 나이에 저 세상으로 떠난 신기수. 그가 지금껏 수집한 통신사 관계의 방대한 사료와 컬렉션을 기반으로 더욱 연구에 매진하려던 참에 찾아온 덧없는 죽음이었다.

신기수는 1987년 56세에 처음 유럽에 갔을 때 네덜란드의 젊은이들이 모이는 펑크 음악전문 술집에 아무렇지도 않게 들어가 주변의 젊은

파리의 선술집에서 건배하는 신기수.

이들과 사이 좋게 건배를 했다. 가족과 함께 방문했던 이탈리아도 좋아해서 병상에서도 "(중세의 모습이 남아 있는) 시에나siena[35]에 또 가고 싶구나"라고 말했다.

언제나 호기심이 왕성하고, 낙천적인 사람이었다.

1980년대 처음으로 한국을 방문했던 신기수는 가는 곳마다 시골 식당에서 현지의 어르신들과 막걸리 잔을 주고받았다고 들었지만, 요즘이라면 크게 변한 서울의 명동 근처의 카페에서 에스프레소라도 마시면서 〈겨울연가〉 등을 테마로 한국의 최신 영상평론이나 조선통신사에 관한 논문을 쓰고 있을 지도 모른다.

---

35) 이탈리아 토스카나주, 피렌체의 남쪽 약 50km에 있는 도시.

한국민족 의식을 강렬하게 가졌던 코스모폴리탄으로 좋은 의미에서의 '괜찮아요' 정신에 충만했던 사람. 신기수의 그런 모습을 볼 수 없게 된 것은 정말로 유감스럽기 짝이 없다.

에필로그

선배 저널리스트
고故 가자마 노부키 씨에 대하여

저널리스트 선배 한 분을 이곳에 써서 남기고 싶다.

한반도과 일본 사이에 우호의 가교를 놓기 위해 정력적으로 글을 써온 가자마 노부키風間喜樹 씨. 교도통신 오사카 사회부기자로 1983년 10월 22일, 도쿄 쓰키치築地 국립암센터에서 위암으로 숨졌다. 43세였다.

재일동포와 허물없이 교제를 하며 한반도 문제를 진심으로 이해했던 그의 죽음을, 당시 간사이關西에 살고 있는 재일동포나 많은 동료 기자가 탄식하고 슬퍼했다.

이 책의 주인공인 신기수 씨와 아주 절친한 친구로 에도시대의 조선통신사에 대해서도 상당히 이른 시기부터 다루는 한편, 재일동포가 민족차별의 벽을 넘으며 활약하는 모습을 지면에 계속 소개를 해왔던 인물이다.

한국의 시골을 돌아다니는 한편, 당시에는 미개방 지역이었던 북한과의 국경지역인 중국 단동의 현지 르포를 쓴 적도 있다.

언젠가 오사카의 이카이노로 이주해서 어묵가게를 하면서 재일동포들의 이야기를 쓰는 것이 꿈이었다.

"야~, 오랜만이야!" 언제나 마도로스 담배를 물고 바람처럼 나타나서는 모두에게 웃음과 담배연기를 남기고 어디론가 사라지는 알 수 없는 인물. 여자에게 말거는 일과 술을 좋아하고 한글 신문도 손에서 놓지 않았다.

아무리 큰 사건사고가 터지더라도 당황하는 일이 없이 유연하고, 후마風間대왕이라고 불리며 모든 이로부터 사랑받고 있었다.

가자마 씨는 내가 사카이지국에 있을 당시에 지국장이었다. 신기수 씨와 둘이서 밤늦게까지 사무실 구석에서 바둑을 두던 모습을 기억하고 있다. 에도시대의 잊혀진 유학자 아메노모리 호슈의 탄생 225년 기념일에 신기수 씨와 함께 나가사키현 쓰시마로 건너가 아메노모리의 후손들과 교류하며 맛난 술을 마음껏 마셨을 것이다.

두 사람의 공통점은 끝도 없이 사람을 좋아했다는 점이다. 나는 그들에게 여러 가지를 배웠다고 생각한다.

가자마 씨가 죽고 난 후에 신기수 씨와의 교류가 깊어졌다. 조선통신사의 넓은 세계와 깊이에 마음이 움직여 한반도 문제는 내 취재 테마의 큰 기둥이 되어 갔다.

전후 50년에 해당하는 1995년 여름, 전후처리 문제를 테마로 대형 연재기획에 착수하게 되어 도쿄 사회부에서 유군기자遊軍記者로 일하고 있던 나는 사내 회의에서 조선통신사를 다뤄 보면 어떠냐는 제안을 했다.

도요토미 히데요시에 의한 조선침략인 분로쿠·게이쵸노에키(임진왜란·정유재란)의 성실한 전후처리가 있었기에 일본과 조선의 우호관계가 부활했다. 그러므로 그 현대사적 의미를 찾는 것은 재미있는 일이라고 생각했기 때문이었지만, 언제나 단골 메뉴는 히로시마·나가사키의 피폭자 문제이고, 통신사는 너무 오래된 일이라는 이유로 각 하되어 버렸다.

오사카 사회부의 유군기자 대기석에서 담배를 피우면서 느긋하게 쉬고 있는 고 가자마 노부키(《암을 응시하며 가자마 일기 추억의 꿈》에서).

그때부터 '신기수와 조선통신사의 세계'를 신문기사뿐만 아니라 언젠가 장편 드라마와 같은 작품으로 완성시키고 싶다는 소망을 갖게 되면서, 3년간 센다이仙臺 근무를 제외하고 여름 겨울의 휴가를 모아 간사이로 가서 취재를 계속해 왔다.

그런데 신기수 씨는 2002년 가을에 71세를 일기로 타계하고 취재는 그 뜻을 다 할 수가 없게 되었다.

북한에 의한 요코다 메구미 씨 등의 일본인 납치문제가 드러나서 일본과 북한의 관계는 극도로 냉각되어 버렸다. 〈겨울연가〉와 한국영화의 폭발적 힛트에 따라 한국과의 관계는 한 때 민간차원에서 〈조선통

신사 이래의 우호 고조〉(조선일보)라고 할 정도로 분위기가 들뜨면서
도, 다케시마(한국명 독도)의 귀속을 둘러싸고 시마네현이 3월에 '다케
시마의 날' 조례를 제정한 것과 역사교과서 기술을 둘러싸고 반일감정
이 재연되고 있다.

이런 현실을 앞에 두고 일본에서는 공전의 한류 붐이 펼쳐지고 있
지만, 지식인 사이에서는 한국 영화의 연애드라마 등에만 관심을 빼
앗겨 과거의 역사문제에는 눈길을 주지 않는 것을 문제시하는 목소
리도 있다.

그러나 이웃 나라의, 예전에 식민지 지배를 했던 나라의 사람들에게
일본여성들이 한없는 친근감을 갖는 것은 의미가 크다고 생각한다. 게
다가 문화센타에 다니며 한국어까지 배우려고 하는 자세는 예전에 한
반도 출신자들의 언어나 이름을 일방적으로 빼앗은 일본의 마이너스
역사를 생각해보면, 신기수 씨도 과거의 상처를 치유하는 행위로서 저
승에서나마 미소 짓고 있는 것은 아닐까.

신기수 씨가 한국과 일본 사이에 놓인 골을 메우기 위해 〈에도시
대의 조선통신사〉라는 영화를 만든 것도 조선에서 온 손님 일행을 바
라보는 일본민중의 눈빛에서 동경에 가까운 감정을 읽어냈기 때문
이었다.

그런 의미로 말하자면 지금 한류의 원점은 '에도시대의 조선통신사'
까지 거슬러 올라가 생각해 보는 것도 가능하다.

그렇다 치더라도 오늘날, 일본과 한반도의 역사를 보면 예전에 없
을 정도로 꼬여 있고 일그러진 관계여서 이런시대에서 어떻게 국면
을 타개해야 좋을 것인가, 신기수 씨의 의견을 제대로 듣지 못하는 것

이 유감이다.

이 작품은 겉만 쓰다듬고 있지 않는가, 하는 비판이 나올지도 모르겠다. 그러나 일본과 한반도의 평화와 우호를 바라며 이만큼 다이나믹하게 행동해온 인물은 없지 않은가. 그 발자취를 기록하는 것은 120% 의미가 있다고 생각하고 글을 써왔다.

원고를 쓰다가 막히면 신기수 씨가 사카이에서 경영하던 '오우이치魚—'라는 활어요리점에서 가자마 노부키 씨와 술을 마시던 때를 떠올린 적이 있다.

쓰시마에서 보내온 참돔은 회로 치면 감칠맛과 씹는 맛이 기가 막히게 좋았다. 지인을 데리고 자주 갔는데 신기수 씨는 퍼주기를 좋아해서 가게는 몇 년 만에 기울었다고 들었다.

그리고 나서 4반세기——. 아무래도 서재도 없는 도쿄의 좁은 아파트 생활로 인해 도서관이나 찻집, 선술집의 카운터, 공원의 벤치, 심지어는 JR 야마노테센山手線의 전철 안…… 계절의 변화를 바라보면서 노트북을 가지고 이동집필을 계속해 온 나날이었다.

그리고 전후 60년이라는 큰 매듭을 짓는 해의 여름에 드디어 목표에 도달하게 되었다. 이것도 마음속의 선생님이기도 한 가자마 씨의 인도가 있었기 때문일 것이라고 생각하며 감사하고 있다.

이 책을 완성하는 데 강학자 여사 등 가족을 비롯해서 나카오 히로시仲尾宏 선생, 저널리스트인 나카가와 겐이치中川健— , 가와세 슌지川瀬俊治, 니시무라 히데키西村秀樹 등 여러분, 수많은 자료를 수집해준 우에니시 노리코上西法子 씨에게 특히 신세를 많이 졌다. 또한 예전에 오사카 도지마堂島에서 책방 '세이센샤靑泉社'를 운영했던 기무라 에이죠木村英造

씨로부터는 시종 질타와 격려를 받았다.

더욱이 무엇보다도 행운이었던 것은 〈대계 조선통신사〉(전 8권)를 출판했던 아카시 출판사의 이시이 아키오石井昭男 사장과 편집부의 쿠로다 다카시黑田貴史, 구치미 다로朽見太朗 씨 두분의 힘으로 이 책을 세상에 펴낼 수 있었다.

그 외에 많은 분의 협력을 받았지만, 10년간의 취재에 도움을 주신 분들이 너무 많아서 한 사람, 한 사람의 이름을 들을 수는 없지만 이 자리를 빌어 감사의 말씀을 전하고 싶다.

여러분 정말로 감사합니다.

2005년 8월 15일

한류의 뿌리를 찾는 여행을 끝내고, 도쿄 신오쿠보에서

우에노 도시히코

한국어판 후기

이 책의 주인공인 신기수 씨가 2002년 10월에 작고한 후, 일본과 한국 사이에서는 조선통신사를 둘러싸고 여러 가지 새로운 움직임이 일어났다.

한류 붐으로 한국을 방문하는 일본인 여성이 계속 늘어나고 있는한편, 일본과 한국의 중년 남녀가 서울에서 도쿄까지 통신사와 인연이 깊은 지역을 걸으며 사람들과 교류하는 '21세기의 조선통신사 우정워크*가 시작되었다. 올해도 4월 1일에 서울의 경복궁을 출발했다.

약 2000km 중 페리와 버스를 제외하고 1200km를 52일 동안 걸어서 도쿄 히비야 공원日比谷公園까지 걷는 행사이다. 〈신기수와 조선통신사의 시대〉를 열심히 읽은 독자들이 기획했다는 말을 듣고 돌아가신 신기수 씨도 매우 기뻐할 것이라고 생각했다.

반면, 2011년에는 일본의 전쟁범죄를 고발하는 종군위안부 소녀상이 일본대사관 앞에 설치되기도 하고, 이명박 대통령이 2012년 8월에 귀속문제로 다투고 있는 독도에 방문하기도 하는 등 정치 외교면에서 한일관계는 파도가 일고 있다.

그러한 흐름 속에서 특히 기록해두고 싶은 것은 신기수 씨의 차녀 이

---

* 조선통신사가 여행한 서울에서 도쿄까지의 루트 약 2000km를 체험하는 '21세기의 조선통신사 · 한일우정워크'(일본워킹협회, 한국체육진흥회 등 주최)는 에도시대에 재개된 조선통신사의 방일 400주년을 기념하여 2007년 봄에 시작됐다.

화 씨가 한국에서 하고 있는 〈해방의 그날까지 − 재일조선인의 발자취〉와 〈에도시대의 조선통신사〉의 상영운동이다.

이화 씨는 조국의 문화를 깊이 알고 싶다고 2010년 10월에 연세대학교 어학당으로 유학을 갔다. 이 해 2월 캐나다 벤쿠버 동계올림픽에 NHK 취재 리서처로 참가하여 피겨스케이팅에서 일본의 아사다 마오浅田真央 선수의 라이벌인 김연아 선수를 담당했다.

그 후에도 2011년 광주 아시아대회, 2012년 런던 하계올림픽 등 한국과 관련된 취재기회가 늘어났기 때문에 한국어를 더욱 연마해야겠다고 마음먹었다고 한다.

이화 씨는 서울에서 하숙을 하면서 다양한 분들과 교류하는 동안에 '내가 아니면 할 수 없는 아버지의 숙제'로서 아버지가 제작한 두 편의 기록영화를 아버지의 조국에서 상영하고 싶다고 생각하게 되었다.

그렇다고 해도 한국의 방송국에 지인이 있는 것도 아니고 자금도 충분하지 않아 어떻게 하면 좋을까 고민하고 있을 때, 프랑스대사관의 영상교류 담당관 다니엘 카펠리앙Daniel Kapelian 씨와 알게 된다.

그는 파리의 대학에서 교편을 잡았던 영화프로듀서로, 나중에 부산국제영화제에서 유니크한 기획을 실현시키기도 하는 등 한국영화계에서 빼놓을 수 없는 인물이었다.

그런 중진이 부친의 기록영화에 관심을 갖고 지원해주게 되었다. 〈달은 어디에 떠 있는가月はどっちに出ている〉(1993)*를 제작한 재일동포 최양일 감독과도 그 때 만나 "영화는 상영장소만 준비되면 나머지는 영화가 알아서 일을 해준다"고 격려해주었다고 한다.

최양일은 예전에 오시마 나기사大島渚 감독의 조감독을 맡은 적도 있고, 이화 씨에게는 아버지의 작품을 국립근대미술관 필름센터National Film Center에 보관해서 후세에 남길 것을 권하기도 했다.

오시마 나기사 감독은 본문에서도 소개한 것처럼 신기수 씨와 가까웠고, 〈잊혀진 황군〉을 본 신기수 씨가 "일본인인 오시마 나기사 씨도 이런 영화를 제작하는데 나야말로 재일동포 1세를 기록하지 않으면 안 된다"고 분발해서 6년이라는 시간을 들여 완성한 것이 〈해방의 그 날까지〉였다.

이 영화는 2013년 8월 15일, 서울에서 공개하기에 이르렀고 한국영상자료관에는 긴 행렬이 이어졌다.

"일본에 있던 조선인 노동자가 청춘의 피를 끓어오르게 하고 식민지에서 해방을 목표로 일본인과 연대해서 투쟁해온 것을 알아주었으면

---

* 택시 기사로 일하는 강충남이라는 재일동포 청년이 주인공으로 등장한다. 한량 같은 사내가 술집 종업원으로 일하는 필리핀 여성을 만나 연애하는 과정과 그 주변을 둘러싼 다양한 하층민들의 고단한 삶을 코믹하면서도 감동 있게 그려냈다. 재일동포 출신의 유명 작가 양석일의 소설 〈택시 광조곡〉을 원작으로 삼은 코미디 영화이다.

좋겠다"는 것이 신기수 씨의 메시지다. 조선일보에도 '8 · 15 광복절에 꼭 볼만한 영화'라고 크게 소개됐다.

상영회가 끝나고 80대 어르신이 "왜 여생이 얼마 남지 않은 내가 이제서야 이 영화를 보게 되는가"라고 분개했다고 한다.

이화 씨는 예전에 미얀마의 임팔작전 전쟁피해자를 취재한 경험이 있는 만큼 그 노인의 마음을 가슴시리도록 이해할 수 있었다. 좀 더 빨리 한국에서도 상영했어야 했다고 후회하면서 자신이 지금부터 할 수 있는 일은 무엇인가, 하고 자문자답을 했다고 한다.

그 때 "어두운 과거를 검증하는 일은 중요하지만 그것만으로 불행은 사라지지 않는다. 밝은 역사를 보는 복안적 사고도 필요하다"라고 말하는 아버지의 말씀을 기억해내고 〈에도시대의 조선통신사〉에 한국어 자막을 넣는 준비를 시작했다.

그리고 한일국교정상화 50년인 2015년 5월, 부산국제영화제에서도 사용한 '영화의 전당'에서 〈에도시대의 조선통신사〉를 상영했다.

부산은 매년, 통신사 퍼레이드를 실시하는 곳으로 시민의 관심이 높다. 영화를 본 감상에 대해 한국인과 결혼한 일본인 여성은 "아이가 학교 역사수업에서 주눅이 들었는데 한일 간 우호의 역사가 있었다는 것을 알고 자신감이 붙은 것 같다"고 말했다.

이어서 서울시립대학교와 국회헌정기념관에서도 상영회를 열고 연구자와 학생, 국회의원들이 스크린에 펼쳐진 통신사시대 두루마리 그림에 눈을 빼앗겼다. 그 후도 이 영화는 한국 국내와 일본 각지에서 상영이 이어지고 있다.

이화 씨는 〈에도시대의 조선통신사〉를 상영하는 의미에 대해 강연 등의 자리에서 다음과 같이 말한다.

"한일관계가 곤란해질수록 우호의 기억을 다시 한 번 떠올리기 위해서 이 영화를 많은 사람에게 보여주고 싶습니다. 일본과 한반도 관계는 천 년의 역사가 있는 만큼, 과거의 불행한 50년 만이 아닌, 100년 후의 미래를 바라보고 행동하라고 아버지에게 배웠습니다."

영화가 부산에서 상영될 수 있도록 힘써 주고 오랜 기간 조선통신사 소개를 계속해온 부경대학교 전 총장 강남주 씨는 "한국과 일본의 많은 사람들은 위안부와 독도(다케시마) 문제는 물론, 혐한嫌韓 분위기를 둘러싼 논의를 빨리 청산하길 원하고 있다"며 다음과 같이 말을 이어갔다.

'임진왜란'으로 적대관계가 된 조선과 일본이 과거를 청산하고 선린 우호의 길을 열게 된 것은 조선통신사에 의한 것이다. 이 기념비적인 선례에 빛을 비춘 신기수 씨의 업적을 한국에 소개한 이화 씨의 노력은 역사적으로도 영화사적으로도 의미가 있다. 영어와 유럽언어의 자막도 넣고, 양국이 이룬 평화의 역사를 전 세계에 전해줬으면 좋겠다.

'한일외교의 괴물'이라는 별명이 있을 만큼 양국관계에 밝은 국제한국연구원 원장인 최서면 씨도 "조선통신사의 긴 두루마리 그림에는 한국인이 많이 그려져 있고, 중요한 역할을 담당한 인물이 다수 일본에 방문했던 것을 읽어낼 수 있다. '팍스 도쿠가와Pax 德川(평화의 시대 도쿠가와)'라고 불러도 좋다. 도쿠가와 260년의 평화가 이어오게 된 이유의 하나가 여기에도 있다"고 지적했다. 그는 이어 "조선통신사 사료를 오랜 기간 발굴해온 신기수 씨의 업적은 대단히 크다. 이러한 아버지의 뜻을 전해온 이화 씨는 부러워할 만한 효녀다. 한일양국의 평화적인 미래를 생각할 때 우리들은 통신사에서 배울 것이 많다"고 말했다.

  한국에서는 박근혜 전 대통령이 수뢰 등 많은 혐의로 기소됨에 따라 대통령선거가 5월 9일에 실시되어 '더불어민주당'의 전 대표 문재인 씨가 선출됐다. 9년 만의 진보정권 탄생으로 "정의가 넘치는 나라, 원칙과 상식이 통하는 나라를 만들고 싶다"는 호소에 국민의 지지가 결집했다.

  북한에서는 최고지도자 김정은의 이복형인 김정남이 암살당하는 사건이 밝혀지는 한편, 동해로 탄도미사일을 발사하는 실험을 반복하여 동아시아의 국제관계를 긴박하게 만들고 있다.

  일본과 한반도를 둘러싼 관계는 정치 차원에서는 과거 어느 때보다 냉랭해졌지만 이러한 흐름과는 별개로 한일 민중교류가 진행되고 있음은 서두에 소개한 '통신사 우정워크' 등을 보더라도 분명하다.

이 시도는 에도시대에 제1회 통신사의 방일로부터 400주년을 기념
하여 2007년에 시작해 이번이 6회째이다. 일행이 옛날 통신사가 지나
갔던 고도古都와 시골길을 걸으며 풀뿌리 교류를 이어가고 있다. 일본
측 대표인 엔도 야스오遠藤 靖夫(75)는 "한국 내의 자치단체를 통과할 때
마다 단체장들이 나라와 나라의 관계가 어려울 때일수록 이런 교류가
중요하다고 격려해 주었다"고 감상을 얘기했다.

금년 가을에는 한일 민간단체가 공동으로 유네스코(유엔 교육과학
문화기구)에 신청한 조선통신사의 세계문화유산등록이 실현될 것이
라는 예상도 들려온다.

이러한 한일관계가 미묘한 시기에 이 책의 한국어판 출판을 결정한
논형출판사의 소재두 사장에게 깊은 감사의 말씀을 드린다.

재일한국인은 본국에서는 교포라고 불리고 가벼이 취급되는 경향이
있는 만큼, 한일양국의 가교역할을 하면서 세계의 평화를 생각하여 행
동해 오신 신기수 선생과 같은 인물이 있었다는 것을 한국인 여러분에
게도 널리 알리게 된 것이 매우 기쁘다.

나와 신기수 씨가 알고 지내온 것은 20년 정도 되지만, 그 대부분은
빨강색 등을 내걸은 대폿집에서 잡담을 나누며 공부한 것이 많다. '주
신酒神'이라고 부르고 싶을 정도로 술을 사랑한 신기수 씨는 놀랄 만큼
낙천적인 사람이고 유쾌한 사람이기도 했다. 그런 신기수 씨에게 들은
이야기를 토대로 일본 전역의 관계자를 방문하는 취재 여행을 계속해

왔다. 이 책을 집필하는 데 10년 이상의 시간이 흘렀다. 신기수 씨 본인에게 보여주지 못한 점이 정말로 아쉽다.

한국어판의 감수를 해주신 심규선 씨가 근무하는 동아일보의 이름을 들으며 박정희 정권시대에 백지광고의 지면을 만들면서 언론탄압에 저항했던 시대를 떠올린다. 대학 캠퍼스에서 얼마 안 되는 성금을 모으면서 한국의 민주화를 소망했던 것도 내 청춘의 추억 중 하나다.

이 책의 해설을 부탁한 하사바 기요시波佐場淸 씨는 아사히신문 서울지국장을 오래 하신 한일문제의 전문가다. 예전에 오사카 사회부에서 기자생활을 시작한 나에게, 같은 사카이시의 기자실에 있었던 하사바 씨는 대선배에 해당한다. 기사작성법을 비롯해 많은 가르침을 받았다.

이런 두 분을 한국어 출판의 조력자로 모시게 되어 깊이 감사할 따름이다. 그밖에도 많은 분들에게 한국어 번역 작업을 부탁드리게 되었는데, 여러분 정말 고맙습니다.

2017년 5월 15일
한국대사관과 민단본부에서 가까운 도쿄 아자부쥬반 작업실에서
우에노 도시히코

에도시대의 조선통신사 일람표(三宅英利 著, 〈近世日朝関係史の研究〉, 文献出版에서)

연대 시기	연대 조선	연대 일본	일본측 초대자	三使 (정사, 부사, 종사관)	방문 사유 조선	방문 사유 일본	참가 인원 (오사카 체류 인원)	수행원 기록	비 고
1607 丁未	선조 40년	慶長 12년	德川秀忠 (도쿠가와 히데타다)	呂祐吉 慶暹 丁好寬	남해안 유거를 위한 대일우호, 국정탐색, 급히간 백성송환	우호증진	504명	慶七松 〈海槎錄(해사록)〉	회답겸쇄환사(回答兼刷還使) 국교재개
1617 丁巳	광해 9년	元和 3년	〃	吳允謙 朴梓 李景稷	국정탐색, 급거간 백성송환, 쓰시마 반 견제	오사카 평정 및 일본통일 축하	426명	吳允謙 〈東槎上日錄(동사상일록)〉 朴梓 〈東槎日記(동사일기)〉 李石門 〈扶桑錄(부상록)〉	회답겸쇄환사 주시마(伏見) 교빙(文勝)
1624 甲子	인조 2년	寬永 원년	德川家光 (도쿠가와 이에미쓰)	鄭岦 姜弘重 辛啓榮	쇼군계승축하, 국정탐색, 급거간 백성송환	이에미쓰 세습 (家光)세습 축하	460명	姜弘重 〈東槎錄(동사록)〉	회답겸쇄환사
1636 丙子	인조 14년	寬永 13년	〃	任絖 金世濂 黃㦿	조선정책 확인, 국정탐색, 쓰시마 반무 응도, 증국 대국	태평축하	478명	任參判 〈丙子日本日記(병자 일본일기)〉 金東溟 〈海槎錄(해사록)〉 黃漫浪 〈東槎錄(동사록)〉	통신사 명칭으로 복귀, 쇼군 칭호를 '일본국대군(大君)'으로 닛코산(日光山) 참배
1643 癸未	인조 21년	寬永 20년	〃	尹順之 趙絅 申濡	우호유지, 청나라 견제, 국정탐색	德川家綱 (도쿠가와 이에쓰나) 탄생축하, 닛코산 묘(廟) 증축	477명	趙龍洲 〈東槎錄(동사록)〉 申竹堂 〈海槎錄(해사록)〉 작자미상 〈癸未東槎錄(계미 동사록)〉	쇄국체제성립 닛코산 참배

연도	조선	일본 연호	德川家 (쇼군)		정사·부사·종사관	德川家 (세습 축하)	인원	기록	비고
1655 乙未	효종 6년	明曆 원년	德川家綱 (도구가와 이에쓰나) 세습즉하	小君세습즉하	趙珩 愈瑒 南龍翼	德川家綱 (가와 이에쓰나) 세습즉하	485명 (100명)	趙珩《扶桑日記(부상일기)》南壺谷《扶桑錄(부상록)》	닛코산 참배
1682 壬戌	숙종 8년	天和 2년	德川綱吉 (도구가와 쓰나요시) 이에시게	〃	尹趾完 李彦綱 朴慶後	德川綱吉 (가와 쓰나요시) 세습즉하	473명	金指南《東槎日錄(동사일록)》洪禹載《東槎錄(동사록)》	
1711 辛卯	숙종 37년	正德 원년	德川家宣 (도구가와 이에노부)	〃	趙泰億 任守幹 李邦彥	德川家宣 (가와 이에노부) 세습즉하	500명 (129명)	趙泰億《東槎錄(동사록)》金顯門《東槎錄(동사록)》任守幹《東槎錄(동사록)》	통신사의 모든 의식을 간소화하도록 개혁 (아라이 하쿠세키 (新井白石)의 개혁)
1719 己亥	숙종 45년	享保 4년	德川吉宗 (도구가와 요시무네)	小君세습즉하	洪致中 黃璿 李明彥	德川吉宗 (가와 요시무네) 세습즉하	475명 (109명)	洪北谷《海槎日錄(해사일록)》申維翰《海遊錄(해유록)》鄭幕淮《扶桑紀行(부상기행)》金潚《扶桑錄(부상록)》	요시무네(吉宗) 아라이 하쿠세키 개혁을 이전과 같이 복구
1748 戊辰	영조 24년	延享 5년	德川家重 (도구가와 이에시게)	〃	洪啓禧 南泰耆 曹命采	德川家重 (가와 이에시게) 세습즉하	477명 (110명)	曹蘭谷《奉使日本時聞見錄(봉사일본시견록)》洪景海《隨槎日錄(수사일록)》쿠지마현《日本日記(일본일기)》	
1764 甲申	영조 40년	寶曆 14년	德川家治 (도구가와 이에하루)	〃	趙曮 李仁培 金相翊	德川家治 (가와 이에하루) 세습즉하	477명 (106명)	趙濟谷《海槎日記(해사일기)》吳大齡《癸未使行日記(계미사행일기)》成大中《日本錄(일본록)》	최천종 살해사건 발생
1811 辛未	순조 11년	文化 8년	德川家齊 (도구가와 이에나리)	〃	金履喬 李勉求	德川家齊 (가와 이에나리) 세습즉하	328명	柳相弼《東槎錄(동사록)》	쓰시마에서 교류

*첨가 인원. (己 오사카 체루 인원임.)

참고 · 인용문헌

第1章 映像にかける志

李元植,『朝鮮通信使の研究』, 思文閣出版, 一九九七年.
李元植/辛基秀ほか共著,『朝鮮通信使と日本人』, 学生社, 一九九二年.
上田正昭編/高麗美術館企画,『朝鮮通信使―善隣と友好のみのり』, 明石書店,
　　　　一九九五年.
上田正昭編著,『アジアの中の日本を探る』, 文英堂, 一九九八年.
上田正昭/辛基秀/仲尾宏,『朝鮮通信使とその時代』, 明石書店, 二〇〇一年.
映像文化協会編,『江戸時代の朝鮮通信使』, 毎日新聞社, 一九七九年.
上垣外憲一,『雨森芳洲―元禄享保の国際人』, 中公新書, 一九八九年.
神坂次郎,『元禄御畳奉行の日記―尾張藩士の見た浮世』, 中公新書, 一九八四年.
勝岡寛次,『韓国·中国「歴史教科書」を徹底批判する』, 小学館文庫, 二〇〇一年.
金達寿/姜在彦/李進熙/姜徳相,『教科書に書かれた朝鮮』, 講談社, 一九七九年.
辛基秀,『朝鮮通信使―人の往来, 文化の交流』, 明石書店, 一九九九年.
辛基秀/仲尾宏責任編集,『善隣と友好の記録 大系朝鮮通信使 第一巻 丁未·慶長
　　　　度 丁巳·元和度 甲子·寛永度』, 明石書店, 一九九六年.
―――,『善隣と友好の記録 大系朝鮮通信使 第二巻 丙子·寛永度 癸未·寛永度』,
　　　　明石書店, 一九九六年.
―――,『善隣と友好の記録 大系朝鮮通信使 第三巻 乙未·明暦度 壬戌·天和度』,
　　　　明石書店, 一九九五年.
―――,『善隣と友好の記録 大系朝鮮通信使 第四巻 辛卯·正徳度』, 明石書店,
　　　　一九九三年.
―――,『善隣と友好の記録 大系朝鮮通信使 第五巻 己亥·享保度』, 明石書店,
　　　　一九九五年.
―――,『善隣と友好の記録 大系朝鮮通信使 第六巻 戊辰·延享度』, 明石書店,
　　　　一九九四年.
―――,『善隣と友好の記録 大系朝鮮通信使 第七巻 甲申·宝暦度』, 明石書店,
　　　　一九九四年.
―――,『善隣と友好の記録 大系朝鮮通信使 第八巻 辛未·文化度』, 明石書店,
　　　　一九九三年.

仲尾宏/李元植/辛基秀/吉田宏志/山路興造/山本尚友/菅澤庸子, 『朝鮮通信
　　　使関係資料目録』, (青丘学術論集 第二十一集) 韓国文化研究財団,
　　　二〇〇二年.
中村栄孝, 『日鮮関係史の研究 下』, 吉川弘文館, 一九六九年.
日韓共通歴史教材制作チーム編, 『日韓共通歴史教材 朝鮮通信使──豊臣秀吉の
　　　朝鮮侵略から友好へ』, 明石書店, 二〇〇五年.
松田甲, 『日鮮史話 第一編』, 朝鮮総督府, 一九二六年.
歴史教育研究会編, 『日本と韓国の歴史教科書を読む視点──先史時代から現代ま
　　　での日韓関係史』, 梨の木舎, 二〇〇〇年.
『入門 韓国の歴史 国定韓国中学校国史教科書』 (世界の教科書シリーズ④) 石渡
　　　延男監訳/三橋広夫共訳, 明石書店, 一九九八年.
『わかりやすい韓国の歴史 国定韓国小学校社会科教科書』 (世界の教科書シリーズ
　　　③) 石渡延男監訳, 明石書店, 一九九八年.
「こころの交流 朝鮮通信使──江戸時代から二一世紀へのメッセージ」の図録 京都文
　　　化博物館, 二〇〇一年.
「第一回特別展 朝鮮通信使と民画屏風 辛基秀コレクションの世界」の図録 大阪歴
　　　史博物館, 二〇〇一年.
『小学社会6年上』, 大阪書籍, 二〇〇一年, 検定済み教科書.
『小学社会 6上』, 教育出版, 二〇〇一年, 検定済み教科書.
『小学生の社会 6(上)』, 日本文教出版, 二〇〇一年, 検定済み教科書.

第2章 通信使の足跡たどって

牛窓町教育委員会編集, 『牛窓と朝鮮通信使』, 牛窓町, 二〇〇〇年.
かみのせき郷土史学習にんじゃ隊, 『コミック朝鮮通信使物語──海と時を越えて』, 上
　　　関町, 一九九七年.
姜在彦, 『朝鮮通信使がみた日本』, 明石書店, 二〇〇二年.
北村欽哉/小林達夫ら編著, 『過去から未来へ──静岡・コリア交流の歴史』「静岡に文
　　　化の風を」の会, 二〇〇三年.
金仁謙著, 『日東壮遊歌──ハングルでつづる朝鮮通信使の記録』高島淑郎訳注, 平
　　　凡社・東洋文庫, 一九九九年.
小島敦夫, 『朝鮮通信使の海へ──日朝交流の歴史をたどる』, 丸善ブックス,
　　　一九九七年.
嶋村初吉, 『李朝国使3000キロの旅 雑学"朝鮮通信使"を歩く』, みずのわ出版,

一九九九年.

嶋村初吉編著,『対馬新考 日韓交流「宝の島」を開く』, 梓書院, 二〇〇四年.

———,『釜山発「プシャフ」の旗印を掲げ―韓国大学人 姜南周の世界』, 梓書院, 二〇〇四年.

下蒲刈町文化財保護委員会柴村敬次郎編纂,『安芸蒲刈 御馳走一番―朝鮮通信使饗応料理「七五三の膳」と「三汁十五菜」』, 下蒲刈町, 一九八九年.

辛基秀,『朝鮮通信使往来―二六〇年の平和と友好』, 労働経済社, 一九九三年.

———,『朝鮮通信使の旅日記 ソウルから江戸―「誠信の道」を訪ねて』PHP新書, 二〇〇二年.

辛基秀編,『青丘文化叢書1 わが町に来た朝鮮通信使I』(青丘文化叢書I), 明石書店, 一九九三年.

辛基秀/仲尾宏編著,『図説 朝鮮通信使の旅』, 明石書店, 二〇〇〇年.

申維翰,『海游録―朝鮮通信使の日本紀行』姜在彦訳注, 平凡社・東洋文庫, 一九七四年.

杉洋子,『朝鮮通信使紀行』, 集英社, 二〇〇二年.

徐賢燮,『日韓あわせ鏡』, 西日本新聞社, 二〇〇一年.

高正晴子,『朝鮮通信使の饗応』, 明石書店, 二〇〇一年.

田代和生,『書き替えられた国書―徳川・朝鮮外交の無台裏』, 中公新書, 一九八三年.

———,『倭館―鎖国時代の日本人町』, 文春新書, 二〇〇二年.

朝鮮通信使の道をたどる旅の会事務局編,『文集 朝鮮通信使の道をたどる旅』, 発行者・辛基秀, 一九八四年.

曺智鉉写真集,『猪飼野―追憶の1960年代』, 新幹社, 二〇〇三年.

朴鐘鳴編著,『滋賀のなかの朝鮮―歩いて知る朝鮮と日本の歴史』, 明石書店, 二〇〇三年.

東アジア学会編,『日韓の架け橋となった人びと』, 明石書店, 二〇〇三年.

福山市鞆の浦歴史民俗資料館友の会編,『古文書・文献調査記録集 朝鮮通信使と福山藩・鞆の津―国際都市鞆が見えてくる その二(正徳－文化度)』, 福山市鞆の浦歴史民俗資料館活動推進協議会, 二〇〇三年.

前田博司,『波乱の半世紀―下関をめぐる国際交流の歴史』, 長周新聞社, 一九九二年.

———,『文明の使者 朝鮮通信使―朝鮮通信使と下関』「朝鮮通信使上陸之地」記念碑建立期成会, 二〇〇一年.

李進熙,『江戸時代の朝鮮通信使』, 講談社学術文庫, 一九九二年.

「交流と連携 朝鮮通信使縁地連絡協議会対馬結成大会」の配布冊子, 一九九五年
　　　十一月.
「特別展 朝鮮通信使 江戸時代の親善外交」の図録, 岐阜市歴史博物館,
　　　一九九二年.
「特別展 東アジアのなかの下関—近世下関の対外交渉」の図録, 下関市立長府博
　　　物館, 一九九六年.

第3章 架橋の人

安東仁兵衛, 『戦後日本共産党私記』, 現代の理論社, 一九七六年.
NHK取材班編, 『責任なき戦場 ビルマ・インパール』(ドキュメント太平洋戦争 4), 角
　　　川文庫, 一九九三年.
飯塚繁太郎, 『日本共産党』, 雪華社, 一九六九年.
井ヶ田良治/原田久美子編, 『京都府の百年』(県民百年史26), 山川出版社,
　　　一九九三年.
『和泉市における在日コリアンの歴史(戦前編)』, 二〇〇三年.
上西法子, 「『朝鮮通信使』『解放の日まで』の映像作家 辛基秀さんの後姿」(『社会
　　　運動』第二七四号, 二〇〇三年).
エドワード・W・ワグナー, 『日本における朝鮮少数民族 1904〜1950年』, 外務省北
　　　東アジア課訳, 一九六一年.
木村東介, 『上野界隈』大西書店, 一九七九年.
定道明, 『人間ドキュメント 中野重治伝説』, 河出書房新社, 二〇〇二年.
ジョン・ダワー, 『敗北を抱きしめて(上)』, 岩波書店, 二〇〇一年.
『資料 戦後学生運動』(第二巻), 三一書房, 一九九六年.
辛基秀, 「映像で見る学校閉鎖前の民族学校」(『季刊サイ』, 二〇〇〇年 春号).
――――, 「在日韓国・朝鮮人の戦後とは」(大阪市政調査会『市政研究』, 一九九五年
　　　夏号).
――――, 「戦後の在日朝鮮人と日本人」(『差別とたたかう文化』第一一号,
　　　一九九九年).
――――, 「大正区の朝鮮人 1935−45」(大阪国際平和研究所紀要『戦争と平和』,
　　　二〇〇〇年).
――――, 「日本の李朝絵画と民画の精神」(『月刊韓国文化』, 一九九六年 十月号).
――――, 「1945・8・15 在日朝鮮人(その1)」(大阪国際平和研究所紀要『戦争と平
　　　和』, 一九九三年).

辛基秀インタビュー,「その時代を生きる意味」(『季刊サイ』, 二〇〇一年夏号).

世界人権問題研究センター編,『京都人権歴史紀行』, 人文書院, 一九九八年.

『占領下の民主主義 昭和22年－24年』(昭和―二万日の全記録 第八巻) 講談社,
　　　　一九八九年.

武井昭夫対話集,『わたしの戦後―運動から未来を見る』, スペース伽耶,
　　　　二〇〇四年.

田中章,「私は委員長を去る―ある異邦人闘士の心境」(『週刊朝日』, 一九五三年
　　　　三月 十五日号).

追悼集,『群描 古林喜楽』(私家版).

中野重治,『沓掛筆記』, 河出書房新社, 一九七九年.

西村秀樹,『大阪で闘った朝鮮戦争―吹田枚方事件の青春群像』, 岩波書店,
　　　　二〇〇四年.

『ニューズウィーク』, 日本版特集記事「天皇家と朝鮮」(二〇〇二年 三月 二〇日号).

『廃墟からの出発 昭和20年－21年』(昭和―二万日の全記録 第七巻), 講談社,
　　　　一九八九年.

朴鐘鳴編著,『京都のなかの朝鮮―歩いて知る朝鮮と日本の歴史』, 明石書店,
　　　　一九九九年.

復刻,『民主朝鮮』前編,『民主朝鮮』本誌第一巻, 明石書店, 一九九三年.

前嶋雅光/蓮池義治/中山正太郎編,『兵庫県の百年』(県民百年史28), 山川出版
　　　　社, 一九八九年.

「『世直し』大本教大弾圧の真相」(『日録20世紀1935』, 講談社).

第4章 人間的連帯を目指して

李進熙編,『「在日」はいま, ―在日韓国・朝鮮人の戦後五〇年』, 青丘文化社,
　　　　一九九六年.

伊東順子,『病としての韓国ナショナリズム』, 洋泉社新書, 二〇〇一年.

岩井好子,『オモニの歌』, ちくま文庫, 一九八九年.

「解放の日まで 写真資料集 シナリオから抜粋」, 青丘文化ホール, 一九八六年.

姜在彦/竹中恵美子,『歳月は流水の如く』, 青丘文化社, 二〇〇三年.

金達寿,『わが文学と生活』, 青丘文化社, 一九八九年.

金賛汀,『朝鮮人女工のうた――一九三〇年・岸和田紡績争議』, 岩波新書, 一九八二年.

――――,『異邦人は君ヶ代丸に乗って―朝鮮人街猪飼野の形成史』, 岩波新書,
　　　　一九八二年.

佐藤忠男,『日本映画史 第2巻』, 岩波新書, 一九九五年.

辛基秀,「日帝支配下の朝鮮映画人の活動をとおして」(映画作家の責任)(『社会評論』第1号, 一九七六年).

―――,「羅雲奎と朝鮮プロレタリア映画運動」(映画作家の責任2)(『社会評論』第2号, 一九七六年).

―――,「ファシズムと闘う朝鮮映画人」(映画作家の責任3)(『社会評論』第3号, 一九七六年).

―――,『アリラン峠をこえて―「在日」から国際化を問う』, 解放出版社, 一九九二年.

辛基秀編著,『映像が語る「日韓併合」の歴史 一八七五―一九四五年』, 労働経済社, 一九八七年.

―――,『金達寿ルネサンス―文学・歴史・民族』, 解放出版社, 二〇〇二年.

新日本出版社編集部編,『今井正の映画人生』, 新日本出版社, 一九九二年.

杉原達,『越境する民―近代大阪の朝鮮人史研究』, 新幹社, 一九九八年.

鄭勝云,『中野重治と朝鮮』, 新幹社, 二〇〇二年.

『追想 朴慶植』, 私家版, 二〇〇〇年.

中野重治,「雨の降る品川駅」(『改造』一九二九年 二月号).

中野重治,『現代詩文庫 中野重治詩集』, 思潮社, 一九八八年.

野間宏/安岡章太郎編,『差別 その根源を問う(下)』, 朝日新聞社, 一九八四年.

朴慶植,『朝鮮人強制連行の記録』, 未来社, 一九六五年.

―――,『在日朝鮮人運動史―八・一五解放前』, 三一書房, 一九七九年.

―――,『在日朝鮮人―私の青春』, 三一書房, 一九八一年.

水野直樹,「『雨の降る品川駅』の事実しらべ」(『季刊三千里』, 一九八〇年 春号).

良知会編,『100人の在日コリアン』, 三五館, 一九九七年.

第5章 秀吉の侵略と降倭

飯沼二郎編著,『足もとの国際化 在日韓国・朝鮮人の歴史と現状』, 海風社, 一九九三年.

柏井宏之,「上からの<まつり>と民衆の対抗―『大阪築城400年まつり』の場合」(『新日本文学』, 一九八四年 六月号).

金賛汀,『朝鮮総連』, 新潮新書, 二〇〇四年.

―――,『在日, 激動の百年』, 朝日新聞社, 二〇〇四年.

金泰淳・崔鍾大編, 辛基秀・山中靖城監修『金忠善 沙也可 友鹿里』, 鹿洞書院, 二〇〇〇年.

片野次雄, 『徳川吉宗と朝鮮通信使』, 誠文堂新光社, 一九八五年.

新屋英子, 『身世打鈴・ひとり芝居の世界』, 手鞠文庫, 一九八四年.

―――, 『演じつづけて―ひとり芝居「身世打鈴」』, 解放出版社, 一九九一年.

村上恒夫/辛基秀, 『儒者姜沆と日本―儒教を日本に伝えた朝鮮人』, 明石書店, 一九九一年.

村上恒夫, 『姜沆 儒教を伝えた虜囚の足跡』, 明石書店, 一九九九年.

辛基秀/柏井宏之編, 『秀吉の侵略と大阪城』, 第三書館, 一九八三年.

司馬遼太郎, 『韓のくに紀行』(街道をゆく2), 朝日文庫, 一九七八年.

―――, 『故郷忘じがたく候』, 文春文庫, 二〇〇四年.

『青丘文化 一九九一年創刊号 特集 朝鮮人強制連行』(青丘文化ホール).

高崎宗司・朴正鎮編著, 『帰国運動とは何だったのか―封印された日朝関係史』, 平凡社, 二〇〇五年.

「朝鮮人作家・金達寿氏, 三十七年ぶり訪韓後の四面楚歌」(『週刊朝日』一九八一年 十月 九日号).

鄭大均, 『在日・強制連行の神話』, 文春新書, 二〇〇四年.

寺崎宗俊, 『肥前名護屋城の人々』, 佐賀新聞社, 一九九三年.

東北アジア問題研究所編, 『在日朝鮮人はなぜ帰国したのか―在日と北朝鮮50年』, 現代人文社, 二〇〇四年.

中村栄孝, 『日鮮関係史の研究 中』, 吉川弘文館, 一九六九年.

日本人ジャーナリスト有志編, 『ジャーナリスト 金哲秀さんの人としごと』, 新聞労連近畿地連気付, 一九八二年.

韓光熙, 『わが朝鮮総連の罪と罰』, 文春文庫, 二〇〇二年.

『在日韓国・朝鮮人の生活と健康―ソウル大学・東京大学・青丘文化ホール合同調査』, 明石書店, 一九九二年.

第6章 見果てぬ夢

李進熙, 『海峡―ある在日史学者の半生』, 青丘文化社, 二〇〇〇年.

―――, 『李朝の通信使―江戸時代の日本と朝鮮』, 講談社, 一九七六年.

上原善広, 「作家鄭棟柱さんに聞く 朝鮮の被差別民『白丁』の現在」(『週刊金曜日』, 二〇〇一年 三月 二日号).

『縁地連朝鮮通信使関係地域史研究会準備会講話記録集』(二〇〇四年 七月 十日, 山口県上関町福祉センターで朝鮮通信使縁地連絡協議会主催).

大阪人権歴史資料館編, 『衡平社と水平社―朝鮮と日本の反差別運動』, 大阪人権歴史資料館, 一九九三年.

『岡倉天心集』(近代日本思想体系7) 筑摩書房, 一九七六年.

小倉紀蔵, 『韓国人のしくみ―＜理＞と＜気＞で読み解く文化と社会』, 講談社現代
　　　　新書, 二〇〇一年.

『癌を見据えて 風間日記 1982·5～1983·10 追憶の夢』, 風間喜樹追悼·遺稿集編
　　　　集委員会, 一九八五年.

共同通信社編集局JK取材班編著, 『日本コリア新時代―またがる人々の物語』, 明
　　　　石書店, 二〇〇三年.

『GLOBE 第32号·辛基秀先生追悼特集』, 世界人権問題研究センター,
　　　　二〇〇三年.

衡平運動七〇周年記念事業会編/辛基秀監修, 『朝鮮の「身分」解放運動』, 解放出
　　　　版社, 一九九四年.

野間宏/沖浦和光, 『アジアの聖と賤―被差別民の歴史と文化』, 人文書院,
　　　　一九八三年.

辛基秀·ロナルド·トビ「対談·朝鮮人を描いた絵画を読み解く」(大阪人権博物
　　　　館編, 『描かれた「異国」「異域」―朝鮮, 琉球. アイヌモシリの人びと』,
　　　　二〇〇一年).

鄭大聲, 『焼肉は好きですか？』, 新潮社, 二〇〇一年.

中村栄孝, 『朝鮮―風土·民族·伝統』, 吉川弘文館, 一九七一年.

────, 『日本と朝鮮』, 至文堂, 一九六六年.

三宅英利, 『近世日朝関係史の研究』, 文献出版, 一九八六年.

宮塚利雄, 『「北と南」をつなぐ―アリランとは何か』, 小学館文庫, 二〇〇〇年.

────, 『日本焼肉物語』, 太田出版, 一九九九年.

毛利嘉孝編, 『日式韓流―「冬のソナタ」と日韓大衆文化の現在』, せりか書房,
　　　　二〇〇四年.

このほか, 『朝鮮を知る事典』(新訂増補版, 平凡社, 二〇〇〇年), 『朝鮮人物事典』
(大和書房, 一九八五年)を座右に置き, 朝日新聞, 毎日新聞, 読売新聞, 日経新聞,
産経新聞, 東京新聞, 京都新聞, 西日本新聞, 長崎新聞, 南日本新聞, 中国新聞, 新
潟日報, 共同通信, 統一日報, 解放新聞などの日刊紙と, 季刊三千里, 青丘文化, 週
刊アエラなどのバックナンバー関連記事を随時参考や引用にした.

SHIN GI SU TO CHOSEN TSUSHINSHI NO JIDAI
Copyright ⓒ 2005 by Toshihiko Ueno
First published in Japan in 2005 by Akashi Shoten Co., Ltd.
Korean translation rights arranged with Akashi Shoten Co., Ltd.
through Shinwon Agency Co.
Korean translation rights ⓒ 2017 by NONHYUNG PUBLISHING COMPANY.

신기수와 조선통신사의 시대
한류의 원점을 찾아서

초판 1쇄 인쇄 2017년 9월 20일
초판 1쇄 발행 2017년 9월 30일

지은이 우에노 도시히코
옮긴이 이용화
감   수 심규선
펴낸곳 논형
펴낸이 소재두
등록번호 제2003-000019호
등록일자 2003년 3월 5일
주소 서울시 영등포구 양산로 19길 15 원일빌딩 204호
전화 02-887-3561
팩스 02-887-6690
ISBN 978-89-6357-182-9   03910
값 22,000원

이 도서의 국립중앙도서관 출판예정도서목록(CIP)은 서지정보유통지원시스템 홈페이지
(http://seoji.nl.go.kr)와 국가자료공동목록시스템(http://www.nl.go.kr/kolisnet)에서 이용하
실 수 있습니다.(CIP제어번호: CIP2017022122)